Rolf H. Hasse
Friedrun Quaas

**Wirtschaftsordnung
und Gesellschaftskonzept**

»Beiträge zur Wirtschaftspolitik«, Band 77

Herausgegeben von Professor Dr. Dr. h.c. Egon Tuchtfeldt

Alfred Müller-Armack

Rolf H. Hasse
Friedrun Quaas
(Herausgeber)

Wirtschaftsordnung und Gesellschaftskonzept

Zur Integrationskraft der Sozialen Marktwirtschaft

Verlag Paul Haupt
Bern · Stuttgart · Wien

Bibliografische Information der *Deutschen Bibliothek*

Die Deutsche Bibliothek verzeichnet diese Publikation in der Deutschen Nationalbibliografie;
detaillierte bibliografische Angaben sind im Internet über http://dnb.ddb.de abrufbar.

ISBN 3-258-06541-1

www.haupt.ch

Inhaltsverzeichnis

Soziale Marktwirtschaft – Dimensionen eines integrativen Konzepts

Einführung

ROLF H. HASSE / FRIEDRUN QUAAS

Die Aufsätze des 77. Bandes der „Beiträge zur Theorie der Wirtschaftspolitik" gehen thematisch auf eine wissenschaftliche Veranstaltung zurück, die am 29. und 30. November 2001 an der Universität Leipzig stattfand. Mit dem vom Institut für Wirtschaftspolitik und der Leipziger Wirtschaftspolitischen Gesellschaft veranstalteten Symposion „Soziale Marktwirtschaft – Dimensionen eines integrativen Konzepts" würdigten die Teilnehmer das Andenken des Wissenschaftlers und Politikers *Alfred Müller-Armack*, dessen Geburtstag sich im Jahre 2001 zum 100. Male jährte. Spätestens mit der Neugründung der Wirtschaftswissenschaftlichen Fakultät im Herbst 1993 avancierte das Thema der Sozialen Marktwirtschaft zum dauerhaften Forschungsgegenstand an der Universität Leipzig. In seinem Grußwort an die Teilnehmer des Symposions würdigte ihr Rektor, Magnifizenz Prof. Dr. Dr. h.c. *Volker Bigl*, mit der Hervorhebung dieses Forschungsschwerpunktes zugleich die wissenschaftliche Pionierleistung von *Alfred Müller-Armack;* das Thema einer sozial verantwortlichen Marktwirtschaft habe seit seiner Entstehung unmittelbar nach dem Ende des Zweiten Weltkrieges über die Jahrzehnte hinweg nichts an Aktualität verloren.

Als *Alfred Müller-Armack* im Jahre 1946 sein über einen längeren Zeitraum entwickeltes und aus vielen Quellen gespeistes Konzept der Sozialen Marktwirtschaft publizierte, war nicht nur die theoretische Basis für eine neuartige wirtschaftspolitische Praxis geschaffen, die in Form der Wirtschaftspolitik von *Ludwig Erhard* ihre erste Bewährungsprobe bestand. Zugleich war Soziale Markt-

wirtschaft als ein auf lange Sicht ausgelegtes und erweiterungs-
fähiges gesellschaftspolitisches Konzept entworfen worden.

Die Auffassung, dass es die Aufgabe der Wissenschaft sei, Antworten auf praktische Lebensfragen zu geben, statt sich vor ihnen
abzuschotten, hat das theoretische Konzept der Sozialen Marktwirtschaft geprägt und sich unter anderem in der bewussten Gebunden-
heit an gesellschaftliche Wertorientierungen niedergeschlagen.
Müller-Armack hat sich von diesem Gedanken leiten lassen, wenn
er den Sinn der Sozialen Marktwirtschaft darin sah, das Prinzip der
Freiheit des Marktes mit dem des sozialen Ausgleichs zu verbinden. Der Charakter der Sozialen Marktwirtschaft, eine dynamische
Stilidee zu sein, weist bereits auf integrationsstiftende Potenzen
hin. Als Ausprägung einer bestimmten menschlichen Gesamt-
haltung versteht *Müller-Armack* Wirtschaftsstile als Teil, Konkreti-
sierung und Ausdruck eines allgemeinen Lebensstils. Die Dynamik
des Wirtschaftsstils der Sozialen Marktwirtschaft erfordert Offenheit gegenüber dem gesellschaftlichen Wandel. Als permanentes
Korrektiv zur Verhinderung von Stilbrüchen oder Stilverfall gilt
idealiter das gesellschaftspolitische Leitbild einer durch soziale
Gerechtigkeit komplementierten geschichtlichen Freiheit des Menschen.

Eine zweite Besonderheit des Konzepts der Sozialen Marktwirtschaft verstärkt diese integrative Funktion: die Orientierung an der
Idee der sozialen Irenik. Soziale Irenik meint den Versuch, über
die verschiedenen Weltanschauungen und Wissenschaftsgebiete
hinweg zu einer konsensfähigen gemeinschaftlichen Sozialidee zu
gelangen, und zwar durch Interdisziplinarität und soziale Fried-
fertigkeit.

Die Ideen der Stildynamik und der sozialen Irenik unterstützen die
vielfältig wahrnehmbaren Bemühungen, das Konzept in einer Zeit
der sich wandelnden Wertorientierungen und politischen Umbrüche
nicht zu einem starren Dogma werden zu lassen, sondern es lebendig und interessant im Sinne einer dauerhaften Orientierungs-

grundlage für eine angemessene Wirtschafts- und Gesellschaftspolitik zu erhalten.
Der integrative Charakter der Sozialen Marktwirtschaft umfasst im
wesentlichen drei Dimensionen, die ihrerseits miteinander ver-
woben sind; es sind dies die theoretische, die praktisch-politische
und die ethische Dimension.

In vier Themenkreisen bilden die genannten Dimensionen den
Rahmen für die Diskussionsbeiträge.
Im Themenkreis 1 (Soziale Marktwirtschaft als wirtschafts- und
ordnungspolitische Konzeption) analysiert *Egon Tuchtfeldt* die
Grundsätze der Wirtschaftspolitik der Sozialen Marktwirtschaft. Er
hebt hervor, dass Soziale Marktwirtschaft zwar ein Entwurf für die
Praxis ist, aber keineswegs mit der jeweils praktizierten Wirtschaftspolitik identifiziert werden dürfe. Mit Verweis auf den Leit-
bildcharakter des Konzeptes wird zum einen die längerfristige
Orientierungsfunktion herausgehoben, zweitens treten jene Prinzipien der Sozialen Marktwirtschaft in den Vordergrund, die zugleich als ihre „Stilelemente" begriffen werden können. Der Begriff des Wirtschaftsstils der Sozialen Marktwirtschaft greift weit
über eine enge Perspektive des Ökonomischen hinaus. Die gesellschaftspolitischen Zielstellungen, die *Müller-Armack* konkret für
die sogenannte zweite Phase der Sozialen Marktwirtschaft formuliert hatte, seien bislang verfehlt worden. Für *Tuchtfeldt* ist dies
ein deutlicher Indikator dafür, die Umsetzung des ordnungspolitischen Konzepts der Sozialen Marktwirtschaft auf den eng begrenzten Zeitrahmen der Jahre 1948 bis 1966 beschränken zu
müssen, während alle Reformen seither eher systemverschlechternd
gewesen seien und das Experiment „Sozialstaat" begünstigt hätten.
Die Zukunft hänge von der gesellschaftspolitischen Absicherung
der Marktwirtschaft, der Transparenz der Politik und der Akzeptanz durch die Bürger ab.
Bertram Schefold stellt in seinem Beitrag detailliert den Entwick-
lungsprozess des geistigen Schaffens *Müller-Armacks* dar. Aus-

gehend von den konjunkturtheoretischen Arbeiten und jenen zur Kapitalismusforschung, in denen bereits erste Überlegungen über die politische Absicherung des marktwirtschaftlichen Systems und den Interventionsstaat enthalten sind, wird der Bogen gespannt über die religionssoziologischen Schriften samt ihrer Bedeutung für die Entwicklung des Wirtschaftsstilgedankens bis hin zu schließlich jener Arbeit aus dem Jahre 1946, in der die Soziale Marktwirtschaft als ein Wirtschaftsstil konzipiert wird – „Wirtschaftslenkung und Marktwirtschaft". In die Darstellung eingebunden sind zahlreiche theorie- und realhistorische Entwicklungslinien, die ein prägnantes Bild der geistig-weltanschaulichen und praktisch-politischen Bedingungen vermitteln, unter denen *Müller-Armack* die jeweiligen wissenschaftlichen Gegenstände aufgriff und auf seine spezifische Weise erfasste.

Der Themenkreis 2 (Soziale Marktwirtschaft in der internationalen Perspektive) geht der Frage nach, wie (geographisch) weit die Ausstrahlungskraft der deutschen Sozialen Marktwirtschaft reicht. *Reinhold Biskup* betrachtet hierzu die europäische Dimension. Zentraler Punkt für seine Überlegungen ist die Tatsache, dass *Müller-Armack* der Sozialen Marktwirtschaft ganz zweifellos und bereits von Beginn an eine europäische Perspektive beigemessen habe. Insbesondere vor dem Hintergrund des Wissens und des Verständnisses der geistig-kulturellen geschichtlichen Herkunft Europas sei *Müller-Armacks* europapolitisches Denken und praktisches Wirken zu verstehen, nachdem er 1952 von *Ludwig Erhard* als Leiter der Grundsatzabteilung in das Wirtschaftsministerium berufen und als Staatssekretär mit der Zuständigkeit für die europäische Integration betraut wurde. Die europäische Integration lässt sich danach nicht als Expertenwerk konstruieren, sondern bedarf vor allem der Akzeptanz und des Identitätsbewusstseins der europäischen Bürger. Genau an diesem Punkt setzt *Biskups* Kritik an der tatsächlichen Europa-Politik der letzten Jahrzehnte ein, die sich weit entfernt habe von der durch *Müller-Armack* intendierten

Grundlage. Diese taucht nach *Biskup* lediglich noch in Absichts-
erklärungen und plakativen Beteuerungen auf, während der reale
Prozess sich durch Fehlentwicklungen und Unterlassungen weit
davon entfernt habe. Notwendige interne Reformen funktioneller
und struktureller Art sollten sich ebenfalls nicht vorrangig an den
Bedürfnissen der „Experten", sondern denen der Bürger orientieren. Eine stärkere Orientierung an den Ordnungsprinzipien der Sozialen Marktwirtschaft würde *Müller-Armacks* Vision eines europäischen Wirtschafts- und Gesellschaftsmodells entgegenkommen.

Der Themenkreis 2 wurde fortgesetzt mit einer Podiumsdiskussion,
zu der *Wolf Schäfer* die Einführungsthesen formulierte. Ausgehend
von der Feststellung, dass die deutsche Wirtschafts- und Sozialpolitik aktuell ihrer im Konzept der Sozialen Marktwirtschaft ver-
ankerten wichtigen ordnungspolitischen Stützung – eine funktionierende Marktwirtschaft entfalte per se schon soziale Wirkungen –
entbehre, wird die Frage aufgeworfen, wie das Verhältnis zwischen
Marktwirtschaftlichem und Sozialem in der internationalen, insbesondere der europäischen Perspektive unter Beachtung der länderspezifischen Unterschiede zu bewerten ist. *Schäfer* stellt die These
auf, dass die in Deutschland üblich gewordene Überregulierung
von Arbeits- und Gütermärkten und das erreichte Maß an sozialpaternalistischer Bevormundung der Bürger kaum als zukunfts-
fähiges Modell für Europa dienen können.

François Bilger stellt den Wandel der historischen Haltung Frankreichs zur Sozialen Marktwirtschaft dar. Nach der Überwindung
anfänglicher Skepsis habe das deutsche ordnungspolitische Modell
eine große und andauernde Faszinationskraft besessen, die vor
allem durch den offensichtlichen Erfolg genährt wurde. Mit dem
Wegfall der Erfolgsbilanzen in den letzten Jahren hat die Attraktivität des deutschen ordnungspolitischen Modells gegenüber den
französischen Nachbarn allerdings einer ernüchterten Haltung Platz

gemacht. Eine Vorbildrolle der deutschen Sozialen Marktwirtschaft für die europäische Wirtschafts- und Sozialpolitik könne gegenwärtig kaum unterstellt werden. *Reinhold Biskup* zieht in seinem Diskussionsbeitrag eine Bilanz der Wirkungen, die sich für Spanien aus der Position zur Sozialen Marktwirtschaft aufzeigen lassen. Dass in Spanien von einer beachtlichen Kenntnis der theoretischen Grundlagen des Konzepts der Sozialen Marktwirtschaft ausgegangen werden kann, verdanke man vor allem dem unermüdlichen und erfolgreichen Wirken eines der Schüler *Müller-Armacks*, des spanischen Hochschullehrers *Santiago García Echevarría*. Eine grundsätzlich marktwirtschaftliche Orientierung der neuen spanischen Verfassung in der nach dem Tode *Francos* beginnenden Ära überrascht daher nicht, habe aber nicht zugleich auch deren konsequente wirtschaftspolitische Umsetzung garantieren können. Seit dem Beitritt zu den Europäischen Gemeinschaften, mit dem die Vision einer europäischen Identität zum neuen Orientierungspunkt für Spanien wurde, habe der allmähliche Schwund der Hochachtung für das deutsche Modell eingesetzt, der durch ein zunehmendes Selbstbewusstsein des EU-Landes Spanien und den Verlust der deutschen Vorbildrolle im europäischen Integrationsprozess noch immer gestärkt werde.

Ulrich Matthée geht ideengeschichtlich der Frage nach, auf welche Weise zwei so divergierende Elemente wie das freiheitlich-marktwirtschaftliche und das staatsfürsorglich-soziale ursprünglich eine Verbindung eingegangen sind, die dann später im Konzept der Sozialen Marktwirtschaft Platz greifen konnte. Ein möglicher Ansatzpunkt wird im Calvinismus mit seiner Lehre der doppelten Prädestination gesehen und wirtschaftsgeschichtlich untersetzt. Indem im Konzept der Sozialen Marktwirtschaft eine Amalgamierung der beiden Komponenten gelang, sei ihr besonderer und beispielhafter Wert für das Nachkriegseuropa darin zu sehen, die diskreditierte Marktwirtschaft zunächst theoretisch und dann praktisch wiederzubeleben. Die inzwischen dominante Strategie der ängstlichen

Besitzstandwahrung – der Euro-Sklerose – verspiele den zurück-
gewonnenen Kredit jedoch abermals.

Ronald Clapham widmete sich im Rahmen der Podiumsrunde der
über Europa hinausgehenden internationalen Perspektive. Das
Konzept der Sozialen Marktwirtschaft sei vor allem deshalb ein für
den internationalen Rahmen relevantes Konzept, weil es eine
theoretisch sinnvolle und praktisch angemessene Lösung der ordnungspolitischen Grundaufgaben nahe lege. Allerdings könne es im
internationalen Maßstab nicht um eine einfache Nachahmung des
deutschen Modells gehen, ohne die Interdependenzen sowohl bei
funktionellen als auch bei institutionellen Zusammenhängen zu
beachten. Gerade diese Doppelaufgabe aber sei schwierig zu erfüllen. Inkompatibilitäten und mangelnde Kohärenz zwischen den
institutionalisierten Teilordnungen machen den Systemzusammen-
hang auch für die konzeptgetreue Anwendung der Sozialen Marktwirtschaft in Deutschland zu einem immer wieder neu zu bewälti-
genden Problem. Institutionen im internationalen Rahmen, die insbesondere nach dem Zweiten Weltkrieg installiert wurden und
werden, stützen potentiell das im Konzept der Sozialen Marktwirtschaft implizit enthaltene Bemühen, eine menschengerechte Wirt-
schafts- und Sozialordnung im internationalen Maßstab herzustellen.

Der Themenkreis 3 (Ethik in der Sozialen Marktwirtschaft) spürt
den ethischen Bezügen des *Müller-Armack'schen* Konzepts der
Sozialen Marktwirtschaft nach.
Anton Rauscher stellt dazu Facetten des der Sozialen Marktwirtschaft zugrunde liegenden Menschenbildes vor. Nicht der abstrakte
homo oeconomicus ist hierbei maßgeblich, sondern der auf die
wirtschaftlichen Probleme bezogene gesunde Menschenverstand
wird an den Ausgangspunkt gesetzt. Für die Vertreter einer sozial-
humanistischen Ausrichtung der Marktwirtschaft, zu denen *Müller-
Armack* unter diesem Blickwinkel zu zählen ist, war die Vital-

situation der Menschen wichtig, verbunden mit der Orientierungs-
hilfe, dass die Wirtschaft um des Menschen willen da zu sein habe
und nicht der Mensch um der Wirtschaft willen. Die philosophische
Anthropologie, der *Müller-Armack* zuneigt, ist geprägt von dem
Gedanken, dass der Mensch keineswegs schlechthin der Immanenz
eines Daseinszwanges unterworfen sei, sondern er habe Zugang zur
geistigen Welt und könne sich in einer jeweils konkreten Lebenssituation frei entscheiden. Die freie Entscheidung ist jedoch nicht
frei von moralischer Werthaltung. Das Menschenbild der Sozialen
Marktwirtschaft ist das der selbständig handelnden, mündigen und
sittlich verantwortlichen menschlichen Person. Die beiden großen
sittlichen Ziele, die durch das Handeln der Menschen im sozialen
Kontext bedient werden sollen, sind Freiheit und soziale Gerechtigkeit.

Der Beitrag von *Friedrun Quaas* greift auf die Dimension der sozialen Irenik im Werk von *Müller-Armack* zurück, mit der *Müller-
Armack* eine Antwort auf die Frage suchte, wie in einem säkularisierten Zeitalter mit ganz unterschiedlichen Weltanschauungen die
Gestaltung der sozialen Ordnung sinnvoll als eine gemeinschaftliche Aufgabe begriffen werden könne. Da das Konzept der Sozialen Marktwirtschaft selbst ein Beispiel par excellence für die
Anwendung der sozialen Irenik ist, ist dessen ethische Ausrichtung
vorgezeichnet, die vor allem in der Vermittlung gegensätzlicher
Positionen und Werthaltungen ihren Niederschlag findet. Dies gilt
auch in Bezug auf die beiden grundlegenden Werte der Freiheit und
der sozialen Gerechtigkeit, deren Verhältnis *Müller-Armack* als
komplementär qualifiziert. Innerhalb der inzwischen vielfältigen
wirtschaftsethischen Theorieansätze scheint das Konzept der Sozialen Marktwirtschaft, das einen eigenen wirtschaftsethischen Ansatz darstellt, am besten mit einem integrativen Verständnis von
Wirtschafts- und Sozialethik zu harmonieren, bei dem einer Begründung von Werten nicht a priori eine ablehnende Haltung ent-
gegensteht.

Im abschließenden Themenkreis 4 steht der ordnungspolitische Reformbedarf in der Sozialen Marktwirtschaft im Zentrum der Überlegungen. *Victor Vanberg* stellt dazu die Soziale Marktwirtschaft *Müller-Armack'scher* Prägung mit ihrer besonderen sozialen Ausrichtung der stärker ordoliberalen Position gegenüber. Es interessiert, ob der gegenwärtig als so dringend empfundene Reformbedarf, der sich prima facie aus der Praxis der letzten Jahrzehnte ergibt, nicht zwangsläufig bereits in der Konzeption der Sozialen Marktwirtschaft angelegt ist. Während *Müller-Armack* kaum der Vorstellung anhing, dass der Markt per se bereits ausreichende soziale Qualitäten aufweise und deshalb mit korrigierenden und intervenierenden Prinzipien zu konfrontieren sei, wird im ordoliberalen Verständnis der Freiburger Schule wie auch im Ansatz *Hayeks* eine ethische Dimension der Marktwirtschaft konstatiert, die im Wesentlichen auf dem Regelcharakter der Privatrechtsordnung basiert. Insofern sei die marktwirtschaftliche Ordnung keineswegs wertneutral und auch nicht ausschließlich technisch bestimmt. Vermittelt über das Zusammenspiel privilegiensuchender Sonderinteressen und privilegiengewährender Staatsinterventionen drohe allerdings ein circulus vitiosus mit der Tendenz zur Refeudalisierung der Gesellschaft. Insofern erscheint eine angemessene Wirtschafts- und Gesellschaftspolitik auch im Interesse der ordoliberalen Position notwendig, aber ihr Stellenwert wird anders bemessen als bei *Müller-Armack*, bei dem Ordnungspolitik hierfür bei weitem nicht ausreiche, sondern sogar zur Belastbarkeitsprobe für die Marktwirtschaft selbst werden könne, wie es das Beispiel der Sozialpolitik überdeutlich zeige. Die entscheidende Frage sei indes gar nicht, wieviel Soziales die Marktwirtschaft verkraften könne, sondern die nach der Art und Weise der Sozialpolitik. Das Plädoyer der Ordoliberalen fällt zugunsten diskriminierungsfreier Versicherung anstelle der Vergabe von Gruppenprivilegien aus, die nur allzu gern mit dem weiten Deckmantel der Forderung nach sozialer Gerechtigkeit kaschiert werden.

Hans Willgerodt greift den Gedanken der Reformbedürftigkeit der bundesdeutschen Sozialen Marktwirtschaft innerhalb der Spezifik der Hochschulpolitik auf. Die von *Müller-Armack* angemahnten Holzwege der Universitätsreform durch zunehmende Bürokratisierung seien inzwischen durch zusätzliche und schwerwiegende Hemmnisse für Forschung und Lehre verbreitert worden. Verstärkte Berufsorientierung, indirekte Rangordnungen der Fakultäten nach ihrer wirtschaftlichen Verwertbarkeit und unmittelbare Nützlichkeit gehören ebenso dazu wie Eigentümlichkeiten der staatlichen Forschungsförderung, die besonders solche Gebiete subventioniere, von denen sie unmittelbare Rentabilität vermutet. Dies provoziert fast zwangsläufig die Frage nach dem Übergang zur privaten Finanzierung des Universitätsbetriebes, die in Deutschland allerdings nach wie vor auf erbitterten Widerstand stoße und statt dessen auf dem leidigen Mittelkurs zwischen numerus clausus, zentraler Studienplatzverteilung und Überfüllung insistiere. *Willgerodt* diskutiert marktwirtschaftliche Optionen für die Hochschulpolitik auch vor dem Hintergrund der erfolgreichen Erfahrungen, die andere Länder mit derartigen Modellen gemacht haben. Besonderes Augenmerk wird der Bedeutung der Hochschulautonomie gewährt. Neuartige Formen von wissenschaftlichem Wettbewerb und wissenschaftlicher Kooperation erinnerten eher an Wissenschaftsplanung als an freie Forschung und Lehre. Im Zuge einengender, kontrollierender und disziplinierender Änderungen von Zuständigkeiten ergebe sich ohnehin eher der Eindruck einer Scheinautonomie. Insgesamt könne man von den aktuellen Maßnahmen der Reform der Hochschulpolitik bisher insgesamt nicht behaupten, dass sie zu einem effizienteren System führen würden.

Das Buch schließt inhaltlich mit einem Beitrag von *Mathias Rauch* ab, der die Biographie und Bibliographie *Alfred Müller-Armacks* in einer Weise verbindet, bei der das wissenschaftliche Schaffen den zentralen Kern bildet. Im Zuge einer sorgfältigen Literatur- recherche ist auf diese Weise eine bisher beispiellose Zusammen- stellung der Schriften *Müller-Armacks* gelungen, deren Lücken infolge dessen hoher wissenschaftlichen Produktivkraft, die nicht mit einer entsprechenden akribischen Statistik der publizierten Schriften korrespondierte, zwar partiell noch vorhanden sein mö- gen, aber doch erheblich vermindert sind.

Mathias Rauch war es auch, der die gesamte redaktionelle Bear- beitung des Buchmanuskripts sehr sorgfältig und engagiert be- sorgte. Dafür danken wir, die Herausgeber des 77. Bandes der *Tuchtfeldt'schen* „Beiträge zur Wirtschaftspolitik", ihm herzlich.

Leipzig, im Juni 2002   *Rolf H. Hasse / Friedrun Quaas*

Grußwort des Rektors der Universität Leipzig[1]

VOLKER BIGL

Ich begrüße Sie herzlich im Namen des gesamten Rektorats-
kollegiums zum Symposion „Soziale Marktwirtschaft – Dimensionen eines integrativen Konzepts", zu dem Sie sich heute an der
Universität Leipzig zusammengefunden haben. Ich darf dies gewissermaßen als Hausherr tun, hier im Neuen Senatssaal der Universität, in dem wenigstens einmal monatlich der Akademische Senat
„Soziale Marktwirtschaft im Kleinen" betreibt, indem wir uns teilweise in diesem Rund hier sehr heftig um die Verteilung der Mittel,
um die Verteilung der Ressourcen, um die Entwicklungsperspek-
tiven der Universität streiten. Ich denke, dieser Vergleich ist nicht
zu weit hergeholt, dass eine Universität in vielerlei Beziehung
immer noch, trotz ihres staatlich dominierten Charakters, hier in
Sachsen zumindest seit 1830, als die alten Universitätskollegien
abgeschafft wurden und die Universität in ihre heutige Form überführt worden ist, trotz alledem noch ein Staat im Kleinen ist.

Mein besonderer Gruß gilt unseren ausländischen Gästen aus
Frankreich, Polen, Spanien und aus der Schweiz und natürlich
ebenfalls den anwesenden Schülern und ehemaligen Kollegen des
Mannes, dessen Wirken Sie mit Ihrer Konferenz ehren wollen. Ein
ganz herzlicher Gruß gilt Herrn Kollegen *Biskup*, der das Institut
für Wirtschaftspolitik gegründet und damit den Wirtschaftswissenschaften an dieser Universität nicht zuletzt auch wieder eine Zukunft gegeben hat.

Ich habe in Vorbereitung auf den heutigen Tag einmal im Lexikon
nachgeschaut, was dort zu *Müller-Armack* steht: „Wirtschaftswissenschaftler und Soziologe, Vater der Sozialen Marktwirtschaft",

---

[1] Es gilt das gesprochene Wort.

dann sind einige Werke angegeben. Selbst im großen, 24-bändigen Brockhaus, findet sich nicht viel mehr, neben einem kleinen Bild, versteht sich. Trotzdem ist es, glaube ich, nur wenigen Wissenschaftlern vergönnt, nicht nur eine wirtschaftswissenschaftliche Theorie von solcher Tragweite anerkannt aufzustellen, sondern zugleich auch deren praktische Anwendung in der Wirtschaftspolitik nachhaltig beeinflussen zu können. Auch in dieser Beziehung ist der heute von Ihnen anlässlich seines 100. Geburtstages Geehrte ein Beispiel par excellence an dem, was wir heute wohl „praxisverbundene Hochschullehrer" nennen dürfen.

Als enger Mitarbeiter von *Ludwig Erhard*, des damaligen Bundeswirtschaftsministers, war es ihm vergönnt, auch die inhaltliche Ausgestaltung seiner wirtschaftswissenschaftlichen Theorien und deren praktischer Begründung ganz wesentlich mitzuprägen. Das Thema einer sozial verantwortlichen Marktwirtschaft hat seit seiner Entstehung unmittelbar nach dem Ende des Zweiten Weltkrieges über die Jahrzehnte hinweg nichts an Aktualität verloren, auch wenn man als Nichtwissenschaftler, als Nichtwirtschaftsexperte oder Nichtwirtschaftswissenschaftler heute den Eindruck hat, dass der Begriff „Soziale Marktwirtschaft" weniger häufig in der Öffentlichkeit genannt wird oder auftaucht – vielleicht ist er zu selbstverständlich geworden, vielleicht hat der Begriff unter den gegenwärtig noch stagnierenden Wirtschaftsdaten und den allgegenwärtigen Wirtschaftssorgen, auch in Deutschland – viel von seiner Faszination verloren.

Nach der Wiedervereinigung Deutschlands wurde die Soziale Marktwirtschaft mit dem Staatsvertrag über die Währungs-, Wirtschafts- und Sozialunion zur gemeinsamen Wirtschaftsordnung beider Vertragspartner. Aber damit wurde nicht nur eine formale gesetzliche Verankerung festgeschrieben, sondern es wurde auch der Start in eine neue Phase der Realisierung dieser Leitidee ausgelöst. Die Integration der neuen Bundesländer kann dabei aus meiner Sicht nicht einfach als eine Fortschreibung dieser Tradition betrachtet werden, wie es leider in vielen anderen Bereichen unserer Gesellschaft nach der Wiedervereinigung der Fall gewesen ist, sondern sie stellt zugleich Chancen und Herausforderungen für eine dieser Tradition zwar verpflichteten, aber eigenständigen Erneuerung innerhalb einer gemeinsamen Zukunft dar.

Die Entwicklungen der letzten Jahre lehren uns, die Bedeutung eines ordnungspolitischen Rahmens, in dem Bewährtes erhalten wird und Neues seinen Platz zu finden hat, nicht gering zu schätzen. So sehr es notwendig ist, gegenüber wirtschafts- und gesellschaftspolitischen Reformen offen zu sein, so wichtig scheint es mir auch, die vorhandenen Ansätze einer sorgfältigen analytischen Prüfung zu unterziehen. Dies ist übrigens nicht nur wichtig im Zusammenhang Ihres Themas, es erscheint mir auch – Sie gestatten mir diese Bemerkung als Rektor dieser Universität – wichtig in der zunehmenden Debatte um die Zukunft der deutschen Hochschulen und der deutschen Universitäten. Auch hier gilt es aus meiner Sicht sehr viel sorgfältiger abzuwägen, was von der Tradition der alten deutschen Universität in die Zukunft produktiv mit herübergenommen werden soll und wo Neues notwendig ist. Ich glaube, es wäre ganz im Sinne von *Müller-Armack*, daß eine Soziale Marktwirtschaft als „offenes Stilkonzept", wie er sie selbst bezeichnet hat, das seine Ausgestaltung bei Anpassung an sich ändernde Umstände finden muss, genau diesen Weg geht, ohne jedoch ihren Kerngehalt zu verlieren.

Dementsprechend anspruchsvoll ist wohl das wissenschaftliche Programm dieser Tagung. Eingeordnet in die ordnungspolitische Forschungsausrichtung, hat es an der Wirtschaftswissenschaftlichen Fakultät der Universität Leipzig von ihrer Neugründung an, die nunmehr fast 10 Jahre zurückliegt, eine Heimstatt gefunden. In der Lehr- und Forschungstätigkeit des Instituts für Wirtschaftspolitik spiegelt sich diese Schwerpunktsetzung wider, gestützt durch zahlreiche Publikationen, die unter Herrn Kollegen *Biskup* – und von Herrn Kollegen *Hasse* weitergeführt – entstanden sind. Zum Thema der Sozialen Marktwirtschaft ist nicht nur überhaupt die erste Leipziger wirtschaftswissenschaftliche Habilitationsschrift durch Frau Kollegin *Quaas* in der Nachwendezeit entstanden und verteidigt worden, sondern sie hat, und damit auch das Institut, in diesem Jahr auch den renommierten Wissenschaftspreis der *Wolfgang-Ritter*-Stiftung, der alljährlich für herausragende wissenschaftliche Leistungen mit marktwirtschaftlichem Bezug verliehen wird, für diese Arbeit erhalten.

Gemessen am Thema Ihres Symposions ist nicht nur die Fragestellung der Person interessant, für mich ist auch interessant, wie weit die Soziale Marktwirtschaft in ihrer integrativen Funktion überhaupt gehen wird. Hat unsere Wirtschaftsordnung die Kraft des Beispiels im europäischen Einigungsprozess und möglicherweise auch darüber hinaus?

Die Vorstellungen, die *Alfred Müller-Armack* hierzu entwickelt hat, orientieren sich an den gemeinsamen Interessen und Wertüberzeugungen, die unterschiedliche Nationen, vielleicht sollten wir sagen, auch die unterschiedlichen europäischen Nationen, besitzen. Auf dieser Basis ist die Konzeption der Sozialen Marktwirtschaft innerhalb der Vielfalt vorstellbarer und realer Politik- und Gesellschaftsentwürfe eine sicher ernst zu nehmende Alternative.
Das Interesse der Wissenschaft an der Bearbeitung dieser und anderer damit zusammenhängender Fragen ist keineswegs überraschend und hat seit geraumer Zeit in einer umfangreichen Literatur seinen Niederschlag gefunden. In den letzten Jahren zeichnet sich eine die wirtschafts- und gesellschaftspolitische Diskussion bereichernde kritische Reflexion ab, deren Impulse und Ergebnisse

mit Sicherheit auch in Ihrem heutigen Symposion Gegenstand der wissenschaftlichen Erörterung sein werden, sei es nun die Erinnerung an den Kerngehalt des Konzeptes, die frühen Erfolge seiner praktischen Anwendung, der allenthalben für notwendig erachtete Reformbedarf oder eine notwendige Novellierung im Rahmen einer „Neuen sozialen Marktwirtschaft".

Diese und andere Fragen werden Sie sicher beschäftigen. Ich wünsche Ihnen darüber hinaus eine anregende Diskussion, einen reichen wissenschaftlichen Ertrag und vielleicht für uns alle gute Argumente, wie wir diese Fragestellungen weiterentwickeln können. Und vielleicht ergeben sich, das mag Ihnen übertrieben erscheinen, trotzdem halte ich es für wünschenswert – auch Argumente für andere Teilbereiche unserer Gesellschaft, nicht zuletzt in der Diskussion um die Weiterentwicklung der Universitäten in Deutschland.

Grundsätze der Wirtschaftspolitik der Sozialen Marktwirtschaft

EGON TUCHTFELDT

I   *Neue* Soziale Marktwirtschaft?

Wer heute über Soziale Marktwirtschaft spricht – dazu noch aus Anlaß des 100. Geburtsjahres ihres Begründers, *Alfred Müller-Armack* – tut dies unter sich verdüsternden Wolken am Konjunkturhimmel. In Deutschland haben wir zunehmende Arbeitslosigkeit, geringeres Wachstum und höhere Inflationsraten als in den meisten vergleichbaren Ländern. Die USA befinden sich diesbezüglich auf der Kriechspur (schon vor dem 11. September). Der andere große Konkurrent, Japan, scheint vor dem Zusammenbruch zu stehen.[1] Auf diese aktuellen Probleme soll hier nicht eingegangen werden. Denn auch, wenn es zu einer weltweiten Rezession kommen sollte, geht es bei längerfristiger Betrachtung über kurz oder lang wieder aufwärts.[2] Da es sich hier um grundsätzliche Fragen handelt, sollen die vielen Auseinandersetzungen über das, was Soziale Marktwirtschaft ist oder nicht ist, ebenfalls ausgeklammert werden. Verwiesen sei hier auf *Reinhold Biskups* Aufsatz „Die Soziale Marktwirtschaft zwischen echten Feinden und falschen Freunden" (1995) und vor allem auf die außerordentlich gründliche Auseinandersetzung, die *Friedrun Quaas* diesem Thema gewidmet hat.[3] Damit entfällt

---

[1] Vgl. hierzu nur *Th. Straubhaar*, Sanierungsbedürftige Japan AG. In: Wirtschaftsdienst, Jg. 81, Heft 10 (Okt. 2001), S. 550f.

[2] Vgl. *E. Tuchtfeldt*, Lange Wellen – Ein dogmengeschichtlicher Rückblick. In: *D. Fritz-Aßmus*, Wirtschaftsgesellschaft und Kultur (Festschrift für *Gottfried Eisermann*), Bern-Stuttgart-Wien 1998, S. 117-130.

[3] Vgl. *R. Biskup*, Die Soziale Marktwirtschaft zwischen echten Feinden und falschen Freunden. In: *F. Quaas/Th. Straubhaar*, Perspektiven der Sozialen Marktwirtschaft, Bern-Stuttgart-Wien 1985, S. 47-80, und *F. Quaas*, Soziale

auch der Streit über eine wie immer verstandene **Neue** Soziale
Marktwirtschaft ebenso wie der frühere über eine Ökologische
Marktwirtschaft. Über beide ist die Geschichte hinweggegangen,
wenn es auch heute noch Anhänger gibt.[4]
Von seiner irenischen Grundhaltung her wie auch im Hinblick auf die materiellen Erfolge der von ihm konzipierten und mit-
getragenen Wirtschaftspolitik war es für *Müller-Armack* klar, daß
auf die Phase des ökonomischen Wiederaufbaus eine zweite Phase
folgen mußte. *Müller-Armack* hat denn auch in zahlreichen Veröffentlichungen Vorschläge gemacht für die von ihm selbst so be-
nannte zweite Phase der Sozialen Marktwirtschaft. In seinem Aufsatz „Die Soziale Marktwirtschaft nach einem Jahrzehnt ihrer Erprobung" schrieb er bereits 1959:

> „Wir dürfen nun in der Konzeption der Sozialen Marktwirtschaft frei-
> lich nicht steril werden und uns mit dem, was erreicht ist, begnügen.
> Hinter allem steht eine neue Aufgabe, die gesellschaftlichen Probleme
> zu sehen ... Die metaökonomischen Aufgaben unserer Wirtschaftspolitik
> können hier nur angedeutet werden. Röpke hat von 'Jenseits von Ange-
> bot und Nachfrage' gesprochen, Rüstow von der Bereinigung der Vital-
> situation ... Es kommt eine neue Schicht von Fragen, die eine Lösung
> erheischen, in Sicht. Nicht die materielle Güterversorgung als vielmehr
> die sinnvolle und lebensgemäße Gestaltung der gesellschaftlichen und
> natürlichen Umwelt ... dürfte dabei im Vordergrund stehen ... Die Auf-
> gaben, die vor uns stehen, sind nicht geringer als die, die erfolgreich
> bewältigt werden konnten" (Wirtschaftsordnung und Wirtschaftspolitik,
> S. 264 f.)

Marktwirtschaft. Wirklichkeit und Verfremdung eines Konzeptes, Bern-
Stuttgart-Wien 2000.
[4] Vgl. *J. Starbatty*, Eine Neue soziale Marktwirtschaft. In: ASM-Bulletin,
2001, Nr. 1, S. 6 f.

Müller-Armack ist nicht müde geworden, für zahlreiche dieser Aufgaben Lösungsvorschläge zu machen: vom Ausbau des Bildungswesens über vermehrte Chancen zur Selbständigkeit sowie zur Verbesserung der sozialen und natürlichen Umwelt bis hin zur Schaffung von Nationalparks. Man lese diesbezüglich vor allem nach, was er darüber in seinen Aufsätzen „Die zweite Phase der Sozialen Marktwirtschaft. Ihre Ergänzung durch das Leitbild einer neuen Gesellschaftspolitik" (1960), „Das gesellschaftspolitische Leitbild der Sozialen Marktwirtschaft" (1962), „Der Moralist und der Ökonom. Zur Frage der Humanisierung der Wirtschaft" (1969), „Die soziale Marktwirtschaft als Friedensordnung" (1972), „Der humane Gehalt der Sozialen Marktwirtschaft" (1973) und in „Die künftige Verfassung der Sozialen Marktwirtschaft" (1973) geschrieben hat. Schon die Titel dieser Aufsätze, die im dritten und vierten Band seiner Ausgewählten Schriften wiederabgedruckt sind, sprechen für sich.[5]

II   Das Konzept „Soziale Marktwirtschaft"

Mit „Sozialer Marktwirtschaft" ist eine zeitlich und sachlich abgrenzbare Epoche der westdeutschen Nachkriegspolitik gemeint, nämlich das von *Alfred Müller-Armack* seit 1946 theoretisch entwickelte und von *Ludwig Erhard* seit 1948 in der Bundesrepublik Deutschland politisch praktizierte Konzept. Gewiß haben auch andere Wissenschaftler in sachlicher Hinsicht einen mehr oder minder großen Anteil an der Ausdifferenzierung dieses Konzepts. Erwähnt seien hier vor allem die Vertreter des Ordo-Liberalismus (*W. Eucken, F. Böhm* und ihre Schüler) sowie der Sozialhumanismus (*W. Röpke* und *A. Rüstow*). Gerade *W. Röpke* hat mit seinem Gutachten „Ist die deutsche Wirtschaftspolitik richtig?" *Ludwig Erhard* in der kritischen Zeit des Korea-Krieges den Rücken gestärkt. Re-

---

[5] Vgl. *E. Dürr/ H. Hoffmann/ E. Tuchtfeldt/ Chr. Watrin* (Hrsg.), *Alfred Müller-Armack*. Ausgewählte Werke, 4 Bde., Bern und Stuttgart 1981.

trospektiv läßt sich aber wohl die Feststellung treffen, daß kein anderer Theoretiker so intensiv mit dem Konzept „Soziale Marktwirtschaft" verbunden gewesen ist wie *Müller-Armack*. Hat er doch nicht nur 1946 den Begriff geprägt, sondern über Jahrzehnte am Ausbau dieses Konzeptes gearbeitet – eine Leistung, die in zahlreichen Publikationen ihren Niederschlag gefunden hat. Nicht minder bedeutsam dürfte in diesem Zusammenhang auch der Umstand sein, daß er von 1952 – 1963 als engster Mitarbeiter *Erhards* im Bundeswirtschaftsministerium tätig war (davon seit 1958 als Staatssekretär). Er konnte damit die Umsetzung seiner Ideen in die Praxis unmittelbar vorantreiben.

Das Konzept „Soziale Marktwirtschaft" ist ein Entwurf für die Praxis. Damit ist es auch allen Mißverständnissen ausgesetzt, denen Konzepte in der Praxis begegnen. Vor allem ist hier die immer wieder anzutreffende Ansicht zu nennen, mit dem Konzept sei auch die Realität gemeint. Entsprechend den Ergebnissen der diesbezüglichen wissenschaftlichen Diskussion in den fünfziger und sechziger Jahren soll hier unter einem Konzept ein längerfristig gültiges Leitbild verstanden werden, das für die wirtschafts- und gesellschaftspolitische Aktivität Grundsätze, Ziele und Instrumente in einen möglichst widerspruchsfreien Zusammenhang zu bringen sucht.[6] Die Vertreter der „Sozialen Marktwirtschaft" haben niemals Zweifel daran gelassen, daß sie ihr Konzept als **Leitbild** für die praktische Politik verstehen. Wie wenig aber die Gleichsetzung von Konzept und Realität gerechtfertigt ist, zeigt schon die Tatsache, daß die „Soziale Marktwirtschaft" in den verschiedenen Wirtschaftsbereichen in sehr unterschiedlichem Grade verwirklicht worden ist. Somit ließe sich nur die Frage stellen, inwieweit es gelungen ist, das Konzept in die Praxis umzusetzen.

---

[6] Vgl. hierzu *E. Tuchtfeldt*, Wirtschaftspolitische Konzeptionen - Zur Klärung eines vielgebrauchten Begriffes. In: Schweizer Monatshefte, Jg. 53 (1973/74).

Vereinfacht läßt sich dieses Konzept „Soziale Marktwirtschaft" durch sechs Stilelemente charakterisieren. Es sind dies:
1. der ordnungspolitische Grundsatz der Freiheit des Individuums,
2. der ordnungspolitische Grundsatz des sozialen Ausgleichs,
3. die Konjunkturpolitik,
4. die Wachstumspolitik,
5. die Strukturpolitik,
6. das Kriterium der Marktkonformität für wirtschaftspolitische
   Maßnahmen auf den genannten Gebieten.
Diese sechs Elemente bilden zusammen eine Stileinheit. Werden
sie realisiert, dann bilden sie eine **„Wirtschaftspolitik aus einem
Guß".**[7]

Schon in seinem 1932 erschienen Werk „Entwicklungsgesetze des Kapitalismus", das besonders von *Plessner* beeinflußt
war, hatte *Müller-Armack* als Grundgedanken die Auffassung vertreten, daß die **Geschichte nach vorne ein offener Prozeß** ist, der
aus der sittlich-moralischen Verantwortung der Handelnden heraus
gestaltet werden kann. Um hier gleich Mißverständnissen vorzubeugen: *Müller-Armack* meinte mit Gestaltbarkeit der Zukunft
nicht den rationalistischen Konstruktivismus der heutigen „Macher", sondern behutsame Korrekturen mit eben jenem Augenmaß,
das die „Macher" so gern zitieren, aber längst verloren haben.

Wer die vierbändige Ausgabe der Werke *Alfred Müller-Armacks* zur Hand nimmt, die aus Anlaß seines 80. Geburtstages erschienen ist, der mag sich vielleicht wundern, daß gleich zwei der
vier Bände um das Thema Religion in Wirtschaft und Gesellschaft
kreisen. Es sind dies der erste Band „Diagnose unserer Gegenwart"

---

[7] Vgl. *Ludwig Erhard*, Wohlstand für alle, Düsseldorf 1957. Ders.: Deutsche
Wirtschaftspolitik. Der Weg der Sozialen Marktwirtschaft, Düsseldorf-Wien-
Frankfurt 1962. *K. Hohmann* (Hrsg.), Ludwig Erhard. Gedanken aus fünf
Jahrzehnten, Düsseldorf-Wien-New York 1988. Ferner *Alfred Müller-Ar-
mack*, Wirtschaftsordnung und Wirtschaftspolitik, Freiburg i. Br. 1966, und
Christoph Heusgen, Ludwig Erhards Lehre von der Sozialen Marktwirt-
schaft, Bonn und Stuttgart 1981.

und der zweite Band „Religion und Wirtschaft". Wer *Müller-Armack*, den Menschen und sein Werk, gekannt hat, der weiß, daß gerade hier die geistigen Grundlagen seines Konzepts Soziale Marktwirtschaft zu finden sind. Er weiß, daß *Müller-Armack* im besten Sinne des Wortes in der christlich-abendländischen Tradition verwurzelt gewesen ist. Man mag in diesem Zusammenhang daran denken, daß zwei andere, *Müller-Armack* geistesverwandte Vertreter des modernen Liberalismus, nämlich *Wilhelm Röpke* und *Alexander Rüstow*, ebenfalls nur aus dieser Tradition her wirklich zu verstehen sind.

Ein Blick in *Röpkes* Werke „Gesellschaftskrisis der Gegenwart", „Civitas Humana" sowie vor allem in „Jenseits von Angebot und Nachfrage", aber auch in manchen seiner Aufsätze, in denen er sich mit Problemen der christlichen Soziallehre, insbesondere der Wirtschaftsethik auseinandersetzt, zeigen diese Bindungen an die Transzendenz mehr als deutlich. Für ihn – je länger, je mehr – galt der Satz „Das Maß der Wirtschaft ist der Mensch. Das Maß des Menschen ist sein Verhältnis zu Gott". *Alexander Rüstow* schrieb bereits 1931 einen religionssoziologischen Aufsatz „Katholischer, lutherischer und calvinistischer Kapitalismus". 1945 erschien sein schon vom Titel her bezeichnendes Buch „Das Versagen des Wirtschaftsliberalismus als religionsgeschichtliches Problem". Hierin wie auch in seinem dreibändigen magnum opus „Ortsbestimmung der Gegenwart" (1950, 1952 und 1957) und in seinen zahlreichen Publikationen zur Wirtschaftsethik treten die tieferen Wurzeln seines Denkens klar zutage.

Diese weite Perspektive, wie wir sie bei *Müller-Armack* ebenso wie bei *Röpke* und *Rüstow* finden, klammert das ökonomisch-instrumentalistische Denken keineswegs aus. Diese Feststellung ist darum besonders wichtig, weil es heute in Fachkreisen weitgehend üblich geworden ist, möglichst im engen ökonomischen Bereich zu bleiben. Man scheut davor zurück zuzugeben, daß sowohl unser individuelles Handeln als auch die gesamte Politik letztlich durch unsere Wertbasis bestimmt werden. Der Rückzug auf instrumentalistische Ziel-Mittel-Kalküle – Was können wir tun, um unser Wollen in die Tat umzusetzen? – ist ebenso bequem wie vordergründig. Er verbirgt nämlich, was dahinter für Menschen mit ihren Werthaltungen stehen, woher also das Wollen seine Orientierung empfängt.

Müller-Armack ist dieser Blickverengung nie erlegen, auch wenn die harten Tatsachen des wirtschaftlichen Wiederaufbaus im ersten Jahrzehnt nach dem Zweiten Weltkrieg ebenso wie später die Reformeuphorie der sozialliberalen Koalitionsregierung nüchternes Denken und einen klaren Sinn für ökonomische Proportionen erforderten. In wie starkem Maße er hierüber verfügte, beweisen seine zahlreichen Kommentare und Äußerungen zur Wirtschaftspolitik (die im dritten und vierten Band seiner Ausgewählten Werke nachzulesen sind).

Aber *Müller-Armack* wie auch sein Weggefährte *Ludwig Erhard*, die sich seit 1941 kannten, waren in erster Linie Christen und erst in zweiter Linie Ökonomen. Sie waren keine „Macher", sondern standen fest im Glauben. Sie wußten um die Schwächen und Unzulänglichkeiten menschlicher Existenz. So schrieb *Müller-Armack* (1950):

„Gerade wenn wir um die Tiefe der sozialen menschlichen Not vom Christlichen her wissen, sind wir gefeit dagegen, in irgendwelchen staatlichen Maßnahmen, seien sie nun Verteilungsmaßnahmen, Sozialisierung oder Vollbeschäftigungspolitik, letzte Ziele zu sehen. Was der christliche Ansatz von vornherein vermuten läßt, hat die reale Erfahrung immer wieder bestätigt. Alle diese Wege sind nur Teillösungen einer Gesamtaufgabe, die niemand besser löst als der, der von vornherein um die Unzulänglichkeit dieser Mittel weiß und sich nicht ihrer Überschätzung hingibt" (Religion und Wirtschaft, S. 577).

III   Das ordnungspolitische Grundprinzip der Freiheit auf dem Markte

Als erstes ordnungspolitisches Grundprinzip nannten wir die Freiheit des Individuums. Die Freiheit ist jedoch kein Mittel, kein „ökonomischer Hebel" wie in den früheren Staaten des „realen Sozialismus", sondern ein Wert an sich. Sie ist **das** Entmachtungsinstrument schlechthin und kein Herrschaftsinstrument, wie *Kurt Biedenkopf* es kürzlich ausgedrückt hat.[8] Damit sich diese Freiheit im ökonomischen Bereich manifestieren kann, bedarf es dezentralisierter Entscheidungseinheiten und funktionsfähiger Märkte. Hierfür hat die **Wettbewerbspolitik** zu sorgen, indem sie die nötigen Rahmenbedingungen („Spielregeln") schafft, damit die Marktprozesse, wo immer möglich, sich als Wettbewerbsprozesse abspielen können (Individualschutz und Institutionenschutz).[9]

Von besonderer Bedeutung sind in diesem Zusammenhang die Gewährleistung und der Schutz des Privateigentums an den Produktionsmitteln, die Vertragsfreihcit, das Haftungsrecht sowie die Freiheit des Marktzutritts und -austritts. Nur dann kann sich der Wettbewerb als „Such- und Entdeckungsverfahren" (*F. A. von Hayek*) entfalten und immer neue Ideen und Aktivitäten der Individuen hervorlocken. Der Chance des Gewinns muß stets das Risiko des Verlusts entsprechen, damit der Wettbewerb sich immer als Leistungswettbewerb darstellt. Die zentrale Figur ist dabei der Unternehmer, der als Innovator und Imitator im Wettbewerb für die bestmögliche Nutzung der knappen Ressourcen entsprechend den

---

[8]   Vgl. *K. Biedenkopf*, Sozialpolitik als Herrschaftsinstrument. In: ASM-Bulletin, 2001, Nr. 2, S. 8-13. Ferner: *G. Schwarz* (Hrsg.), Das Soziale der Marktwirtschaft, Zürich 1990, sowie *K. von Delhaes* und *V. Fehl*, Dimensionen des Wettbewerbs, Stuttgart 1997.

[9]   Vgl. *O. Schlecht*, Wettbewerb als Aufgabe, Tübingen 1975 und die dortigen Literaturangaben.

Wünschen der Nachfrager sorgt und damit letztlich den einzelnen Menschen dient.[10]

Flankierende Maßnahmen, um den Markt funktionsfähig zu erhalten, bilden die Förderung von Neugründungen und die Hilfen für kleine und mittlere Unternehmungen (Mittelstandsförderung oder „small business policy"). Fiskalische und sonstige Anreize zur Selbständigkeit sind durchaus marktkonform im Sinne einer erweiterten Wettbewerbspolitik. Je mehr kleine und mittlere, ökonomisch lebensfähige Unternehmungen vorhanden sind, um so besser ist die Marktwirtschaft auch gesellschaftlich abgestützt.

IV   Das ordnungspolitische Grundprinzip des sozialen Ausgleichs

Zum Organisationsprinzip des Marktes gehört als **Kehrseite** das **Prinzip des sozialen Ausgleichs**. Nicht umsonst hatte *Alfred Müller-Armack* so großes Gewicht darauf gelegt, „das Prinzip der Freiheit auf dem Markte mit dem des sozialen Ausgleichs zu verbinden".[11] Dabei ging es ihm keineswegs um einen Kompromiß, sondern um eine gleichrangige und **komplementäre** Verbindung. Je besser die Märkte funktionieren, um so mehr kann im Rahmen der sozialen Sicherheitssysteme verteilt werden. Und umgekehrt: Wird mehr verteilt als produziert (was ökonomisch nur durch Inflations- und/oder Schuldenpolitik möglich ist), dann leidet die Funktionsfähigkeit der Märkte. Der dauernden Überforderung

---

[10] Vgl. *M. Kläver*, Die Verfassung des Marktes. *F.A. v. Hayeks* Lehre von Staat und Markt im Spiegel grundgesetzlicher Staats- und Verfassungslehre, Stuttgart 2000.

[11] *A. Müller-Armack*, Soziale Marktwirtschaft. In: Handwörterbuch der Sozialwissenschaften, Bd. 9, Stuttgart-Tübingen-Göttingen 1956, S. 390 ff. Vgl. hierzu auch die bei *Müller-Armack* geschriebene Dissertation von *B. Höpken*, Lösungsversuche von Lohnkonflikten zwischen den Tarifparteien als gesellschaftspolitische Aufgabe der Marktwirtschaft. Diss., Köln 1970.

durch sozialstaatliche Umverteilungsmaßnahmen aller Art ist die Marktwirtschaft nicht gewachsen.

Hier hatte der Laissez-faire-Liberalismus entscheidende Punkte übersehen. Der Markt kann, wenn er einigermaßen effizient funktioniert, nur leistungsadäquate Einkommen verteilen. Soziale und humane Aspekte berücksichtigen kann er nicht. Diesbezügliche Probleme, die nicht über den Markt zu bewältigen sind, müssen daher durch eine entsprechende **Sozialpolitik** gelöst werden. Vor allem sollen jene Menschen, die noch nicht, vorübergehend nicht oder nicht mehr im Arbeitsprozeß stehen, weitgehend vor unverschuldeter Not abgesichert sein. Wichtig ist dabei, daß die Maßnahmen der Sozialpolitik nur als Sicherheitsnetze für die Wechselfälle des Lebens fungieren, nicht im Sinne einer allgemeinen Versorgung. Die Anreize zur individuellen Leistung und zum individuellen Sparen sollen und müssen stark genug bleiben, um die Marktprozesse funktionsfähig zu erhalten. Die „Vollkaskomentalität", wie sie sich seit den siebziger Jahren immer stärker entwickelt hat, ist mit dem Konzept „Soziale Marktwirtschaft" unvereinbar. Hier zeigt sich deutlich die komplementäre Beziehung von individueller Freiheit und sozialer Sicherheit.

Eine wichtige Rolle kommt im Rahmen einer erweiterten Sozialpolitik der Förderung der privaten Vermögensbildung zu. Vermögen schafft ein größeres Maß an individueller Freiheit bzw. die Möglichkeit, diese Freiheit überhaupt erst nutzen zu können. Erwähnt seien hierzu Stichworte wie Sparprämien, Vergünstigungen beim Erwerb von Eigentumswohnungen und Eigenheimen, Belegschaftsaktien und andere Formen der Kapitalbeteiligung an der Unternehmung, in der man tätig ist.

Wettbewerbs- und Sozialpolitik würden als Rahmenbedingungen ausreichen, wenn die Wirtschaft aus sich heraus stabil wäre. Dies würde aber völlige Preisflexibilität und Faktormobilität voraussetzen, damit sich bei Datenänderungen die Anpassungsprozesse einigermaßen reibungslos vollziehen können. In der Praxis gibt es nicht zuletzt wegen des unzureichenden Vorhandenseins dieser Voraussetzungen konjunkturelle Schwankungen im Sinne einer unterschiedlichen Auslastung des Produktionspotentials. Hier ist vor allem die **Verkrustung des Arbeitsmarktes** zu nennen. Seine Flexibilisierung stößt auf harte Widerstände der Gewerkschaften. Befristete Arbeitsverträge, Öffnungsklauseln in Tarifverträgen für abweichende Regelungen in einzelnen Betrieben, die Abschaffung einer festen Altersgrenze nach oben, Teilzeitarbeit, Leiharbeit, ein Niedriglohnsektor usw. wären Elemente der Flexibilisierung.[12] Bei rd. 82 Millionen Einwohnern der Bundesrepublik stehen rd. 38 Millionen Beschäftigten rd. 44 Millionen gegenüber, die sich nicht im Arbeitsprozeß befinden (zumindest nicht legal). Versicherungsfremde Leistungen sind in einem Ausmaß der Sozialpolitik übertragen worden, daß die Leute verwirrt sind über das, was ist, und noch mehr über das, was kommen soll (Rentenreform, Gesundheitsreform, Steuerreform, Bildungsreform usw.). Bei der Wirtschaftsstruktur treten immer wieder Engpässe und Überkapazitäten auf, die sich nicht ohne weiteres vom Markt her überwinden lassen. In der „Sozialen Marktwirtschaft" bedarf es daher neben den wettbewerbs- und sozialpolitischen Rahmenbedingungen, die der Verwirklichung der beiden marktübergreifenden Ordnungsprinzipien individuelle Freiheit und sozialer Ausgleich dienen, der prozeßpolitischen Maßnahmen der Konjunktur-, Wachstums- und Strukturpolitik.

---

[12] Vgl. *E. Tuchtfeldt*: Feste Altersgrenzen - Verschwendung von Humankapital? In: Volkswirtschaftliche Korrespondenz der *Adolf-Weber*-Stiftung, 30. Jg., 1991, Nr. 5.

V   Konjunkturpolitik

Als drittes Stilelement ist die **Konjunkturpolitik** zu nennen. Jeder Industriewirtschaft sind Schwankungen der wirtschaftlichen Aktivität immanent, weil die Orientierung am Markt gewisse Reibungsverluste als Preis für die Freiheit aufweist. Unterschiedliche Inflationsraten und Produktivitätszuwächse der einzelnen Länder haben bei starker Außenhandelsverflechtung monetäre und reale Ungleichgewichte beim Beschäftigungsgrad, beim Geldwert und bei der Zahlungsbilanz zur Folge, die gesamtwirtschaftlich und auch gesamtgesellschaftlich problematisch werden können. Zu erwähnen sind hier vor allem die sozialen Kosten der Arbeitslosigkeit. Aus marktwirtschaftlicher Sicht kommt bei der Konjunkturpolitik der Geldwertstabilität die erste Priorität zu. Denn alle Erfahrungen der letzten Jahrzehnte lehren uns, daß bei fortlaufender Geldentwertung auch Vollbeschäftigung und Zahlungsbilanzgewicht nicht mehr gewährleistet werden können. Inflations**erwartungen** wirken dabei stärker destabilisierend als die Inflations**raten** selbst.[13]

Die Vertreter der „Sozialen Marktwirtschaft" in Politik und Wissenschaft haben in diesem Zusammenhang quantifizierte Projektionen der zu erwartenden Inflationsrate stets abgelehnt. Gerade *Ludwig Erhard* hat sich immer mit Leidenschaft dagegen gewehrt, das Ziel Geldwertstabilität dadurch zu relativieren, daß offiziell eine angenommene Inflationsrate für das nächste Jahr verkündet wird. Denn solche prognostizierten Inflationsraten pflegen sich meist selbst zu erfüllen, weil sie – da von der Regierung bekannt gegeben – auch geglaubt werden und sich die Wirtschaftssubjekte in ihrem Verhalten darauf einstellen. Mit anderen Worten: Progno-

---

[13]   Vgl. hierzu *E. Tuchtfeldt*, Strategien zur Bekämpfung der Arbeitslosigkeit in der ersten und zweiten Weltwirtschaftskrise. Wilhelm Röpkes Auffassung in den dreißiger Jahren und die heutige Problematik. In: Zeitschrift für Wirtschaftspolitik, Jg. 32, Heft 3 (1983), S. 243-258.

sen über die Entwicklung des Geldwertes sind nicht verhaltensneutral. Man denke nur an die Rolle solcher Projektionen bei den Lohnverhandlungen der Tarifpartner.

Trotz aller wissenschaftlichen Bemühungen um den Ausbau der prognostischen Methoden ist es aber nicht gelungen, die Prognosequalität so nachhaltig zu verbessern, daß die Voraussetzungen für eine wirksame Politik geschaffen werden konnten. Vergleiche zwischen prognostizierten und realisierten Werten zeigen zum Teil so erhebliche Abweichungen, daß schon die mangelnde Prognosequalität das Anspruchsniveau der heutigen Politik als zu hoch erscheinen läßt. Man denke hier nur an die vierteljährlichen Rücknahmen von prognostizierten Werten seitens der Konjunkturforschungsinstitute. Ihre Glaubwürdigkeit ist dadurch erheblich gesunken.[14]

VI Wachstumspolitik

Bei der Wachstumspolitik, dem nächsten Bereich, kommt es darauf an, die rechtlichen und infrastrukturellen Rahmenbedingungen für eine möglichst störungsfreie Wirtschaftsentwicklung zu schaffen. Staatliche Prognose der Wachstumsraten ist dagegen

---

[14] Um hier Mißverständnisse zu vermeiden, sei gleich dazu erwähnt, daß die Abstinenz von gesamtwirtschaftlichen Zielprojektionen selbstverständlich nicht bedeutet, daß die Regierung im System der „Sozialen Marktwirtschaft" keine Prognosen aufstellen soll. Allein die Haushalts- und Finanzpläne machen es erforderlich, quantitative Annahmen über die Entwicklung der Gesamtwirtschaft zu machen. Schon die mangelnde Prognostizierbarkeit exogener Faktoren (wie etwa Wechselkursänderungen, längere Streiks, große Zuflüsse von Auslandsgeldern, Kapitalflucht usw.) spielen dabei eine besondere Rolle. Zur hier angeschnittenen generellen Problematik vgl. die schon vor drei Jahrzehnten erschienene, aber immer noch sehr lesenswerte Darstellung von *P. Urban*, Die Unmöglichkeit wissenschaftlicher Voraussagen über die Zukunft und einige ihrer wirtschafts- und gesellschaftlicher Konsequenzen. In: *B. Wellmann* (Hrsg.), Die Umwelt-Revolte. Von der Ökonomie zur Ökologie, Köln 1972, S. 101 ff.

marktwidrig. Sie stellt „Anmaßung von Wissen" (*F. A. von Hayek*)
dar, das keine Behörde und kein Planungsamt haben kann.[15]

Zu einer marktkonformen Wachstumspolitik gehören beispielsweise Anreize zur Verjüngung des Produktionsapparates
durch entsprechende Abschreibungsvergünstigungen. Das „deutsche Wirtschaftswunder" nach der Währungsreform 1948 ist zu einem nicht geringen Teil auf die Förderung der Selbstfinanzierung
zurückzuführen. Zu einer marktkonformen Wachstumspolitik gehören weiter Anreize zur Innovationsförderung. Neue Erfindungen
und zukunftsweisende Technologien werden aber nicht nur in
Großbetrieben entwickelt, sondern ebenso und mehr noch im
mittelständischen Raum. Technologiepolitik, die nur den großen
Unternehmungen zugute kommt, fördert die Konzentration und
widerspricht daher den Grundideen der „Sozialen Marktwirtschaft".

Wenn man in einer Marktwirtschaft die globalen Wachstumsraten prognostiziert, dann spannt man gewissermaßen den
Wagen vor das Pferd, wie es schon 1964 der spätere norwegische
Nobelpreisträger für Wirtschaftswissenschaft *Ragnar Frisch*
ebenso drastisch wie treffend formuliert hat.[16]

---

[15] Bezeichnend hierfür sind die vierteljährlichen Revisionen der prognostizierten Wachstumsraten nach unten, mit denen sich seit dem Jahr 2000 viele
Ökonomen unglaubwürdig gemacht haben.

[16] Vgl. *R. Frisch*, Economic Planning and the Role of Econometrics. In: Natio-
nalökonomisk Tidskrift, Vol. 78 (1964), S. 6 f., zitiert nach *H. Möller*, Konzertierte Aktion und Globalsteuerung. In: Kyklos, Vol. 23 (1970), S. 709.
Erich Schneider bemerkte dazu schon 1967: „Wer primär in Wachstumsraten
denke, verliere nur zu leicht den Blick für das Grundproblem der Wirtschaft,
das Problem der Allokation der Ressourcen, und vergesse zu fragen, in welchen Bereichen und Richtungen das Wachstum erfolgen solle. Schon die
Vorausbestimmung der globalen Wachstumsraten, erst recht aber die nötige
Spezifikation der Verteilung auf die Produktionseinrichtungen gehören nicht
zum marktwirtschaftlichen Konzept, sondern zum Ideengut des Dirigismus"
(*E. Schneider* in: Frankfurter Allgemeine Zeitung vom 14. März 1967). *Alfred Stobbe* hatte im Jahr vorher geschrieben: „Aggregation ist lediglich eine
am Schreibtisch des Wirtschaftswissenschaftlers oder Wirtschaftsstatistikers

VII   Strukturpolitik

Im Bereich der Wirtschaftsstruktur gibt es eine Reihe von Märkten, bei denen der Strukturwandel aus natürlichen, technischen und sonstigen Gründen nicht richtig funktioniert. Entstehen hier langfristig strukturelle Anpassungsschwierigkeiten, werden also ganze Branchen oder Regionen notleidend, dann kann die Strukturpolitik Anpassungshilfen geben. Auf dem Arbeitsmarkt können Mobilitätshilfen (für Umschulung und/oder Umsiedlung) dazu dienen, strukturelle Arbeitslosigkeit abzubauen.

Wo immer aber die Ergebnisse des Marktes aus natürlichen, motivrationellen, polizeilichen, politischen oder militärischen Gründen nicht erwünscht sind (z.B. wegen der Versorgungssicherheit mit Nahrungsmitteln, Energie und Rohstoffen in Not- und Kriegszeiten), sollen Maßnahmen so transparent und effizient wie möglich gestaltet werden. Im übrigen stellt sich gerade in diesen Ausnahmebereichen stets die Frage, welche Maßnahmen zu präferieren sind. Direkte Einkommenstransfers sind beispielsweise den Subventionen und erst recht den Abnahmegarantien vorzuziehen. Generell läßt sich feststellen: Der Strukturwandel ist in Europa (und erst recht in Japan) noch lange nicht so weit gediehen wie in den USA.[17]

---

ausgeführte Rechenoperation, die an der Realität nichts ändert. Sie kann niemals bedeuten, daß die zusammengefaßten Wirtschaftssubjekte nun plötzlich aus einem gemeinsamen Willen heraus handeln." (*A. Stobbe*: Volkswirtschaftliches Rechnungswesen, Berlin-Heidelberg-New York 1966, S. 45 f.). Schon bei *Karl Marx* findet sich übrigens die ironische Kritik: „Es genügt Herrn Proudhon nicht, aus dem Verhältnis von Angebot und Nachfrage die Elemente auszumerzen, von denen wir gesprochen haben. Er treibt die Abstraktion auf die Spitze, indem er alle Produzenten in einen einzigen Produzenten, alle Konsumenten in einen einzigen Konsumenten zusammenschweißt, und den Kampf zwischen diesen beiden chimärischen Personen sich ausspielen läßt. Aber in der wirklichen Welt wickeln sich die Dinge anders ab." (*K. Marx*: Das Elend der Philosophie, Stuttgart 1885, S. 15).

[17]   Vgl. *Th. Straubhaar*, Sanierungsbedürftige Japan AG, a.a.O.

VIII   Marktkonformität als Interventionskriterium

Für alle Politik, die der Ergänzung oder Korrektur der
Marktprozesse dient, gilt selbstverständlich als Interventionskriterium die Forderung nach Zielkonformität, d.h. die getroffenen
Maßnahmen sollen zielgeeignet sein. Wichtiger ist aber in einer
Marktwirtschaft die **Forderung nach Marktkonformität**, d.h. die
Marktprozesse sollen durch die Wirtschaftspolitik möglichst wenig
verzerrt oder gestört werden.[18] In Ausnahmebereichen, in denen
aus den eben erwähnten Gründen von dieser Forderung abgewichen
wird, müssen die Eingriffskriterien möglichst klar formuliert und
vor allem die Maßnahmen befristet und laufend kontrolliert werden. Ein Beispiel: Subventionen sollten immer zweckgebunden
sein; außerdem bedürfen sie der Erfolgskontrolle.

Diese Elemente, die sich in den Bereichen Wettbewerbs-,
Sozial-, Konjunktur-, Wachstums- und Strukturpolitik sowie dem
Interventionskriterium der Marktkonformität manifestieren, **ergän-
zen sich gegenseitig. Sie bilden zusammen die Stileinheit der
Sozialen Marktwirtschaft.**

Im ersten Jahrzehnt nach der Währungsreform 1948 waren
dem Konzept „Soziale Marktwirtschaft" beispiellose Erfolge be-
schieden. Allerdings sollte man dabei nicht vergessen, daß die
stürmische Wiederaufbauphase nach der Währungsreform nicht
allein der „Sozialen Marktwirtschaft" zu verdanken ist, sondern
dem historisch einmaligen Zusammentreffen einer Reihe verschiedener Faktoren. Das Konzept „Soziale Marktwirtschaft" war insofern eine notwendige, aber nicht hinreichende Bedingung für das
sogenannte „Wirtschaftswunder". Wir wissen aus der Wirtschafts-

---

[18]   Dieses zuerst von *Wilhelm Röpke* 1937 formulierte Kriterium besagt, daß
wirtschaftspolitische Maßnahmen, wo immer möglich, nicht bei der Allokation, sondern bei der Distribution ansetzen sollen. Vgl. hierzu *E. Tuchtfeldt*,
Zur Frage der Systemkonformität wirtschaftspolitischer Maßnahmen. In: *H.-
J. Seraphim*, Zur Grundlegung wirtschaftspolitischer Konzeptionen, Berlin
1960, S. 203-238.

geschichte Europas wie auch aus den Erfahrungen der Entwicklungsländer, daß es keineswegs genügt, nur die individuellen Kräfte freizusetzen. Weitere Bedingungen müssen hinzukommen.[19]

IX   Wie geht es weiter?

Wie geht es weiter? Um es kurz zu sagen: Alles hängt primär von der Transparenz der Politik und der Akzeptanz durch die Bürger ab. In den Jahren 1957 - 1962 entwickelte *Müller-Armack*, der 1946 schon den Begriff der „Sozialen Marktwirtschaft" geprägt und ihr ursprüngliches Programm in wesentlichen Punkten ausgearbeitet hatte, erneut in einer Anzahl Veröffentlichungen detaillierte Vorstellungen einmal für eine Konjunkturpolitik, die den veränderten Verhältnissen entsprach, zum anderen für eine **verstärkte gesellschaftspolitische Absicherung der Marktwirtschaft**. Erwähnt seien hier nur sein Kodex für ein richtiges konjunkturpolitisches Verhalten mit allgemeinen Grundsätzen und mit Verhaltensregeln für bestimmte Konjunkturlagen, ferner seine Vorschläge für eine Vermögensbildung breiter Schichten, für eine Förderung der Bildungspolitik, für eine Verbesserung der Gesundheitsfürsorge und auch bereits für eine zielbewußte Inangriffnahme der schon damals sich bemerkbar machenden Umweltprobleme.

Die damit bis in Detailfragen ausgearbeiteten Chancen für eine Weichenstellung zur **zweiten Phase der „Sozialen Marktwirtschaft"** blieben aber weitgehend ungenutzt. Mit dem Ausscheiden *Erhards* und *Müller-Armacks* aus dem Wirtschaftsministerium entstand in diesem Ressort ein Vakuum, in welchem sich bald und immer stärker der Kampf der organisierten Gruppen breitmachte. Die Konjunkturpolitik geriet ins Schleudern. Die gesellschaftlichen Auseinandersetzungen wurden schärfer. Nennenswerte „systemverbessernde Reformen" fanden praktisch nicht mehr

---

[19] Vgl. *E. Tuchtfeldt*: Soziale Marktwirtschaft und Globalsteuerung. In: *E. Tuchtfeldt* (Hrsg.), Soziale Marktwirtschaft im Wandel, Freiburg i. Br. 1973.

statt (wenn man von Einzelheiten einmal absieht). Nachdem die
„Soziale Marktwirtschaft" in den ersten anderthalb Jahrzehnten
kräftig vorangetrieben war, setzte nun durch „systemverschlech-
ternde Reformen" ein allmählicher Stilverfall ein. An die Stelle der
„Sozialen Marktwirtschaft" trat immer deutlicher das Konzept „Sozialstaat", verstärkt seit den sozialliberalen Koalitionsregierungen
ab 1969, als das Akzeptanzproblem deutlich hervortrat. Auch mit
dem Regierungswechsel 1982 trat die in der Wahlpropaganda ver-
sprochene „Wende" nicht ein. Vielmehr begann bald die immer
intensiver geführte Diskussion über die „Grenzen des Sozialstaats",
die dann durch die finanziellen Konsequenzen der deutschen Wiedervereinigung ab 1990 noch kräftig verstärkt wurde.[20]

Die zeitliche Begrenzung des ordnungspolitischen Konzepts
„Soziale Marktwirtschaft" auf die Jahre 1948 - 1966 mag manchem
mißfallen, der von der Vorstellung einer kontinuierlichen Entwicklung ausgeht, zumal eine solche Kontinuität vielfach unterstellt wird (allerdings meist unter Kleinschreibung des Adjektivs
„sozial"). Wie an anderen Stellen ausführlicher dargelegt, setzten
aber mit der sozialstaatlichen Reformpolitik seit 1969 so starke
Transformationstendenzen ein, daß bald von einem zweiten ordnungspolitischen Experiment gesprochen werden konnte, eben dem
korporatistischen Sozialstaat. Bald stellte sich die Frage „Wieviel
Streß verträgt die Wirtschaft?" Der „Mythos der Machbarkeit" und
der „gesellschaftspolitische Reformfetischismus" ließen die Bürokratie zum Moloch anwachsen, die den „mündigen" zum „admini-
strierten" Bürger degradierte. Zweckoptimismus als Verschleie-
rungsstrategie, quantitative Vermehrung bei gleichzeitiger qualita-
tiver Verschlechterung der rechtlichen Rahmenbedingungen, un-
soziale Wirkungen sozial gemeinter Maßnahmen usw. führten zu

---

[20] Vgl. hierzu *E. Tuchtfeldt*, Grenzen des Sozialstaats. In: *A. Jetzer* u.a. (Hrsg.),
Ordo et Libertas. Festschrift für *Gerhard Winterberger*, Bern 1982, S. 411-
424.

Effizienzverlusten und dem heute allenthalben spürbaren finanz- und sozialpolitischen „Overkill". Der treffende Ausspruch des früheren Bundesfinanzministers *Franz Etzel* „Der Staat ist keine Kuh, die im Himmel gefüttert und auf Erden gemolken wird", ist längst vergessen.

Die allgemeine Anspruchsinflation hat dazu geführt, alle diese Fragen seither nur als Verteilungsproblem zu sehen. Dabei ist der Blick dafür verloren gegangen, daß nur verteilt werden kann, was vorher produziert worden ist. Das Sozialsystem ist für den einzelnen Bürger weitgehend undurchsichtig und unverständlich geworden. Wenn die Bürger nicht mehr motiviert sind, mehr zu leisten, wenn der Erfolg des Tüchtigen, Fleißigen und Sparsamen den Neidkomplexen der Faulen, Dummen und Verschwender geopfert wird, dann leidet darunter die Gemeinschaft als Ganzes. Wenn die Wirtschaft weniger investiert, weil sich die Ertragslage massiv verschlechtert hat und die Aussichten für die Zukunft eher düster sind, dann lebt sie von der Substanz. Die für morgen und übermorgen benötigten kapitalintensiven Arbeitsplätze können dann nicht mehr bereitgestellt werden. Oder um es kraß zu formulieren: Wir leben seit langem bereits auf Kosten der Zukunft, auf Kosten zukünftiger Arbeitsplätze, zukünftiger Produktion, zukünftigen Einkommens und damit auch der zukünftigen Möglichkeiten sozialer Sicherung und gesellschaftlicher Stabilität. Die „Kosten der Einheit" wären wesentlich geringer und die „blühenden Landschaften" schneller zu haben gewesen, wenn das Konzept „Soziale Marktwirtschaft" nicht zunehmend dem Konzept „Sozialstaat" hätte Platz machen müssen.

Vom Interventionsstaat zur Sozialen Marktwirtschaft: Der Weg *Alfred Müller-Armacks*[1]

BERTRAM SCHEFOLD

Die deutschen Konzeptionen von Ordnungspolitik und Sozialer Marktwirtschaft, die der Wissenschaft und Politik in diesem Land noch immer eine Orientierung zu geben vermögen, wurden nicht von einer einzigen Persönlichkeit erdacht, sondern verdanken sich vielen Wegbereitern. Sie antworteten in den mittleren Jahrzehnten dieses Jahrhunderts auf die Herausforderungen der Wirtschaftskrise, der nationalsozialistischen Wirtschaftslenkung und der zentralen Planung im sich formierenden Ostblock mit einer Erneuerung des Liberalismus. Man mag bedauern, daß der Glanz der Namen von Mitbegründern wie *Rüstow* und *Röpke* etwas verblaßte, obwohl ihre beharrlich vorgetragene Forderung, die Wirtschaftspolitik müsse in Generationen denken und damit auch gesellschaftspolitische Aufgaben berücksichtigen, heute Gehör verdiente. Einem weiteren Publikum sind am ehesten die Namen *Eucken* und *Müller-Armack* vertraut; der erste, weil er in den „Grundlagen der Nationalökonomie"[2] maßgebend die Methode der Analyse unterschiedlicher Wirtschaftsformen und -systeme entwickelte, während der zweite den wichtigsten Beitrag zur Verbreitung und Durchsetzung der Konzeption lieferte. *Müller-Armacks* „Wirtschaftslenkung und Marktwirtschaft" führte den Begriff der Sozialen Marktwirtschaft in die Öffentlichkeit ein und erregte großes Aufsehen, weil man

---

[1]   Zuerst veröffentlicht in dem Kommentarband „Vademecum zu einem Klassiker der Ordnungspolitik" zur Faksimileausgabe von *Alfred Müller-Armacks* „Wirtschaftslenkung und Marktwirtschaft" (Klassiker der Nationalökonomie). © Verlag Wirtschaft und Finanzen, Verlagsgruppe Handelsblatt GmbH, Düsseldorf 1999.

[2]   *Eucken, W.*, Die Grundlagen der Nationalökonomie. Faksimile der Erstausgabe von 1940 und Kommentarband. Düsseldorf: Verlag Wirtschaft und Finanzen, 1990.

noch allgemein glaubte, in der Not der Nachkriegszeit an Lenkungsmaßnahmen festhalten zu müssen.[3]

„Wirtschaftslenkung und Marktwirtschaft" war ganz auf die Augenblickssituation bezogen – in entschiedenem Gegensatz zum grundlegenden Charakter von *Euckens* Hauptwerk –, und sollte auch nicht als repräsentativ für *Müller-Armacks* ganzes Schaffen angesehen werden, da er nicht nur in den verschiedensten ökonomischen Disziplinen arbeitete, sondern auch mit bedeutenden Beiträgen in die Kultur- und Religionssoziologie hinausgriff. Wie *Müller-Armack* die Tradition *Max Webers* weiterführte, zeigt sein Aufsatz „Zur Religionssoziologie des europäischen Ostens".[4] Freilich wird sich erweisen, daß zwischen dem aktualitätsbezogenen Sachbuch, das Geschichte machte, und *Müller-Armacks* Religionssoziologie eine wesentliche Verbindung besteht, die durch den Begriff des Wirtschaftsstils bezeichnet wird. Er war überzeugt, daß jeder Epoche ein Stil, verstanden als „Einheit des Ausdrucks und der Haltung", eignete, der auch das Wirtschaftliche kennzeichnete und von diesem mitbestimmt war. Den Begriff und die mit seiner Verwendung verbundene Herangehensweise empfinden viele Ökonomen heute als unfruchtbar, teils weil sie den analytisch schärferen Systembegriff bevorzugen und es nicht lieben oder nicht gelernt haben, geisteswissenschaftlich zu arbeiten, teils weil in den Geisteswissenschaften selbst der Stilbegriff zurückhaltender verwendet wird – glaubt doch jeder Künstler, seinen eigenen Stil zu entwickeln, und jeder Konsument, sich individuell zu verwirklichen. *Müller-Armack* hätte zweifellos entgegengehalten, daß gerade diese gewollte Vielfalt den Stil der Moderne charakterisiere

---

[3] *Müller-Armack, A.*, Wirtschaftslenkung und Marktwirtschaft. Hamburg: Verlag für Wirtschaft und Sozialpolitik, 1947; das Buch wurde schon Ende 1946 ausgeliefert und wird deshalb – für die historische Bewertung ist dies keineswegs gleichgültig – in der Literatur oft als ein Werk des Jahres 1946 bezeichnet.

[4] *Müller-Armack, A.*, Zur Religionssoziologie des europäischen Ostens, in: Weltwirtschaftliches Archiv, Bd. 61.2, 1945, S. 163-192.

und ohne einen Grundbestand gemeinsamer Werte wie Freiheit, Toleranz, Anerkennung des Anderen nicht zu existieren vermöchte. *Alfred Müller-Armack* wurde 1901 in Essen geboren. In den schwierigen Jahren nach dem Ersten Weltkrieg studierte er Wirtschaftswissenschaften und war, beginnend als Fakultätsassistent 1926, endend als Emeritus, von 1926 bis 1938 und dann wieder von 1949 bis zu seinem Tode an der Universität zu Köln. Ordentlicher Professor wurde er zuerst 1938 in Münster. In der Nachkriegszeit verwandte er viel Kraft und Zeit auf die Wirtschaftspolitik; namentlich wurde er 1952 zum Abteilungsleiter in das unter der Leitung von *Ludwig Erhard* stehende Bundeswirtschaftsministerium berufen.[5]

Müller-Armack und *Ludwig Erhard* kannten sich seit 1941. Ein Telegramm deutet an, unter welchen Bedingungen Wirtschaftspolitik vor der Währungsreform betrieben wurde. *Müller-Armack* wurde im November 1947 im Auftrag *Ludwig Erhards* zur Sonderstelle „Geld und Kredit" gerufen: „Erbitte Teilnahme an Sachverständigenkonferenz. Einladung ist vertraulich zu behandeln. Rückdrahtet dringend Zeitpunkt Ankunft..., ferner ob Quartier benötigt. Mitnahme Bettwäsche erbeten."[6] In der Zeit als Staatssekretär blieb *Müller-Armack* seinem Minister trotz zeitweiliger Spannungen eng verbunden; zu seinen wichtigsten Aufgaben gehörte die Vorbereitung der Europäischen Verträge und die Ausgestaltung der Gemeinschaft der Sechs.

Zwischen *Müller-Armacks* Rücktritt als Staatssekretär und seinem Tod 1978 liegen politisch bewegte Jahre: *Erhards* und *Kiesingers* Kanzlerschaft, die sozialliberale Koalition und ein Generationswechsel, der in den Studentenunruhen seinen sichtbarsten Ausdruck fand. In diese Periode fallen Entwürfe *Müller-Armacks* zur

---

[5] Vgl. *Watrin, Ch., Alfred Müller-Armack*. Rede anläßlich der Akademischen Gedenkfeier für *Professor Dr. rer. pol. Dr. iur. h. c. Alfred Müller-Armack, Staatssekretär a. D.,* am 25. Juni 1979, Krefeld: Scherpe, 1980, hier S. 19.
[6] *Watrin*, a.a.O., S. 20.

künftigen Umgestaltung der Sozialen Marktwirtschaft, die in den Augen des heutigen liberalen Ökonomen einem neuen Interventionismus zugunsten sozialpolitischer Umverteilung und des Umweltschutzes recht weit – vielleicht zu weit – entgegenkamen.[7]

1973 schrieb *Müller-Armack* auch einen aufschlußreichen Aufsatz über „Die wissenschaftlichen Ursprünge der Sozialen Marktwirtschaft",[8] der über die Ursprünge seines Denkens Auskunft gibt. Hier wendet sich *Müller-Armack* gegen den Vorwurf, die Soziale Marktwirtschaft sei nur ein erfolgreicher Wahlslogan gewesen;[9] sie sei aber

> „... die einzige Alternative, die in unseren Jahrzehnten zum System der zentralen Lenkung, des Kommunismus und des Dirigismus gefunden wurde".[10]

Dann heißt es:

> „Das heutige Gedankenfeld der Sozialen Marktwirtschaft wurde durch wissenschaftliche Analysen vorbereitet, die das Entstehen unserer modernen Industriegesellschaft seit dem 16. Jahrhundert zum Gegenstand hatten. Ich meine die in der Zeit von 1900 bis 1930 zu hoher Blüte gelangte nachmarxistische Kapitalismusforschung."[11]

Müller-Armack merkt an, diese Periode der Wirtschaftswissenschaft sei heute fast vergessen und nur die Älteren erinnerten sich noch an sie – Ältere, die seither fast alle verstorben sind. Neuer-

---

[7] *Müller-Armack, A.,* Die künftige Verfassung der Sozialen Marktwirtschaft, (Juni 1973), in: Genealogie der Sozialen Marktwirtschaft. Frühschriften und weiterführende Konzepte. Bern und Stuttgart: Haupt, 1974; (Sozialökonomische Forschungen Band 1), S. 163-170.

[8] *Müller-Armack, A.,* „Genealogie", a.a.O., S. 244-251.

[9] Ebenda, S. 245.

[10] Ebenda, S. 245.

[11] Ebenda, S. 246.

dings hat sich eine kleine Renaissance jenes Denkens angedeutet, die freilich einstweilen hauptsächlich in lehrgeschichtlicher Wiedererinnerung besteht.[12] *Müller-Armack* meinte, der Nationalsozialismus habe vieles verschüttet; es habe

> „... allenfalls Max Webers Ruhm ... in anderen Beziehungen die Zeit überdauert. Aber die Werke von Strieder zur Genesis des modernen Kapitalismus, die Arbeiten von Böhm-Bawerk, Gothein, Lederer, Oppenheimer, Löwe, also auch von Sozialisten, sind zurückgetreten. Das Werk von Schumpeter ist als Form der dynamischen Theorie erhalten geblieben, aber seine wichtigen Arbeiten zur Analyse des Kapitalismus werden kaum genannt."[13]

Müller-Armack erwähnt noch *von Mises.* Die wesentlichen Errungenschaften hätten in einer Aneignung der *Marxschen* Theorie – soweit sie nicht zu widerlegen war – bestanden, wobei seine zu einfache Theorie der kapitalistischen Produktionsverhältnisse durch ein Denken in Wirtschaftssystemen und -stilen, in Wirtschaftsverfassungen und -ordnungen ersetzt worden sei. Sein vielleicht wertvollster Beitrag, der Versuch einer sozialen und wirtschaftlichen Konzeption der Dynamik, sei durch *Schumpeter* von falschen Voraussetzungen befreit und schließlich in die neue Wachstumstheorie überführt worden. Und schließlich:

---

[12] Zu verweisen wäre auf mehrere Werke, die sich insbesondere mit *Max Weber* als Nationalökonom, mit *Sombart* und ihrem Umfeld befassen; vgl. auch: *Nörr, K. W.; B. Schefold* und *F. Tenbruck* (Hg.), Deutsche Geisteswissenschaften zwischen Kaiserreich und Republik. Zur Entwicklung von Nationalökonomie, Rechtswissenschaft und Sozialwissenschaft im 20. Jahrhundert, Stuttgart: Steiner, 1994; und *Acham, K.; K. W. Nörr* und *B. Schefold* (Hg.): Erkenntnisgewinne, Erkenntnisverluste. Kontinuitäten und Diskontinuitäten in den Wirtschafts-, Rechts- und Sozialwissenschaften zwischen den 20er und 50er Jahren. Stuttgart: Steiner, 1998 (Aus den Arbeitskreisen „Methoden der Geisteswissenschaften" der *Fritz Thyssen* Stiftung).

[13] *Müller-Armack, A.,* „Genealogie", a.a.O., S. 247.

„Diese Zeit stand unter dem Signum des Kapitalismus. Ich selbst habe
1932 in meinen ‚Entwicklungsgesetzen des Kapitalismus' versucht, ein
theoretisches Fazit dieses Themas zu geben.“[14]

Damit war von *Müller-Armack* deutlich genug gesagt, daß sein
eigenes Denken über die Soziale Marktwirtschaft auf der Ökonomischen Analyse der zwanziger Jahre ruhte; es blieben allerdings
zwei weitere Momente. Einerseits seien nämlich in jener Periode

> „... die wissenschaftlichen Grundlagen für die Überwindung der duali-
> stischen Anthropologie gelegt... (worden), die entweder eine idealisti-
> sche, vom Geist her gesehen, oder eine naturalistische Anthropologie
> ist, wie sie Marx und vor ihm Lamarck, Darwin vertraten. ... Die philo-
> sophische Anthropologie hat bei ihrer Deutung der spezifischen Da-
> seinsform des Menschen diese Immanenz durchbrochen. Der Mensch
> gewinnt seine Einheit von biologischem und geistigem Wesen in seiner
> Geschichtlichkeit.“[15]

Der Mensch ist ein geschichtliches Wesen, das immer neue Lösungen entwirft, also keiner dauernden Bindung unterliegt und für
das es deshalb keine endgültige Lösung aus seiner Bedingtheit gibt,
wie etwa durch die Verstaatlichung der Produktionsmittel.
   Neben die philosophische Anthropologie tritt als zweite Ergänzung der Kapitalismusforschung nun andererseits noch die Idee der
Befestigung des Wettbewerbs, um dem Interventionismus, der die
Wirtschaftsentwicklung im ersten Drittel des Jahrhunderts kennzeichnete, entgegenzutreten. Die Idee vom „organisierten Kapitalismus“, die Kartellierung der Wirtschaft selbst schienen den Liberalismus zur Irrelevanz verurteilt zu haben. Es galt, der Marktwirtschaft ihren Spielraum zurückzugeben, indem man ihre Regeln
definierte. Dieser letztere Gedanke reifte bei *Müller-Armack* aller-

---

[14] Ebenda, S. 248.
[15] *Müller-Armack, A.,* „Genealogie“, a.a.O., S. 249.

dings erst angesichts des Scheiterns der Gelenkten Marktwirtschaft aus.

Wir wollen im weiteren Stationen der Genesis des *Müller-Armackschen* Denkens betrachten. Aufgrund der aufzuzeigenden historischen Entwicklungslinie könnte man diese als einen deutschen Weg aus einem deutschen Verhängnis auffassen. Aber ihre Bedeutung weist heute über die Nation hinaus; sie ist eine Konzeption, die unter diesem oder anderen Namen mittlerweile zu einem europäischen Leitbild – am faßbarsten durch die Verträge von Maastricht – aufgestiegen ist.

II

Der junge *Müller-Armack* bewies bereits erhebliche Vielseitigkeit, indem er auch Aufsätze über die subjektive Wertlehre, das Bankwesen, über Geschichtstheorie und das Naturrecht schrieb; sein Hauptgebiet aber wurde die Konjunkturtheorie. Seine Inauguraldissertation galt dem „Krisenproblem in der theoretischen Sozialökonomik".[16] Es wurde ihm dann die ehrenvolle Aufgabe übertragen, den Stand von Konjunkturforschung und Konjunkturpolitik im „Handwörterbuch der Staatswissenschaften" darzustellen.[17] Der Aufsatz enthält *Müller-Armacks* wesentlichen analytischen Beitrag und gibt zugleich Einblick in die Eigentümlichkeiten, die Vorzüge und Mängel der deutschen Konjunkturforschung, welche Theorie und historische Methoden zu verbinden suchte.

Müller-Armack stützt sich vorzugsweise auf *Cassel*, *Lescure*, *Mitchell*, *Pigou*, *Spiethoff*. Er hat also, trotz spezifisch deutscher Gesichtspunkte, die internationale Diskussion im Blick. Er zählt

---

[16] *Müller-Armack, A.*, Das Krisenproblem in der theoretischen Sozialökonomik. Inauguraldissertation... eingereicht an der Universität Köln von *Alfred Müller* aus Essen, o. J. (1923).

[17] *Müller-Armack, A.*, Konjunkturforschung und Konjunkturpolitik, in: Handwörterbuch der Staatswissenschaften, 4. Aufl., hg. v. *L. Elster*, *A. Weber*, Erg.-Bd. Jena: G. Fischer, 1929, S. 645-677.

auch die wichtigsten Konjunkturforschungsinstitute weltweit mit ihren Arbeitsschwerpunkten auf. Die Theorie der langen Wellen *Kondratieffs* wird berührt und das Konjunkturphänomen von strukturellen Verschiebungen der Volkswirtschaft abgegrenzt. Es drückt sich stärker in Mengen- als in Preisschwankungen aus, denn erst in der „Hochspannung" steigen die Preise deutlich; bis dahin sind auch die „Sätze des Geldmarktes" gering. *Fisher* habe Unrecht, Preisschwankungen in den Vordergrund zu stellen.[18] Er äußert sich ausführlich über die Korrelation zwischen verschiedenen Indikatoren, wendet sich, *Löwe* folgend, dem Methodenproblem zu und nimmt Abstand von der Vorstellung, man könne eine Konjunkturtheorie aus der statischen Gleichgewichtstheorie heraus entwickeln. Ernteschwankungen als Anstoß der Konjunkturbewegungen lehnt er ab. Schon besser sei *Hawtreys* Idee, vom Kredit auszugehen. In der sozialistischen Theorie sei der Fall der Profitrate und das Zurückbleiben des Arbeiterkonsums ausschlaggebend; hier setzt er sich bereits mit den ökonomischen und sozialen Aspekten der Imperialismustheorien (*Luxemburg*) auseinander.

Dann folgt der Eigenbetrag, der, wie mir scheint, durch die Bezugnahme auf *Say* in seiner Bedeutung eher verdeckt wird. Er hält für entscheidend, daß das Kapital zur Akkumulation nicht vor, sondern während derselben gesammelt wird. Ältere Theoretiker waren in der Vorstellung verhaftet, die Mittel zur Akkumulation müßten in vorangehenden Perioden aufgehäuft werden, damit in nachfolgenden Perioden eine Akkumulation ermöglicht werde. So sprachen *Smith* und *Marx* von der „ursprünglichen Akkumulation", in der Geldhorte entstanden (*Smith* dachte an die Sparsamkeit, *Marx* an die räuberische Ausbeutung des Kolonialbesitzes); diese Gelder hätten dann der Finanzierung der Industriellen Revolution gedient. Demgegenüber meint *Müller-Armack*, daß - wenigstens im modernen kapitalistischen Akkumulationsprozeß und gemäß unserer Terminologie - die Investition ihre Ersparnisse selber schafft:

---

[18] *Müller-Armack, A.*, „Konjunkturforschung", a.a.O., S. 647.

Wenn die Unternehmer mehr zu investieren beschließen, werden die dazu notwendigen Mittel vom Kreditsystem zur Verfügung gestellt; dank des gestiegenen Volkseinkommens wird mehr gespart, so daß sich ein Gleichgewicht von Investition und Ersparnis in der laufenden Periode ergibt.

Die noch von der Ausdrucksweise der Historischen Schule beeinflußte Sprache *Müller-Armacks*, das Fehlen der Konzepte der volkswirtschaftlichen Gesamtrechnung, erschweren eine analytisch präzise Ausdrucksweise des Gedankens. Er sagt:

> „Der Sparakt bewirkt, daß auf dem Konsummarkte nur geringere Beträge wirklich kaufend auftreten, als auf dem Produktivgütermarkt vorher eingesetzt wurden."[19]

Von daher bestünde also Unterkonsumtionsgefahr.

> „Das Sparen wirkt ... nur dann entwicklungsfördernd, wenn es gleichzeitig mit der Gewinnung der Sparsumme werbend eingesetzt wird, was in der Regel nur möglich sein dürfte, wenn die in der betreffenden Periode anfallenden Sparsummen durch Kredit bereits vorweggenommen wurden. Hierdurch rückt die Form des Sparens in eine Linie mit der Schöpfung zusätzlichen Kredits."[20]

Solche Ersparnis sei möglich ohne Zwangssparen. Es muß also die Erhöhung der Sparsumme bei gleichbleibendem Preisniveau der gestiegenen Aktivität zuzurechnen sein. Dem entspricht die folgende, *Keynes* vorwegnehmende Formulierung:

> „Der aktive kapitalistische Fortschritt finanziert sich nicht aus erspartem Konsumeinkommen, er zieht seine bewegende Kraft nicht aus den Re-

---

[19] *Müller-Armack, A.*, „Konjunkturforschung", a.a.O., S. 653 f.
[20] Ebenda, S. 653 f.

sultaten seiner Vergangenheit, sondern aus den Gewinnchancen der Zu-kunft."[21]

Nicht nur der Kredit kann diese Expansion bewirken, sondern auch eine Geldvermehrung, die auf einem Goldeinfluß von außen beruht. In den hier vorgetragenen tastenden Formulierungen fühlt sich *Müller-Armack* nicht als Revolutionär; er rechnet *Schumpeter*, *Hahn*, *Hawtrey*, *Mises*, *Pigou*, *Levington* als Vorläufer.

„Das eigenartige dieser wirtschaftlichen Expansion ist, daß sie selbst die Bedingungen schafft, die ihr Gelingen garantieren. ... Diese zusätzliche Kaufkraft hat kein Fundament in der Vergangenheit, sie ist lediglich ge-stützt auf eine Antizipation zukünftiger Erträge, wobei es wesentlich ist, einzusehen, daß diese Vorwegnahme künftiger Erträge die Basis ist, auf der die Realisierung der zukünftigen Erträge erfolgt." [22]

Die gewonnene Einsicht bilde aber nur die Vorüberlegung zur Erkenntnis des Wellengangs der Konjunktur. Die Hochkonjunktur, in der „die Wirtschaft neue Wege sucht",[23] wird, *Schumpeter* fol-gend, auch soziologisch interpretiert. Sie ist von „wechselnden Eliten" geführt. Diese träten vom Standpunkt der ökonomischen Theorie „zufällig" auf. Wie man weiß, sprachen *Keynes* - und nach ihm besonders *Joan Robinson* - bei der Einschätzung der nicht über den Zinssatz vermittelten Einflüsse auf die Investitionen vor allem von den „animal spirits" der Unternehmer. Hier wird angedeutet, wie diese vage Phrase mit historischem Gehalt aufgefüllt werden könnte - die Vertreter der Historischen Schule haben es später dann allerdings versäumt, die sich in der Generation *Erich Preisers* nochmals als möglich abzeichnende Integration des Keynesianis-

---

[21]   Ebenda, S. 654.
[22]   *Müller-Armack, A.*, „Konjunkturforschung", a.a.O., S. 654.
[23]   Ebenda, S. 655.

mus mit der Sozialökonomik wirklich durchzuführen.[24] Wir müssen die Details der Konjunkturanalyse hier übergehen, die besonders zur Zinstheorie interessante Äußerungen enthalten. Als Konjunkturpolitiker ist *Müller-Armack* nicht so optimistisch wie *Hahn* (oder später *Keynes*); keine Konjunkturpolitik kann den Aufschwung verewigen - immerhin hält er eine fortdauernde Depression für vermeidbar. Sein Gedankengang stützt sich auf die *Wicksellsche*[25] Zinsspannentheorie; die Zinsspanne wirkt aber nun auf die Mengen und nicht auf die Preise.

In der Einschätzung der konjunkturpolitischen Möglichkeiten zeigt sich die positive Kehrseite der mangelnden analytischen Schärfe des protokeynesianischen *Müller-Armack*. Er erfaßt schon die Gefahr, daß die Konjunkturdämpfung den Wachstumstrend zum Verschwinden bringen könnte.[26] Sie darf nicht Änderungen der Preise - wir würden vor allem sagen: der Geldlöhne - zum Verschwinden bringen wollen, denn Preisschwankungen seien nicht funktionslos. Eher könne man bei der Kreditpolitik einsetzen und, zuallererst, das Kreditwesen ordnen. Quantitative Politiken folgen erst sekundär. Dabei geht *Müller-Armack* von der Vermutung aus, die primäre Gefahr des Kreditsystems bestünde nicht in der zu starken Kontraktion, sondern in der Überexpansion. Er versucht bereits, im Ansatz ein Beschäftigungsoptimum zu bestimmen, das nicht mit absoluter Vollbeschäftigung zusammenfällt.[27] Eine Bedarfsregulierung kann nur ein „Abwehrmittel" sein. So sieht er

---

[24] *Schefold, B.*, Der Nachklang der Historischen Schule in Deutschland zwischen dem Ende des Zweiten Weltkriegs und dem Anfang der sechziger Jahre, in: Erkenntnisgewinne, Erkenntnisverluste. Kontinuitäten und Diskontinuitäten in den Wirtschafts-, Rechts- und Sozialwissenschaften zwischen den 20er und 50er Jahren. a.a.O., S. 31-70.

[25] *Schefold, B.*, Zum Geleit, Einführung zu: *Knut Wicksell,* Geldzins und Güterpreise (Jena 1898), in: Kommentarband („Vademecum") zur Faksimileausgabe des Werkes in der Reihe „Klassiker der Nationalökonomie". Düsseldorf: Verlag Wirtschaft und Finanzen, 1997, S. 5-17.

[26] *Müller-Armack, A.*, „Konjunkturforschung", a.a.O., S. 660.

[27] Ebenda, S. 666.

sich zuletzt auf Maßnahmen verwiesen, die wir keynesianische nennen würden, und die er unter Titeln wie „Interventionskredite", „Lohnzuschüsse", „Konsumstützung" abhandelt. Zwar wurde der Multiplikator nicht formal entwickelt, doch stellt er fest, daß, wenn die Maßnahmen durch Steuern finanziert werden, „schon ihre Aufbringung negativ wirken"[28] muß. Bei Vollbeschäftigung kommt es tendenziell zur Preissteigerung.

> „Stehen jedoch wie in der typischen Lage der Depression unterbeschäftigte Betriebe einer Arbeitslosenarmee gegenüber, so ist die Wirkung einer Konsumfinanzierung anders. In dieser Situation, in der das Preisniveau nur infolge künstlicher Hochhaltung seinen Stand behaupten konnte, wird die Steigerung der Konsumkaufkraft nicht die Preise steigen lassen, sondern zu gleichbleibenden Preisen die Konsumgütervorräte auflösen und eine Beschäftigungserhöhung der Konsumgüterindustrie bringen."[29]

Eine gewisse Steigerung der Nachfrage wird dann auch in den Investitionsgüterindustrien einsetzen. Doch sei solche Stimulierung nur temporär wirksam. Einen breiteren Effekt hätte der Produktivkredit, aber alle Maßnahmen stünden unter der Voraussetzung, daß die Arbeitslosen beweglich sein müßten. Er schließt mit der Betrachtung sozialpolitischer Maßnahmen, und auch da sieht er immer schon Nachteile und Vorteile miteinander verbunden.

In diesen vorsichtigen Abwägungen mit ihren vielen Wenn und Aber zeichnen sich auch ordnungspolitische Gesichtspunkte ab; insbesondere scheint *Müller-Armack* die Kartellbildung als heißes Eisen zu empfinden, das er nicht anpacken mag. Hätte der Siebenundzwanzigjährige seine in der Dichte und in vielfältigen Bezügen dieses Textes erkennbaren Energien ganz auf die analytische Formulierung des Hauptgedankens legen wollen und können, hätte er

---

[28] Ebenda, S. 672.
[29] *Müller-Armack, A.,* „Konjunkturforschung", a.a.O., S. 673.

sich im Pantheon der ökonomischen Theoriegeschichte seinen Altar gesichert. Für die Übersicht und Urteilskraft, die er statt dessen unter Beweis stellte, flicht die Internationale der Dogmenhistoriker leider keine Kränze.

III

Müller-Armacks tiefste Leidenschaft als Fachökonom scheint sich auf das Verständnis der kapitalistischen Entwicklung bezogen zu haben. Seinen Frühschriften gerecht zu werden, ist die schwierigste Aufgabe, die sich hier stellt. Wir konzentrieren uns auf sein Werk „Entwicklungsgesetze des Kapitalismus"[30] von 1932. *Marx* und die Sozialisten, *Schumpeter*, die philosophische Anthropologie, die Naturrechtsdebatte – alles findet sich hier verarbeitet im Versuch, die Dynamik des Kapitalismus vom Standpunkt des in der Konjunkturtheorie Gelernten neu zu begreifen. *Müller-Armack* läßt dabei nur unklar erkennen, welche politische Orientierung hinter dem hervorgekehrten Programm der Wertfreiheit stand:

> „Das Ziel dieser Untersuchung liegt nicht darin, die gegenwärtige Wirtschaftsordnung zu bewerten."[31]

Bald heißt es, das Recht der *Marxschen* Frage sei über der Ablehnung der *Marxschen* Lösung verkannt worden. Was die statische Theorie in Ersetzung der *Marxschen* Wertlehre – also in der Überwindung der Arbeitswertlehre – definitiv leiste, wolle er im Hinblick auf die Entwicklungstheorie vollbringen:

---

[30] *Müller-Armack, A.*, Entwicklungsgesetze des Kapitalismus. Ökonomische, geschichtstheoretische und soziologische Studien zur modernen Wirtschaftsverfassung. Berlin: Junker und Dünnhaupt, 1932.

[31] *Müller-Armack, A.*, „Entwicklungsgesetze", a.a.O., S. 2.

„Es erweist sich..., daß die in unserer Wirtschaftsverfassung vorliegenden Bewegungserscheinungen nicht kausal, sondern als Selbstidealisie-
rungsvorgänge zu interpretieren sind."[32]

Der Marxismus habe nämlich, wie alle „naturalistischen Ge-
schichtstheorien" die Kulturentwicklung aus Kräften zu erklären
gesucht, die den Menschen schon als Naturwesen kennzeichnen.
Daraus sei die Ideologienlehre *Mannheims* hervorgegangen, und
die Psychoanalyse interpretiert er als verwandte Bestrebung. Dagegen richte sich ein den Geist als autonom setzender Idealismus; die
Alternative, ob Trieb oder Geist die führenden Mächte in der Geschichte seien, ob man sie kausal oder final zu interpretieren habe,
sei jedoch in ihren Voraussetzungen verfehlt. Das Buch ist stark
vor allem in der kritischen Entfaltung dieses Gedankens, d.h. in der
Darlegung, worin der materialistische und der idealistische Reduktionismus je bestehen, und in dem Aufweis ihres Ungenügens, den
Gang der Geschichte je anspruchsgemäß vorherzusagen. Schwä-
cher erscheint der positive Beitrag. Man vermißt auch eine ernst-
hafte Auseinandersetzung mit historischen Entwicklungen der
Nutzentheorie, die hier implizit als eine Beschreibung der Triebstruktur aufgefaßt zu sein scheint, obwohl wir wissen, daß sie auf
eine Entscheidungstheorie hinausläuft, die möglicherweise in einer,
gegenüber der von *Müller-Armack* als falsch herausgestellten
Alternative, neutralen Form dargestellt werden kann. Eine wesentliche engere Anbindung des von *Müller-Armack* aufgeworfenen
Problems der Sozialökonomik an die Begriffe der volkswirtschaftlichen Theorie findet sich etwas später bei *Åkerman*, dessen sozialökonomische Synthese eigentlich darin besteht, kausale und finale
Betrachtungsweisen – die Auffassung der menschlichen Entscheidung als durch Umwelt und Vorbedingungen bestimmt oder als
aktiv gestaltende Bewegung aus der Sinnfindung für sein Dasein –
nebeneinander bestehen zu lassen und ihnen nur in der ökonomi-

---

[32] Ebenda, S. 12.

schen Wissenschaft je nach spezifischer Fragestellung und je nach Standpunkt des Betrachters den angemessenen Ort zuzuweisen.[33] *Müller-Armack* beginnt also mit der Aufnahme des *Marxschen* Gedankens, der Kapitalismus stelle eine „Stileinheit", „vom religiösen Dogma bis zur Form der Technik" dar:

> „Der Kapitalismus ist das Wirtschaftssystem in der Geschichte, in dem die Dynamik zum Strukturprinzip geworden ist."[34]

Die neue Dynamik, die *Müller-Armack* hier entdeckt, ist selbstverständlich – obwohl dies nicht mit ebensowenigen Worten ausgesprochen wird – jene, welche er in seinen Arbeiten zur Konjunkturtheorie erklärte. Schon im statischen Zustand (gemeint ist die von *Schumpeter* beschriebene Stationarität) hat der Kapitalismus seine eigene Rationalität; es sei dies etwas anderes als Traditionalität. Durchbrochen werde der Zustand durch das Auftreten der Unternehmer, die eine Expansion mit Erzeugung der Ersparnis durch die autonome Investition ermöglichen. Wiederum:

> „Der Expansionsvorgang wird so nicht durch die an seinem Anfange verfügbare Sparmittelmenge begrenzt."[35]

Das Wesen des Kapitalismus soll man aber nicht im System der Mittel, also dem Allokationsmechanismus sehen, sondern im Aktionswillen der hier auftretenden europäischen Eliten. Wo diese lahmgelegt werden, können soziale Ideen zur Expansion zwingen; daher die „innere Labilität aller kapitalistischen sozialen Positio-

---

[33] *Johan Henrik Åkerman*, Das Problem der sozialökonomischen Synthese (um 1938); zusammen mit „Vademecum zu einem Klassiker des skandinavischen Institutionalismus", mit Beiträgen von L. *Mjøset*, G. *Eisermann* und G. M. *Hodgson*, hg. von B. *Schefold*. Düsseldorf: Verlag Wirtschaft und Finanzen, 1997 (Klassiker der Nationalökonomie).
[34] *Müller-Armack, A.*, „Entwicklungsgesetze", a.a.O., S. 28.
[35] *Müller-Armack, A.*, „Entwicklungsgesetze", a.a.O., S. 36.

nen"[36] Wer Texte nicht im Bestreben liest, eigene Erkenntnisse bei
Älteren vorgezeichnet zu finden, sondern historische Lagen zu begreifen sucht, wird hier verstehen, daß *Müller-Armack* vor dem
Hintergrund der Fünf-Jahres-Pläne der Sowjetunion eine Nachahmung des kapitalistischen Expansionsprozesses unter anderen
Bedingungen bewerten will; *Müller-Armack* hält, mit *von Mises*,
fortgesetzte sozialistische Akkumulation für unmöglich:

> „Eine sozialistische Wirtschaftsordnung ist auch da, wo sie auf Expan-
> sion hinstrebt, doch vorher in ihrem Aufbau festgelegt. ... Das System
> bleibt nur so lange sozialistisch, als es die Konsequenzen der Dynamik,
> ohne seine Form aufzugeben, in sich zu neutralisieren vermag."[37]

Der Kapitalismus dagegen gibt eine „Blankovollmacht an den
unbekannten Unternehmer".[38]

> „Abgesehen von seinem Charakter als offenem Antizipationsschema
> fehlt dem Kapitalismus jeder primitive Umriß."[39]

Im Bestreben, den Kapitalismus auf diese Qualität festzulegen,
durchstreift *Müller-Armack* alternative Abgrenzungskonzepte, berührt den Gegensatz von Gemeinschaft und Gesellschaft, den man
auch innerhalb des Kapitalismus noch vorfinden könne (ein Gedanke, der für seine spätere Auffassung der Sozialen Marktwirtschaft als einer Stileinheit mit Gemeinschaftselementen wohl kenn-
zeichnend blieb) und durchforstet die sozialistische Klassentheorie,
die er zugunsten einer funktionalen Schichtentheorie ablehnt.
Der Kapitalismus selbst ist einer komplexen Entwicklung unterworfen, die zum „Interventionismus" führt, der die Tendenz hat,

---

[36] Ebenda, S. 46.
[37] Ebenda, S. 48.
[38] Ebenda, S. 48.
[39] Ebenda, S. 49.

sich zu steigern – beispielhaft werden das Kartellwesen, die Interventionen im Kreditwesen und Schutzzölle diskutiert.

> „Gerade die schlecht gelenkte Intervention (ist), um dem Sichtbarwerden ihres Mißerfolges zu entgehen, zu beständiger Verschärfung ihrer Maßnahmen veranlaßt...“[40]

Das Parlament könne nicht nur als Vertretung gegebener Interessen aufgefaßt werden, sondern entwickle sich im Interventionsstaat zu einer selbständigen Potenz.[41]

In der kapitalistischen Entwicklung verwirklicht sich also ein autonomer Prozeß, der sich dem Geschichtsdeterminismus entzieht. Sein Verständnis soll sich durch eine philosophische Anthropologie erschließen; *Müller-Armack* setzt sich mit *Scheler, Dilthey, Heidegger* und anderen auseinander. Schon die Triebstruktur des Menschen weist über die Determinierung durch die Umwelt hinaus; andererseits sei auch das Geistige an die Triebe gebunden.

> „Die radikale Hintergrundslosigkeit gibt dem Leben den Charakter der Geschichtlichkeit.“[42]

Aus dem möglichen Subjektivismus dieser existenzialistischen Wendung führt die Auseinandersetzung mit der Geschichtstheorie, deren Fehler nicht alleine in ihrer jeweiligen Einseitigkeit, also der Festlegung auf Materialismus oder Idealismus, sondern darin bestanden habe, daß man es überhaupt unternehmen wollte, den Inhalt der Geschichte zu fixieren. Es gebe in ihr nämlich keinen Faktor, der ihr nicht selbst unterworfen, also wandelbar wäre. Andererseits bleibe der Mensch in seiner je eigenen geschichtlichen Situation konkret gebunden.

---

[40] *Müller-Armack, A.*, „Entwicklungsgesetze“, a.a.O., S. 111.
[41] Ebenda, S. 107.
[42] Ebenda, S. 145.

Eine moderne Übersetzung dieser auf einem hohen Abstraktions-
grad vorgetragenen Gedanken in die Sprache der Nationalökonomie müßte wohl heißen: der Wirtschaftsprozeß wird hier als evolu-
tionär verstanden; die Evolution läßt sich nicht mechanistisch oder
biologistisch reduzieren, sie wird auch nicht von gleichbleibenden
Ideen zukunftsorientiert gelenkt, sondern unterliegt wechselhaft
beiderlei Einflüssen und ist deshalb pfadabhängig. Für *Müller-
Armack* gewinnt aber der Mensch neue Würde in der Geschichte,
indem er die Verantwortung für ihre Gestaltung übernimmt; besser
wäre vielleicht zu sagen, daß er sich der Verantwortung nicht entziehen kann. Die ethischen Maßstäbe, durch die sich verantwortli-
ches Handeln von Willkür oder Eigennutz im engeren Sinn unterscheidet, sollte *Müller-Armack* später als bekennender Lutheraner
in seinem eigenen Gewissen, als Forscher in der Religionssoziologie suchen; hier fehlen sie weitgehend, und es öffnet sich gefähr-
lich ein leerer Raum. Der Ablehnung des Determinismus entspricht
die Ablehnung der großen historischen Synthesen:

> „Die Vergegenwärtigung des Vergangenen kann nur durch die empiri-
> sche Geschichtsforschung, die Bestimmung der Zukunft nur durch die
> historische Tat geleistet werden.“[43]

Weit ausgreifend wird die Lehre des historischen Verstehens nach-
gezeichnet, *Dilthey* folgend und *Herder*, als Entdecker der Stileinhei-
heiten der Kulturgeschichte:

> „Kulturmorphologie und Wissenssoziologie sind der wissenschaftliche
> Ausdruck des heutigen Historismus.“[44]

Die Steigerung zur Ideologienlehre lehnt *Müller-Armack* ab und
wendet sich schließlich der politischen Gestalt des Kapitalismus zu.

---

[43] *Müller-Armack, A.,* „Entwicklungsgesetze“, a.a.O., S. 174.
[44] Ebenda, S. 177.

Nach der liberalen Doktrin hätte er in eine „internationale fried-
liche Tauschgesellschaft"[45] führen müssen; es seien aber die politischen Kräfte immer stärker geworden, und es habe der klassische
Liberalismus verfehlt, sich selbst politisch zu sichern.

Diese Sicherung zu leisten, sollte später das Ziel der Sozialen
Marktwirtschaft werden; darin stimmten *Eucken*, *Röpke* und
Rüstow mit *Müller-Armack* überein. 1932 war *Müller-Armack*
offenbar noch nicht imstande, diese Aufgabe als Schicksalsauftrag
seiner Generation zu erfassen. Am Schluß des Buches behandelt er
den Interventionsstaat des beginnenden 20. Jahrhunderts, er schlägt
sich mit den Imperialismustheorien herum (Imperialismus hält er
nicht für eine notwendige Begleiterscheinung moderner kapitalistischer Entwicklung, er will ihn aber auch nicht, wie *Schumpeter*,
nur auf das Beharrungsvermögen feudaler Schichten zurückführen), und er erwägt eine Autarkiepolitik als Alternative. In ihr
organisierten sich

> „... die nationalkapitalistischen Interessen, unterstützt von einer halb
> echten, halb dazuerfundenen nationalen Idee."[46]

Man treibe immer mehr in den Interventionsstaat hinein; es fehle an
Kontrollinstanzen und

> „... nachdem die Tatsache der Durchstaatlichung des Wirtschaftssystems
> unverrückbar feststeht, ist eine Theorie der Wirtschaftspolitik, die die
> optimalste (*sic*) Gestaltung dieses Eingriffssystems zu ermitteln hat...
> nicht mehr zu entbehren."[47]

So hat *Müller-Armack* seine Lehre aus der Marxkritik gezogen,
eine dynamische Wirtschaftstheorie vorgezeichnet, die Entwick-

---

[45] *Müller-Armack, A.*, „Entwicklungsgesetze", a.a.O., S. 193.
[46] Ebenda, S. 213.
[47] Ebenda, S. 218.

lungslinien des modernen Kapitalismus bestimmt, aber die letzte
Entscheidung für die Wahl zwischen nationaler Orientierung des
Interventionsstaats und der Behauptung des Liberalismus durch die
„Kontrollen", die wir heute der Ordnungspolitik zurechnen, nicht
getroffen oder, jedenfalls in diesem Buch, nicht ausgesprochen.

IV

Man sollte wohl nicht verschweigen, daß sich *Müller-Armack* 1933
zunächst auf die Autarkievariante festlegte, unter offenem Bekenntnis zur nationalsozialistischen Bewegung in der Form eines
Pamphlets.[48] Erst tastet er sich vor:

> „Diese Zeit macht es wahrlich nicht leicht, richtig zu sehen, was ge-
> genwärtig vor sich geht, geschweige denn, Sinn und Ziel des Kommen-
> den zu deuten."[49]

Die Bewegung sei „radikal" und doch von „einer inneren Ausgewogenheit", eine „Revolution von rechts". Es folgt eine kraftvolle
Zusammenfassung des Historismus, den er in zwei Phasen einteilt.
In manchen Formulierungen zeigt sich ausgerechnet beim politischen Fehltritt die Klaue des Löwen:

> „Goethe empfand Herders Ideen als schönste Auslegung des Textes:
> also hat Gott die Welt geliebt. Geschichte ist hier Vergangenheit, die die
> Kraft hat, die Gegenwart zu binden."[50]

Dann wird der Historismus zu einem historischen Relativismus,
aus dem Vertrauen zur Geschichte wird Skepsis und Kritik, dem

---

[48] *Müller-Armack, A.*, Staatsidee und Wirtschaftsordnung im neuen Reich.
Berlin: Junker und Dünnhaupt, 1933.
[49] Ebenda, S. 7.
[50] Ebenda, S. 14.

Menschen wird durch die deterministischen Geschichtsdeutungen, die folgen, die Freiheit genommen; ihnen wiederum wird, im Sinne des vorangegangenen Buches, die Freiheit des Tuns entgegengesetzt.

Aber nach der Vergegenwärtigung der geistigen Bestrebungen des 19. Jahrhunderts werden dessen humanistische Bindungen preisgegeben; jetzt heißt es:

> „Die ‚nationale Bewegung' ist die Mobilmachung des Historismus... Wer die Nation will, muß die Geschichtlichkeit unserer Existenzweise, die nur das Volk als letzten Begriff kennt, rückhaltlos bejahen."[51]

Dieser Umschlag in einen schon damals unerfreulichen, im Rückblick aus der Erfahrung der wirklichen Geschichte unerträglichen Voluntarismus wird nun seitenlang entwickelt, wobei die „neue Bewegung" ihren Einfluß leider auch sprachlich geltend macht („Mobilmachung"). Vielleicht spricht es für *Müller-Armack*, daß das Pamphlet, nach der Rekapitulation der früher gefundenen Einsichten zum Historismus, und nach der dezisionistischen Wendung zu einem nicht näher beschriebenen Volksbegriff, nur wenige substantielle Gedanken enthält. Er sucht die Funktionsweise eines korporativen Aufbaus der Wirtschaft zu erläutern, unter Bezug auf die Carta del Lavoro von 1927, die das Individuum als Träger von Pflichten gegenüber der Nation auffasse. Die Vielheit der Verbände, Gewerkschaften und Parteien müsse aufgehoben werden:

> „Der ständische Aufbau... soll den Zustand des parlamentarischen Staates beseitigen, daß wirtschaftliche Interessentengruppen auf Staatsführung oder Parlament Einfluß auszuüben versuchen und damit die freie Entschlußkraft des Staates gefährden."[52]

---

[51] *Müller-Armack, A.*, „Staatsidee", S. 18.
[52] Ebenda, S. 51.

Die wenigen Konkretisierungen, die im Text vorkommen, erscheinen gegenüber dem, woran wir uns nach jenen zwölf Jahren
erinnern, vergleichsweise harmlos. *Müller-Armack* sieht nun den
Weg zu systematischer Konjunkturpolitik eröffnet. Er hat als gesellschaftspolitisches Anliegen die Bewahrung des Bauerntums, er
fragt sich, ob das Warenhaus, das technisch vielleicht überlegen
sei, nicht soziale Bindungen störe, und er hofft besonders, die
Autarkie könne helfen, die Konjunkturempfindlichkeit zu min-
dern.[53] Der parlamentarische Staat habe nämlich nicht den Mut
gehabt, in der Krise angesichts sinkender Steuereinnahmen und
steigender Soziallasten zum „Mittel der Kreditausdehnung" zu
greifen. Antisemitische Äußerungen oder Aufforderungen zur Ge-
waltanwendung sind in der Broschüre nicht zu finden.

Andere bedeutende deutsche Nationalökonomen, die sich dem
Nationalsozialismus näherten, waren *von Stackelberg* und *Sombart*.
Auch bei ersterem gab es einen inhaltlichen Bezug zwischen der
Theorie und der politischen Wendung; er hatte die Instabilität von
Gleichgewichten im Oligopol entdeckt und forderte die Stabilisie-
rung durch einen stärkeren Staat. *Sombart* sah die durch diesen
stärkeren Staat gegebenen Möglichkeiten der Gegensteuerung in
der Wirtschaftskrise und sprach sich für das aus, was wir heute
Technologiefolgenabschätzung nennen, um den Naturschutz zu
gewährleisten. *Müller-Armack* hat die beiden anderen in seiner em-
phatischen Sprache womöglich übertroffen. Desto entschiedener
war dann seine öffentliche Hinwendung zum Liberalismus nach der
Befreiung, sowohl in der Sache wie in der wissenschaftlichen Begründung.[54]

---

[53] *Müller-Armack, A.,* „Staatsidee", S. 55-61.

[54] *Müller-Armack* wurde im Entnazifizierungsverfahren entlastet. Als Ordina-
rius in Münster beschäftigte er kirchlich engagierte Mitarbeiter, die als solche
unter dem Regime einen schweren Stand hatten. Die übergeordnete Behörde
tadelte die „liberalistische Einstellung", die sich in seinen Vorlesungen „stark
bemerkbar" mache. Den Enthusiasmus von 1933 muß er bald verloren haben;
er lavierte dann, ohne sich zu exponieren. Vgl. *Kowitz, Alfred Müller-*

So wie *Eucken* sich während des Nationalsozialismus zurückzog, um seine „Grundlagen" zu schreiben, die mit historischen Illustrationen arbeitete, schrieb *Müller-Armack* seine berühmte „Genealogie der Wirtschaftsstile", in der er in seiner Weise die Tradition der deutschen Nationalökonomie historisch und theoretisch weiterführte.

> „Wie die Kunstwissenschaft Stile des künstlerischen Schaffens als Ausdruckseinheit der verschiedenen Künste festgestellt hat, so steht auch die wirtschaftswissenschaftliche Forschung vor der Tatsache, daß unsere Wirtschaftsformen nicht isoliert für sich existieren, sondern in der Geschichte zu Formkreisen zusammengeschlossen sind, in denen gemeinsame geistige Antriebe sich ihren entsprechenden Ausdruck suchen."[55]

Die Aufgabe, Wirtschaftsstile festzustellen, sei von der Geschichte selbst gesetzt; *Müller-Armack* sieht sie also nicht durch die subjektive Beobachtung des Betrachters geschaffen. Es geht ihm nicht um eine Ästhetisierung der Wirtschaft, sondern um die Erfassung der Bedeutung „der großen weltanschaulichen Systeme für die wirtschaftliche Entwicklung"; deshalb unterscheidet er insbesondere konfessionelle Zonen. Der Stilbegriff werde übrigens erst seit dem Ende des 19. Jahrhunderts bewußt verwendet, sei aber lange davor ohne ausdrückliche Benennung zur Geltung gekommen, und zwar schon in der vergleichenden Staatenkunde *Conrings* und *Achenwalls*. Hinzufügen könnte man, daß sich auch in den Schriften der schottischen Aufklärung vergleichbare Bemühungen feststellen lassen. Die Wirtschaftsstilforschung ging als eine neue Er-

---

Armack: Wirtschaftspolitik als Berufung. Zur Entstehungsgeschichte der Sozialen Marktwirtschaft und dem politischen Wirken des Hochschullehrers. Köln: DIV, 1998, S. 60-85.

55 *Müller-Armack, A.*, Genealogie der Wirtschaftsstile. Die geistesgeschichtlichen Ursprünge der Staats- und Wirtschaftsformen bis zum Ausgang des 18. Jahrhunderts. Stuttgart: Kohlhammer, 1944, 3. Aufl., S. 5.

weiterung aus den Stufenlehren hervor, die *Müller-Armack* als
Verengung der älteren vergleichenden Staatenkunde auffaßt.

> „Stil ist so die in den verschiedensten Lebensgebieten einer Zeit sicht-
> bare Einheit des Ausdrucks und der Haltung."[56]

Diese häufiger zitierte Definition macht auf die Schwierigkeit
aufmerksam, eine auf der ideellen Ebene der Konfessionalität oder
auf der sinnlich-anschaulichen der Gegenüberstellung von Arte-
fakten (ökonomisch: Gebrauchswerten[57]) festgestellte innere Ver-
wandtschaft auf wirtschaftliche Tatsachen zu erstrecken. *Müller-
Armack* nennt als untereinander verwandte Charakteristika des
Wirtschaftsstils der Neuzeit die dynamische Haltung zum Leben im
neuen Unternehmertum, einen neuen Staatstyp, der u.a. die kolo-
niale Expansion erstrebe, den Anspruch der Naturbeherrschung, die
rationale Technik, die Entwicklung des Kreditwesens, die finanzielle (nicht feudale) Fundierung von Staat und Kirche, die Herausbildung des Haushalts (unabhängig vom Betrieb), Arten der Be-
darfsdeckung, die sämtlich von einem neuen Sinn durchdrungen
seien.

Die Idealtypen des Stils ergäben sich nicht aus einer metho-
dischen Überzeichnung; sie müßten aus dem geschichtlichen Prozeß selbst herausgehoben werden.

> „Nur aus der Erforschung der in den einzelnen Epochen lebendigen,
> leitenden Werte läßt sich begreifen, was man erstrebte und warum die-
> ser oder jener Stil entstehen mußte."[58]

---

[56] *Müller-Armack, A.,* „Wirtschaftsstile", a.a.O., S. 21.
[57] *Schefold, B.,* „Use Value and the ‚Commercial Knowledge of Commodities'.
Reflections on *Aristotle, Savary* and the Classics", in: Value, Distribution
and Capital: Essays in Honour of *Pierangelo Garegnani,* ed. by *G. Mongiovi*
and *F. Petri.* London: Routledge, 1999.
[58] *Müller-Armack, A.,* „Wirtschaftsstile", a.a.O., S. 25.

Als dem Stil der Gegenwart zuzuordnende Werte könnten wir vielleicht nennen: die Gleichheit, auch der Geschlechter, die Ablehnung des Vorrangs der Erfahrung, Toleranz, den tastenden Umgang mit verschiedenen Lebensformen, den Erlebnishunger, die Ablehnung der Transzendenz und des Tragischen, die Bejahung des Lustprinzips, wobei freilich eine hohe Mußepräferenz nicht das ganze Leben bestimmt, denn wir beobachten auch eine beharrliche Suche nach beruflicher Identität, sogar auf Kosten des Familienzusammenhangs. *Müller-Armacks* eigene Beispiele orientieren sich dagegen an historischen Entwicklungen. In einer eingeschobenen Genealogie der frühen Wirtschaftsstile schreitet er von der Betrachtung eines magischen Weltbilds über die animistische Epoche und den Polytheismus bis zum Monotheismus vor. Zum Polytheismus beispielsweise heißt es, daß sich der Staat mit sakralem Gehalt füllt und zum Träger der religiösen Organisation wird.[59] Freilich ließe sich ähnliches vom Mittelalter sagen; nach meinem Eindruck ist *Müller-Armacks* Darstellung im Vergleich zu den Darstellungen der jüngeren Historischen Schule vor allem stark im Bereich der primitiven Kulturen und dann wieder in der Behandlung der europäischen Entwicklung von der Reformationszeit an, während er in der Untersuchung von Antike und Mittelalter die Vorgänger nicht übertrifft.

Der Kapitalismus stellt sich als ein umgreifender Stil dar, mit mannigfaltigen historischen Variationen. Es sind die unterschiedlichen Ausprägungen von Reformation und Gegenreformation in verschiedenen Gebieten, die zu Verzweigungen und einem Nebeneinander der Formen führen. Sie werden zunächst von den religiösen Bewegungen her beschrieben, von *Müller-Armack* dann aber tatsächlich in den wirtschaftlichen Ausprägungen bis in die Alltagswelt hinein verfolgt. Die kulturellen und geistigen Strömungen von Renaissance und Humanismus hatten in seinen Augen keine

---

[59] Ebenda, S.39.

solche Prägung zur Folge, wie sie die anschließenden, alle Schichten der Bevölkerung erfassenden Umwälzungen der Religion nach sich zogen. Zum Beleg zieht *Müller-Armack* solche Dokumente wie die ernestinischen und albertinischen Münzstreitschriften von 1530 heran. Er nimmt *Max Webers* „großen Gedanken" auf und vergleicht den Calvinismus, der, radikaler als das Lutherthum,

> „... die Energie seiner asketisch-religiösen Gesinnung... dem Weltleben zuströmen"[60]

ließ. Die neuen Prinzipien zeigen sich schon materiell im Umgang mit dem Kirchengut, in einer Umgestaltung des Handwerks, in den von den Protestanten angenommenen Berufspraktiken, in einer Genealogie der Unternehmensformen und insbesondere in der Ausprägung des Armenwesens. Calvinistisch sei die Inschrift am Zuchthaus: „Ich räche nichts Böses, sondern zwinge zum Guten."[61] Neuestens hat *Cosimo Perrotta*[62] gezeigt, welch unterschiedliche Auffassungen des Armenwesens in den durch die Konfessionen getrennten verschiedenen europäischen Ländern auftraten. Sie zeigen sich in all dem, was wir heute Sozialpolitik und Wirtschaftspädagogik nennen.

Der Wirtschaftsstilbegriff[63] wird heute noch gelegentlich verwendet.[64] Man sieht ihn allerdings oft mit Skepsis, weil seine Anwen-

---

[60] *Müller-Armack, A.*, „Wirtschaftsstile", a.a.O., S. 95.
[61] Ebenda, S. 241.
[62] *Perrotta, C.*, „Poverty and Development in 16th Century Spain and England". Beitrag zur Konferenz der European Society for the History of Economic Thought, Bologna 1998. Unveröffentlicht.
[63] *Klump, R.* (Hg.), Wirtschaftskultur, Wirtschaftsstil und Wirtschaftsordnung. Methoden und Ergebnisse der Wirtschaftskulturforschung. Marburg: Metropolis, 1996.
[64] *Schefold, B.*, Wirtschaftsstile, Bd. 1: Studien zum Verhältnis von Ökonomie und Kultur. Frankfurt am Main: Fischer Taschenbuch Verlag, 1994; und ders., Wirtschaftsstile, Bd. 2: Studien zur ökonomischen Theorie und zur Zukunft der Technik. Frankfurt am Main: Fischer Taschenbuch Verlag, 1995.

dung auch aus einer Anschauung hervorwächst, nicht nur aus objektiven Daten. In der Untersuchung älterer Wirtschaftsstile verlangt eine reichere Beschreibung auch eine reichere Bildung und ein hermeneutisches Eindringen in alte und schwer lesbare Texte. Mentalitätsforschung findet zwar statt, aber sie wird nicht so mit den übrigen Elementen verbunden, wie in Wirtschaftsstiluntersuchungen gefordert. Der von *Müller-Armack* abgelehnte Reduktionismus, der das mit dem Stilbegriff Gemeinte einseitig auf ein historisch universales Erwerbsprinzip und historisch spezifische Besitzrechte zurückführen will, zeichnet sich in der Neuen Politischen Ökonomie wieder ab. Zuweilen hört man schließlich den Vorwurf, der Wirtschaftsstil sei ein sich auf statische Verhältnisse beziehendes Konzept. *Müller-Armacks* Buch verfolgt in seinem mit der Beschreibung der Reformation einsetzenden Hauptteil dagegen vor allem die Stilentwicklungen.

Wir können auf die Wirtschaftsstilforschung hier nicht näher eingehen und wollen sie deshalb auch nicht bewerten. Merkwürdig aber ist in jedem Fall, daß die von der Tagespolitik ständig herumgebotene Wortverbindung „Soziale Marktwirtschaft" als wissenschaftliches Konzept von einem Manne eingeführt wurde, der sich in einer langen ersten Lebensphase hauptsächlich mit Fragen der konjunkturellen Steuerung, der Erklärung der kapitalistischen Wirtschaftsentwicklung und der Stilanalyse befaßte[65] und die Soziale Marktwirtschaft selbst entschieden als Wirtschaftsstil verstanden wissen wollte, während sich die Öffentlichkeit dieses Hintergrunds kaum mehr bewußt ist.

---

[65] Ob *Müller-Armack* die Wortverbindung selbst erfand, wissen wir nicht sicher. Nach einer Anekdote wurde sie zuerst von einer Sekretärin als Bezeichnung zur Archivierung eines Aktenbündels verwendet. Vgl.: „Der Talisman der Deutschen", in: Der Spiegel, Heft 3/1997, S. 92-103, hier: S. 97.

V

Memoiren hat *Müller-Armack* nicht verfaßt, aber eine Sammlung: „Auf dem Weg nach Europa. Erinnerungen und Ausblicke".[66] Wirtschaftspolitik als technisches Mittel habe es gewiß von je gegeben, bemerkt der Autor eingangs.

> „Aber erst der Ausgang des Ersten Weltkriegs, der die politischen Formen in Europa grundlegend umstürzte, vollzog eine Umwertung, in der statt nationaler und dynastischer Kräfte die Wirtschaftspolitik in die vorderste Reihe der wirtschaftlich relevanten Tatsachen rückte ... Walter Rathenaus Wort ‚die Wirtschaft ist unser Schicksal' wies auf diesen Wandel hin."[67]

Wer die englischen Klassiker gelesen hat, wird die Zäsur anders setzen, denn *Ricardo* hat als Theoretiker und Parlamentarier Wirtschaftspolitik schon so erlebt, wie *Müller-Armack* es hier darstellt. Im deutschen Sprachbereich hat freilich auch *Jakob Burckhardt* die Wirtschaft nicht als eine der „Potenzen" der Weltgeschichte anerkannt.

1919 hatte er sein Studium begonnen. Während desselben erlebte er, wie sich die historische Nationalökonomie in der großen Inflation durch ihre Ratlosigkeit blamierte. Deshalb habe er nach einem Ausbau der Theorie gestrebt und in der Erforschung des Konjunkturproblems spätere Entwicklungen vorweggenommen. 1929 bis 1933 herrschte „konjunkturpolitische Tatenlosigkeit", während der Nationalsozialismus die Arbeitsbeschaffung grob verwirklichte. So gelobte er,

---

[66] *Müller-Armack, A.*, Auf dem Weg nach Europa. Erinnerungen und Ausblicke. Tübingen: Wunderlich und Stuttgart: Poeschel, 1971.
[67] *Müller-Armack, A.*, „Europa", a.a.O., S. 11.

„„... die bewußte Ausbildung eines modernen Instrumentariums der Konjunkturpolitik zu fordern.""[68]

Er habe dann fast zwanzig Jahre darauf verwendet, die *Webersche* Protestantismustheorie über die Zeit, auf die dieser sich bezog, ins 17., 18., 19. und 20. Jahrhundert hinaus fortzuführen und zugleich auch den europäischen Osten mit der byzantinisch-griechischen Kirche zu untersuchen.

Diese originelle Fortsetzung der *Weberschen* Religionssoziologie nahm ihren Ausgang von einer Reise, die er 1943 mit einer Delegation von Textilindustriellen nach dem Balkan unternahm - ein Abenteuer nicht nur wegen der Kriegszeit, sondern auch, weil unter dem Nationalsozialismus Auslandsreisen fast unmöglich, davor, in den armen zwanziger Jahren schon sehr schwierig gewesen waren. Er fand die Protestantismusthese an Calvinisten im katholischen Ungarn bestätigt und erlebte die Tradition der orthodoxen Kirche als ein Nicht-Widerstand-Leisten gegenüber wechselnden Obrigkeiten. Hübsche Landschaftsschilderungen und Berichte von persönlichen Begegnungen sind in die Erinnerungen eingestreut.

Eine zweite Gruppe von Aufzeichnungen kreist um die intellektuell fruchtbaren Gespräche, die unter dürftigen äußeren Umständen in der ersten Nachkriegszeit stattfanden, als die Wirtschaftspolitik der Sozialen Marktwirtschaft konkretisiert werden sollte. Ihn und seine Gesinnungsfreunde interessiert ihre religiöse Fundierung:

„Unser erstes Problem war der Versuch, aus evangelischer Sicht ein Analogon zur katholischen Soziallehre zu entwickeln, das, wie diese, auf dem Naturrecht beruht.""[69]

---

[68] *Müller-Armack, A.*, „Europa", a.a.O., S. 16.
[69] Ebenda, S. 42.

In der Mont-Pèlerin-Gesellschaft kam *Müller-Armack* mit dem Neoliberalismus *Hayekscher* Prägung und internationalen Theoretikern zusammen:

> "Versuche, vor allem die Sozial-, Vital- und Gesellschaftspolitik, wie sie Röpke, Rüstow und ich anstrebten, ins Spiel zu bringen, fanden wenig Widerhall, wenn nicht gar offenen Widerspruch."[70]

Gleichwohl schätzte er den Neoliberalismus in seinen „höchst qualifizierten Vertretern".

1952 war *Müller-Armack* in die Grundsatzabteilung des Wirtschaftsministeriums eingetreten und wurde 1958 Staatssekretär für europäische Integration (bis *Erhard* 1963 als Wirtschaftsminister ausschied). Das Gesetz gegen Wettbewerbsbeschränkungen sei zwar nicht ideal herausgekommen, aber es habe doch der Kartellfreude der deutschen Industrie, wie man sie in den zwanziger Jahren beobachtete, eine Grenze gesetzt.

Die weiteren Erinnerungen *Müller-Armacks* betreffen seine Beiträge zur europäischen Integration. *Müller-Armack* spielte eine wirtschaftspolitisch und zuweilen sogar allgemeinpolitisch bedeutsame Rolle, die ihn mit den großen Staatsmännern jener Epoche in Berührung brachte. Die Schilderungen der Begegnung mit dem Kanzler *Adenauer*, mit Papst *Pius XII.*, die Vorbereitung der Konferenz von Messina und der Römischen Verträge, das Drama der Ungarnkrise, die Vorbereitung der Assoziation von Spanien und Portugal bilden, aus dem Erleben der Verschiedenheit der nationalen Kulturen Europas, eine sehr lebendige Abfolge, in die auch ökonomische Beobachtungen eingestreut sind:

> „Die Beispiele höchster Handwerkskunst, die uns vorgeführt wurden, zeigen, daß Spanien, wie alle Länder alter katholischer Kultur, sich durch die Jahrhunderte handwerkliche Fähigkeiten bewahrt hatte, die,

---

[70] *Müller-Armack, A.*, „Europa", a.a.O., S. 45.

wenn sich die unternehmerischen Kräfte einmal stärker regen sollten, den Übergang in eine moderne Qualitätsindustrie erleichtern dürften."[71]

In die Beurteilung historischer Lagen fließen immer wieder kulturelle Bewertungen ein. Über Konjunkturpolitik äußerte er sich noch optimistisch und meinte, der Erfolg des „deficit spendings" 1967 sei frappant gewesen;[72] nach der Bildung der Großen Koalition im Jahre 1966 habe man sich darauf verstanden,

> „... ein Stabilitätsgesetz zu verabschieden, das Preisstabilität und wirtschaftliches Wachstum im gleichen Maße betonte und die von mir seit Jahrzehnten geforderte Schaffung konjunkturpolitischer Institutionen und Instrumente in der Bundesrepublik brachte."[73]

Konjunkturpolitik wird jedoch kaum mehr betrieben, da Strukturprobleme überwiegen. Zuletzt geht *Müller-Armack* nochmals auf die Perspektiven der wirtschaftlichen Integration ein und betont, daß diese nicht schon als solche zur politischen führe. Illusionen darüber beruhten auf der falschen materialistischen Geschichtsauffassung.

> „Wer die politische Union will, muß sie, wie ich glaube, direkt angehen."[74]

Vor dieser Frage stehen wir noch heute.

---

[71] Ebenda, S. 158.
[72] *Müller-Armack, A.*, „Europa", a.a.O., S. 255.
[73] Ebenda, S. 254.
[74] Ebenda, S. 261.

VI

Als historisch gilt uns, wer in verwirrter Zeit mit sicherer Überzeugung einen Ausweg zu weisen vermag. *Müller-Armack*, dessen Denken in der Jugend zuweilen Extreme berührte, stellte sich in dem wirtschaftlichen Mangel und geistigen Durcheinander der ersten Nachkriegszeit vor die Öffentlichkeit und empfahl genau die Maßnahmen, die zu dem später als Wirtschaftswunder bezeichneten Wiederaufstieg führen sollten. Die Paarung von liberaler Grundhaltung mit institutioneller Sicherung unter dem gemeinsamen Dach eines geistigen Entwurfs, einer irenischen, d.h. friedensstiftenden Ordnung, die Gegensätze mit gutem Ende auszutragen erlaubte, hatte er schon zu Anfang der dreißiger Jahre als Möglichkeit, freilich noch mit Anfechtungen, vertreten; jetzt gab es im Grundsätzlichen kein Schwanken mehr.

Es besteht ein gewisser Kontrast zwischen der Einschätzung jener Lage aus der Erinnerung der Betroffenen und nach Resultaten der neueren Wirtschaftsgeschichte. Die Erinnerungen sprechen von Hunger bei unzureichenden Nahrungszuteilungen, von engsten Wohnungsverhältnissen in zerbombten Städten, von mühseligen und zeitraubenden Ausflügen, um am schwarzen Markt das Nötigste für den Tagesbedarf durch Tauschhandeln zu ergattern. Sie lassen erraten, daß sich das Denken nicht immer leicht von braunen Vorurteilen löste und sich den Vorstellungen von Demokratie und allgemeiner Menschenwürde anbequemte. Im Wirtschaftlichen schien die Mangellage den Meisten nur durch noch konsequenteres Planen und Zuteilen beherrschbar. Wie wollte man den Flüchtlingsstrom bewältigen, wenn man nicht Platz anwies und umverteilte?

Die Wirtschaftsgeschichte verweist demgegenüber auf die Tatsache, daß die industriellen Kapazitäten Deutschlands keineswegs vollständig zerstört waren, so daß dank reichlich vorhandener Arbeitskraft die Produktion wieder in Gang kommen konnte, wie das auch in anderen Ländern Westeuropas geschah. Um *Abelshausers* Zuspitzung, die Währungsreform habe nur eine Nebenrolle für das Wachstum gespielt, ist es inzwischen wieder ruhiger geworden; die Opponenten *Abelshausers*, die ihr noch immer eine für den Wiederaufschwung auslösende Funktion zuschreiben, haben sich durchgesetzt.[75] Im Krieg hatten die Neuinvestitionen die Zerstörungen lange Zeit übertroffen, und das industrielle Anlagevermögen war 1945 nicht nur größer, sondern auch moderner als in der Vorkriegszeit; freilich bedurfte es umfänglicher Reparaturen, es bestand Rohstoffmangel, und es gab auch im Westen einige Demontagen. Die wirtschaftliche Aktivität stand bis Mitte 1948 auf niedrigem Niveau (auf der Hälfte des Standes von 1935), die Arbeitsproduktivität lag niedrig; schlechte Ernährung und niedrige Löhne boten keine Anreize. Mit dem Preisstop verband sich ein gewaltiger Geldüberhang. Die Alliierten hielten an der Bewirtschaftung fest. Die relativen Preise waren verzerrt. Die Betriebe verharrten in einer Abwartehaltung; sie renovierten und horteten die spärlichen Rohstoffe in der Erwartung des plötzlichen Aufschwungs, der mit der Währungsreform tatsächlich eintrat. Die Vorbereitung und Durchführung derselben bildet eines der spannendsten Kapitel der Wirtschaftsgeschichte, auf das wir hier freilich nicht eingehen können.[76] Sie war mit einer primär von *Erhard* verantworteten Wirtschaftsreform verbunden und bestand vor allem in einer weitgehenden Lockerung der Kontrollen und der Freigabe der Preise. Was nach der Einschätzung nicht weniger Beobachter eine Rezession hätte auslösen müssen, führte zu einem rapiden Anstieg der Investitionen und der Produktivität (die Arbeitsproduktivität hob sich zwischen Juni 1948 und März 1949 um 30 %).[77]

---

[75] Vgl. *Buchheim, Ch.*, Die Errichtung der Bank Deutscher Länder und die Währungsreform in Westdeutschland, in: Fünfzig Jahre Deutsche Mark. Notenbank und Währung seit 1948, hg. v. der Deutschen Bundesbank. München: C. H. Beck, 1998, S. 91.

[76] *Buchheim*, a.a.O., S. 117 ff.

[77] Ebenda, S. 135.

So kommen wir endlich zu *Müller-Armack* und seinem Ende 1946 auf schlechtes Papier gedruckten und in armselige Buchhandlungen gelieferten Klassiker. Schon das Vorwort beharrt auf dem Vorrang der freiheitlichen Ordnung und geißelt die Lenkung, die nun schon seit einem Jahrzehnt die Wirtschaft lahme. Vorerst kämen die Stimmen gegen die Lenkung aus dem Ausland, von *Hayek* und *Röpke*. Sogleich deutet sich die irenische Formel an:

> „Die Wiederaufnahme der Grundsätze vernünftigen Wirtschaftens schließt keineswegs den Verzicht auf eine aktive und unseren sozialen und ethischen Überzeugungen entsprechende Wirtschaftspolitik ein... es gilt die wesenlos gewordenen wirtschaftsethischen Vorstellungen des 19. Jahrhunderts zu überwinden...“[78]

Im ersten Teil des Buchs wird die Wirtschaftslenkung kritisiert, ausgehend von einer historischen Betrachtung der Wirtschaftsordnungen, in der *Müller-Armacks* frühere Überlegungen ohne nähere Verweise aufgenommen werden. Wir begegnen also wieder der Auseinandersetzung mit dem Liberalismus des 19. Jahrhunderts, der an fehlenden Sicherungen in der Geld- und Wettbewerbsordnung zugrunde ging, und der Imperialismustheorie. Deutlicher tritt jetzt hervor, daß die marktwirtschaftliche Ordnung eher friedlich bleibt als andere – wenn die Erfahrung des Ersten Weltkriegs zur Auseinandersetzung mit dem Imperialismus führte, so die des Zweiten zu der mit dem Totalitarismus.

Die Funktionsprobleme der Wirtschaftslenkung werden kenntnisreich von innen beschrieben; nicht die Planwirtschaft der Sowjetunion und des um sie entstehenden Satellitengürtels ist gemeint, sondern das Wirtschaftssystem des nationalsozialistischen Deutschlands. Die zentrale Lenkung ersetzt hier nicht die Unternehmer, aber bindet sie durch die Festlegung von Preisen, Löhnen, Zinsen und durch die Lenkung der Investitionsfinanzierung. Kon-

---

[78] *Müller-Armack, A.*, „Wirtschaftslenkung“, a.a.O., S. 6.

tingente und Rationierungen treten hinzu. Es sind Mittel des autoritären Staats, um die Wirtschaftskräfte für sich zu mobilisieren, und darin ist die Lenkung kurzfristig erfolgreich, wie sie auch kurzfristig populär wird durch die Arbeitszuteilung und die Drosselung der Inflation. Aber sie wird den Knappheitsverhältnissen nicht gerecht, das Betriebssystem wird „verpfründet", Unternehmer werden zu Beamten, Neugründungen finden sich behindert, der Konsum wird bald gedrosselt, und die Konzentration der Ressourcen auf bestimmte technische Entwicklungslinien bringt zwar einzelne Erfolge, aber um den Preis eines Zurückbleibens des allgemeinen Produktivitätswachstums. Die Überauslastung der Kapazitäten bewährt sich auf Dauer nicht; die Anpassungsfähigkeit und die Beweglichkeit kapitalistischer Wirtschaftsentwicklung beruht auf dem Vorhalten von Reservekapazitäten. Eine marktwirtschaftliche Konjunkturpolitik sollte nicht eine beständige forcierte Hausse anstreben, sondern eine weniger spektakuläre, aber stabilere Aufwärtsbewegung.

Die gelenkte Wirtschaft baute auf politische Illusionen und meinte, man müsse trotz des Mangels an Kolonien den Außenhandel jedenfalls steuern; der Irrationalismus steigerte sich in der Großraumwirtschaft und in besonders verführerischen Versprechungen eines gelenkten technischen Fortschritts. Überall verselbständigten sich die Instrumente der Lenkung. Die Arbeitsämter, die erst der Vermittlung von Arbeit dienen sollten, wurden „zu einer Zwangsanstalt des Arbeitseinsatzes".[79] Sie dienten

> „... auch einer gewissen Strafrechtspflege..., um sogenannte politisch Unzuverlässige auch wirtschaftlich zu deklassieren... (das) ... zeigt eine gegen die Freiheit gerichtete Tendenz der Wirtschaftslenkung auch dort, wo äußerlich andere Ideale bekannt werden."[80]

---

[79] *Müller-Armack, A.*, „Wirtschaftslenkung", a.a.O., S. 63.
[80] Ebenda, S. 63.

Deutschland hatte noch nicht seine eigene Demokratie. Auf diese verweist nun aber *Müller-Armack,* wenn er sich zu den positiven Aspekten der jetzt ausdrücklich so genannten „Sozialen Marktwirtschaft" wendet. *Montesquieu* habe nachgewiesen, daß Freiheit nur gedeiht, wo die Machtmittel geteilt sind, und die Marktwirtschaft

> „... entspricht... schon soziologisch dem Ideal Montesquieus."[81]

Oft greife man bedenkenlos bei kleinen wirtschaftlichen Schwierigkeiten nach Maßnahmen, die auch die politische Freiheit gefährden, ohne echtes Gefühl für die Werte. Eine „veredelte Marktwirtschaft" muß private Übermacht beseitigen - das letzte Kriterium der Wirtschaftsordnung ruht im Geistigen: die Marktwirtschaft wäre deshalb vorzuziehen, selbst wenn sie sich als weniger effizient herausstellen sollte.

> „Das Wesen der Wirtschaftsordnungen wird nicht durch ihre letzten Ziele bestimmt als vielmehr durch ihre soziologische Form... (die Marktwirtschaft ist) das einzige soziologisch entsprechende Korrelat zu allen politischen Gestaltungen, welche eine liberale Ordnung des Geistes und des Staatlichen erstreben ... die Geschichte der Kunststile zeigt uns, wie sehr geschichtliche Form nur in der Einheit eines alle Lebensgebiete durchwaltenden Stiles Dauer hat. Es ist unmöglich, sich wirtschaftspolitisch für eine Lösung zu entscheiden, die den zentralen geistigen Werten, für die man sich einsetzt, widerspricht."[82]

Müller-Armack führt damit die Soziale Marktwirtschaft als einen Wirtschaftsstil ein; die Verschiedenheit der Wirtschaftsordnungen wird, im Prinzip ähnlich wie bei *Eucken* durch Berufung auf eine Anzahl historischer Beispiele belegt. Insbesondere soll gezeigt

---

[81] Ebenda, S. 64.
[82] *Müller-Armack, A.,* „Wirtschaftslenkung", a.a.O., S.69.

werden, daß die Marktwirtschaft während verschiedener Phasen der Antike im Mittelmeerraum und im Orient unterschiedliche Formen annahm. Er verweist auf besondere Formen der Arbeit (Sklavenarbeit, Hörigkeit), auf den Rückzug des Liberalismus aus Interventionsbereichen der Fürsten, meint aber, daß die Gestaltung der Marktwirtschaft damit nicht abgeschlossen sei.

> „Man hat mit Recht dem Liberalismus vorgeworfen, die Wettbewerbsordnung für eine Naturform gehalten zu haben, die keinerlei besonderen Pflege bedarf, während in einer ausgestalteten Marktwirtschaft eine organisatorische Kunstform zu sehen ist..."[83]

Die Entscheidung für die Zuteilung der Einkommen nach der Leistung bedeute noch keine Entscheidung über die Frage der sozialen Gerechtigkeit – eine vorsichtige Formulierung, die noch offen läßt, wie soziale Gerechtigkeit definiert werden könnte[84] -, *Hayek* bezweifelte bekanntlich, daß sich der Begriff festlegen läßt. Auch vertrage es die Marktwirtschaft, wenn

> „... dem Wirtschaftsprozeß durch eine gewisse planerische Gestaltung des Wirtschaftsraumes bestehende Bahnen"[85]

gewiesen würden. So wird die Soziale Marktwirtschaft als eine neue „dritte Form" eingeführt; sie sei nicht eine „vage Mischung", nicht ein „Parteikompromiß", sondern eine aus den

> „... vollen Einsichtsmöglichkeiten unserer Gegenwart gewonnene Synthese".[86]

---

[83] Ebenda, S. 84.
[84] Ebenda, S. 85.
[85] Ebenda, S. 86.
[86] *Müller-Armack, A.*, „Wirtschaftslenkung", a.a.O., S. 88.

Angesichts des mittlerweile eingetretenen Zurücksinkens in einen Interventionismus, den nur der internationale Wettbewerb, mit dem neuen Wort: „die Globalisierung", noch zügelt, können diese Bestimmungen gegenwärtig den ordnungspolitischen Bedürfnissen nicht mehr vollständig genügen. So wird *Müller-Armack* zuweilen hinter vorgehaltener Hand für den Wiedereinbruch des Interventionismus geradezu verantwortlich gemacht. Aber ohne seine Offenheit und Anpassungsbereitschaft hätte sich die Diskussion wohl auch nicht auf die Soziale Marktwirtschaft fokussieren lassen.

In den mittleren Kapiteln des zweiten Teils sollen die Prinzipien einer gesteuerten Marktwirtschaft umrissen werden. Es gelingen *Müller-Armack* klare, sachdienliche Formulierungen zur Wettbewerbs- und Preispolitik. Er identifiziert ein „Willkürmoment" beim Oligopol und hält dort eine Preisintervention für vertretbar, implizit an *Stackelberg* anknüpfend. (Die dynamische Theorie des Oligopols hat diesen Standpunkt überwunden.) Er hält weiter eine Marktstabilisierung bei Agrarmärkten für „theoretisch begründbar"; dann kommt er auf die Notwendigkeit cincr „harmonischen Sozialordnung" zu sprechen. In diesem Rahmen macht er auch ästhetische Bedürfnisse geltend (bauliche Gestaltung). Der historische Fortschritt der eigentlichen Sozialpolitik liegt darin, daß *Müller-Armack* eine Sozialpolitik durch Festlegung von Preisen und Lohnsätzen strikt ablehnt; wenn eine Umverteilung erforderlich wird, müsse sie über einen direkten Einkommensausgleich herbeigeführt werden – ein Postulat, das in der neueren Agrarpolitik endlich ernst genommen zu werden beginnt. Progressive Besteuerung, Kinderbeihilfen, Wohnungsbauzuschüsse läßt er zu. Solche Institutionen, die damals gegenüber einem Diktat der Tarife und der Mengenzuteilungen eine Errungenschaft darstellten, werden heute allerdings im Übermaß eingesetzt. Daß er nicht einen neuen Interventionismus wünschte, zeigt sich beispielsweise in der Art seiner Kritik an der nationalsozialistischen Handhabung der Mietpreisbindung, die den Wohnungsbau behinderte.

Vorteile der Größendegression sollen genutzt werden, aber elektrische und Dieselmotoren haben Kleinbetrieben neue Chancen gegeben, die der Staat durch Regulierung stützen soll. In der Außenhandelspolitik wendet er sich gegen Mißbräuche des Schutzzollgedankens, in der Geld-, Kredit- und Konjunkturpolitik verlangt er vor allem eine „Währungskorrektur" und skizziert die Grundzüge der Maßnahmen, die eine Währungsreform begleiten müßten. Ganz ohne Konjunkturpolitik werde künftig kaum auszukommen sein.

> „Es bedarf aber gerade an diesem kritischen Punkte der klaren Einsicht, daß hier ein Therapeutikum angewendet wird, das, in großen Dosen verabreicht, geradezu als Gift anzusprechen ist."[87]

Zuletzt kehrt er zum Hauptpunkt zurück:

> „Die Wiederherstellung der Marktwirtschaft ist nur durch einen höchst radikalen Akt zu erzwingen."[88]

Es liegt nahe, das Buch *Müller-Armacks* auch mit *Euckens* posthumem Werk „Grundsätze der Wirtschaftspolitik"[89] zu vergleichen, die *Eucken* vor seinem unzeitigen Tod 1950 im wesentlichen abgeschlossen hatte; jener ‚radikale Akt' der Rückkehr zur Marktwirtschaft war vollzogen. Als Lehrbuch konnte es noch lange benutzt werden, während „Wirtschaftslenkung und Marktwirtschaft" durch seine historisch einmalige Wirkung trotz mancher Mängel, die einem eilig verfaßten Werk anhaften, geschichtliche Bedeutung erlangte, ohne daß es später oft wiedergelesen worden wäre. Bei *Eucken* handelt es sich im wesentlichen um dieselben Postulate, in

---

[87] *Müller-Armack, A.*, „Wirtschaftslenkung", a.a.O., S. 114.
[88] Ebenda, S. 142.
[89] *Eucken, W.*, Grundsätze der Wirtschaftspolitik. Hamburg: Rowohlt, 1959 [1952].

seinem etwas späteren Buch etwas systematischer geordnet, und vor dem Hintergrund der ersten Erfolge der Währungsreform mit größerer Selbstsicherheit und damit etwas geringerem rhetorischem Einsatz dargestellt. Die verschiedener Formen fähige Marktwirtschaft war auch für *Eucken* nicht - und gewiß nicht für *Müller-Armack* – „von selbst sozial"; *Eucken* betont, daß „Sozialpolitik nicht als Anhängsel der übrigen Wirtschaftspolitik betrachtet werden sollte, sondern in erster Linie Wirtschaftsordnungspolitik zu sein"[90] habe.

Daß der Inhalt des „Sozialen" sich mit der Geschichte notwendig ändert, wird in *Müller-Armacks* klassischem Buch und in der Perspektive seines Lebenswerks deutlich. Sollen wir Maßstäbe für die nötige Grundversorgung und für das uns auferlegte Teilen aus dem regionalen Umfeld, aus dem Blick auf die Lebensverhältnisse in der Bundesrepublik, aus dem europäischen Vergleich oder gar mit Blick auf die ganze Welt ableiten? Im letzteren Fall müßten wir zugeben, daß es hierzulande wohl niemanden gibt, der nicht reich ist im Vergleich mit dem äußersten Elend, das in Hungergebieten millionenfach erlitten wird. Was ist zumutbare Arbeit? Noch in den ersten Jahrzehnten dieses Jahrhunderts hätte man keinen im Vollbesitz seiner Kräfte stehenden Mann für bedürftig gehalten, dem die Möglichkeit eröffnet wurde, sich auf dem Land niederzulassen und sich als Bauer aus der Eigenproduktion zu ernähren. Wer gegenüber so radikaler Auslegung sozialer Vergleichsmaßstäbe einen Anteil verlangt, wie er in reicheren Ländern Bedürftigen gewährt wird, und sich dazu nicht nur auf ein Recht zum bloßen Überleben, sondern auch auf eines der Teilnahme an den kulturellen Errungenschaften der lokalen Gesellschaft, der Nation oder Europas beruft, muß auch bereit sein, Verantwortung für die Erhaltung und Fortbildung dieses Kulturzusammenhanges zu tragen. Näherstehenden fühlen wir uns stärker verpflichtet, beginnend bei der Familie, aber

---

[90] *Eucken, W.*, „Grundsätze", a.a.O., S. 179.

die Verpflichtungen enden nicht an der Grenze der Nation, nicht einmal der Menschheit, wenn wir auch die Natur bedenken.

Es hat sich ergeben, daß nicht ein nationaler Machtanspruch die existenzielle Offenheit der geschichtlichen Gestaltungsmöglichkeiten ausfüllen soll, sondern eine soziale Verpflichtung als Bestandteil einer weiteren Kultur. Sie wird zuallererst durch die Errichtung einer freiheitlichen Wirtschaftsordnung eingelöst, die dem einzelnen seine Entfaltung durch sinnvolle Arbeit ermöglicht, die den Wettbewerb offen hält und über innere Bindungen verfügt, um Maßstäbe und Grenzen für wirtschaftspolitische Eingriffe und Umverteilung zu setzen, wenn diese nötig werden. Darin liegt, wie mir scheint, der Sinn der Auffassung der Sozialen Marktwirtschaft als eines Wirtschaftsstils und das geistige Vermächtnis *Müller-Armacks*. Ob eine neue Generation das Erbe annehmen und sich zu seiner irenischen Formel bekennen wird, steht dahin.

Europäische Integration und Soziale Marktwirtschaft: Wegweisungen *Alfred Müller-Armacks* und Verirrungen der Europapolitik

REINHOLD BISKUP

I Die europäische Perspektive der Sozialen Marktwirtschaft

Der Entwurf *Alfred Müller-Armacks* für die Soziale Marktwirtschaft als Gesellschafts- und Wirtschaftsordnung enthält von Anfang an eine europäische Zuordnung. Bereits in seiner – den Begriff der Sozialen Marktwirtschaft erstmals prägenden – Schrift „Wirtschaftslenkung und Marktwirtschaft" (1947) folgert er:

> „Die Frage der volkswirtschaftlich zweckmäßigen Organisation ist heute zum Lebensproblem von Millionenbevölkerungen in Europa"[1]

geworden. Die Überwindung der aus der Kriegswirtschaft überkommenen Lenkungswirtschaft der Nachkriegszeit, die er darin analysiert, sieht er dementsprechend nicht nur als ein isoliertes deutsches, sondern „als Teil eines europäischen Problems" an.[2] Der Wiederaufbau in Deutschland und in den anderen europäischen Staaten stellt sich deswegen – zugleich im Sinne einer Friedenssicherung – nicht nur als eine materielle Aufgabe, sondern vielmehr als eine geistige, ordnungspolitische Grundentscheidung zwischen der kollektivistischen Wirtschaftslenkung und der Freisetzung der

---

[1] *Alfred Müller-Armack*, Wirtschaftsordnung und Wirtschaftspolitik, Ausgewählte Werke, Verlag Paul Haupt, Bern-Stuttgart-Wien, 1981, S. 170.
[2] *Alfred Müller-Armack*, Genealogie der Sozialen Marktwirtschaft, Ausgewählte Werke, a.a.O., S. 70.

gesellschaftlichen Kräfte durch eine sozial verpflichtete Marktwirt-
schaft dar.[3]
In diesem Zusammenhang weist er auf die Bedeutung der geistigen
Orientierung[4] und auch darauf hin, dass schon im Europa des
Hochmittelalters – wie auch in anderen Kulturkreisen – der markt-
wirtschaftliche Austausch ein Organisationsprinzip war,

> „um in größeren Kulturbereichen Menschenmassen zu wirksamer Ko-
> operation zusammenzuführen."[5]

Ein solcher Bezug auf gemeinsam hervortretende, vom Menschen
in Zeit-Räumen beeinflußte Strukturen wie diese vergangenen und
gegenwärtigen wirtschaftlichen und gesellschaftlichen Ausprägungen Europas, bezeichnet eine für das Denken *Müller-Armacks*
bevorzugte an Stilformen orientierte Methode.[6] Sie ermöglicht es
ihm, auf der Grundlage seiner profunden Forschungsergebnisse[7]
insbesondere umfassende europäische Gemeinsamkeiten in ihren
geistig-kulturellen Herkünften zu vergegenwärtigen und die Perspektiven künftiger Gestaltungsmöglichkeiten abzuschätzen. Er
hatte zudem die außerordentliche Gelegenheit, gestaltende Politik
an einem solchen „Kulturbegriff Europa" zu orientieren, seitdem er
1952 von *Ludwig Erhard* als Leiter der Grundsatzabteilung in das
Wirtschaftsministerium berufen und 1958 zum Staatssekretär mit
der Zuständigkeit für die europäische Integration ernannt wurde.

---

[3]   *Alfred Müller-Armack*, Genealogie der Sozialen Marktwirtschaft, a.a.O., S.
      71, und Wirtschaftsordnung und Wirtschaftspolitik, a.a.O., S. 83 ff.
[4]   *Alfred Müller-Armack*, Wirtschaftsordnung und Wirtschaftspolitik, a.a.O., S.
      84.
[5]   *Alfred Müller-Armack*, Wirtschaftsordnung und Wirtschaftspolitik, a.a.O., S.
      90.
[6]   Vgl. hierzu *Alfred Müller-Armack*, Religion und Wirtschaft, Ausgewählte
      Werke, a.a.O., S. 47 ff. (Der Stilgedanke in den Sozialwissenschaften).
[7]   Vgl. hierzu die in dem Buch „Religion und Wirtschaft", Ausgewählte Werke,
      a.a.O., zusammengefaßten Forschungsergebnisse.

Da *Ludwig Erhard* der „institutionellen" Integration Europas aus innerer Überzeugung nicht sehr zugeneigt war, überließ er seinem Staatssekretär vertrauensvoll einen großen Handlungsspielraum bis zu seinem Ausscheiden 1963 in entsprechend hervorgehobener Position während entscheidender Gestaltungsphasen der europäischen Integration.[8] Auf diese Weise verkörperte *Alfred Müller-Armack* dank seiner Funktion in einer Person die Verbindung von Sozialer Marktwirtschaft – als von ihm mitgeprägtes ordnungspolitisches Leitbild – und europäischer Integration – als daran orientierter Gestaltungsauftrag.

Gleichsam als weitreichende Nebenwirkung setzte er als „Honorarprofessor mit den Rechten eines ordentlichen Professors" und als Direktor des Instituts für Wirtschaftspolitik seine Lehr- und Forschungstätigkeit an der Universität zu Köln fort.
So blieb ihm die Herausforderung, die wirtschaftspolitische Praxis ständig mit der Theorie zu konfrontieren, erhalten, an der mit nachhaltigem Gewinn viele Jahrgänge von Studierenden noch teilhaben konnten. Ihnen wird die Vermittlung der Grundlagen der Sozialen Marktwirtschaft und jeweils der aktuellen Entwicklungen der europäischen Integration in ihrer Entstehungsphase „aus erster Hand" unvergeßlich bleiben.
Europapolitik war also für *Müller-Armack* gleichzeitig auch ein Anwendungsfeld für das Ordnungsmodell der Sozialen Marktwirtschaft. Dieser Zusammenhang verdient auch deshalb noch einmal hervorgehoben zu werden, weil es die deutschen Europapolitiker, vor allem auch Minister *Erhard* und Staatssekretär *Müller-Armack,* angesichts der Nachkriegssituation nicht für geboten hielten, mit dem in Deutschland geprägten „Markenartikel" Soziale Marktwirtschaft ex pressis verbis für eine entsprechende formale Ordnungsbindung in den europäischen Verträgen zu werben, um nicht Remi-

---

[8] Vgl. hierzu *Alfred Müller-Armack*, Auf dem Weg nach Europa, Tübingen-Stuttgart, 1971, S. 52 und S. 246 f.

niszenzen und Widerstände zu wecken. Daher beschränkte man
sich zunächst – mit Erfolg – darauf, im Sinne ihrer unerläßlichen
Grundlagen und Funktionsbedingungen eine möglichst konsequente Ausrichtung des Vertragswerkes zur Gründung der Europäischen Wirtschaftsgemeinschaft (EWG) an marktwirtschaftlichen
und wettbewerblichen Prinzipien zu erreichen.

Es würde zu weit führen, hier gleichsam im Sinne einer Spurensu-
che den prägenden Einfluß *Müller-Armacks* auf die europäische
Integration während seiner Tätigkeit im Bundeswirtschaftsministerium (1952-1963) zurückzuverfolgen. Es erscheint indessen sinnvoll und aufschlußreich zu sein, von einigen aktuellen Problemfel-
dern der europäischen Integration aus auf entsprechende grundsätzliche Orientierungen zurückzublicken, die *Müller-Armack* bereits zu Beginn und während der ersten Umsetzung weitreichender
europäischer Integrationsentscheidungen gegeben hat. Dabei werden sich seine Weitsicht ebenso wie die Dauerhaftigkeit seiner
Analyse erweisen, die auf seiner umfassenden Kenntnis der geistesgeschichtlichen Wurzeln europäischer Strukturen und ihrer Institutionen gründen.

II   Missachtete   Wegweisungen   für   die   europäische
Integration

Im Denken und Handeln *Alfred Müller-Armacks* als Europäer spiegelt sich ein tiefgründiges Bewußtsein der kulturell-geistigen Her-
künfte Europas wider. Seine Begründungen für die konzeptionelle
Gestaltung Europas und für einzelne wegweisende integrationspolitische Maßnahmen lassen immer wieder den geistesgeschichtlichen Hintergrund erkennen. Er sieht Europa – im Sinne von *Arnold*

Toynbee[9] – als eine Herausforderung an, „die primär eine politische ist"[10], die aber stets zu hinterfragen ist, ob sie

> „offen genug angepackt, ob dem Geistigen der gebührende Raum gegeben ist, ... auch wenn man dem Wirtschaftlichen sein unbestreitbares Recht läßt".[11]

Es ist daher geradezu folgerichtig und bezeichnend für sein Europakonzept, dass er bei der Ausarbeitung der Verträge von Rom (Europäische Wirtschaftsgemeinschaft und Euratom) sehr engagiert darum geworben hat, die Gründung einer Europäischen Universität als vertragliche Verpflichtung darin vorzusehen.[12] Eine Erläuterung, die er Anfang 1957, fast ein Jahr vor dem Inkrafttreten der Verträge von Rom noch hoffnungsvoll[13] zu diesem Projekt in einem Artikel zu „Fragen der europäischen Integration" veröffentlicht hat, veranschaulicht die zentrale Bedeutung, die er dieser geistigen Orientierung beimißt, ebenso wie seine darauf begründete politische Weitsicht:

---

[9] Vgl. hierzu *Alfred Müller-Armack*, Auf dem Weg nach Europa, a.a.O., S. 183.

[10] *Alfred Müller-Armack*, Fragen der europäischen Integration, in: Wirtschaftsfragen der freien Welt. Hrsg. von *Erwin von Beckerath, Fritz W. Meyer, Alfred Müller-Armack* (Festschrift für *Ludwig Erhard*) Frankfurt am Main 1957, S. 540, vgl. hierzu auch *Alfred Müller-Armack*, Europa, unsere Aufgabe, in: *Herbert Schmidt* (Hrsg.), Möglichkeiten und Wege zu einer europäischen Wirtschaftsverfassung, Berlin 1964, S. 18.

[11] Ebenda.

[12] Vgl. hierzu *Alfred Müller-Armack*, Auf dem Weg nach Europa, a.a.O., S. 173 ff.

[13] Vgl. *Alfred Müller-Armack*, Auf dem Weg nach Europa, a.a.O., S. 179 f. Auch wegen der Konkurrenzängste deutscher Universitätsrektoren befindet sich allein im Vertrag zur Gründung der Europäischen Atomgemeinschaft (Art. 9 Abs. 2) nur noch ein Auftrag zur Gründung eines Hochschulinstitutes in Florenz, vgl. ebenda.

„Man mag andere Vorschläge für besser halten, aber man verkennt die Reichweite der europäischen Aufgabe, wenn man am Geistigen vorübergeht. Man braucht keiner abendländischen Mystik zu huldigen, sondern kann dieses Anliegen aus der nüchternen realen Situation unseres heutigen Lebens sehen. Wenn man jedoch die europäische Integration als Gesamtaufgabe begreifen will, die ohne eine Resonanz in der Öffentlichkeit nicht zu denken ist, sollte man hier mehr tun als bisher geschehen ist. Europa kann nicht von Experten allein geschaffen werden. Es bedarf des freudigen Mitgehens der öffentlichen Meinung und insbesondere der Jugend."[14]

Diese damals, vor nahezu 45 Jahren am Anfang einer Neuorientierung der europäischen Integration, ausgesprochen wegweisende Mahnung wirkt heute im Rückblick geradezu wie eine Prognose der inzwischen erfolgten Unterlassungen und Fehlentwicklungen. Inzwischen ist es seit nahezu drei Jahrzehnten geradezu zu einem Ritual der Politiker und der Mitglieder der Europäischen Kommission geworden, bei jeweils besonders hervorgehobenen Anlässen Reformen der europäischen Integrationspolitik anzumahnen, weil diese für die Bürger undurchsichtig geworden sei und eine beständige Entfremdung von Europa bewirke. So wird auch im Anhang des „Reform"-Vertrages von Nizza (26. Februar 2001) abermals festgestellt,

„dass die demokratische Legitimation und die Transparenz der Union und ihrer Organe verbessert und dauerhaft gesichert werden müssen, um diese den Bürgern der Mitgliedstaaten näher zu bringen".[15]

---

[14] *Alfred Müller-Armack,* Fragen der europäischen Integration, a.a.O., S. 535.
[15] Vertrag von Nizza, Ziffer 23, Punkt 6 der von der Konferenz angenommenen Erklärungen, Amtsblatt der Europäischen Gemeinschaften S. C 80/86 vom 10. 3. 2001.

Zugleich wird der nächsten, für Dezember 2001 in Laeken vorgesehenen Regierungskonferenz als Tagesordnungspunkt vorgegeben
„eine Vereinfachung der Verträge, mit dem Ziel, diese klarer und
verständlicher zu machen".[16] Diese Absichtserklärung hindert indessen deren Urheber nicht, in demselben Vertragstext (von Nizza),
insbesondere hinsichtlich der neu geordneten Stimmengewichtung,
Regelungen einzuführen, die an Intransparenz und zweckloser
Kompliziertheit kaum zu überbieten sind.[17]

Auch beispielsweise die Regierungserklärung (vom 12. 12. 2001)
von Bundeskanzler *Schröder* unmittelbar vor Beginn der Tagung
des Europäischen Rates in Laeken (14./15. 12. 2001) enthält eine
übereinstimmende, geradezu standardisierte Feststellung:

> „Wir brauchen ein Europa, das für mehr Bürger besser verständlich ist.
> Die Menschen müssen wissen, wo, wie und warum die Europäische
> Union ihr tägliches Leben beeinflußt."[18]

Zugleich wird als erwartete Leistung der politischen Akteure dieser
Ratskonferenz in Aussicht gestellt:

> „dass Europa die Menschen begeistert und dass sie sich aus diesem
> Grunde für ein einiges Europa einsetzen."[19]

Aber auch die „Schlußfolgerungen des Vorsitzes" derselben Konferenz von Laeken enthalten hinsichtlich der Bürger auch (nur) wieder die Erkenntnis:

---

[16] Ebenda.
[17] Vgl. Vertrag von Nizza, a.a.O., S. C 80/49-52, Protokolle im Anhang und
Erklärung Nr. 22.
[18] Regierungserklärung von Bundeskanzler *Schröder* vom 12. 12. 2001, Plenar-
protokoll 14/207 des Deutschen Bundestages vom 12. 12. 2001.
[19] Ebenda.

„Sie verlangen von den europäischen Organen weniger Trägheit und Starrheit und fordern vor allem mehr Effizienz und Transparenz."[20]

Die in diesen Schlußfolgerungen wiederholten Beteuerungen, dass die Europäische Union „demokratischer, transparenter und effizienter"[21] werden müsse, werden nunmehr mit der bloßen Einsicht verbunden, dass es eine „grundlegende Herausforderung" für die Europäische Union sei, eine Antwort darauf zu finden:

> „Wie können dem Bürger, vor allem der Jugend, das europäische Projekt und die europäischen Organe näher gebracht werden."[22]

Die unverminderte Aktualität der von *Müller-Armack* in den Vordergrund gestellten geistigen Wegorientierung für die europäische Integration kennzeichnet zugleich die Dauer ihrer Verfehlung und die zunehmenden schwerwiegenden Defizite der Europapolitik. Man vergegenwärtige sich nur, dass bereits etwa 20 Jahre nach der Veröffentlichung des entsprechenden Artikels *Müller-Armacks* der amtierende Präsident der Europäischen Kommission, *Gaston Thorn*, in der Einleitung zum Aktionsprogramm der Kommission sich veranlaßt fühlt, die Befürchtung zu äußern,

> „die Frustration eines nicht unerheblichen Teils unserer Bevölkerung (werde) immer größere Formen annehmen, während gleichzeitig das Image der Gemeinschaft zum Zerrbild wird"[23].

---

[20] Schlußfolgerungen des Vorsitzes, Europäischer Rat (Laeken, 14. und 15. 12. 2001), Dokument SN 300/01 DE, Anlage 1, S. 3.

[21] Schlußfolgerungen des Vorsitzes, a.a.O., S. 4.

[22] Ebenda.

[23] Kommission der Europäischen Gemeinschaft, Programm der Kommission, Brüssel 1981, S. 21. Zur Situationsanalyse der entsprechenden Stagnationsphase der europäischen Integration vergleiche auch: *Reinhold Biskup, Europa – von der Wirklichkeit zur Utopie?*, Mainzer Beiträge zur Europäischen Einigung, hrsg. von *Werner Weidenfeld*, Band 4, Bonn 1984.

Diese Situationsbeschreibung unterscheidet sich inhaltlich nicht wesentlich von derjenigen, die ein anderes Kommissionsmitglied, *Günter Verheugen*, wiederum 20 Jahre später in seiner Sorge um die gesellschaftliche Akzeptanz der bevorstehenden Osterweiterung der Europäischen Union gegenwärtig als „Kernfrage" vermittelt:

> „Was bedeutet den Menschen in der EU Europa eigentlich noch? Wie können wir die Idee der europäischen Einigung wieder so begeisternd machen, wie sie einmal war? Wenn die heutige EU die Menschen nicht inspiriert, wie können wir erwarten, dass die Aussicht auf eine noch größere EU positive Erwartungen bei ihnen auslösen wird?"[24]

Tatsächlich weisen die im Auftrag der Europäischen Kommission ermittelten demoskopischen Befunde (Eurobarometer) aus, dass durchschnittlich nur 44 Prozent der befragten Bevölkerung die geplante Osterweiterung befürworten[25]. Gleichzeitig haben nur 46 Prozent der Befragten Vertrauen in die Europäische Kommission[26], während kaum mehr als 47 Prozent den Eindruck haben, dass die Mitgliedschaft in der Europäischen Union überhaupt vorteilhaft ist.[27] Es erweist sich somit, dass das von ihr in den letzten Jahren eigens zur Image-Aufbesserung betriebene Marketing für ein „Europa der Bürger" deren Empfindungen auch nicht verbessern konnte.

Wenn daher die nunmehr seit langem ausbleibende Begeisterung von ehedem beschworen wird, so drängt sich zunächst die Erinnerung an ein *Goethe*-Wort auf, wonach Begeisterung keine He-

---

[24] *Günter Verheugen*, Debatte über die EU-Erweiterung im Europäischen Parlament, Straßburg 4.9.2001, Speech/01/363, S. 8.

[25] Vgl. Eurobarometer 54, European Commission, DG Press, Public Opinion analysis, 7. Support for the enlargement.

[26] Eurobarometer 54, a.a.O., 3. Trust in the European Commission.

[27] Eurobarometer, 54, a.a.O., 2. Benefit from European Union membership.

ringsware sei, die sich einpökeln und aufbewahren läßt.[28] Sie entsteht erst, wenn die Ziele der Europapolitik glaubwürdig und begehrenswert und vor allem auch die Politiker, die sie anstreben, vertrauenswürdig sind. Was die gegenwärtige Situation von der damaligen der 50er Jahre grundlegend im Hinblick auf das „freudige Mitgehen" unterscheidet, ist die unbestreitbare Tatsache, dass die desillusionierten Bürger Europas heute keine Staatsmänner mehr mit europäischem Charisma vorfinden wie ehedem – man erinnere sich nur, wie *Adenauer, Schuman, de Gasperi* oder *Spaak* europäische Politik geradezu verkörpert haben. Wie das bereits dargestellte Meinungsbild der Bevölkerung zeigt, haben indessen – auch nicht nach mehr als 50jährigem „Amtsbonus" – die Organe der europäischen Institutionen, insbesondere das Europäische Parlament und die Kommission, das Vakuum der wegweisenden Vertrauenswürdigkeiten für die Bürger offensichtlich nicht ausfüllen können. Im Gegenteil, die Rücktritts-Agonie (bis März 1999) der von *Jacques Santer* geleiteten, dem Vorwurf der Korruption und der Mißwirtschaft ausgesetzten Europäischen Kommission sowie die parlamentarisch unrühmliche Kontrollfunktion, die das Europäische Parlament ihr gegenüber praktiziert hat, haben bei den nachfolgenden Wahlen zu diesem Parlament ein bislang unübertroffenes Desinteresse der europäischen Bürger bewirkt.

Die „Resonanz in der Öffentlichkeit", also die sie beständig begleitende zustimmende Teilnahme, die *Müller-Armack* für ein umfassendes Gelingen der europäischen Integration für unerläßlich hält, ist der Europapolitik offensichtlich versagt geblieben. Ein wesentlicher Grund dafür besteht in der Vorherrschaft der „Experten" bürgerferner Institutionen, der ja gerade seine Skepsis galt, weil sie – wie inzwischen geschehen – das von ihm so sehr hervorgehobene „Geistige" durch ihre bevorzugte Zuwendung zur überwiegend wirtschaftlich-juristischen Regelungsmaterie verdrängen und selbst

---

[28] *Johann Wolfgang von Goethe*, Frisches Ei, gutes Ei, in: Epigrammatische Gedichte, Werke, Bd. 1, hrsg. von *H. Müntzer*, Stuttgart-Leipzig 1815.

diese nicht mehr für die Bürger Europas hinreichend transparent zu gestalten vermögen. Bezeichnend dafür ist, dass der auf diese Weise zustandegekommene Besitzstand an Grundlagen europäischer Integrationspolitik, der als „acquis communautaire" auch Gegenstand der Verhandlungen zur Osterweiterung ist, inzwischen 20.000 Rechtsakte auf 80.000 Seiten umfaßt.[29] Den „Experten" selbst muß es immer schwerer fallen, den Durchblick dieser Rechtsvorschriften zu behalten, zumal da die bestehenden geradezu in periodischen Abständen durch umfangreiche neue Rechtsakte verändert oder ergänzt werden. Eine solche Zwecksetzung hatten beispielsweise die Einheitliche Europäische Akte (1986), der Vertrag von Maastricht (1992), der Vertrag von Amsterdam (1997) sowie der Vertrag von Nizza[30] (2001), allerdings ohne auch nur annähernd einer Erkenntnis der Europäischen Kommission zu entsprechen, nämlich:

> „Unlesbarkeit und Unverständlichkeit der Texte über die Gründung der Union könnten zu einer Kluft zwischen der Union und dem Bürger führen".[31]

Ganz ähnlich äußert sich auch eine vom Präsidenten der Europäischen Kommission, *Romano Prodi*, eingesetzte unabhängige Gutachtergruppe:

> „So entstehen der Eindruck der Rechtsunsicherheit und die Furcht vor kontinuierlichen Interventionen und progressiver Zentralisierung, Em-

---

[29] Vgl. *René Höltschi,* Europäer werden dagegen sehr ..., in: NZZ Folio Nr. 9, September 2001, S. 16.

[30] Der bisher noch nicht in Kraft getretene Vertrag sieht bereits in der Anlage IV, Punkt 7. vor, dass 2004 erneut eine Regierungskonferenz einzuberufen sei, die auch wieder Vertragsänderungen behandeln solle.

[31] Europäische Kommission, Glossar, Die Reform der Europäischen Union in 150 Definitionen, Luxemburg 1997, S. 45.

pfindungen, die zu Recht oder zu Unrecht in der Öffentlichkeit weit verbreitet sind."[32]

Dem hohen Stellenwert, den das – offensichtlich folgenschwer in
der Europapolitik vernachlässigte – Geistige im Europakonzept
Müller-Armacks einnimmt, entspricht auch seine nachdrückliche
Betonung des unumgänglichen politischen Gestaltungsbedarfs in
der europäischen Integration sowie ihrer Offenheit für beitritts-
willige Staaten Europas. Eine andauernde „Abkapselung einer europäischen Staatengruppe"[33] wie sie sich bei den Verhandlungen
zur 1957 bevorstehenden Gründung der Europäischen Wirtschaftsgemeinschaft für die 6 Länder der bereits bestehenden Montan-
Union abzeichnete, widerspricht seiner Vision von Europa ebenso
wie ihre Ausstattung mit einem hohen Außenzoll, weil sie „künftig
die wirtschaftliche Einheit aufs Spiel" setzt.[34] Gleichsam zur vor-
beugenden Schadensminderung sieht er die Assoziierung der übrigen OEEC-Staaten mit der zu gründenden Zollunion der Sechs
vor.[35] Es sollen „nicht neue Hemmungen auf dem Wege nach Europa entstehen",[36] und selbst als dieses Projekt am Widerstand der
französischen Regierung später scheiterte, gilt seine Hoffnung, „europäisches Gemeinschaftsbewußtsein" zu erhalten, indem den Au-
ßenseitern England, Österreich, der Schweiz und den skandinavischen Ländern wenigstens der Anschluß an eine „europäische Wis-
senschaftsorganisation" geboten wird.[37] Bei den ersten Überlegungen zur Reichweite der europäischen Integration erscheint es ihm
schon 1952 als selbstverständlich, dass auch Griechenland, „die

---

[32] *R. von Weizsäcker, J.-L. Dehaene, D. Simon,* Die institutionellen Auswirkungen der Erweiterung, Brüssel 18. 10. 1999, S. 12.
[33] *Alfred Müller-Armack,* Fragen der europäischen Integration, a.a.O., S. 538.
[34] Ebenda.
[35] Ebenda, vgl. hierzu auch *Alfred Müller-Armack,* Auf dem Weg nach Europa,
a.a.O., S. 110 f.
[36] *Alfred Müller-Armack,* Fragen der europäischen Integration, a.a.O., S. 539.
[37] *Alfred Müller-Armack,* Auf dem Weg nach Europa, a.a.O., S. 183.

Heimat der europäischen Kultur"[38], berücksichtigt wird. Gleichermaßen ist für ihn die geistesgeschichtliche Verbundenheit Spaniens und Portugals ein hinreichender Beweggrund, bereits 1961 dafür zu plädieren, „diese Kernländer europäischer Geschichte"[39] in die europäischen Integrationsbemühungen einzubeziehen, obwohl gewichtige politische Kräfte in der EWG, insbesondere die belgische Regierung, Spanien unter der Herrschaft *Francos* eine Annäherung an die Gemeinschaft bislang verwehrt hatten.[40]

Diese Besinnung auf die geistesgeschichtliche Dimension Europas[41] als Begründung für das Anrecht, dem Integrationsverbund beizutreten, war eigentlich auch für das politische Wollen der geistigen Väter der europäischen Integration maßgeblich. Es spiegelt sich in der ursprünglichen Fassung des Beitrittsartikels (237) des EWG-Vertrages noch wider, der außer Verfahrensvorschriften keinerlei Bedingung vorsieht:

> „Jeder europäische Staat kann beantragen, Mitglied der Gemeinschaft zu werden."[42]

Inzwischen sieht dieser – durch die Verträge von Maastricht beziehungsweise von Amsterdam modifizierte, neu nummerierte Artikel (49)[43] – die Beachtung von „Grundsätzen" vor, während in der

---

[38] *Alfred Müller-Armack,* Auf dem Weg nach Europa, a.a.O., S. 131.
[39] *Alfred Müller-Armack,* Auf dem Weg nach Europa, a.a.O., S. 163, vgl. hierzu auch S. 157 ff.
[40] Vgl. hierzu *Alfred Müller-Armack,* Auf dem Weg nach Europa, a.a.O., S. 158 f.
[41] Vgl. hierzu auch *Reinhold Biskup* (Hrsg.), Dimensionen Europas, Bern-Stuttgart-Wien, 1998, S. 21 ff.
[42] Vertrag zur Gründung der Europäischen Wirtschaftsgemeinschaft, Sekretariat des Interimsausschusses für den Gemeinsamen Markt und Euratom, Brüssel 1957, S. 156.
[43] Vertrag von Amsterdam, Presse und Informationsamt der Bundesregierung, Bonn 1998, S. 45 und S. 22 (Art. 6 Grundsätze). Vgl. hierzu auch *Alfred Müller-Armack,* Auf dem Weg nach Europa, a.a.O., S. 260, der sich ent-

Praxis der Beitrittsverhandlungen nicht nur die vollständige Übernahme des „acquis communautaire", sondern auch die Erfüllung
wirtschaftlicher und verwaltungstechnischer Kriterien voraus-
gesetzt wird.[44] Es herrscht nunmehr eine allzu funktionalistische
Orientierung vor, die es angeraten erscheinen läßt, die ursprüngliche in Erinnerung zu rufen. Denn es gehörte zu den wesentlichen
Beweggründen für die europäische Integration – Wiederaufbau,
Versöhnung, innere und äußere Sicherheit – das erklärte Ziel, diesen in Freiheit vollzogenen Zusammenschluß für die europäischen
Völker im sowjetischen Machtbereich attraktiv und zugänglich zu
machen. Eine Bestätigung dafür kann man in der Äußerung sehen,
die Bundeskanzler *Konrad Adenauer* am 8. Januar 1963 gegenüber
dem Präsidenten der Europäischen Kommission, *Walter Hallstein*,
machte, nämlich dass sich die europäische Union eines Tages auch
auf Osteuropa ausdehnen und wirklich ganz Europa umfassen solle,
damit Europa wieder das ganze, das echte Europa werde.[45]

Müller-Armacks ausdrückliche Zuweisung der Verantwortung für
das Gelingen der europäischen Integration an die Politik[46] gründet
auf seiner – ordnungspolitischen – Erkenntnis, dass schon innerhalb einer Volkswirtschaft und erst recht für ihre übernationale
Interaktion vorbereitende und sichernde Aktivitäten von politischen
Institutionen unerläßlich sind, die aus politischem Handeln ent-

---

schieden gegen die politischen Bestrebungen zu Anfang der 60er Jahre aus-
spricht, den Beitritt zur EG zu verwehren.

[44] Vgl. hierzu Agenda 2000, Eine stärkere und erweiterte Union, Bulletin der
Europäischen Union, Beilage 5/97, S. 43 ff., und zum Erfüllungsgrad der entsprechenden Beitrittskriterien *Günter Verheugen*, a.a.O., S. 3 ff.

[45] Vgl. hierzu *Horst Osterheld*, „Ich gehe nicht leichten Herzens ...", Adenauers
letzte Kanzlerjahre, Mainz 1986, S. 177.

[46] Vgl. *Alfred Müller-Armack*, Fragen der Europäischen Integration, a.a.O., S.
534 und S. 540, vgl. hierzu auch *Alfred Müller-Armack*, Europa, unsere Aufgabe, in: *Herbert Schmidt* (Hrsg.), Möglichkeiten und Wege zu einer europäischen Wirtschaftsverfassung, Berlin 1964, S. 18.

stehen. Er entscheidet sich für die institutionelle Integration[47] – im Gegensatz zu nicht wenigen Befürwortern der funktionellen Integration[48], der eigentlich auch *Ludwig Erhard* zuneigte[49]. Ein besonderer Anlaß dafür, die Politik in die Pflicht zu nehmen, bestand zudem damals (1957), weil führende Integrationspolitiker, wie zum Beispiel *Spaak*[50], die Stagnation in der europäischen Integration glaubten leichter, mit weniger politischen Widerständen überwinden zu können, indem sie die Bemühungen vorzugsweise auf das Wirtschaftliche konzentrierten – wie es sich schließlich in den Verträgen von Rom darstellte. Vorausgegangen war das Scheitern der sektoralen Integrationspolitik, die mit der supranationalen Montanunion (EGKS) 1952 begonnen hatte, danach aber durch die Ablehnung der weiteren sektoralen Module (Europäische Verteidigungsgemeinschaft und Europäische Politische Gemeinschaft) 1954 die politische Unterstützung verlor.[51] *Müller-Armack* weist geradezu warnend darauf hin, dass der Umweg über die Wirtschaft kein Ausweg aus der Sackgasse der Politik sein könne[52], dass also die erforderlichen Fortschritte in der politischen Integration nicht durch wirtschaftliche ersetzt oder erzwungen werden könnten[53],

---

[47] Vgl. *Alfred Müller-Armack*, Fragen der Europäischen Integration, a.a.O., S. 532, vgl. auch derselbe, Auf dem Weg nach Europa, a.a.O., S. 97.

[48] Vgl. hierzu *Alfred Müller-Armack*, Auf dem Weg nach Europa, a.a.O., S. 46.

[49] Zur distanzierten Haltung *Ludwig Erhards* gegenüber der – kleineuropäischen – institutionellen Integration vgl. *Alfred Müller-Armack*, Auf dem Weg nach Europa, a.a.O., S. 111 f. sowie S. 96 und 98.

[50] Vgl. hierzu *Alfred Müller-Armack*, Auf dem Weg nach Europa, a.a.O., S. 173 f. und ders. Fragen der Europäischen Integration, a.a.O., S. 533, und auch *Hanns Jürgen Küsters*, Die Gründung der Europäischen Wirtschaftsgemeinschaft, Baden-Baden 1982, S. 265 f.

[51] Vgl. hierzu *Alfred Müller-Armack*, Fragen der Europäischen Integration, a.a.O., S. 535, und seine Darstellung der Abkehr von den supranationalen – sektoralen – Integrationsmodellen in: Auf dem Weg nach Europa, a.a.O., S. 63-66 und S. 107.

[52] Die Motive für die Abwendung von den politischen Integrationskonzepten zu den wirtschaftlichen Schwerpunkten beschreibt *Küsters*, a.a.O., S. 18 f.

auch wenn – falsche – Analogien mit der Gründung des Deutschen Zollvereins von 1833 solches Wunschdenken zu bekräftigen scheinen.[54] Tatsächlich hat dann auch der Verlauf der europäischen Integration erwiesen, dass Stagnationsphasen und Krisen letztlich einen politischen Hintergrund hatten[55], während wesentliche Fortschritte – wie auch die Einführung des Euro – durch politische Entscheidungen vorbereitet wurden. Auch der Erfolg des Euro als „Repräsentant" der (Wirtschafts- und) Währungsunion wird wiederum nur Bestand haben können, wenn er angemessen politisch unterstützt wird.[56]

---

[53] Vgl. *Alfred Müller-Armack*, Fragen der Europäischen Integration, a.a.O., S. 534.

[54] Ebenda.

[55] Die Stagnation in der Europäischen Integration nach dem Inkrafttreten der EGKS (1952) zeugt augenscheinlich davon, dass allein **politische** Faktoren sie verursacht haben und dass sie letztlich wieder durch **politische** Kompromisse überwunden werden konnte. Vgl. hierzu *Hanns Jürgen Küsters*, a.a.O., S. 19 f.

[56] *Otmar Issing*, Der Euro im Weltwährungssystem, in: Deutsche Bundesbank, Auszüge aus Presseartikeln Nr. 22, 16. 4. 1997, S. 7, hat schon vor der Einführung des Euro den Zusammenhang zwischen Währungsunion und Politik hervorgehoben: „Ohne Fortschritte bei der politischen Integration steht die außenpolitische Rolle des Euro auf tönernen Füßen – ohne die Stabilität der Währung wird auch kein positiver Integrationsbeitrag des gemeinsamen Geldes zu erwarten sein. Die politische Vereinigung ist nun einmal nicht durch die Hintertür der Währungsunion zu erlangen".

III   Bürgerferne Abwege der „institutionellen Reform"

Wenn Ermüdungserscheinungen in der Entwicklung der europäischen Integration feststellbar sind, so handelt es sich in der Regel um fehlende oder verzögerte politische Entscheidungen. Es ist inzwischen üblich geworden, diese aber nicht den Politikern zuzuschreiben, sondern dem institutionalisierten Entscheidungsverfahren der Gemeinschaftsorgane. Deswegen beherrscht seit einigen Jahren das Verlangen nach einer „institutionellen Reform" die Diskussion über die Weiterentwicklung der europäischen Integration, insbesondere auch hinsichtlich der neuen Beitrittsverhandlungen. So wird nach Abschluß der Verhandlungen über den Vertrag von Nizza von der Europäischen Kommission darauf hingewiesen,

„dass dieser Vertrag unverzichtbare Voraussetzungen für den Abschluß der Beitrittsverträge enthält".[57]

Zugleich wird stereotyp wieder die Hoffnung geäußert, die Erweiterung dürfe

„nicht das Opfer wachsender Entfremdung zwischen den Bürgerinnen und Bürgern Europas und den europäischen Institutionen und Entscheidungsprozessen werden"[58].

Daher sieht der Vertrag von Nizza als wesentlichen Beitrag zur Problemlösung – vermeintlich – eine „Reform" der Entscheidungsverfahren vor, in deren Mittelpunkt die erweiterte Anwendung der qualifizierten Mehrheitsbeschlüsse, eine neue Gewichtung der Stimmen der Mitglieder des Ministerrats sowie eine Begrenzung

---

[57] *Günter Verheugen*, a.a.O., S. 2.
[58] Ebenda.

der Zahl der Sitze in der Kommission, im Europäischen Parlament und der großen Ausschüsse, stehen.[59] Es ist sicherlich nicht zu bestreiten, dass während einer nahezu fünfzigjährigen Tätigkeit von parlamentarischen und exekutiven Institutionen der Europäischen Gemeinschaft sich – interne – strukturelle und funktionelle Reformen als notwendig erweisen. Sie hätten schon längst vollzogen werden müssen, und zwar, was die Europäische Kommission anbetrifft, auf jeden Fall schon, bevor ihre Fehlleistungen und die ihres administrativen Unterbaus öffentlich angeprangert wurden. Ebenso würden es die europäischen Bürger als eine gemeinhin selbstverständliche Reformleistung erachten, wenn die Mitglieder des Europäischen Parlaments – kostenbewußt und leistungsfähiger – nicht mehr planmäßig als „Wanderzirkus" zwischen Straßburg und Brüssel hin und her pendeln müssten und wenn möglicherweise auch noch ihre Zahl begrenzt würde.

> „Die Struktur der Union soll sich für den Bürger leicht und unmißverständlich erschließen können"[60]

So lautet ein Leitmotiv der Europäischen Kommission für die „institutionelle Reform", die bereits seit Jahren Gegenstand der Sitzungen des Europäischen Rates ist und als offensichtlich immer noch „unvollendete" im Vertrag von Nizza ihren Höhepunkt erreichte.[61] Ein Kerngehalt dieser für die künftige Entwicklung Europas vorgeblich unerlässlichen Reform verlangt, im Folgenden ausführlicher hinterfragt zu werden, weil er in seiner hintergründigen

---

[59] Vgl. Vertrag von Nizza, Amtsblatt der Europäischen Gemeinschaften vom 10. 3. 2001, S. C80/80-86.

[60] Vgl. Europäische Kommission, Institutionelle Reform für eine erfolgreiche Erweiterung. Bulletin der Europäischen Kommission. Beilage 2/2000-DE, S. 5.

[61] Vgl. Vertrag von Nizza, a.a.O., der Anfang 2002 immer noch nicht von allen Mitgliedstaaten ratifiziert worden war.

Zielsetzung einem Grundprinzip[62] der Sozialen Marktwirtschaft, nämlich der Partnerschaft[63], widerspricht und zudem nicht mit den Vorstellungen *Alfred Müller-Armacks* von einer zielfördernden Europapolitik im Einklang steht.

Es handelt sich um das inzwischen vertraglich kodifizierte Bestreben, die Beschlussfassung vornehmlich mit qualifizierter – nicht mit einfacher – Mehrheit zum Regelfall der Entscheidungsfindung im Europäischen Rat und das Einstimmigkeitsprinzip lediglich zur ultima ratio werden zu lassen. Partnerschaft aus europäischer Gesinnung verpflichtet zu Fairness und Solidarität gegenüber den (Vertrags-) Partnern und ermöglicht so eine am gemeinsamen Integrationsziel orientierte kooperative eigenverantwortliche, weitgehend konfliktfreie Interessenwahrnehmung. Sie bedingt als Verhaltensnorm auf gegenseitigem Vertrauen und Gleichberechtigung beruhende verbindliche Verfahrensregeln.[64] *Alfred Müller-Armack* war bei der Gestaltung der europäischen Integration stets darauf bedacht, dass an diesem Prinzip orientierte möglichst einvernehmliche Problemlösungen erzielt wurden, die keine Mitgliedsländer diskriminierten. Denn auch er erachtete die Gleichbehandlung gleichermaßen als Voraussetzung wie auch als Ergebnis der Rechtsge-

---

[62] Zur ausführlichen Darstellung der Grundprinzipien der Sozialen Marktwirtschaft vgl. den Beitrag „Grundsätze der Wirtschaftspolitik der Sozialen Marktwirtschaft" von *Egon Tuchtfeldt* in diesem Band sowie ihre Begründung durch *Friedrun Quaas*, Soziale Marktwirtschaft, Bern-Stuttgart-Wien 2000, S. 27-56 sowie S. 173 ff.

[63] Vgl. hierzu *Reinhold Biskup*, Partnerschaft in der Sozialen Marktwirtschaft, in: ders. (Hrsg.), Partnerschaft in der Sozialen Marktwirtschaft, Bern-Stuttgart-Wien, 1986, S. 13-36. Dieser Beitrag enthält auch die Hinweise auf die zahlreichen entsprechenden Fundstellen im Schrifttum *Alfred Müller-Armacks*, der ausdrücklich auf die Musterfähigkeit des Partnerschaftsprinzips für Europa hinweist, vgl. Genealogie der Sozialen Marktwirtschaft, a.a.O., S. 145.

[64] Vgl. hierzu *Reinhold Biskup*, Partnerschaft in der Sozialen Marktwirtschaft, a.a.O., S. 13 f. und S. 36.

meinschaft Europa. Weil die Identität Europas geprägt ist durch seine Vielfalt,

> „benötigt sie zur Verwirklichung der Einheit Integratoren, die den Einigungsprozeß mit motorischer Kraft vorantreiben und gleichzeitig wie eine Klammer zusammen halten und sichern, ohne die Eigenständigkeiten dieser Vielfalt zu beseitigen."[65]

Das gemeinsame europäische Recht hat sich bislang in diesem Sinne als stärkste Klammer erwiesen – sofern das Prinzip der Gleichheit gewährleistet war – und gleichzeitig fördert es den geistigen Einigungsprozess. Denn, je mehr es

> „die allgemeine geistige Tradition und die grundlegenden Ideen der Freiheit, der Würde des Individuums und der Gerechtigkeit widerspiegeln wird, die den europäischen Völkern gemeinsam sind, desto mehr werden es die Bewohner dieses Kontinents akzeptieren und respektieren."[66]

Diese Integrationsfunktion wird indessen abgeschwächt, wenn die europäische Rechts- und Regelsetzung und ihre Anwendung für die Bevölkerung immer undurchsichtiger wird und als diskriminierend empfunden wird.

Es darf aber wohl mit Fug und Recht als fraglich angesehen werden, dass es die Bürger Europas rational überzeugt oder gar emotional bewegt, ob als Ergebnis einer institutionellen Reform künftig bei den Sitzungen der Europäischen Räte mit der „doppelten einfachen" oder mit der „einfachen doppelten" Mehrheit Entschei-

---

[65] *Karl Carstens*, Integration im Prozeß der europäischen Einigung, in: *Reinhold Biskup* (Hrsg.), Europa – Einheit in der Vielfalt, Bern-Stuttgart-Wien, 1988, S. 33.

[66] *Karl Carstens*, Integratoren im Prozeß er europäischen Einigung, a.a.O., S. 44.

dungen getroffen werden.[67] Ebensowenig dürfte es sie berühren, ob das bislang geübte Kollegialitätsprinzip der Europäischen Kommission in Zukunft nach weiteren Beitritten besser gewahrt werden könne, wenn ein Rotationssystem für die Auswahl neuer Mitglieder schon bei einer Begrenzung auf 20[68] oder erst auf 27[69] Kommissionsmitglieder angewandt werden solle und ob dann nicht „manche Kommissionsmitglieder nur punktuelle Funktionen haben".[70] Angesicht der von den Politikern so hochgespielten Bedeutung der „institutionellen Reform" für die Zukunft Europas stellt sich vielmehr die Frage, ob sie nicht überwiegend den Bedürfnissen der „Experten" entspricht, falls sie überhaupt die verheißenen Problemlösungen bewirken könnte, aber die so sehr beklagte Entfremdung der Bürger gar nicht verändert. Deswegen ist wohl 10 Monate, nachdem die betreffenden Reformbeschlüsse in Nizza gefasst wurden, die Situationsbeschreibung in der „Erklärung von Laeken zur Zukunft der Europäischen Union"[71] immer noch zutreffend:

> „Die Bürger finden, dass alles viel zu sehr über ihren Kopf hinweg geregelt wird, und wünschen eine bessere demokratische Kontrolle".[72]

Es ist nicht zu erkennen, dass weder die organisatorischen Begleitumstände der Konferenz von Nizza noch deren inhaltliche Regelungen dazu beigetragen haben, diese Befindlichkeiten zu verän-

---

[67] Vgl. Europäische Kommission, Institutionelle Reform für eine erfolgreiche Erweiterung, a.a.O., S. 26.

[68] Vgl. Europäische Kommission, Institutionelle Reform für eine erfolgreiche Erweiterung, a.a.O., S. 12.

[69] Während die Europäische Kommission die „Option 1" mit einer Begrenzung auf 20 vorgezogen hätte, enthält der Vertrag von Nizza (a.a.O., S. C 80/52) die Begrenzung auf 27 Kommissionsmitglieder.

[70] Europäische Kommission, Institutionelle Reform für eine erfolgreiche Erweiterung, a.a.O., S. 12.

[71] Schlußfolgerungen des Vorsitzes Europäischer Rat (Laeken), 14./15.12.2001, a.a.O., Anlage I.

[72] Ebenda (S. 3).

dern. Das gilt in besonderem Maße auch für die Bürger der künftigen Beitrittsländer, derentwegen ja diese Reformen als Wegbereitung in die Europäische Union beschlossen wurden.[73] Vergegenwärtigt man sich demgegenüber noch einmal die inzwischen durch die Tatsachen gerechtfertigten Mahnungen *Müller-Armacks* und das Fortschreiten der „Experten", die ohne „Resonanz in der Öffentlichkeit" unbeirrt am „Geistigen" vorübergehen, aber gleichwohl Begeisterung für Europa – ausschließlich – mit derartigen „institutionellen Reformen" bewirken wollen, dann gerät man in Versuchung, ein solches Unterfangen mit einer klassischen Fabel von *Iwan A. Krylow* in Einklang zu bringen. Ihr zur Folge gründeten Affe, Bock, Esel und Bär ein Quartett, um Kammermusik zu spielen. Sie beschafften sich Noten sowie Instrumente und begannen zu spielen. Das Ergebnis war ein Missklang. Vergeblich versuchten sie die erstrebte Harmonie beim Spielen zu erreichen, indem sie wiederholt ihre Sitzordnung veränderten. Das Fazit lautet:

> „Zum Künstler braucht es auch Talent noch, und feinre Ohren als ihr habt; solang ihr besser nicht begabt, könnt ihr, wie ihr nur wollt, euch setzen, den Klingklang, den ihr macht, wird niemand schätzen."[74]

Auch die als Mittel zum Zweck der „institutionellen Reform" so sehr hervorgehobenen qualifizierten Mehrheitsbeschlüsse geben hinreichend Anlass hinterfragt zu werden, ob sie tatsächlich zur Beschleunigung des Integrationsprozesses beitragen werden und ob nicht gar die im Vertrag von Nizza vorgesehenen Regelungen sich wie zusätzliche Behinderungen auswirken werden. *Müller-Armack* hat 1971 aufgrund seiner Verhandlungserfahrungen in europäischen Gremien, insbesondere im Rahmen der OEEC, und rückblickend auf die ersten nicht gerade wenig konfliktträchtigen Ent-

---

[73] Vgl. Vertrag von Nizza, a.a.O., S. C 80/80 ff.
[74] *Iwan A. Krylow*, Sämtliche Fabeln, IV/1 Das Quartett, Zürich 1960, S. 120.

wicklungsjahre der europäischen Integration die Bedeutung von Mehrheitsentscheidungen bezweifelt.

> „Denn der Versuch, über Mehrheitsentscheidungen gegen die vitalen Interessen einzelner Länder Europa zusammenzubauen, muß in einem Europa, das nach wie vor und sicherlich für die heute absehbare Zukunft in fest konturierten Eigenstaaten organisiert ist, eine Illusion sein".[75]

Es ist sicherlich nicht zu bestreiten, dass Beschlüsse, die nach dem Einstimmigkeitsprinzip zustande kommen, eine größere Bindungswirkung und Beständigkeit haben, weil ja alle an der Beschlussfassung beteiligten Staaten – und damit wohl auch deren Bürger – ihre Interessen gewahrt sehen. Andererseits sind mit (qualifizierter) Mehrheit gefasste Beschlüsse nicht vor Zuwiderhandlungen gefeit[76], die von ihrer Missachtung bis zu präventiven politischen Abwehrhaltungen führen können. Die Geschichte der europäischen Integration bietet dafür reichhaltige Beispiele. Sie könnten mit dem Hinweis begonnen werden, dass die Abkehr vom durchgängigen Mehrheitsentscheidungsprinzip der supranationalen Hohen Behörde im Modell der Montanunion und deren Kompetenzeinschränkung zu den Maßnahmen gehörten, mit denen Ende der 50er Jahre die stockende europäische Integration wieder in Gang gebracht werden konnte.[77] Als weitere seien lediglich die Vorgänge

---

[75] *Alfred Müller-Armack*, Auf dem Weg nach Europa, a.a.O., S. 118, vgl. hierzu auch ders., Europa, unsere Aufgabe, a.a.O., S. 18 und *Joachim Starbatty*, Eine gesellschaftliche Versöhnungsidee, in: Frankfurter Allgemeine Zeitung Nr. 147 vom 28. Juni 2001, S. 18.

[76] Aufschluss darüber könnte u.a. die Zahl der Rechtsmittel geben, die wegen Verstoß oder Untätigkeit gegenüber Verordnungen, Richtlinien und Entscheidungen (Art. 249 EGV) beim EUGH eingelegt wurden, denen Einstimmigkeitsentscheidungen zu Grunde liegen. Dem Verfasser wurde indessen vom EUGH mitgeteilt, dass eine derartige Aufstellung nicht vorhanden sei. (2/10/01).

[77] Vgl. *Alfred Müller-Armack*, Auf dem Weg nach Europa, a.a.O., S. 117 f. und S. 66 sowie *Hanns Jürgen Küsters*, a.a.O., S. 264 ff.

genannt um den „Luxemburger Kompromiss" (1965), um den Kompromiss von Joannina (1994), um das Nein der Dänen zum Vertrag von Maastricht (1992), ihre Weigerung, der Wirtschafts- und Währungsunion beizutreten (2000)[78], sowie die Motive, die die Iren zur Ablehnung des Vertrages von Nizza (2001) bewogen haben.[79] Zwar kann nicht bezweifelt werden, dass das mit dem Einstimmigkeitsprinzip verbundene Veto-Recht Entscheidungsverfahren verzögern beziehungsweise aufhalten kann, aber es ist dann nicht einmal sicher, ob nicht die üblicherweise der eigentlichen Abstimmung vor- und nachgelagerten Stationen des bürokratischen Instanzenzugs die Verzögerung verursachen. Je nachdem, welche sachlichen Entscheidungsbereiche betroffen sind und ob beispielsweise das „Mitentscheidungsverfahren" oder das „Konsultationsverfahren" Anwendung finden, jeweils mit Beschlüssen mit qualifizierter Mehrheit oder mit Einstimmigkeit, ändern sich die Verfahrensabläufe.[80] Vergegenwärtigt man sich zudem, dass der Ministerrat in der Regel nicht öffentlich tagt und im Wesentlichen nur seine Rechtsetzung veröffentlicht, so wird das große Defizit an Transparenz offensichtlich, das zur viel beklagten Entfremdung der Bürger von den europäischen Institutionen, von Europa beiträgt. Eine entsprechende Definition der Europäischen Kommission selbst ist sicherlich zutreffend:

„Der Hinweis auf mangelnde Transparenz ist Ausdruck des Gefühls der Bürger Europas, dass die Einrichtungen der Union unnahbare und ver-

---

[78] Zu den Motiven und Begleiterscheinungen vgl. *Andreas Heller*, Euro, Nej Tak, in: NZZ Folio Nr. 9, September 2001, S. 45 ff.

[79] Vgl. hierzu *René Höltschi*, a.a.O., S. 22.

[80] Vgl. zur Auffassung der Europäischen Kommission ihren Bericht über die Institutionelle Reform, a.a.O., S. 22 und S. 55 sowie ihren „Wegweiser für den europäischen Bürger", Wer macht was in der Europäischen Union, Luxemburg 2001, S. 6.

schlossene Institutionen sind, deren Beschlüsse sie nicht nachvollziehen können."[81]

Es ist abzusehen, dass durch den Vertrag von Nizza wegen seiner modifizierten Verfahrensvorschriften gerade diese Transparenz noch weiter verringert wird. Auch erscheint es fraglich, ob die Ausdehnung der qualifizierten Mehrheitsbeschlüsse auf etwa 30 weitere Anwendungsbereiche die europäische Integration erleichtern oder beschleunigen wird, und zwar aus folgenden Gründen.

Mit dem Ziel, die Europäische Union auf die bevorstehende Erweiterung vorzubereiten und sie handlungsfähig zu machen, sind im Wesentlichen institutionelle Vorkehrungen wie die Festlegung (Begrenzung) der Mitgliederzahl ihrer Organe vorgesehen. Damit verbunden ist erneut eine Modifizierung der Stimmengewichtung im Ministerrat, die ab 1. Januar 2005 gelten soll.[82] Zuvor erfolgte auch bei jeder Erweiterung eine derartige Anpassung der Stimmengewichtung im Rat mit einer entsprechenden Feststellung des Quorums für Beschlüsse mit qualifizierter Mehrheit. So betrug für die 6 Ratsmitglieder der EWG bei einer Gesamtzahl der (einzeln gewichteten) Stimmen von 17 der für die qualifizierte Mehrheit erforderliche Anteil mindestens 12 Stimmen (= 70,6 %). Die entsprechenden Relationen für die nachfolgenden Erweiterungen lauteten: EG 9 = 58 : 41 (= 70,6 %); EG 10 = 63 : 45 (71,4 %); EG 12 = 76 : 54 (= 71,1 %); EG 15 = 87 : 62 (= 71,3 %). Ab 2005 werden die Stimmengewichte der Ratsmitglieder aller (15) Mitgliedstaaten so erhöht, dass sich zusammengefasst ein Gesamtgewicht von 237 Stimmen ergibt, von denen mindestens 169 (= 71,3 %) für Beschlüsse mit qualifizierter Mehrheit erforderlich sind.[83] Nach der

---

[81] Europäische Kommission, Glossar, Die Reform der Europäischen Union, a.a.O., S. 59.
[82] Vgl. Vertrag von Nizza, a.a.O., Protokolle S. 80/50 f.
[83] Ebenda.

Erweiterung der EU auf 27 Mitglieder soll die Stimmengewichtung insgesamt 345 und die Mindeststimmenzahl für die qualifizierte Mehrheit 255 (= 73,9 %) betragen.[84]
Die Europäische Kommission erklärt dieses fortlaufende An-schwellen der Stimmengewichte folgendermaßen:

> „Bisher hat dieses System gut funktioniert, weil so die Legitimität der gefaßten Beschlüsse gesichert wurde: Aufgrund der gegenwärtigen Stimmenverteilung können die ‚großen' Länder nicht von den ‚kleinen' minorisiert werden, was auch umgekehrt gilt."[85]

Während letzteres schon logischerweise nicht stimmen kann, ist es ja erklärtermaßen das Ziel zu verhindern, dass die „Kleinen" ge-meinsam etwas mit Mehrheit beschließen, was nicht den Interessen der „Großen" entspricht, insbesondere was diese zu zusätzlichen Finanzleistungen veranlassen könnte. Dementsprechend können unter den ab 1. Januar 2005 für eine Europäische Union mit 27 Mitgliedsländern geltenden Bestimmungen alle Beitrittsländer zu-sammen eine solche Mehrheit mit ihren Stimmengewichten nicht bilden.[86] Selbst wenn sie eine Koalition mit allen – der Bevölke-rungszahl entsprechend[87] – kleinen Mitgliedsländern der bereits bestehenden EU schließen könnten, würden sie die Mindestzahl von 255 Stimmen nicht erreichen.[88] Ganz abgesehen davon, wäre für diese Koalition ebenso wie für ihre einzelnen Gruppierungen obendrein nicht die Hürde des Zusatzkriteriums – „mindestens 62%

---

[84]   Vgl. Vertrag von Nizza, a.a.O., 23. Erklärung, S. C 80/85.
[85]   Europäische Kommission, Glossar, Die Reform der Europäischen Union, a.a.O., S. 57
[86]   Vgl. Vertrag von Nizza, a.a.O., S. C 80/82.
[87]   Zugrunde gelegt wird eine Einwohnerzahl von weniger als 11 Millionen.
[88]   Ebenda und zur Berechnung der Schwelle für die qualifizierte Mehrheit auch Erklärung 21 S. C 80/85.

der Gesamtbevölkerung der Union"[89] zu repräsentieren – nicht zu überwinden.

Wenn also die Europäische Kommission bei der Vorbereitung dieser vertraglichen Regelung die Auffassung vertritt, dass das System der qualifizierten Mehrheit dazu beitrage, „die demokratische Repräsentativität der Ratsbeschlüsse zu stärken",[90] und sich bemüht, gleichermaßen „die bevölkerungsmäßige Repräsentativität eines Beschlusses mit qualifizierter Mehrheit"[91] zu optimieren, so erklärt sich daraus selbstredend die schließlich dem Vertrag von Nizza zugrunde gelegte – zwecklose und fragwürdige – Problemlösung. Die doppelte Mehrheit – 62 % der Gesamtbevölkerung und mehr als 50 % der Mitgliedsländer – wird sich nämlich weitgehend als überflüssig erweisen, weil in den meisten Fällen einer Abstimmung mit qualifizierter Mehrheit in der Europäischen Union mit 27 Mitgliedsländern rein rechnerisch mindestens 14 von ihnen erforderlich sind, um das vorgesehene Stimmengewicht von mindestens 255 zu erreichen, wodurch gleichzeitig auch 62 % der Gesamtbevölkerung repräsentiert werden.[92] Es wird somit nur der Anschein zusätzlicher Kriterien von „Repräsentativität" erweckt, tatsächlich aber erneut ein Höchstmaß an Intransparenz für den europäischen Bürger in den Vertrag von Nizza eingeführt.[93] Aber auch die „demokratische Repräsentativität" erweist sich letztlich nur als ein Scheinargument – gemessen an einem wohlverstandenen Demokratiebegriff und an der Wirklichkeit der Einigung Europas.[94] Denn

---

[89]   Vertrag von Nizza, a.a.O., S. C 80/83.

[90]   Europäische Kommission, Institutionelle Reform für eine erfolgreiche Erweiterung, a.a.O., S. 24.

[91]   Europäische Kommission, Institutionelle Reform für eine erfolgreiche Erweiterung, a.a.O., S. 25.

[92]   Vgl. hierzu *Frédéric Bobay*, Political Economy of the Nice Treaty: Rebalancing the EU Council, in: Zentrum für Europäische Integrationsforschung, Policy Paper B 28, Bonn 2001, S. 9.

[93]   Vgl. hierzu auch *Frédéric Bobay*, a.a.O., S. 10.

[94]   Vgl. hierzu *Reinhold Biskup*, Europa – Einheit in der Vielfalt, in: ders. (Hrsg.) Europa – Einheit in der Vielfalt, Bern-Stuttgart, 1988, S. 17 ff.

es gibt kein europäisches Staatsvolk, das mehrheitlich – seine politische Mitwirkung begründend – auf diese Weise repräsentiert werden könnte. Es gilt vielmehr, wie es *Hermann Lübbe* formuliert:

> „Die europäische Einigung vollzieht sich in der Konsequenz überein-
> stimmender Interessen Selbständiger – nicht kraft eines verselbständig-
> ten Interesses eines neuen, bereits selbstbestimmungsfähig gewordenen
> europäischen Kollektiv-Subjekts".[95]

Selbst wenn also Beschlüsse mit qualifizierter Mehrheit in doppelter Hinsicht durch die Mehrzahl der abstimmenden Mitgliedsländer
und ebenfalls durch 62 % der gesamten Bevölkerung „repräsentiert" werden, verleihen diese beiden Zusatzkriterien den Beschlüssen keineswegs die Aura bewährter demokratischer Prinzipien.
Denn sie schließen nicht aus, dass – im Extremfall – in 13 über-
stimmten Mitgliedsländern 100 % der Bürger ihre Interessen nicht
berücksichtigt finden.
Dieses Demokratie-Ornament des komplizierten, für den Bürger
höchst undurchsichtigen Kernstücks der „institutionellen Reform"
vermag mithin nicht zu überzeugen. Sie ist vordergründig ebenso
wie deren eigentliche inhaltliche Begründung, die sich auch als
nicht zielführend erweisen wird. So ist zunächst zu bezweifeln, ob
unbedingt die Ausweitung der „Beschlußfassung mit qualifizierter
Mehrheit zur allgemeinen Regel"[96] werden muss. Denn ein besonders sensibler, lebenswichtiger Bereich der Europäischen Union
mit einer „hohen Integrationsdichte" und „gemeinsamen europäischen Standards", der trotzdem durch die „Pluralität der Meinungen" sowie auch durch „das Fehlen einer europaweiten Öffent-

---

[95] *Hermann Lübbe*, Abschied vom Superstaat, Berlin 1994, S. 100.
[96] Europäische Kommission, Institutionelle Reform für eine erfolgreiche Erweiterung, a.a.O., S. 21.

lichkeit" gekennzeichnet ist[97], funktioniert einwandfrei ohne ein System angeschwollener Stimmengewichte. Es handelt sich um das Europäische System der Zentralbanken (ESZB), das diesen europäischen Gegebenheiten Rechnung trägt, gerade weil seine Beschlussfassung für den gesamten Europaraum gilt und akzeptiert werden muss. Gleichwohl

> „werden geldpolitische Entscheidungen im EZB-Rat ungeachtet der Größe eines Teilnehmerstaates nach dem Grundsatz ,one person, one vote' getroffen".[98]

Entgegen allen „Repräsentativitäts"-Zugaben bei der Reform der Abstimmungsregeln, dient sie nicht der Demokratisierung und besseren Legitimation, sondern der vorrangigen Interessenwahrnehmung der „großen" Mitgliedsländer. Die kleineren Länder der Europäischen Union sind und bleiben, was die Beschlussfassung im Europäischen Rat anbetrifft, benachteiligt, zumal wenn durch den Vertrag von Nizza die noch verbleibenden Reservate ihres Vetorechts eingeschränkt werden. Daher verwundert es nicht, dass solche Sachverhalte kaum im Sinne *Müller-Armacks* zur Bildung eines Gemeinschaftsbewusstseins beitragen, wie die betreffenden Einschätzungen durch die Bevölkerung zum Beispiel der nordischen Mitgliedsländer und bereits auch schon in einigen Beitrittsländern erkennen lassen.

Der bevorzugte Interessenschutz der großen Länder mutet wie ein integrationspolitischer Atavismus an. Er hat seine Ursprünge im ursprünglichen supranationalen Modell der Montanunion. Es sah ursprünglich lediglich eine Hohe Behörde mit 5 Mitgliedern vor,

---

[97] Vgl. hierzu *Ernst Welteke*, Bundesbank und EZB: Europäische Identität und eigenes Profil, in: Deutsche Bundesbank, Auszüge aus Presseartikeln Nr. 7, 06. 02. 2002, S. 2.

[98] Ebenda. Ausnahmen von dieser Regel (Art. 10 Abs. 2, EGV, 9. Protokoll) nach Art. 10; 3 sehen eine Gewichtung der Stimmen gemäß den Anteilen am gezeichneten Kapital vor.

die Beschlüsse mit der Mehrheit ihrer Mitglieder fasst.[99] Als Folge der Beteiligung der Benelux-Staaten wurde auf Antrag der Niederlande als weiteres Organ zur Interessenwahrnehmung der (kleineren) Mitgliedsstaaten ein Besonderer Ministerrat mit je einem Regierungsvertreter – also insgesamt 6 – hinzugefügt und die Zahl der Mitglieder der Hohen Behörde auf 9 erhöht.[100] Damals bestand zwischen der französischen und der westdeutschen Regierung unter *Konrad Adenauer* Einvernehmen, dass der Gleichheitsgrundsatz im Rat und in den anderen Institutionen angewandt werden solle.[101] Gleichwohl hegten die Regierungen Italiens und der Beneluxländer Befürchtungen, überstimmt zu werden. Deswegen setzten sie sich für die Einstimmigkeit als Regel für die Abstimmungen im Rat ein, zumal da die deutschen Regierungsvertreter eine besondere am Anteil an der Kohle- und Stahlproduktion bemessene Gewichtung der Stimmen anstrebten.[102] Als Ergebnis kam schließlich ein kompliziertes Abstimmungsverfahren als Kompromiss „zwischen dem Grundsatz der Einstimmigkeit und dem Mehrheitsprinzip"[103] zustande. Der Erkenntnis *Jean Monnets* –

---

[99]   Vgl. hierzu *Rudolf L. Bindschedler*, Rechtsfragen der Europäischen Einigung, Basel 1954, S. 212, sowie für die endgültige Vertragsregelung, *Ulrich Sahm*, Der *Schuman* Plan – Vertrag über die Gründung der Europäischen Gemeinschaft für Kohle und Stahl, Frankfurt am Main 1951, S. 6.

[100] Vgl. hierzu *Pascal Fontaine*, Eine neue Ordnung für Europa, Vierzig Jahre *Schuman*-Plan (1950-1990), Europäische Dokumentation, Luxemburg 1990, S. 15.

[101] Vgl. hierzu *Pascal Fontaine*, a.a.O., S. 22. Er – als ehemaliger Mitarbeiter des geistigen Vaters des Schuman-Planes, *Jean Monnets*, zitiert ihn dazu: „Der Geist der Diskriminierung ist die Ursache für die größten Unglücksfälle der Welt gewesen, die Gemeinschaft ist eine Anstrengung, ihn zu vermeiden." Ebenso ziitiert er die Zustimmung von *Konrad Adenauer*: „Ich bin glücklich, Ihrem Vorschlag voll zustimmen zu können, denn ich kann mir keine Gemeinschaft ohne totale Gleichheit denken." Ebenda.

[102] Vgl. hierzu *Pascal Fontaine*, a.a.O., S. 20.

[103] *Rudolf L. Bindschedler*, a.a.O., S. 221. Einstimmige Entscheidungen sieht der EGKS-Vertrag beispielsweise in den Artikeln 28, 58, 59, 61, 72, 81, 95 und 98 vor, vgl. hierzu *Ulrich Sahn*, a.a.O., S. 39 ff.

> „Die Macht, nein zu sagen, war die Sicherheit der Großen in ihren Be-
> ziehungen untereinander und die der Kleinen in ihrer Beziehung zu den
> Großen"[104]

– wurde also nur bedingt Rechnung getragen.

Die Relativierung des erklärtermaßen hochgeschätzten Gleich-
heitsgrundsatzes wurde indessen bei der Kodifizierung des Mon-
tanunion-Vertrages (EGKS) noch weiter ausgedehnt. Denn
Deutschland und Frankreich wurden bei den Abstimmungen geradezu privilegiert[105], indem sie für zustimmungspflichtige Entscheidungen der Hohen Behörde im Ministerrat durch die Gewichtung
ihrer Produktionsanteile gleichsam ein doppeltes Stimmrecht er-
hielten.[106] Beide großen Länder zusammen konnten also die „Kleinen" überstimmen. Der Keim ihrer Befürchtungen, majorisiert zu
werden, ist also bereits in den Abstimmungsregeln des ersten
Musters europäischer institutioneller Integration enthalten. Offenbar wurde er mit einer sich fortan bei jeder Erweiterung ausbreitenden Infektionswirkung auch auf das revidierte institutionelle
System übertragen, das mit dem Inkrafttreten der EWG (1958)
Gültigkeit erlangte. Wegen der inzwischen zutage gekommenen
Konstruktionsschwächen der Montanunion, insbesondere der mit
dirigistischen Kompetenzen und mit dem Prinzip der mehrheit-
lichen Beschlussfassung ausgestatteten Hohen Behörde, hatte
Alfred Müller-Armack dabei mitgewirkt, dass der supranationale

---

[104] *Jean Monnet*, Mémoires, Paris 1976, S. 413, zitiert nach *Pascal Fontaine*,
a.a.O., S. 20 f.
[105] Vgl. hierzu *Rudolf I. Bindschedler*, a.a.O., S. 221.
[106] Vgl. hierzu *Ulrich Sahm*, a.a.O., S. 7. Auf diese Weise wurde bewirkt, dass
eine Zustimmung des Rates nur dann zustande kommt, wenn entweder
Deutschland zustimmt oder zusammen mit Frankreich eine absolute Mehrheit
erreicht wird oder im Falle einer Stimmengleichheit nach einer erneuten
Stellungnahme der Hohen Behörde sowohl Deutschland als auch Frankreich
zustimmen.

Charakter der künftigen Kommission abgeschwächt wurde[107] und sich „auf eine direkte Weisung Erhards hin das Verhältnis von Kommission und Ministerrat umkehrte"[108], der Ministerrat also die Funktion des eigentlichen Entscheidungsorgans bekam.[109]
Es entspricht wohl eher den Unwägbarkeiten geschichtlicher Prozesse als einer folgerichtigen Fortentwicklung institutioneller Funktionen, wenn nun auch noch das ehedem kritisierte und revidierte mehrheitliche Beschlussverfahren – der Hohen Behörde – als Regel für die Abstimmungen im Ministerrat gelten soll. Das trifft offensichtlich auch für den privilegierten Interessenschutz der Großen zu, der mit jeder Erweiterung der Europäischen Gemeinschaft ohnehin fortgeschrieben wurde und nun abermals, wie zu Zeiten der Montanunion, durch einen quantitativen Faktor (in Form der Bevölkerungsanteile) zusätzlich zur Stimmengewichtung ausgeweitet werden soll – erneut auf deutschen Wunsch. Wie bereits erwähnt wurde, wird die Anwendung der neuen institutionellen Regeln des Vertrages von Nizza den Einfluss der großen Mitgliedsländer durch ihr Entscheidungsgewicht weiter stärken[110], so dass das präventive Misstrauen der kleineren Länder proportional zunehmen und deren Integrationspolitik künftig entsprechend beeinflussen wird.
So hat die Fixierung auf die Stimmengewichtung zur Sicherung von Mehrheitsentscheidungen inzwischen dazu geführt, dass einer Ausweichreaktion insbesondere der „kleinen" Länder weniger Beachtung geschenkt wurde, die sich aber wahrscheinlich ausweiten wird[111], je mehr ihr Vetorecht eingeschränkt wird. Sie können Interessenkoalitionen bilden und mit ihrem zusammengefassten Stimmengewicht, das für eine Sperrminorität von etwa 25-30 %

---

[107] Vgl. *Alfred Müller-Armack*, Auf dem Weg nach Europa, a.a.O., S. 118.
[108] *Alfred Müller-Armack*, Auf dem Weg nach Europa, a.a.O., S. 117, vgl. auch S. 66.
[109] Ebenda.
[110] Vgl. *Frédéric Bobay*, a.a.O., S. 12 und S. 16.
[111] Vgl. *Frédéric Bobay*, a.a.O., S. 7 und 12.

ausreicht, Entscheidungen der „Großen" verzögern oder überhaupt verhindern. Das entsprechende Verhalten der „Südländer" bei den Finanzierungsbeschlüssen, das ihnen schließlich Privilegien bei der Ausstattung und Beanspruchung der Gemeinschaftsfonds, wie z.B. des Kohäsionsfonds, eingebracht hat, ist ein bekanntes Beispiel dafür. Es kann wohl angenommen werden, dass solche als „Kuhhandel" beschriebene taktische Anwendungen von Sperrminoritäten zunehmen werden.[112] Sie zu bilden, mit gegenwärtig 26, ab 2005 mit 69 und nach Abschluss der Beitrittsverfahren mit 91 Stimmen[113], wird trotz ausgeklügelter Stimmengewichtungs-Arithmetik im Vertrag von Nizza auf jeden Fall leichter sein, als einen qualifizierten Mehrheitsbeschluss zustandezubringen.[114] Auch deswegen sind insbesondere auch im Hinblick auf die Verheißungen einer institutionellen Reform mit beschleunigten Entscheidungsprozessen durch den Vertrag von Nizza Zweifel nicht von der Hand zu weisen, ob die Aufwertung der Mehrheitsentscheidungen sie erfüllen kann. Denn wenn auch die Überwindung eines Vetos zeitraubender ist, der erzielbare Kompromiss wird sehr wahrscheinlich der ursprünglich angestrebten Zielerfüllung dienen. Sind dagegen Beschlussblockaden aufgrund von Sperrminoritäten zu beseitigen, so erfordert der „Kuhhandel" wohl in der Regel eine Entschädigung für die Interessenkoalition der Blockierer, die sicherlich auf ein anderes Ziel gerichtet ist. Der Aufwand wird insgesamt größer sein, um die Zielerfüllung zu ermöglichen. Mithin verringert sich die „politische Produktivität" des Beschlussverfahrens. So ist es nicht ersichtlich, wie die „reformierten" Beschlussverfahren des Vertrages von Nizza überhaupt zur Beschleunigung und zu mehr Transparenz in der europäischen Integration beitragen können. Man wird eher vom Gegenteil überzeugt, wenn man sich allein schon die im „Protokoll über die Erweiterung der Euro-

---

[112] Ebenda.
[113] Vgl. Vertrag von Nizza, a.a.O., S. C 80/50 und S. C 80/82.
[114] Vgl. auch *Frédéric Bobay*, a.a.O., S. 7.

päischen Union" (Artikel 3) ab 1. Januar 2005 vorgesehenen Bestimmungen für die Beschlussfassung mit qualifizierter Mehrheit
im Zusammenhang vergegenwärtigt: Erstellt die Europäische
Kommission einen Beschlussvorschlag, so sind zu seiner Annahme
im Ministerrat mindestens 169 Stimmen erforderlich (von 237),
wobei außerdem die Mehrheit der Mitglieder (also zur Zeit 8 von
15) zustimmen müssen. In anderen Fällen werden ebenfalls mindestens 169 Stimmen benötigt, aber nunmehr die Zustimmung von
mindestens zwei Dritteln der Mitglieder (also zur Zeit 10 von 15).
Indessen reichen diese Bedingungen für eine Beschlussfassung mit
qualifizierter Mehrheit noch nicht aus, denn jedes Ratsmitglied
kann überprüfen lassen, ob das zusammengefasste Stimmengewicht
der zustande gekommenen Mehrheit mindestens 62 % der Bevölkerung der Europäischen Union repräsentiert[115] (also zur Zeit 271
Millionen) – wenn nicht, ist der Beschluss unwirksam. (Man kann
schon erahnen, welche Rolle die jeweils aktuelle Bevölkerungs-
statistik spielen wird!) Bei jedem zukünftigen Beitritt zur Europäischen Union müssen dann wieder alle genannten Mindest-
Stimmenzahlen auf das jeweils erhöhte gesamte Stimmengewicht
bezogen werden. Die dafür im Vertragstext enthaltene Verfahrens-
anleitung lautet folgendermaßen:

> „Bei jedem Beitritt wird die in Artikel 205 Absatz 2 Unterabsatz 2 des
> Vertrages zur Gründung der Europäischen Gemeinschaft ... genannte
> Schwelle so berechnet, dass die in Stimmen ausgedrückte Schwelle für
> die qualifizierte Mehrheit nicht die Schwelle überschreitet, die sich aus
> der Tabelle in der Erklärung zur Erweiterung der Europäischen Union
> ergibt ..."[116]

Diese Textstelle des Vertrages von Nizza veranschaulicht wie viele
andere Beispiele einmal mehr, was viele Europa-Politiker wir-

---

[115] Vgl. Vertrag von Nizza, a.a.O., S. C 80/50 f.
[116] Vertrag von Nizza, a.a.O., S. C 80/51.

kungslos seit langem beklagen ebenso wie die Europäische Kommission:

> „Unlesbarkeit und Unverständlichkeit der Texte über die Gründung der Union könnten zu einer Kluft zwischen der Union und dem Bürger führen."[117]

Sie besteht offensichtlich, wie auch die demoskopischen Befunde deutlich ausweisen, schon seit geraumer Zeit. Den Politikern und den europäischen Institutionen ist es trotz bekundeter Einsicht in die Notwendigkeit nicht gelungen, die Kluft zu verringern. Gerade auch die Umstände bei den Vorbereitungen und der inhaltlichen Gestaltung des Vertrages von Nizza, dem inzwischen bereits die Bürger Irlands ihre Zustimmung versagt haben, ruft die Mahnung *Müller-Armacks* wieder in die Erinnerung:

> „Europa kann nicht von Experten allein geschaffen werden."[118]

Die Europapolitik wurde von ihnen mehr und mehr „versachlicht". Sie haben es zusehends nicht mehr vermocht, sich „des freudigen Mitgehens der öffentlichen Meinung und insbesondere der Jugend"[119] zu versichern.

Die Entfremdung zu vieler Bürger von Europa besteht also fort – zunehmend schon seit Jahrzehnten, wie die stereotyp von den Poli-

---

[117] Europäische Kommission, Glossar, Die Reform der Europäischen Union, a.a.O., S. 45. Es ist augenscheinlich, dass die (39.) „Erklärung zur redaktionellen Qualität der gemeinschaftlichen Rechtsvorschriften", die die Regierungskonferenz von Amsterdam 1997 verabschiedet hat, ausdrücklich damit die gemeinschaftlichen Rechtsvorschriften „von den Bürgern und der Wirtschaft besser verstanden werden", nicht ernst genommen wird. Vgl. hierzu Vertrag von Amsterdam, a.a.O., S. 328 f.

[118] *Alfred Müller-Armack*, Fragen der europäischen Integration, a.a.O., S. 535.

[119] Ebenda.

tikern wiederholten Diagnosen ohne nachfolgende Therapie bestätigen. Es zeugt ebenfalls davon, dass die „Experten" der Europapolitik ihre gedanklichen – bürgerfernen – Spurrillen nicht mehr verlassen können, wenn sie beständig die Defizite an Transparenz und Verständlichkeit in den von ihnen verantworteten Rechtsgrundlagen des europäischen Einigungsprozesses beanstanden, sie aber selbst in neuen Rechtsakten immer wieder ohne Rücksicht auf die Bürger verstetigen.[120] Einer solchen funktionalistisch mehr und mehr ohne innere „geistige" Begründung aus der Idee Europas heraus gestalteten Politik entspricht denn auch die bevorzugte Fixierung auf die „institutionelle Reform". Sie ist bislang nur durch die schon traditionellen Attribute der verwirrenden Intransparenz und der unverständlichen Komplexität gekennzeichnet und wird wohl kaum die mit ihr verknüpften Verheißungen erfüllen können. Indessen bestätigt sie wieder, wie sehr sich die gegenwärtige Europapolitik von wesentlichen Leitideen entfernt hat, wie beispielsweise Gleichheit (als Gewähr für die Gleichberechtigung und des Identitätsschutzes), Offenheit (aus europäischer Gesinnung) und Demokratie (als Garantie einer partnerschaftlichen Mitwirkung und nicht als prozedurale Unterwerfungsbegründung für Minderheiten). Entsprechende dauerhafte Befürchtungen der kleineren Mitgliedsländer werden immer wieder aktualisiert durch die Sonderrechte, die einige Mitgliedsländer der „Rechtsgemeinschaft" Europäische Union allein Kraft ihrer „Größe" gegenüber den kleineren beanspruchen. Beispielhaft hierfür sind die geradezu konspirative Strafaktion gegenüber Österreich, die allein von der deutschen Bundesregierung eingeforderte auf 7 Jahre verlängerte Übergangszeit für die Freizügigkeitsregelungen in den Beitrittsverträgen, das politische Lobbying derselben Regierung zur Abwendung von Wettbewerbsregelungen der Europäischen Kommission im Automobilsektor sowie auf den Energiemärkten und zuletzt die spekta-

---

[120] Vgl. hierzu Schlussfolgerungen des Vorsitzes, Europäischer Rat (Laeken), a.a.O., S. 3.

kuläre Unterdrückung[121] der für sie bestimmten, von der Kommission bereits rechtmäßig beschlossenen Frühwarnung nach Maßgabe des Stabilitätspaktes. Die Resonanz in der Öffentlichkeit auf diesen Politikstil ist nicht die, „dass Europa die Menschen begeistert"[122], sondern: „Es herrscht das Gesetz des Stärkeren".[123] Die gegenwärtige Befindlichkeit der europäischen Integration, die gekennzeichnet ist durch das Fehlen von glaubhaften führenden Regierungspolitikern mit überzeugungsfähigen europapolitischen Visionen und von zustimmungswilligen parlamentarischen Mehrheiten, lässt es zur Zeit nicht vorstellbar erscheinen, dass nicht nur prozedurale, prozesspolitische, sondern auch wirkliche ordnungspolitische Reformen mit langfristigen Perspektiven erreichbar wären. Das gilt auch für eine vertragliche, verfassungsmäßige formale Verankerung der Sozialen Marktwirtschaft als Wirtschafts- und Gesellschaftsordnung der Europäischen Union.

IV   Die Verwirklichung der Sozialen Marktwirtschaft in der europäischen Integration

Es hätte eigentlich nahe gelegen, bereits in der Orientierungsphase der europäischen Integration die Soziale Marktwirtschaft als ordnungspolitisches Leitbild zur Geltung zu bringen. Denn ihre wichtigsten Prinzipien hätten den Zielen der Integration entsprochen und sie hervorragend gefördert. Dem Wiederaufbau und der Inten-

---

[121] Der Vizepräsident der Deutschen Bundesbank *Jürgen Stark*, stellt hierzu fest: „Die Finanzminister haben sich nicht an Buchstaben und Geist der Regeln – mit allen darin enthaltenen Selbstverpflichtungen – gehalten, die man 1997 feierlich verkündet hatte," sowie „Es gibt genaue Regeln die eingehalten werden müssen, egal wie groß das betreffende Land ist", in: Deutsche Bundesbank, Auszüge aus Presseartikeln Nr. 8, 14. Februar 2002.

[122] Regierungserklärung von Bundeskanzler *Schröder* zum Europäischen Rat in Leaken am 14./15. Dezember 2001, a.a.O., S. 6.

[123] *Stefan Kornelius, Schröders* Europoly, in: Süddeutsche Zeitung Nr. 32 vom 07. 02. 2002, S. 4.

sivierung der internationalen Wirtschaftsbeziehungen wäre die ord-
nungsgemäße Ausrichtung an der Marktwirtschaft, die sich in
Westdeutschland ja bereits bewährt hatte, zugute gekommen. Die
angestrebte Versöhnung zwischen den ehedem verfeindeten Staaten
hätte durch das Postulat der Partnerschaft eine dauerhafte Sinn-
gebung erhalten können, und das Prinzip der sozialen Verantwortung und der Solidarität hätte ganz besonders bei der Überwindung
der großen wirtschaftlichen und sozialen Entwicklungsunterschiede
ordnungspolitisch orientierend wirken können. Gerade in dieser
Hinsicht ist, insbesondere indem von den französischen Regie-
rungsvertretern bei den Vorverhandlungen über die Verträge von
Rom die Forderung nach einer „sozialen Harmonisierung" zur Bedingung gemacht wurde, ein großes Defizit an derartiger Orientierung sichtbar geworden.[124]

Ebenso hätte in Anlehnung an das Ordnungsmodell der Sozialen
Marktwirtschaft schon in diesem Stadium der Entstehung des europäischen Vertragswerkes das Subsidiaritätsprinzip als Handlungs-
maxime berücksichtigt werden können, das schließlich 1992 durch
den Vertrag von Maastricht in den – wiederum durch den Vertrag
von Amsterdam modifizierten – EG-Vertrag eingefügt wurde.[125]
Auch wird nunmehr eine koordinierte Wirtschaftspolitik der Mitgliedstaaten postuliert, die

> „dem Grundsatz einer offenen Marktwirtschaft mit freiem Wettbewerb
> verpflichtet ist."[126]

Gleichermaßen hat in diesem Zusammenhang nun ebenfalls das für
die einheitliche Geld- und Währungspolitik vorrangige Ziel der

---

[124] Vgl. hierzu *Alfred Müller-Armack*, Fragen der europäischen Integration,
a.a.O., S. 536 und S. 539 und ders. Auf dem Weg nach Europa, a.a.O., S. 73.

[125] Vgl. Vertrag von Amsterdam, a.a.O., S. 19 (Präambel), S. 58 (Art. 5), S. 299
ff. (Protokoll), S. 330 (43. Erklärung).

[126] Vertrag von Amsterdam, a.a.O., S. 58 (Art. 4).

Preisstabilität Eingang in den Vertrag gefunden.[127] Da alle diese – späten – Einfügungen elementaren Bestandteilen der Sozialen Marktwirtschaft entsprechen, stellt sich erst recht die Frage, warum nicht schon viel früher eine entsprechende Orientierung an diesem Ordnungsvorbild erfolgt ist!

Eine Antwort darauf gibt *Müller-Armack* 1977 selbst in einer seiner letzten Veröffentlichungen vor seinem Tode, die den künftigen ordnungspolitischen Auseinandersetzungen gewidmet ist. Er verweist darauf, dass aus politischen Gründen in den 50er Jahren dieser Ordnungsgedanke international – wie auch im Bonner Grundgesetz – nur indirekt präsentierbar war.

> „Wir haben es damals so ausgedrückt: Die Soziale Marktwirtschaft ist kein Exportprodukt, keine Ordnung, die anderen Ländern empfehlend präsentiert werden sollte. Diese Zurückhaltung war damals verständlich."[128]

Sie war keine grundsätzliche, sondern aus politisch-taktischen Gründen zeitbedingt. Man muss sich dazu vergegenwärtigen, dass erst im Juli 1951 der Kriegszustand mit Deutschland für beendet erklärt worden war und dass bei den Völkern und Regierungen der Verhandlungspartner noch nicht alle Reminiszenzen gegenüber den Deutschen ausgeräumt worden waren. Man wollte daher auf deutscher Seite den Eindruck vermeiden, dass durch eine allzu nachdrückliche Übertragung des Ordnungsmodells der Sozialen Marktwirtschaft auf Europa wieder einmal am „deutschen Wesen die Welt genesen" solle. Deshalb beschränkt sich die deutsche Verhandlungsdelegation darauf, konsequent und zielstrebig in einer zähen Auseinandersetzung mit dirigistischen und protektionisti-

---

[127] Ebenda.
[128] *Alfred Müller-Armack*, Genealogie der Sozialen Marktwirtschaft, a.a.O., S. 331.

schen Ordnungsvorstellungen anderer Delegationen[129] „ein Maximum an Marktwirtschaftlichkeit"[130] und an Wettbewerb in die Verträge einzubringen.[131] Zudem wurde in Westdeutschland die Politik der „Westintegration" von Bundeskanzler *Konrad Adenauer* sowie die Soziale Marktwirtschaft als Wirtschafts- und Gesellschaftsordnung der Bundesrepublik Deutschland von der politischen Opposition heftig bekämpft – wovon heute noch die Namen *Schumacher, Ollenhauer* und *Heinemann* zeugen. Aber auch innerhalb der Bundesregierung, vornehmlich zwischen der Leitung des Auswärtigen Amtes und des Wirtschaftsministeriums bestanden „konstruktive" Spannungen über die grundsätzliche Ausrichtung der europäischen Integrationspolitik, die für die Präsentation der deutschen Konzepte bei den Verhandlungen Kompromisse erforderten.[132]

Erst später, nach dem Inkrafttreten der EWG, wurde die Soziale Marktwirtschaft gleichsam als Bollwerk gegen (kollektivistisch-) interventionistische Tendenzen im politischen Umfeld der Bundesrepublik Deutschland von ihrer Regierung ins Spiel gebracht.[133] Selbst *Ludwig Erhard* überwand seine integrationspolitische Zurückhaltung und wandte sich als Bundeskanzler vor dem Europäischen Parlament gegen die Bestrebungen der französischen Regierung, ihr Modell der Planifikation auf dem Wege über eine Beeinflussung der Gemeinschaftspolitik als Ordnungsprinzip der EWG

---

[129] Vgl. hierzu *Alfred Müller-Armack*, Auf dem Weg nach Europa, S. 108 f. und S. 111.

[130] *Alfred Müller-Armack*, Fragen der europäischen Integration, a.a.O., S. 534.

[131] Vgl. *Alfred Müller-Armack,* Auf dem Weg nach Europa, a.a.O., S. 114.

[132] Vgl. hierzu *Alfred Müller-Armack*, Auf dem Weg nach Europa, a.a.O., S. 98 ff.

[133] Vgl. *Alfred Müller-Armack*, Genealogie der Sozialen Marktwirtschaft, a.a.O., S. 331, vgl. hierzu auch ders., Europa, unsere Aufgabe, a.a.O., S. 18 ff.

durchzusetzen.[134] *Müller-Armack* konnte in diese Kontroverse nicht mehr mit der Autorität eines mitgestaltenden Regierungsvertreters eingreifen, sondern nur noch als Wissenschaftler[135], da er im Oktober 1963 von seinem Posten als Staatssekretär im Wirtschaftsministerium zurücktrat – hauptsächlich weil er den nachgiebigen Verhandlungsstil der Bundesregierung gegenüber den Bestrebungen *de Gaulles,* Großbritannien den Beitritt zu verweigern, nicht mehr vertreten konnte.[136] Weil er durch den sich ausbreitenden – an Vorstellungen des Demokratischen Sozialismus orientierten – Dirigismus in den westeuropäischen Ländern „die harmonische Verbindung in einem freien europäischen Markte"[137] als Grundlage der Integration gefährdet sah, forderte er ein „europäisches Alternativprogramm"[138] mit der Sozialen Marktwirtschaft als überlegener Gegenposition.[139] Es war ihm daran gelegen, in dieser geistigen Auseinandersetzung sie nicht als ein „Einheitsrezept" verstanden zu wissen, sondern als

„ein System von Lehrsätzen über die Möglichkeit, persönliche, wirtschaftliche und politische Freiheit zu verwirklichen".[140]

---

[134] Vgl. *Ludwig Erhard*, Bundestagsreden, Bonn 1972, S. 254; *Alfred Müller-Armack* weist ausdrücklich darauf hin, dass „in der Zeit der Verhandlungen nie die Rede davon gewesen (sei), die französische Planifikation zu übernehmen oder das deutsche System der Sozialen Marktwirtschaft zu übernehmen." (der., Wirtschaftsordnung und Wirtschaftspolitik, a.a.O., S. 404).

[135] Vgl. hierzu *Alfred Müller-Armack*, Auf dem Weg nach Europa, a.a.O., S. 250 ff.

[136] Vgl. hierzu *Alfred Müller-Armack*, Auf dem Weg nach Europa, a.a.O., S. 250 und S. 241.

[137] *Alfred Müller-Armack*, Genealogie der Sozialen Marktwirtschaft, a.a.O., S. 330.

[138] *Alfred Müller-Armack*, Genealogie der Sozialen Marktwirtschaft, a.a.O., S. 328.

[139] Ebenda.

[140] Ebenda.

Er sah zwar in den Römischen Verträgen durch die Festschreibung einer grundsätzlich marktwirtschaftlichen Wirtschaftsordnung einen vorerst noch hinreichenden Schutz vor einer „Systemwandlung", erachtete es indessen für erforderlich, ihrer Erosion durch eine nicht ordnungskonforme Politik in einzelnen Mitgliedsländern durch entsprechende politische Aktivitäten vorzubeugen.[141] Eine Entwicklung hatte sich demnach angebahnt, die dazu herausforderte, die Soziale Marktwirtschaft als wirtschaftliches und gesellschaftliches Ordnungsmodell offensiv in das gesamte politisch-wirtschaftliche Spektrum der öffentlichen Diskussion einzubringen. Schon 1972 hatte er aus demselben Anlass festgestellt:

> „Es ist an der Zeit, den Charakter der Sozialen Marktwirtschaft als eines zukunftsfähigen Grundmodells für die Ausgestaltung einer Wirtschafts- und Gesellschaftsordnung in Europa herauszustellen."[142]

Dass *Müller-Armack* als Ergebnis seiner Situationsanalyse nicht etwa für eine zusätzliche vertragsrechtliche Problemlösung plädiert, sondern für das Mittel einer breit angelegten geistigen Auseinandersetzung, ist wiederum bezeichnend für sein Europabild und die ihm zugrunde liegende geistesgeschichtliche Orientierung. Bereits bei der Analyse der Lenkungswirtschaft im Deutschland der Kriegs- und Nachkriegszeit erachtet er 1947 die inzwischen zutage gekommenen krisenhaften Folgen übersteigerter kollektivistischer Wirtschaft, wie schon erwähnt wurde, „als Teil eines europäischen Problems".[143] Deshalb bedürfen auch andere europäische Länder, die sich ihrer Gefahr bewusst werden, einer gleichermaßen ange-

---

[141] Vgl. *Alfred Müller-Armack,* Genealogie der Sozialen Marktwirtschaft, a.a.O., S. 330.

[142] *Alfred Müller-Armack,* Der Wettkampf der Systeme ist entschieden, in: *Ludwig Erhard, Alfred Müller-Armack,* Soziale Marktwirtschaft – Manifest '72, Frankfurt-Berlin-Wien 1972 (Ullstein Buch Nr. 3647), S. 418.

[143] *Alfred Müller-Armack,* Genealogie der Sozialen Marktwirtschaft, a.a.O., S. 70.

messenen Therapie durch eine neue marktwirtschaftliche Ordnung, die wiederum Voraussetzung für eine freie und sozial gestaltete Wirtschaft sei.[144] Ebenso bezieht er 1956 in einem Handwörterbuchartikel, dessen einprägsame Kurzformel –

> „Sinn der Sozialen Marktwirtschaft ist es, das Prinzip der Freiheit auf dem Markte mit dem des sozialen Ausgleichs zu verbinden"[145]

– häufig zitiert wird, die europäische Dimension bereits ein:

> „Auch in der europäischen Integration wird eine Synthese von sozialem Ausgleich und freier Wirkungsmöglichkeit der Marktwirtschaft gesucht werden müssen."[146]

Gleichermaßen äußert er 1959 die Hoffnung, dass die erfolgreiche Ausbreitung der Sozialen Marktwirtschaft in anderen Ländern Europas durch die praktizierte soziale Verantwortung auch mehr Verständnis für die Förderung der Entwicklungsländer wecken werde.[147] Eine bereits wirksame Außenwirkung der Sozialen Marktwirtschaft und der Europäischen Integration als gemeinsame Leitbilder stellt er 1962 als Antwort auf die Herausforderung des Ostens fest, und zwar als eine

---

[144] Vgl. *Alfred Müller-Armack,* Genealogie der Sozialen Marktwirtschaft, a.a.O., S. 70 f.

[145] *Alfred Müller-Armack,* Wirtschaftsordnung und Wirtschaftspolitik, a.a.O., S. 243.

[146] *Alfred Müller-Armack,* Wirtschaftsordnung und Wirtschaftspolitik, a.a.O., S. 248.

[147] Vgl. *Alfred Müller-Armack,* Wirtschaftsordnung und Wirtschaftspolitik, a.a.O., S. 263.

„sich klar abzeichnende Fähigkeit des Westens, bessere, humanere, freiere und sozialere Lösungen für die Lebensfragen der heutigen Welt zu finden."[148]

Eine Veröffentlichung aus demselben Jahre, die das gesellschaftspolitische Leitbild der Sozialen Marktwirtschaft zum Gegenstand hat, vermittelt wohl am deutlichsten sein Verständnis von der europäischen Dimension dieser Wirtschaftsordnung und der Vorgehensweise, sie zur Geltung zu bringen. So sieht er im Werden des Gemeinsamen Marktes der Sechs und der zu erwartenden Erweiterung durch Beitritt und Assoziierung unaufhaltsam die Frage entstehen,

„ob wir diese Ordnungskonzeption beibehalten können beziehungsweise wie die Gesamtordnung des europäischen Marktes sein soll."[149]

Dabei müsse allerdings die bisherige deutsche Zurückhaltung hinsichtlich des Exports der Sozialen Marktwirtschaft aufgegeben werden.[150] Es gehe dabei nicht um den Namen, aber wohl um die irenische Funktion der Sozialen Marktwirtschaft, Europas Wirtschaftspolitik gleichermaßen

„auf die Zielrichtung des sozialen Schutzes wie auf die der freien Initiative zu richten."[151]

Die besorgte Hoffnung kommt damit zum Ausdruck, dass sich auf diese Weise in Europa auf die Dauer eine antagonistische

---

[148] *Alfred Müller-Armack*, Wirtschaftsordnung und Wirtschaftspolitik, a.a.O., S. 295.
[149] *Alfred Müller-Armack*, Wirtschaftsordnung und Wirtschaftspolitik, a.a.O., S. 314.
[150] Ebenda.
[151] *Alfred Müller-Armack*, Wirtschaftsordnung und Wirtschaftspolitik, a.a.O., S. 315.

Lenkungsorientierung, einerseits durch einen Laissez-faire-Wettbewerb oder andererseits durch soziale Planifikation, vermeiden lasse.[152] Auch wird in bezeichnender Weise ersichtlich, wie in der europäischen Dimension dieses Anliegen verwirklicht werden soll:

> „Eine Gesamtordnung kann in der Praxis der Politik wie im Bewußtsein der Menschen, die sie anspricht, nur bestehen, wenn sie Leitbilder setzt und zeitgerechte Methoden entwickelt. Nur aus dem Vertrauen in das geistige Fundament unserer Gesamtordnung und in deren Zukunft kann die Hoffnung erwachsen, die Aufgaben der Gegenwart nach dem Maß unserer Kräfte sachgerecht zu erfüllen."[153]

Diese Beispiele veranschaulichen, dass *Müller-Armack* seit der Entstehung des Konzeptes der Sozialen Marktwirtschaft ihre europäische Ausbreitung primär nicht auf dem Wege einer „formalen Verfassungsbindung", sondern vielmehr durch einen Prozess der geistigen Orientierung, der Akzeptanz durch Überzeugung bewirken wollte. Davon zeugt auch noch seine letzte öffentliche Stellungnahme vor seinem Tode 1978:

> „Europa bedarf einer geistigen Führung. Wir müssen auf jeden Fall versuchen, unsere Ideen in einer taktvollen Weise einzuführen, denn die Soziale Marktwirtschaft ist die Konzeption einer künftigen europäischen Wirtschaftspolitik."[154]

Man kann also wahrnehmen, dass die Soziale Marktwirtschaft seit ihrer Konzipierung auch als Ordnungsmodell für Europa vorgesehen war, aber als solches selbst noch Ende der 70er Jahre nur sehr zaghaft propagiert wurde. Es war vielmehr beabsichtigt, durch ihre

---

[152] Ebenda.
[153] Ebenda.
[154] *Alfred Müller-Armack,* Schlußwort zum I. Symposium der *Ludwig-Erhard-*Stiftung „Soziale Marktwirtschaft als nationale und internationale Ordnung", Stuttgart 1978, S. 116.

erfolgreiche Anwendung in der Bundesrepublik Deutschland ein
Vorbild für andere Länder vornehmlich im europäischen Integrati-
onsbereich zu geben. So ist zu erklären, dass *Müller-Armack* über
Jahre hinweg hoffnungsvoll gleichsam Kandidaten genannt hat, die
geneigt zu sein schienen, sich ordnungspolitisch für die Idee der
Sozialen Marktwirtschaft zu öffnen beziehungsweise – später –
sich an der deutschen erfolgreichen Wirtschaftspolitik zu orientieren. Beispielsweise bereits 1947 nennt er die Schweiz und Belgien
sowie auch Italien[155], 1965 das wahrnehmbare Interesse aus dem
italienischen und spanischen Sprachraum[156], 1971 Spanien[157], 1977
abermals Spanien sowie Österreich und wieder Italien[158]. Seine
große Hoffnung hat offenbar Spanien gegolten. Denn abgesehen
von der wiederholten Nennung hat er dieses Land 1978, in seiner
letzten Rede, noch besonders hervorgehoben:

> „In Spanien ist, glaube ich, das Eis etwas gebrochen durch einen unserer
> Schüler in Madrid, der sehr aktiv für die Soziale Marktwirtschaft
> kämpft."[159]

Es ist sicherlich nicht abwegig zu unterstellen, dass *Müller-Armack*
aufgrund seiner Erfahrungen mit den besonders in ordnungspolitischen Fragen sehr kontroversen Verhandlungen über die Europäische Wirtschaftsgemeinschaft sich bewusst war, dass eine
Nachbesserung des Vertragswerkes im Sinne einer formellen –

---

[155] Vgl. *Alfred Müller-Armack,* Genealogie der Sozialen Marktwirtschaft, a.a.O.,
S. 64.

[156] Vgl. *Alfred Müller-Armack,* Wirtschaftsordnung und Wirtschaftspolitik,
a.a.O., S. 12.

[157] Vgl. *Alfred Müller-Armack,* Auf dem Weg nach Europa, a.a.O., S. 159.

[158] Vgl. *Alfred Müller-Armack,* Genealogie der Sozialen Marktwirtschaft, a.a.O.,
S. 317.

[159] *Alfred Müller-Armack,* Schlußwort zum I. Symposium der *Ludwig-Erhard-*
Stiftung, a.a.O., S. 117. Er nahm damit Bezug auf die Aktivitäten von Prof.
Dr. Dr. h.c. *Santiago García Echevarría.*

expressis verbis – Ordnungsbindung geradezu ausgeschlossen sei. Sie wäre ja ohnehin auch nur durch eine Regierungskonferenz und ein entsprechendes Ratifikationsverfahren zu vollziehen. Deshalb liegt es wohl nahe anzunehmen, dass sein Weg zum Erfolg über die Mitgliedsländer der Europäischen Gemeinschaft führen sollte. Indem sich bei ihnen ein ordnungspolitischer Bewusstseinswandel im Sinne einer Hinwendung zur Sozialen Marktwirtschaft vollzieht, bildet sich eine entsprechende europäische Stilform der Gemeinschaftspolitik heraus.[160]

So ist in diesem Zusammenhang an die bereits erwähnten ordnungspolitisch mit den Prinzipien der Sozialen Marktwirtschaft übereinstimmenden Ergänzungen durch den Vertrag von Maastricht zu erinnern. Eine koordinierte Wirtschaftspolitik auf der Grundlage einer offenen Marktwirtschaft mit freiem Wettbewerb und das verpflichtende Ziel der Preisstabilität[161] und Haushaltsdisziplin[162] sowie auch feste Wechselkurse und eine einheitliche Währung sind zweifellos Zielvorstellungen, die auch *Müller-Armack* hatte. Jedoch ist nicht zu verkennen, dass er sich ihre Verwirklichung grundsätzlich anders vorgestellt hat, nämlich nicht durch den (politischen) Zwang, Kriterien zu erfüllen, um zugelassen zu werden. Seiner Vorstellung von einer dauerhaften Zielverwirklichung entspricht mehr die Anpassung „von unten" über eine gleichermaßen orientierte und vor allem konjunkturell abgestimmte Wirtschaftspolitik der einzelnen Mitgliedsländer[163], für die er sich über Jahrzehnte hinweg unermüdlich eingesetzt hat. Ähnliches gilt auch für die festen Wechselkurse. Sie entsprächen seiner Idealvor-

---

[160] Zur Beschreibung der Stilform vgl. *Alfred Müller-Armack,* Wirtschaftsordnung und Wirtschaftspolitik, a.a.O., S. 257 ff.

[161] Vgl. Vertrag von Amsterdam, a.a.O., S. 58 (Art. 4) und S. 100 (Art. 98).

[162] Vgl. Vertrag von Amsterdam, a.a.O., S. 58 (Art. 4) und S. 103 (Art. 104).

[163] Vgl. hierzu insbesondere die beständigen Bemühungen *Alfred Müller-Armacks* um eine Koordinierung und Institutionalisierung der Konjunkturpolitik europäischer Länder: Ders., Wirtschaftsordnung und Wirtschaftspolitik, a.a.O., S. 12 und S. 331 ff.

stellung für einen echten Gemeinsamen Markt, allerdings als durch die Wirtschafts-, insbesondere durch die Geld- und Haushaltspolitik dauerhaft „gefestigte" und nicht so sehr als letztlich politisch fixierte, die durch die Marktkräfte folgenschwer infrage gestellt werden können.[164]

Seit seinem Tode ist nahezu ein Viertel Jahrhundert der Integrationspolitik vergangen, das gerade auch in dieser Hinsicht bereits Veränderungen hervorgebracht hat. Erwähnenswert ist in diesem Zusammenhang, dass die ordnungspolitische Ausrichtung und Absicherung dieser Postulate im Vertragswerk in entscheidender Weise durch das geld- und währungspolitische „Erfolgsmuster" der Deutschen Bundesbank beeinflusst und durch die für ihre Politik Verantwortlichen mitgestaltet wurde. Die Durchsetzung des Prinzips der Unabhängigkeit[165] für die Europäische Zentralbank und gleichermaßen auch für die nationalen Notenbanken der Mitgliedsländer ebenso wie die Annahme des „Stabilitätspaktes" zeugen von diesem Orientierungserfolg auf Vertragsniveau.[166]

---

[164] Unter dem Eindruck der währungspolitischen Entwicklung und der Entwürfe für eine gemeinsame europäische Währungspolitik (z.B. *Werner*-Plan) hat *Müller-Armack* seine Ideal-Vorstellung relativiert und seit Ende der 60er Jahre (als flankierende Unterstützung für eine koordinierte europäische Konjunkturpolitik) für flexible Wechselkurse plädiert. Vgl. hierzu *Alfred Müller-Armack, Rolf Hasse, Volker Merx, Joachim Starbatty,* Stabilität in Europa, Düsseldorf-Wien 1971, S. 13 (Vorwort von *Müller-Armack*). *Joachim Starbatty*, Eine gesellschaftliche Versöhnungsidee, a.a.O., S. 18, weist daher zutreffend auf seine aktuelle Auffassung hin.

[165] Vgl. Vertrag von Amsterdam, a.a.O., S. 106 (Art. 105), S. 108 (Art. 108) und S. 249 ff. (Protokoll über die Satzung). Vgl. hierzu auch *Otmar Issing*, Stabiles Geld – Fundament der Sozialen Marktwirtschaft, in Reden und Aufsätze der Universität Ulm, Heft 2, 1999, S. 21.

[166] Der Präsident der Europäischen Zentralbank, *Willem Duisenberg*, bezeichnet „die Wahrung der Preisstabilität, die das vorrangige Ziel der EZB ist, sowie die Unabhängigkeit des Eurosystems und die Regelungen zur Gewährleistung der Haushaltsdisziplin, die insbesondere im Stabilitäts- und Wachstumspakt aufgezählt werden" (vgl. EG-Vertrag Art. 104 und dazugehöriges Protokoll) als „Grundpfeiler" des Rahmens für die gesamtwirtschaftliche Politik, in:

Gleichwohl sind über die Verträge von Maastricht und von Amsterdam auch Modifizierungen im EG-Vertrag zustande gekommen – zum Beispiel für die Beschäftigungspolitik, für die Gestaltung der Industrie- und der Umweltpolitik –, die der angemessenen Orientierung an einem ordnungspolitischen Leitbild wie der Sozialen Marktwirtschaft noch bedürfen, wenn sie sich nicht als trojanische Pferde des Dirigismus zu Lasten des Wettbewerbs erweisen sollen.[167] Das gilt insbesondere auch für die Sozialpolitik, die ja seit Anbeginn der europäischen Integration[168] in den Verhandlungen einen hohen „Streitwert" behielt.[169] Obwohl *Müller-Armack* auf diesem Verhandlungsfeld eine ordnungspolitisch konsequente Position einnimmt, zeigt er sich auch versöhnlich und einsichtig, dass innerhalb Europas im Sinne der sozialen Verantwortung zwischen den Ländern und Regionen ein Ausgleich erfolgen müsse.[170] Ein Erinnerungsposten an diese Einstellung ist die Europäische Investitionsbank, deren Gründung er erfolgreich angeregt hat.[171]

Ebenso kann man seine Haltung generell zu Erweiterungen einschätzen und darin auch die bevorstehende einbeziehen, obwohl er überhaupt nur die erste – mit Großbritannien, Irland und Dänemark – erlebt hat. Er erkennt vorausschauend die Notwendigkeit der An-

---

Deutsche Bundesbank, Auszüge aus Presseartikeln Nr. 8 vom 14.2.2002, S. 2 f. Eine solche Stabilitätsgemeinschaft gehörte zu den frühen Zielvorstellungen *Alfred Müller-Armacks* für die europ. Integration, vgl. ders., Auf dem Weg nach Europa, a.a.O., S. 258.

[167] Vgl. hierzu *Joachim Starbatty*, Perspektiven für die Soziale Marktwirtschaft in Europa, in: *Friedrun Quaas, Thomas Straubhaar* (Hrsg.), Perspektiven der Sozialen Marktwirtschaft, Bern-Stuttgart-Wien 1995, S. 127 ff.

[168] Vgl. *Alfred Müller-Armack*, Auf dem Weg nach Europa, a.a.O., S. 72 ff.

[169] Vgl. hierzu *Alfred Müller-Armack*, Auf dem Weg nach Europa, a.a.O., S. 73, S. 108, S. 115 ff. sowie ders., Fragen der europäischen Integration, a.a.O., S. 536 und S. 539.

[170] Vgl. hierzu *Alfred Müller-Armack*, Fragen der europäischen Integration, a.a.O., S. 539 und ders., Auf dem Weg nach Europa, a.a.O., S. 76 f.

[171] Vgl. *Alfred Müller-Armack*, Auf dem Weg nach Europa, a.a.O., S. 77.

passung seitens der Gemeinschaft[172] und eben auch der solida-
rischen Hilfe, wie sie bereits gegenüber Italien gewährt worden
war. Gleichzeitig erachtet er es in diesem Zusammenhang für
wichtig, dass dieser Prozess von innen heraus auf der Grundlage
einer Übereinstimmung in den Grundsätzen der Sozialen Marktwirtschaft gestaltet wird[173] – eine Erkenntnis, die auch für die gegenwärtigen Beitrittsverhandlungen ihre Aktualität nicht eingebüßt
hat.
Aber auch die anscheinend unzweideutig marktwirtschaftlich und
stabilitätspolitisch orientierten neuen vertraglichen Errungenschaften, wie die Europäische Zentralbank und ihr ausdrücklicher
Unabhängigkeitsstatus, sind keine „sichere Häfen" der Ordnungspolitik.[174] Sie können intern gefährdet werden durch unterschiedliche ordnungspolitische Präferenzen der einzelnen Mitglieder des
Europäischen Zentralbanksystems und äußerlich durch bean-
spruchte „Mitspracherechte", die beispielsweise durch die Bildung
eines „Wirtschaftsrates" begründet werden sollen, wie sie wiederholt vor allem von französischen Politikern begehrt wurde. Es
kommt also darauf an, dass jenseits – oder unterhalb – der vertrags-
rechtlichen Kodifizierung von Prinzipien der Sozialen Marktwirtschaft auch bei den politisch und wirtschaftlich Handelnden sowie
bei den Bürgern ein entsprechendes Bewusstsein ausgebildet ist,
dass das ordnungspolitische Leitbild gegenüber den Herausforde-

---

[172] Vgl. hierzu *Alfred Müller-Armack*, Europa, unsere Aufgabe, a.a.O., S. 22 f.

[173] Vgl. *Alfred Müller-Armack,* Genealogie der Sozialen Marktwirtschaft, a.a.O.,
S. 168.

[174] *Otmar Issing*, Stabiles Geld – Fundament der Sozialen Marktwirtschaft,
a.a.O., S. 23, kennzeichnet die Gefährdungen: „Das schon auf nationaler
Ebene latente oder offene Problem, sich dem Druck anderer Politikbereiche
zu widersetzen, kann sich unter diesen Vorzeichen im europäischen Kontext
potenzieren. Um so stärker müssen sich die verantwortlichen wirtschaftspolitischen Akteure in den einzelnen Ländern ihrer Bedeutung für eine erfolgreiche Stanbilitätspolitik bewußt werden. Gegen eine Front von gesellschaftlichen Ansprüchen, die unbelehrbar die produktiven Möglichkeiten überfor-
dern, bleibt auf Dauer auch eine unabhängige Notenbank machtlos."

rungen unserer Zeit zur gelebten Wirklichkeit werden läßt. *Müller-Armack* sieht diese ordnungspolitische Stabilität in der Dynamik wirtschaftlicher und gesellschaftlicher Gestaltungszwänge durch die Soziale Marktwirtschaft als „Integrationsformel" gewährleistet:

> „Die Spannungssituation unserer Gesellschaft kann nicht als eine statische Spannung angesehen werden, der durch eine einmalige Zuordnung von Marktwirtschaft und sozialer Sicherung entsprochen werden könnte. Der Spannungs- und Konfliktzustand unserer Gesellschaft unterliegt selbstverständlich dem geschichtlichen Wechsel und verlangt, dass die jeweiligen strategischen Formeln dieses irenischen Ausgleichs immer wieder neu gesucht werden müssen, um ihrer Aufgabe gewachsen zu sein."[175]

---

[175] *Alfred Müller-Armack,* Wirtschaftsordnung und Wirtschaftspolitik, a.a.O., S. 300.

Soziale Marktwirtschaft in der internationalen Perspektive
- Einführungsthesen zur Podiumsdiskussion -

WOLF SCHÄFER

1. Das Konzept der Sozialen Marktwirtschaft gilt bekanntlich als ordnungspolitisches Leitbild in Deutschland. Die Effizienz des Marktes mit dem sozialen Ausgleich zu verbinden, war die als irenisch interpretierte Idee *Alfred Müller-Armacks*. In der Überwindung des Antagonismus zwischen Effizienz und (Um-) Verteilung ist mithin die friedensstiftende Funktion der Sozialen Marktwirtschaft gesehen worden. Nicht konkret beantwortet wird dabei die Frage nach der Balance zwischen dem Ökonomischen und dem Sozialen. Diese Frage erscheint aber insbesondere in einer Zeit wie heute aktuell, in der in Deutschland vom „Übermaß des Sozialen" die Rede ist, weil das Soziale durch die Beliebigkeit der wahlstrategisch agierenden (Sozial-) Politiker ohne erkennbaren ordnungspolitischen Anker definiert wird – außer Acht lassend, dass die beste Sozialpolitik eine gute Ordnungspolitik ist. Im Rahmen einer Ordnungspolitik sind die Leitlinien des marktwirtschaftsverträglichen Sozialen zu definieren: Eigenverantwortung und Leistungsgerechtigkeit, Wettbewerb und Offenheit des Systems, Subsidiarität und Anreizkompatibilität in der sozialen Sicherung.

2. Das Soziale in der Sozialen Marktwirtschaft wird gemeinhin als Umverteilung durch den Staat im Sinne einer politisch motivierten Einschränkung der Handlungs- und Eigentumsrechte verstanden. Dabei tritt in den Hintergrund, dass eine funktionierende Marktwirtschaft per se sozial ist wegen ihrer Effizienz und Dynamik, die Verschwendung minimiert und den verteilbaren Kuchen maximiert. Dahinter steht die Leistungsbereitschaft von Wirtschaftsbürgern, Wertschöpfung durch An-

strengung und unter Inkaufnahme von Risiko im Wettbewerb zu erstellen, die es ermöglicht, dass die nicht Leistungsfähigen ein annehmbares Auskommen haben. Soziales Verhalten findet sich deshalb nicht allein in der staatlichen Umverteilung, sondern auch und primär in der privaten Bereitschaft zur Leistung. Leistung wird damit zur sozialen Verhaltenskategorie.

3. Mit zunehmender EU-Integration stellt sich die Frage nach den ordnungspolitischen Leitbildern der anderen Mitgliedsstaaten, insbesondere auch solchen, die bislang nicht der grundsätzlich marktwirtschaftlich geprägten westeuropäischen Staatengemeinschaft angehörten und alsbald in die EU aufgenommen werden. Hier gibt es Unterschiede in den Intensitäten, mit denen einerseits das Ökonomische, andererseits das Soziale (bzw. oft noch das Sozialistische), also einerseits die Marktfreiheit und andererseits die staatsinterventionistische Umverteilung präferiert werden. Diese länderspezifischen Differenzierungen haben ihre Ursachen ohne Zweifel in den Traditionen der Staaten und sind insofern – theoretisch gesagt – pfadabhängig. In ihnen spiegeln sich neben politisch unterschiedlich gesetzten Rahmenbedingungen verschiedenartige Präferenzen der Wirtschaftsbürger in den einzelnen Ländern wider. Sie sind auch Ausdruck dafür, inwieweit die Bürger dem Staat eine sozialpaternalistische Rolle zugestehen oder sogar aktiv zuweisen, weil sie vielleicht glauben, dass er für soziale Sicherheit und Gerechtigkeit besser sorgen könne als jeder einzelne selbst. Erkennbar ist zudem, dass es länderspezifische Unterschiede gibt in Bezug auf die Definition und den Umfang von öffentlichen Gütern, die der Staat den Bürgern anbieten soll. Schließlich wird offenbar auch unterschiedlich beurteilt, in welchem Ausmaß der Staat als Interventionsstaat in der Lage ist, Marktversagen zu definieren, zu diagnostizieren und zu therapieren. Deshalb wird Anmaßung von Wissen und Kompetenz durch

den Staat länderspezifisch unterschiedlich wahrgenommen, geduldet und sanktioniert.

4. Wir müssen uns fragen, wie sich Europa entwickelt und entwickeln sollte, wenn es diese genannten Unterschiede gibt. Hier tritt sofort das Spannungsfeld zwischen Harmonisierung einerseits und Systemwettbewerb andererseits zutage. Koordinierung liegt irgendwo dazwischen. Europa neigt sichtbar zu Harmonisierung und Zentralisierung, was den innereuropäischen Wettbewerb der institutionellen Arrangements einschränkt, ihn sogar in einem Ausmaß schwächt, das die ökonomische Effizienz des europäischen Raumes zunehmend in Frage stellt. Die über die zahlreichen europäischen Fonds praktizierten Umverteilungsmechanismen zeitigen zudem keineswegs die stärkenden Effekte, um deretwillen die politischen Akteure sie ins Leben gerufen haben. So sind die europäischen Sozialfonds keineswegs auf die ganz Armen und Schwachen der Gesellschaft ausgerichtet, sie lösen vielmehr Zahlungsströme vor allem zwischen Menschen aus, die nicht in Not sind. Und im politischen Verteilungswettbewerb sind sie zu Objekten polit-strategischer Spiele degeneriert, in denen Paketlösungen, Logrolling und politische Kartelle eine dominante Rolle spielen.

5. Kann sich vor diesem Hintergrund das in Deutschland konkret praktizierte Modell der „Sozialen Marktwirtschaft" im europäischen institutionellen Wettbewerb behaupten? Angesichts der in Deutschland vor allem im politisch-parlamentarischen Raum diskutierten Vorschläge, das deutsche Modell für ganz Europa zu empfehlen, spielt diese Frage eine aktuelle Rolle. Dabei springt sofort ins Auge, dass die deutsche Variante der Überregulierung von Arbeits- und Gütermärkten und des hohen Maßes an sozialpaternalistischer Bevormundung der Bürger kein Modell für Europa sein kann. Denn im europäischen Regulie-

rungswettbewerb zeigt sich, dass dieses Modell derzeit die ge-
ringsten Wachstumsraten und mit die höchsten Arbeitslosen-
zahlen in der EU generiert. Das Soziale wird also durch aktives
politisches Tun geradezu ins Gegenteil verkehrt. Deregulierung,
Dezentralisierung und Flexibilisierung: das sind die Stichworte,
die eine sinnvolle Strategie beschreiben, dem genuin Sozialen
in Deutschland wieder Geltung zu verschaffen. Im internationalen Regulierungswettbewerb würde Umverteilung dann auf
ein effizientes Maß reduziert, d. h. der ineffiziente Teil der
Umverteilung würde durch den Wettbewerb abgebaut. Durch
den internationalen Institutionenwettbewerb wird die Soziale
Marktwirtschaft mithin effizient. Und nur dann ist sie auch zu-
kunftsfähig.

6. Damit sind wir bei der Zukunftsfähigkeit der Sozialen Markt-
    wirtschaft im internationalen Kontext. Wir haben nun eine
    Reihe renommierter Ökonomen auf dem Podium, die hier viel
    zu sagen haben. Auf deren Analysen freuen wir uns.

Die Soziale Marktwirtschaft aus französischer Perspektive

FRANÇOIS BILGER

Der Begriff „Soziale Marktwirtschaft" ist in Frankreich verhältnismäßig gut bekannt, wenigstens in den gebildeten Kreisen der Bevölkerung, allerdings nicht als Ausdruck des theoretischen Konzepts von *Müller-Armack*, sondern als Markenzeichen der deutschen Wirtschafts- und Sozialordnung (Wettbewerbsordnung, Stabilitätspolitik und Sozialpartnerschaft). Dieser relative Bekanntheitsgrad erklärt sich, abgesehen vom allgemeinen französischen Interesse für die Angelegenheiten des bedeutendsten Nachbarn und Freundes Frankreichs, hauptsächlich durch die Tatsache, dass es nur wenige solche nationale Leitbilder gibt und dass das deutsche Modell das einzige ist, das sich seit fünfzig Jahren erfolgreich behauptet hat. Während die auch gleich nach dem zweiten Weltkrieg entstandenen Modelle Frankreichs („Planification") oder Schwedens („Wohlfahrtsstaat") allmählich untergegangen sind und die späteren sehr berühmten englischen oder amerikanischen Experimente („Thatcherism" und „Reaganomics") kaum zehn Jahre dauerten, hat sich Deutschland ununterbrochen zum Modell der Sozialen Marktwirtschaft bekannt und hat somit diesem Ausdruck einen außergewöhnlichen internationalen Ruf verschafft. Hängt diese Langlebigkeit an den, trotz allen Abweichungen, klaren und festen Grundsätzen dieser ordnungspolitischen Konzeption oder einfach an der Offenheit und Vieldeutigkeit eines synthetischen Schlagworts? Dies ist schwer zu entscheiden, aber wie dem auch sei, in Frankreich wenigstens wird die Soziale Marktwirtschaft als ein originelles Modell der Wirtschafts- und Sozialordnung anerkannt und heutzutage sogar als die einzige Alternative zum reinen angelsächsischen Kapitalismus angesehen. Allerdings war dies nicht immer der Fall.

In der Tat hat sich das Ansehen und die Bewertung der Sozialen Marktwirtschaft in Frankreich im Laufe der Zeit, mit der wirtschaftlichen Entwicklung des Landes und vor allem im Zuge der europäischen Einigung, deutlich verändert. Am Anfang, in den 50er Jahren, als die Franzosen noch fest an ihr eigenes Modell glaubten, dominierten Unverständnis und Kritik am deutschen Modell. Auf allen Gebieten stand die französische Konzeption in einem radikalen Gegensatz zu der deutschen: globale Planung und sektorale Lenkung statt Marktfreiheit und Wettbewerbsordnung, keynesianische Vollbeschäftigungsgarantie statt Stabilitätspriorität, Verstaatlichung statt Privatisierung, konzertierte Aktion statt Tarifautonomie. Die Franzosen konnten damals einfach nicht verstehen, wie die Deutschen, ungeachtet der Lektionen der großen Wirtschaftskrise der 30er Jahre und ihrer eigenen wirtschaftspolitischen Erfahrungen, wieder zu den scheinbar endgültig überholten Rezepten des Wirtschaftsliberalismus zurückkehren konnten, und als das sogenannte deutsche Wirtschaftswunder trotz allem stattfand, versuchten sie dieses nicht durch die marktwirtschaftlichen Kräfte sondern durch andere Gründe wie die traditionelle Industriestärke, die verdeckte Planung der großen Banken, die Marshallhilfe und dergleichen zu erklären. Soziale Marktwirtschaft schien ihnen damals mehr ein sehr erfolgreicher politischer Slogan als eine Realität zu sein.

Mit der Liberalisierung in Frankreich selbst und besonders mit dem Beginn der europäischen Integration in den 60er Jahren entwickelte sich auch allmählich eine bessere Anerkennung der Marktwirtschaft und teilweise des deutschen Modells. So entstand nach und nach die Auffassung, dass die optimale Wirtschaftsordnung in einer Synthese zwischen dem deutschen Konzept der mikroökonomischen Wettbewerbsregeln und dem französischen Konzept der makroökonomischen Staatsplanung zu suchen sei. Der entschiedene Widerstand *Ludwig Erhards* und *Alfred Müller-*

Armacks verhinderte zuerst eine solche Entwicklung in der neu geborenen Europäischen Wirtschaftsgemeinschaft, aber nach der politischen Wende und der darauf folgenden wirtschaftspolitischen Entwicklung in Deutschland unter der Leitung von *Karl Schiller* (keynesianisches Gesetz zur Förderung der Stabilität und des Wachstums der Wirtschaft, mittelfristige Finanzplanung, konzertierte Aktion) schien der französische Wunsch endlich in Erfüllung zu gehen. Ende der 60er Jahre entstand in dieser Perspektive eine gemeinsame Programmierung der nationalen Wirtschaftspolitiken und im ersten Projekt einer Wirtschafts- und Währungsunion wurde sogar, damals auf deutsche Initiative, eine europäische Wirtschaftsregierung in Betracht gezogen.

Die fortschreitende Konvergenz der ordnungspolitischen Konzeptionen Deutschlands und Frankreichs wurde aber Mitte der 70er Jahre durch die neue Weltwirtschaftskrise endgültig unterbrochen. Nachdem die keynesianischen und dirigistischen Rezepte (globale Nachfragestimulierung und sektorale Investitionsplanung) im Kampf gegen die Stagflation und die Arbeitslosigkeit total versagten, entschloss sich auch Frankreich, nach Großbritannien (1979), den Vereinigten Staaten (1980) und Deutschland (1982), endlich einen klaren marktwirtschaftlichen Kurs einzuschlagen. Die wirtschaftspolitische Wende fand 1983 und die ordnungspolitische Neuorientierung 1986 statt. Mit der Schaffung des gemeinsamen Binnenmarkts (Einheitliche Europäische Akte, 1987) und vor allem mit der Wirtschafts- und Währungsunion (Vertrag von Maastricht, 1992) wurde schließlich die gesamte wirtschaftliche Komponente der Sozialen Marktwirtschaft (Grundsatz der freien und offenen Märkte, Unabhängigkeit der Zentralbank, Priorität der Preisstabilität, Disziplin der Finanzpolitik) offiziell auf die ganze Europäische Union übertragen und somit auch in Frankreich eingeführt und adoptiert. Von der früheren französischen Konzeption verblieben, außer der allmählich reformierten Agrarpolitik und Entwicklungshilfe, nur leichte Überreste in der Form von flankierenden und subsidiären Maßnahmen der Forschungs-, der Industrie- und der Beschäftigungspolitik übrig sowie natürlich die spezifischen nationalen Elemente der Sozialordnung.

Fazit dieser fünfzigjährigen Entwicklung: das deutsche Modell der Sozialen Marktwirtschaft ist heute in Frankreich mehrheitlich akzeptiert und wenigstens implizit befürwortet. Allerdings besteht immer noch ein minderheitlicher Widerstand oder, besser gesagt, zwei kritische Richtungen. Einerseits gibt es immer noch Anhänger der früheren französischen Konzeption, die ganz besonders in Rezessionen wieder laut werden und keynesianische Wiederankurbelungs- oder dirigistische Lenkungsmaßnahmen verlangen. Andererseits gibt es jetzt auch, und immer mehr, Befürworter des amerikanischen Modells, des sogenannten angelsächsischen Kapitalismus, die für einen freieren Wettbewerb (weniger öffentliche Kontrollen im Sinne der Chicago-Schule), eine aktivere Geldpolitik (wie die der amerikanischen Zentralbank) und eine losere Sozialordnung (vor allem ein flexibler Arbeitsmarkt) eintreten. Der Vergleich zwischen den hervorragenden Leistungen der amerikanischen Wirtschaft in den letzten Jahren und der nachlassenden Dynamik sowie der anhaltenden Arbeitslosigkeit in der Eurozone und vor allem in Deutschland fördert besonders diese kapitalistische Kritik der Sozialen Marktwirtschaft.

In der Tat muss man feststellen, dass das frühere Musterland seit einiger Zeit weit davon entfernt ist, seine damaligen Erfolge zu wiederholen. Es weist sogar gravierendere Wachstums- und Beschäftigungsprobleme auf als die meisten anderen europäischen Länder, so dass die gesamte Eurozone darunter leidet. Viele fragen sich daher zur Zeit in Frankreich, ob dieser Misserfolg nur vorübergehend ist, wegen der derzeitigen internationalen Wirtschaftskrise, die Deutschland als großes Exportland besonders trifft und auch wegen der außergewöhnlichen Lasten der Wiedervereinigung, oder ob er tiefere Gründe hat, wie der Wegfall des früheren komparativen Vorteils der deutschen Stabilitätspolitik seit seiner Ausdehnung auf alle europäischen Staaten oder das Bestehen eines zu langen Reformstaus und einer allmählichen Sklerotisierung der deutschen Wirtschafts- und Sozialordnung. Wie dem auch sei, Tatsache ist, dass nach einem Höhepunkt der Bewertung des deutschen Modells am Ende des vorigen Jahrhunderts jetzt in Frankreich wieder Zweifel aufgekommen sind. Gleichzeitig besteht aber noch immer die Hoffnung, dass Deutschland bald wieder seiner wirtschaftlichen Führungsrolle in Europa gerecht werden kann und eine ordnungspolitische Erneuerung der Sozialen Marktwirtschaft einleiten wird. Wahrscheinlich würde dabei die Rückbesinnung auf das originäre Konzept *Müller-Armacks* und der anderen geistigen Väter dieser Ordnung besonders nützlich sein.

Spanien – Soziale Marktwirtschaft und Europa

REINHOLD BISKUP

Zum Abschluß eines Symposions „Soziale Marktwirtschaft als nationale und internationale Ordnung", das er noch wenige Wochen vor seinem Tode 1978 geleitet hat, äußerte sich *Alfred Müller-Armack* über die Perspektiven einer Orientierung der spanischen Politik am Leitbild der Sozialen Marktwirtschaft hoffnungsvoll:

> „In Spanien ist, glaube ich, das Eis etwas gebrochen durch einen unserer Schüler in Madrid, der sehr aktiv für die Soziale Marktwirtschaft kämpft."[1]

Außer auf die erwähnte Person richtete sich seine Hoffnung auch auf die entstehende neue spanische Verfassung, die am 29. Dezember 1978 in Kraft trat.[2] Dieser bis heute unermüdlich im Sinne *Müller-Armacks* tätige Hoffnungsträger ist Professor Dr. Dr. h.c. *Santiago García Echevarría,* der schon damals wesentliche Schriften *Müller-Armacks*[3] und anderer führender deutscher Wirtschaftswissenschaftler ins Spanische übersetzt und zur Unterstützung der spanischen Wirtschaftspolitik einen Internationalen Arbeitskreis für Soziale Marktwirtschaft gegründet hatte. Seither hat er nicht nur die Grundkenntnisse über die Funktionsbedingungen der Sozialen Marktwirtschaft recht wirkungsvoll nach Spanien vermittelt und zu ihrer Umsetzung in der spanischen Wirtschaftspolitik beigetragen. Darüber hinaus hat er sich auf vielfältige Weise überhaupt um den Transfer deutscher Forschungsergebnisse und

---

[1] *Alfred Müller-Armack,* Schlußwort in: Symposion „Soziale Marktwirtschaft als nationale und internationale Ordnung" der *Ludwig Erhard*-Stiftung, Bonn 1978, S. 117.

[2] Constitución Española, Biblioteca de Legislación, Serie Menor, Madrid 1993.

[3] Vgl. hierzu *Alfred Müller-Armack,* Auf dem Weg nach Europa, Tübingen 1971, S. 156.

wirtschaftswissenschaftlicher Lehrmeinungen in die Wirtschaftswissenschaften Spaniens verdient gemacht. Dafür wurden ihm
zahlreiche akademische Ehrungen zuteil, zum Beispiel die Ehrendoktorwürde der Universität Erlangen-Nürnberg und die Ehren-
medaille der Universität Paderborn. Auch in seinem umfangreichen
Schrifttum spiegelt sich seine weitreichende Kenntnis der
deutschen Fachliteratur wider, so dass es ebenfalls eine Mittler-
funktion für Spanien ausübt.[4] Diese und überhaupt seine Wertschätzung deutscher wissenschaftlicher Leistungen erinnern an den
Enthusiasmus, den der spanische Philosoph *José Ortega y Gasset*
bereits in der ersten Hälfte des vergangenen Jahrhunderts der
deutschen Kultur im umfassenden Sinne entgegengebracht und mit
der Formel „Spanien braucht Deutschland" verallgemeinert hat.[5]
Die „Vorliebe" Spaniens für Deutschland und seine kulturellen und
wirtschaftlichen Hervorbringungen hat bis in die Gegenwart ange-
dauert.
So verwundert es nicht, dass auch bei der Ausarbeitung der neuen
demokratischen Verfassung der Blick auf Deutschland – auf das
Bonner Grundgesetz – gerichtet war. Wegen der Umbruchsituation
nach dem Tode *Francos* 1975 im Übergang zur Demokratie und
zur Rechtsstaatlichkeit kam allerdings keine gleichermaßen folge-
richtige Struktur der Verfassung zustande, sondern eher eine der
Situation entsprechende Kompromisslösung. So garantiert sie einerseits in Artikel 38 die Gewerbefreiheit „im Rahmen der Markt-

---

[4]   Als ein frühes Beispiel sei hier genannt: *Santiago García Echevarría,*
      Empresa y orden económico, Madrid 1980. Als einer der ersten hat er mit
      diesem Buch das in der spanischen wirtschaftswissenschaftlichen Tradition
      weitgehend unbekannte Denken in Ordnungen in die Orientierungsdiskussion
      seines Landes eingeführt sowie schon zuvor mit dem Artikel „El orden
      económico en la Constitución", Revista Libre Empresa, No 8, Madrid 1978,
      S. 49 ff.
[5]   Vgl. hierzu *José Ortega y Gasset,* Prólogo para Alemanes, Madrid 1974, S.
      25 und 26 f.

wirtschaft"[6], enthält aber andererseits zahlreiche Klauseln, die im „Interesse der Allgemeinheit" dirigistische Interventionen zulassen.[7] Diese grundsätzlich marktwirtschaftliche Ordnungsbindung[8] in der spanischen Verfassung vermochte noch nicht sogleich unter den ersten beiden demokratischen Regierungen der Zentrumsbewegung von *Adolfo Suárez* beziehungsweise von *Leopoldo Calvo Sotelo* bis 1982 eine entsprechend konsequent marktwirtschaftlich ausgerichtete Wirtschaftspolitik zu garantieren. Den ungelösten Problemen der wirtschaftlichen und politischen Restrukturierung Spaniens, der zögerlichen Entwöhnung von der staatlichen Bevormundung sowie den drängenden wirtschaftspolitischen Herausforderungen wie Inflation, Wachstumsschwäche und Arbeitslosigkeit wurde weitgehend nur mit einer pragmatischen Politik entsprochen[9], obwohl die politische Führung ihr Interesse am Leitbild der Sozialen Marktwirtschaft bekundete. Die von 1982 bis 1996 nachfolgenden sozialistischen Regierungen unter *Felipe González* brachten Spanien eine Phase relativer politischer Stabilität und auch – allerdings wechselhafte – wirtschaftliche Erfolge. Eine Ausrichtung der Wirtschaftspolitik an den Grundsätzen der Sozialen Marktwirtschaft kann indessen nicht festgestellt werden – trotz eines ebenfalls bekundeten Interesses führender Politiker an diesem Ordnungsmodell. Die mentale und materielle „Entstaatlichung" der spanischen Wirtschaft vollzog sich nur schleppend und ohne angemessene in-

---

[6] Constitución Española, a.a.O., S. 22
[7] Beispielsweise in demselben Artikel 38 sowie in Artikel 128, 129, 131 oder 149.
[8] Vgl. hierzu *Reinhold Biskup*, Ordnungspolitische Orientierungen für den Beitritt Spaniens zu den Europäischen Gemeinschaften, in: *R. Biskup, E. Dürr, S. García Echevarría*, Spanien und die Europäischen Gemeinschaften, Bern-Stuttgart 1982, S. 92 ff.
[9] Vgl. hierzu *Pedro Voltes*, Nueva Historia de España, Barcelona 1989, S. 562 ff.

stitutionelle Reformen.[10] Allerdings hat der unter der Regierung
González vollzogene Beitritt Spaniens zu den Europäischen Gemeinschaften notwendigerweise zu einer stärkeren Orientierung der
Wirtschaftspolitik an marktwirtschaftlichen Funktionsbedingungen
sowie zu einer Öffnung für den Wettbewerb geführt.

Die Mitgliedschaft in den Europäischen Gemeinschaften, die nach
gescheiterten Anträgen seit den 60er Jahren und nach langjährigen
Verhandlungen schließlich 1986 vollzogen wurde, war ein von allen demokratischen Regierungen Spaniens sowie auch überwiegend
von seiner geistig-kulturellen Führungsschicht angestrebtes Ziel.[11]
Der Beitritt wurde als eine Überwindung auch der geistigen Isolie-
rung und als späte Rückkehr nach Europa empfunden, die seine
Mitgestaltung ermögliche. „Spanien braucht Europa – Europa
braucht Spanien"[12], so lässt sich als Kurzformel das die Parteien
übergreifende politische Programm beschreiben[13]. Die Vision der
Identitätserneuerung in Europa trat seither in Konkurrenz zur ach-
tungsvollen Orientierung an Deutschland. Als symptomatisch für
die damals noch beständige Ausgewogenheit der Alternativen kann
das geradezu freundschaftliche Verhältnis zwischen dem Christde-
mokraten *Helmut Kohl* und dem Sozialisten *Felipe González* angesehen werden, der besonders dessen Führungsrolle in der Europapolitik hoch schätzte. Der inzwischen eingetretene Wandel lässt
sich dagegen gleichermaßen an den „normalen" formellen Beziehungen der deutschen Regierung unter dem Sozialdemokraten

---

[10]   Vgl. hierzu *Santiago García Echevarría*, Perspektiven für die Soziale Markt-
       wirtschaft in Spanien, in: *Friedrun Quaas, Thomas Straubhaar* (Hrsg.), Per-
       spektiven der Sozialen Marktwirtschaft, Bern-Stuttgart-Wien 1995, S. 186 ff.
[11]   Vgl. hierzu *Peter Frey*, Spanien und Europa – Die spanischen Intellektuellen
       und die Europäische Integration, Bonn 1988, S. 14 f. und S. 188.
[12]   *Javier Rúperez Rubio*, Gründe für den Beitritt Spaniens zu den Europäischen
       Gemeinschaften, in: *R. Biskup, E. Dürr und S. García Echevarría*, Spanien
       und die Europäischen Gemeinschaften, Bern-Stuttgart 1982, S. 26.
[13]   Vgl. hierzu auch *Peter Frey*, a.a.O., S. 114 ff.

Gerhard Schröder und der konservativ-liberalen Regierung Spaniens unter *José María Aznar* ablesen. Die beachtlichen Erfolge dessen Politik einer marktwirtschaftlichen Erneuerung seit der konsequenten Kriterienerfüllung für den Beitritt zur Wirtschafts- und Währungsunion einerseits und der relative Abfall Deutschlands von seiner wirtschaftlichen und politischen Vorreiterrolle in Europa andererseits haben auf Seiten der Spanier zu einer veränderten Wahrnehmung Deutschlands geführt: mit gestärkter Selbstbezogenheit vergleicht man sich nach wie vor mit diesem Land, aber nicht mehr bewundernd wie mit einem Vorbild, sondern vielmehr mit Genugtuung darüber, dass man selbst besser geworden ist. Bezeichnend für diese neue Rollenwahrnehmung war bereits der unnachgiebige Widerstand *José María Aznars* gegen eine künftige degressive Auszahlung der Förderungsmittel für Spanien und die anderen „Südländer" der EU auf dem Berliner Gipfel von 1999, obwohl Bundeskanzler *Schröder* eine Umverteilung beziehungsweise Begrenzung mit mehr „sozialer Gerechtigkeit" angekündigt hatte.[14] Ebenso selbstbewusst hatte *Aznar* seine Zustimmung zu *Schröders* Verlangen – zunächst – verweigert, die Freizügigkeit für Arbeitskräfte aus den Beitrittsländern allein zugunsten Deutschlands und Österreichs durch verlängerte Übergangsfristen einseitig einzuschränken[15], wobei *Aznar* aufgrund der Erfahrungen nach dem Beitritt Spaniens zu den Europäischen Gemeinschaften durchaus über gute Argumente verfügte. Auch seine Forderung, neben der Europäischen Investitionsbank die Gründung einer eigenständigen Mittelmeerbank für die Anrainerstaaten noch unter der spanischen EU-Präsidentschaft – und zwar gegen den erklärten Willen

---

[14] Vgl. hierzu *Michael Stabenow*, Statistische Effekte – Spanisches Selbst- und europäisches Verantwortungsbewußtsein, in: Frankfurter Allgemeine Zeitung Nr. 46 vom 23. 02. 2002, S. 10.

[15] Ebenda.

der Bundesregierung – zu beschließen, zeugt von der selbstsicheren Europapolitik Spaniens.[16]
Die veränderte Sichtweise auf Deutschland und seine Wirtschafts- und Europapolitik wird ebenfalls besonders sichtbar in der Art, wie die Vorgänge um die Abwehr der Frühwarnung wegen drohender Defizitüberschreitung aus Brüssel durch die deutsche Bundesregierung in Spanien wahrgenommen und beurteilt werden. Ausführlich werden die kritischen Stellungnahmen von Mitgliedern der Europäischen Kommission[17] und der Europäischen Zentralbank[18] zitiert, um die Bedeutung des Stabilitätspaktes der EU und dessen mögliche Gefährdung durch das ungerechtfertigte Verhalten der deutschen Bundesregierung hervorzuheben.[19] Nicht ohne Genugtuung wird daran erinnert, dass die deutschen Erfinder des Stabilitätspaktes mit Rücksicht auf die Wirtschafts- und Währungsunion die haushaltspolitische „Unbekümmertheit" der Südländer nicht hinzunehmen bereit waren.[20] Bezeichnend ist, was hinzugefügt wird:

> „Was sie sich niemals hätten vorstellen können, ist, dass vier Jahre später es genau Deutschland sein werde, das Gefahr laufen könnte, seine eigene Medizin zu ertragen, und dass es einige von den ehedem ver-

---

[16] Vgl. hierzu EU plant trotz hoher Kosten eine eigenständige Mittelmeerbank, in: Frankfurter Allgemeine Zeitung Nr. 46 vom 23. 02. 2002, S. 12.

[17] Vgl. *Romano Prodi*: Hay que una politica seria, que a menudo es unpopular, in: El Pais, Madrid, 08. 02. 2002, S. 10, und Aznar pedirá a Prodi que se acelere la entrada en vigor de la „euroorden", in: ABC, Madrid, 05. 01. 2002.

[18] Vgl. El banco apoya el aviso dado a Alemania por su déficit, in: El Pais, 08. 02. 2002, S. 67.

[19] Vgl. *Pedro Solbes*, El Pacto de Estabilidad se ha mantenido y respetado pese a la reacción alemana, in: El Pais, Madrid, 25. 02. 2002, (Economia) und Suspensos en estabilidad, in: El Pais, Madrid, 27. 01. 2002, S. 17.

[20] Vgl. El pulso entre Berlin y Bruselas, Alemania presiona a la Unión Europea para flexibilizar el Pacto de Estabilidad, ante el agravamiento de la crisis, in: El Pais, Madrid, 16. 12. 2001, S. 17.

dächtigten Staaten, wie Spanien, sein werden, die fordern werden, dass keinen Millimeter von dem Vereinbarten abgewichen wird."[21]

Die kritische Einschätzung der deutschen Europapolitik spiegelt sich wegen der wiederholten Relativierung des europäischen Regelwerks inzwischen in Schlagzeilen wie „Der Krieg des Kanzlers gegen Brüssel"[22] wider und stellt außerdem auch die von den Spaniern hoch geschätzte deutsche Zuverlässigkeit mehr und mehr in Frage. Ein zusätzliches Demonstrationsobjekt dafür bieten beispielsweise die Vorgänge um die Einschaltung des Bundesverfassungsgerichts wegen der haushaltsrechtlich ungesicherten Kaufzusage von 73 Militär-Transportflugzeugen des Typs Airbus 400 M, die unter Mitwirkung Spaniens hergestellt werden.[23] Der offensichtliche Prestige-Verlust deutscher Politik und maßgeblicher Politiker in der Wahrnehmung durch die spanische Öffentlichkeit läßt sich nicht zuletzt auch daran abschätzen, wie beispielsweise in der führenden Tageszeitung Spaniens – ganzseitig, in großer Aufmachung – dem Informationsbedürfnis der Leser über den deutschen Bundeskanzler entsprochen wird. Dazu dient eigentlich eine, allerdings groß ausgebreitete, Nebensächlichkeit, nämlich der Sachverhalt, dass dessen Stiefschwester wegen einer von seiner Regierung beschlossenen steuerlichen Benachteiligung beim Bundesverfassungsgericht klagt, jedoch wird dieser Bericht folgendermaßen eingeleitet:

---

[21] Ebenda.
[22] El Pais, Madrid, 11. 02. 2002, S. 10. Zu den inhaltlichen Anlässen vgl. auch *Stefan Kornelius, Schröders* Europoly, in: Süddeutsche Zeitung Nr. 32, 07. 02. 2002, S. 4.
[23] Vgl. El Airbus 400, a punto de fracasar por fallos de contabilidad alemanes, El Pais, Madrid 20. 01. 2002, S. 51. In der Berichterstattung darüber wird der Hinweis nicht ausgespart, dass Deutschland sich zwei Transportflugzeuge von Russland leihen mußte, um seine Truppen nach Afghanistan zu bringen. Ebenda.

„Es sind keine leichten Zeiten für den deutschen Kanzler, Gerhard
Schröder. Acht Monate vor den Wahlen führt die konservative Opposition in den Umfragen, die Wirtschaft liegt immer noch am Boden und
Brüssel gibt keine Ruhe. Als wenn das alles noch nicht genug wäre, ver-
schwört sich auch ein Teil seiner Familie gegen ihn."[24]

Das Bild der spanischen Öffentlichkeit von der deutschen Politik,
insbesondere von der Europapolitik sowie von der Wirtschafts- und
Sozialpolitik, läßt nicht mehr erwarten, dass ihr noch etwas Vor-
bildhaftes für Spanien abgewonnen werden könnte, zumal da viele
bessere Kennziffern der spanischen Wirtschaft von einer erfolgrei-
cheren Wirtschaftspolitik zeugen. Ihre ordnungspolitische, grundsätzlich marktwirtschaftliche Ausrichtung und entsprechende
Strukturreformen – des staatlichen Sektors, des Arbeitsmarktes und
des Haushalts – haben es ermöglicht, dass Spanien als Nachzügler
in der europäischen Integration insbesondere in den letzten Jahren
seinen Rückstand aufgeholt hat. Es ist auf einem guten Wege, zunehmend seine Wirtschafts- und Gesellschaftspolitik an die Funktionsbedingungen der Sozialen Marktwirtschaft anzunähern. Ebenso
lässt sich absehen, dass die spanische Regierung mit breiter Zustimmung ihrer Bürger in der Europapolitik Initiativen entfalten
wird – und dabei auch weiterhin selbstbewusst den politischen
Freiraum nutzen wird, der sich ihr nicht zuletzt auch durch das
nachlassende deutsche Engagement eröffnet. Allem Anschein nach
erfüllen sich also – wenn auch verzögert – die Hoffnungen, die
Alfred Müller-Armack auf Spanien gesetzt hat.

---

[24] Los lios de la familia Schröder – Una hermanastra demanda al canciller ante
la Corte Constitucional, in: El Pais, 18. 02. 2002, S. 64.

Thesen zur Sozialen Marktwirtschaft anlässlich des 100. Geburtstages von *Alfred Müller-Armack*

ULRICH MATTHEE

I   Calvinistische Erwerbsethik und Ursprünge des Kapitalismus

1. Der Begriff der Sozialen Marktwirtschaft erscheint mir als Versuch einer Amalgamierung zweier in der Ideengeschichte divergierender Traditionen: Der Marktwirtschaft mit ihrem emanzipatorischen, auf Freiheit der Märkte von bürokratischer Intervention drängenden Impetus einerseits sowie dem Gedanken der fürsorglichen Hand des „Vater Staat" andererseits. Die eine entspringt der atlantisch-emanzipatorischen Tradition der civil society und des civil government, die andere der autoritär-fürsorglichen Tradition des preußischen Etatismus. Das Ferment der Amalgamierung scheint mir ideengeschichtlich im Calvinismus zu liegen:

2. Dieser brachte in seinem Schoße einerseits den frühen Kapitalismus hervor, andererseits aber auch die starke moralische Beaufsichtigung und Lenkung der durch die Erbsünde hinfällig gewordenen Christenmenschen, die angesichts der Härten des Lebens, der Unbilden einer rauhen Natur sowie der menschlichen Unfähigkeit, gemäß den streng alttestamentarischen Gesetzen Gott wohlgefällig und fehlerfrei durch dieses Leben zu gehen, der starken väterlichen Hand des Staates bedürften. In seinem Schoße vereinigt der Calvinismus zwei Freiheitsbegriffe: als Wirtschaftsordnungsmodell die „Freiheit vom Staat" (einen potentiell bösen, in die Freiheit des Einzelnen unzulässig eingreifenden Staates), in sozialpädagogischer Sicht aber die „Freiheit erst mit Hilfe des Staates".

3. Kern der Lehre *Calvins*, in seiner 1536 in Basel erschienenen „Christianae Religionis Institutio" dargelegt, ist die Lehre von der doppelten Prädestination. Zwar sei der Platz des Menschen in der göttlichen Gnadenordnung an dem Tag des „Jüngsten Gerichts" vorher bestimmt; hier liegt *Calvin* auf der Linie des Kirchenvaters *Augustinus*. Niemand, der zur Gnade vorher bestimmt sei, könne durch eine Reihe ruchloser Untaten aus der Gnade herausfallen. Umgekehrt könne niemand, der zur Ungnade vorher bestimmt sei, durch eine Reihe karitativer, altruistischer Taten in die Gnade aufrücken. Aber niemand könne wissen, ob er zur Gnade oder zur Ungnade vorher bestimmt sei. Daher mögen sich die auf Gnade hoffenden so verhalten, als ob sie zur Gnade vorher bestimmt seien. Mutmaßlich seien das diejenigen, die in lebenslanger, wohl vorbereiteter und gut organisierter, qualitätsorientierter Arbeit große, finanziell messbare Reichtümer anhäufen, sodann aber der sündhaften, gottlästerlichen Verlockung widerstehen, diese Reichtümer zu konsumieren oder gar – zur Beleidigung Gottes – in „neapolitanischer" Luxusprasserei zu vergeuden.

4. Die einzige göttliche Rechtfertigung für den gebotenen Gelderwerb ist, das erworbene Geld zu investieren. Dadurch entsteht aus ordinärem Geld Kapital, d. h. Geld, das Quelle des Erwerbs sein kann. Für die konkrete Lebensführung bedeutet das: Sparen, Konsumverzicht üben, investieren, Renditen erzielen und diese wieder zu investieren. So entstanden die großen Kapitalien. „Wir haben zwar Geld, aber nur deshalb, weil wir damit nicht umher schmeißen!" So pflegen sich die großen kapitalistischen Familien der USA auszulassen.

5. Es ist kein Zufall, dass die großen Namen des US-Kapitalismus zur Zeit seines machtvollen Aufkommens in der zweiten Hälfte des 19. Jahrhunderts aus der calvinistischen Tradition kommen.

Die *Roquefeuille* (*Rockefeller*) weisen auf die Herkunft von den französischen Hugenotten hin, die *Vanderbuilt* auf die niederländischen Remonstranten, die *Carnegie* auf die schottischen Presbyterianer.

Es ist sicher kein Zufall, dass ein *Baron de Cadillac* aus der südfranzösisch-okzitanischen Hochburg der Hugenotten in den französischen Kolonien an den Großen Seen zur Zeit des Sonnenkönigs die Manufakturstadt Detroit gründete. Die Produktpalette von General Motors umfasst daher vor allem Marken aus der okzitanischen (nicht französischen) Sprache: Cadillac, Buick, Pontiac, Chevrolet.

6. Der Gott der Calviner ist der strenge, der ungnädige Gott des Alten Testaments, der den Menschen das äußerste abverlangt, der strafende Gott. Entsprechend sind die Taufnamen die des alten Testaments, wie ich z. B. dem Ahnenpass meiner aus dem 1707 an das Königreich Preußen gekommenen Fürstentum Neuchatel (dem späteren Uhrmacherkanton Neuchatel mit seinen Standorten La Chaux de Fonds und Le Locle) stammenden Familie entnehme: *Adam Matthée, Jacob Matthée, Josue Matthée, Samuel Matthée, Abraham Matthée, Isaac Matthée.* Der Gott des Neuen Testaments war den Calvinern zu milde, zu wenig abverlangend, der gnädige, der barmherzige, der verzeihende Gott. Taufnamen der Lutheraner sind daher eher neutestamentarisch: *Peter* und *Paul*, *Mark* und *Johannes*, *Andreas* und *Thomas*, *Simon* und *Lukas*.

7. Aus der strengen Lehre der doppelten Prädestination lassen sich für die konkrete Lebensführung und Lebensgestaltung folgende Regeln ableiten: Die Idee der permanenten Bewährung, die Idee der Rationalisierung der Lebensführung, die Idee der innerweltlichen Askese, die Idee der Arbeit als innerweltliche Berufung Gottes.

Permanente Bewährung bedeutet lebenslanges Lernen und lebenslanges Arbeiten – sozusagen ein „examen de tous les jours". Der
gottsuchende Mensch muss unter ständiger Anspannung seiner
Kräfte sowie der Verfeinerung seiner Bildung und der Verbesserung seiner Arbeitsmethoden versuchen, vor Gott jeden Tag zu
bestehen. Rationalisierung der Lebensführung bedeutet, das Leben
genau zu planen, Lernen und Sparen als Investitionen in den Le-
benserfolg zu verstehen und die von Gott treuhänderisch verliehene
knappe Ressource „Zeit" mit äußerster Sparsamkeit zu bewirtschaf-
ten.

Innerweltliche Askese heißt, nicht wie die Mönche, Eremiten und
Asketen des christlichen Altertums und des Mittelalters voller Ab-
scheu vor dieser sündhaften, gotteslästerlichen Welt weltflüchtig zu
werden, Eremitagen in unwirklichen Gebirgsgegenden zu errichten
oder Säulen in der ägyptischen oder syrischen Wüste zu besteigen;
sondern in der Welt, im Getriebe des Hafens, im Marktgetümmel,
im Geschäftsbetrieb der Bank planmäßiges Arbeiten als täglichen
Gottesdienst zu exerzieren.

Die Arbeit sowohl des Wirtschaftssubjektes als auch des aufge-
klärt-absolutistischen Monarchen, (z.B. „Roi de Prusse") beruht auf
innerweltlicher Berufung Gottes. Daher kommt der Begriff des
Berufes.

8. Der Calvinismus breitete sich als Schwungrad des frühen Kapi-
talismus nach der Verfolgung, die er als militant-antipapistische
Speerspitze der Protestation geradezu provozierte, in zahlreiche
Himmelrichtungen aus: in die Okzitanie des südfranzösischen
Adels (Hugenotten) durch *Theodor de Bèze*, den Stellvertreter
Calvins in Genf, in die, in hellem Aufruhr gegen ihren Landes-
herrn, dem verhassten König von Spanien, befindlichen nördlichen
7 Provinzen der Niederlande durch den Genfer Emissär *Philippe*

Marnix van St. Aldegonde, in die schottischen Lowlands nach Edinburg und Glasgow durch den Absolventen der Genfer Akademie *John Knox*.

Später, mit ihrer Verfolgung in der zweiten Hälfte des 17. Jahrhunderts, die er als militant-antipapistische Speerspitze der Protestation geradezu provozierte, breitete sich der calvinische Geist in die Neue Welt, an das Kap der Guten Hoffnung, aber auch nach Hessen-Kassel und Preußen, nach Hamburg und Bremen, nach Dänemark und Holstein sowie in die späteren USA und Kanada aus.

9. Dabei stärkte er in den höher entwickelten nordatlantischen Bereichen die dort unter dem Einfluss Englands bereits mächtigen emanzipatorischen Tendenzen zur „civil society"; im unterentwickelten, von der Natur aus stiefmütterlich behandelten Preußen, dem Nucleus der späteren von Ost nach West erfolgten deutschen nationalen Einigung – dagegen die etatistischen Traditionen.

Preußen war durch und durch ein Heeresstaat, dessen Bürokratie und Staatsapparat entstanden waren aus den Bedürfnissen der Deckung des Bedarfs des „miles perpetuus", d.h. des stehenden Heeres nach den Lehren von *Justus Lipsius*. Die Hierarchie des Heeres wirkte sich auf den Etatismus, insbesondere in Gestalt der bürokratischen Lenkung des Gewerbebetriebes durch die landesherrlichen Steuerkommissare sowie der autoritären Fürsorge für den gemeinen Mann aus.

10. Freiheit in der atlantischen Tradition bedeutete daher: schrittweise sich erweiternde Emanzipation der Subsysteme und der Individuen; Freiheit in der preußischen-etatistischen Tradition war daher immer Freiheit **mit** Hilfe des Staates.

In der atlantischen Tradition wird der Staat misstrauisch beäugt, durch Gewaltenteilung und Grundrechtssicherung im Sinne *John Locke's* gebändigt und vom Volumen her klein gehalten. Die Gesellschaft entwickelte sich dynamisch. Der eher stagnierende Staat wurde von dieser zum Fortschritt gedrängt. In Preußen war es eine moderne, im humanistischen Sinne umfassend gebildete Bürokratie, die eine eher lethargische, selbst in den Städten wenig innovative Gesellschaft zum Fortschritt drängte, ja geradezu verurteilte. Das zeigt sich insbesondere in der Aufbauleistung des Großen Kurfürsten, in der Reform- und Aufbaupolitik *Friedrich des Großen* nach den Schlesischen Kriegen, vor allem in den *Stein-Hardenbergschen*-Reformen sowie in der besonderen Rolle der *Humboldtschen* Reform-Universitäten Berlin 1810, Breslau 1811, Bonn 1817, die Preußen-Deutschland auf den Olymp des wissenschaftlichen – vor allem des technisch-naturwissenschaftlichen – Weltbetriebes beförderte und zur führenden Industrie- und Wissenschaftsnation machte (*Kaiser-Wilhelm*-Institute).

II   Ordnungspolitische Aspekte der Sozialen Marktwirtschaft

1. Mit der „Sozialen Marktwirtschaft" führte *Müller-Armack* Deutschland zurück vom Sonderweg des Korporativismus und des Etatismus – insbesondere der Zwischenweltkriegszeit – zu den normativen Grundlagen der atlantischen Völker. „Die Soziale Marktwirtschaft" wurde zum Vehikel der Westintegration des Weststaates *Adenauers*. Aber ihre Erfolgsgeschichte erzeugte bei den kleineren Partnern der Anti-*Hitler*-Koalition Ängste vor deutschem Übergewicht und machte mit den Gründungsprojekten von EVG, NATO und EWG subtile Konstruktionen zur Ausbalancierung drohenden (west-)deutschen Übergewichts in Europa notwendig.

2. Dem Ordnungsmodell der Sozialen Marktwirtschaft gelang eine Amalgamierung der atlantischen Staatstraditionen – insbesondere des als notwendiges Übel verstandenen, potentiell bösen und ex-

zessiven Staats *John Locke's* mit etatistisch-korporativistischen Traditionen Preußen-Deutschlands im Geiste *Hegels*: Freiheit vom Staate versus Freiheit durch den Staat.

Damit wird insbesondere der stark planwirtschaftliche Impetus relativiert, den die kriegswirtschaftliche Organisation Deutschlands im ersten Weltkrieg unter *Rathenau* gewonnen hatte (diese diente dann dem bolschewistischen Russland unter *Bucharin* und *Preobrashenski* als Modell für den GOSPLAN).

3. Mit der Sozialen Marktwirtschaft erfolgte eine Renaissance des bei Ende des ersten Weltkrieges zumindest auf dem Kontinent ruinierten Modells der Marktwirtschaft, das damals seine Unfähigkeit bewiesen zu haben schien, die aufgebrochenen schweren Ordnungsstörungen der Massengesellschaft vernünftig regeln zu können – Massenorganisationen, Massenparteien, Massenverbände, Massenheere, Massenveranstaltungen schienen nur im Rahmen autoritärer, wenn nicht gar totalitärer staatsdirigistischer Modelle regelbar zu sein. Durch die Verbindung von unabhängiger Notenbankpolitik zur Wahrung der Ziele des „Magischen Dreiecks" bzw. „Magischen Vierecks" mit einer subsidiaristischen Sozialverfassung gelang ein „Auferstehen aus Ruinen" nach der massenhaften Zerstörung der Länder und der Verwirrung der Gehirne im Zuge der totalitären Gesellschaftsexperimente.

4. Die Soziale Marktwirtschaft wurde zum Identifikationsanker des verfemten Deutschland. Die Menschen der Flüchtlingslager erlebten nicht nur Integration und soziale Sicherung, sondern einen phänomenalen Wohlstandsaufstieg, welcher das Gefüge des deutschen Weststaates erheblich festigen konnte.

5. So phänomenal die gemeinschaftliche Anstrengung auch war, so sehr die Bewunderung ihrer Früchte in Gestalt des „Wirtschaftswunders" dem geschundenen deutschen Selbstbewusstsein Ge-

nugtuung verschaffte, so sehr verebbte doch der lebendige Strom
solidarisch ausgeübten Wettbewerbs schließlich, um ängstlicher
Erstarrung zu weichen – Versuche der Absicherung des Erreichten; ängstliche Besitzstandswahrung; zunehmende Furcht vor dem
frischen Wind des Wettbewerbs; Misstrauen gegen Innovationen
nahmen zu.

6. *Herbert Giersch* hat diese Symptome, die sich überall in Europa,
insbesondere in Deutschland zeigten, als Euro-Sklerose diagnosti-
ziert: von A - Z, von Arbeitslosenhilfe bis Zusatzversicherung zur
Beamtenpension führt er eine breite Palette von Sünden gegen den
Geist der Sozialen Marktwirtschaft auf.

7. Zu diesen gehören zahlreiche neokorporatistische Konsens-
kartelle, mit dem Ziel, den Wettbewerb zu beschränken oder auszu-
schalten:
Runde Tische, konzertierte Aktionen, Bündnisse für Arbeit, über-
mäßiger Kündigungsschutz, Gewährsträgerhaftung von Landes-
banken, Europäische Marktordnungen für Bananen, Milchquoten,
Beihilfen zum Flachsanbau etc.

8. Insbesondere die magische Forderung nach Teilnahmegerechtig-
keit sowie nach sozialer Abfederung notwendiger wettbewerblicher
Strukturanpassungen dienten häufig als Vorwand für die Unter-
lassung solcher.

9. Während Deutschland nach einer Erschlaffung seiner frischen
Antriebskräfte der 50er und 60er Jahre allmählich zu erstarren begann, erlebte das „Modell Deutschland" einen Siegeszug in traditionell staatsdirigistischen Ländern wie Frankreich oder Spanien,
welche seit den 80er Jahren mutig traditionelle Hindernisse für den
Wettbewerb entfernten und ihre Volkswirtschaften modernisierten.
Historisch gesehen neigte dagegen das germanische Europa mit

seinen bündischen Traditionen eher zu marktwirtschaftlicher Ordnung als das romanische Europa mit seinen römisch-rechtlich begründeten etatistischen Traditionen.

10. Auch einige MOE-Reformstaaten erfuhren nach dem Bersten des Sibirischen Eises durch mutige Übernahme der Prinzipien sozialer Marktwirtschaft einen im Westen viel bewunderten wirtschaftlichen Aufstieg durch rasante Modernisierung: Estland und Slowenien, aber auch Ungarn sind hier vor allem zu nennen. Insbesondere die Erfolgsgeschichte der estnischen Krone, die im Verhältnis 8 : 1 an die DM gebunden wurde und die als Garant der Freiheit und des Willens des Wiederaufstiegs aus dem Sowjetsystem hohe Wertschätzung genießt, erinnern an die Anfangsjahre des deutschen Weststaates.

11. Innerhalb Deutschlands erzielte die Soziale Marktwirtschaft ihre größten Erfolge in den traditionellen Gebieten an Rhein und Donau (jeweils mit Nebenflüssen); das sind die klassischen Gebiete westlich und südlich des Römerlimes mit ihrer uralten bürgerlichen Tradition kommunaler Selbstverwaltung. Die deutschen Römerstädte haben ihre 2000-Jahrfeiern fast alle hinter sich: Colonia Claudia Arae Agrippinensis (C.C.AA/Köln), Augusta Treverorum (Trier), Castra Regina (Regensburg), Confluentes (Koblenz), Augusta Vindilicorum (Augsburg), aber auch Ulterior Trajestum (Utrecht) oder Argentoratum (Straßburg), die bis ins 17. Jahrhundert zum Reich gehörten.

Schwerer tat sich die Marktwirtschaft schlechthin in den Ländern des nordostelbischen Kolonialdeutschland (östlich des Limes Saxoniae), die in der Regel ihre 750-Jahrfeiern gerade hinter sich gebracht haben. Eine mittlere Stellung nimmt das Deutschland zwischen den beiden Limites mit ihren rund 1200 Jahre alten Städten wie Hamburg oder Bremen, Minden oder Paderborn, Münster oder

Osnabrück, Hildesheim oder Halberstadt der karolingischen Zeit
ein.

12. Betrachtet man die Staaten der Welt im Lichte der Leistungsfähigkeit ihrer Volkswirtschaften, so drängt sich der Eindruck eines
engeren Zusammenhangs zwischen Föderalismus und Marktwirtschaft einerseits, Zentralismus und staatsdirigistischer Wirtschaft
andererseits auf. Die traditionell stärksten Volkswirtschaften sind
die in bundesstaatlichen Gebilden: die USA und Kanada, Austra-
lien und Deutschland, die Niederlande und vor allem die Schweiz.

Traditionell hochzentralistische Staatswesen wie die romanischen
haben sich in den letzten Jahrzehnten zwar nicht föderalisiert, wohl
aber dezentralisiert durch die Schaffung von Subsystemen in Gestalt von Regionen: das gilt insbesondere für Spanien, das seine Re-
Demokratisierung nach *Francos* Tod durch die Schaffung finanz-
starker und leistungsfähiger Autonomer Gemeinschaften sowie
durch eine starke Vermarktwirtschaftlichung absichert. Auch die
als Hochburg bürokratischen Interventionismus und etatistischer
Planification vielgescholtene EU-Kommission bringt zum Erstau-
nen vieler, besonders aber der Bundesregierung *Schröder*, zumin-
destens durch ihren Wettbewerbskommissar *Karel van Miert* und
seinen Nachfolger *Mario Monti* viel Ventilation in das schlecht
belüftete europäische System.

Einen Kausalzusammenhang zwischen föderalistischer und marktwirtschaftlicher Ordnung zu behaupten, erfordert sicher umfangreiche empirische Untersuchungen; jedoch springt eine starke Korrelation schon bei der Lektüre des UN-yearbook ins Auge.

Die Soziale Marktwirtschaft in der internationalen Ordnung

RONALD CLAPHAM

1   Die ordnungspolitische Doppelaufgabe

„Wie muß die Wirtschafts- und Sozialordnung beschaffen sein, in der sich ein menschenwürdiges und wirtschaftlich erfolgreiches Leben entwickeln kann?" Mit dieser Frage beginnen die Herausgeber *Walter Eucken* und *Franz Böhm* das Vorwort zum ersten Band von ORDO - Jahrbuch für die Ordnung von Wirtschaft und Gesellschaft (ORDO, 1948, S. VII). Sie formulieren damit die bis heute zentrale ordnungspolitische Aufgabe.

Deren Lösung wird als eine der wichtigsten Herausforderungen für die Nationalökonomie, die Soziologie und die Rechtswissenschaft bezeichnet. Die Herausgeber sehen die Schaffung einer funktionsfähigen Wirtschafts- und Gesellschaftsordnung als eine Aufgabe für alle Länder der Welt an. Sie fahren fort:

> „Dieser universelle Charakter der Aufgabe allein schon macht eine enge internationale Zusammenarbeit bei der Lösung der Ordnungsprobleme zweckmäßig ... Ohne zureichende Lösung der Probleme der internationalen Ordnung sind keine nationalen Ordnungen der geforderten Qualität möglich, umgekehrt wird aber auch jede internationale Ordnung den Keim des Verfalls in sich tragen, wenn sie nicht auf zureichenden nationalen Ordnungen aufgebaut wird. Beide Aufgaben, die der Schaffung der nationalen und der internationalen Ordnung, müssen gleichsam in einem Guss bewältigt werden. Und ebenso muss selbstverständlich die gedankliche Vorarbeit in beiden Bereichen aufeinander abgestimmt sein" (ebenda, S. VIII).

Die ersten Herausgeber von ORDO haben somit von Anfang an von einer ordnungspolitischen Doppelaufgabe gesprochen: Erstens sind Regeln für eine Wirtschafts- und Sozialordnung zu entwikkeln, die das Ökonomische und das Soziale effizient zusammenfügen. Zweitens muss die Kompatibilität der nationalen und internationalen Regeln eines solchen Ordnungskonzeptes bedacht und verwirklicht werden.

Damit wird auf die Beachtung von Interdependenzen sowohl bei funktionellen als auch bei institutionellen Zusammenhängen aufmerksam gemacht. Unter funktionellen Aspekten geht es um die wirkungsvolle Ausgestaltung einer echten Synthese zwischen Marktwirtschaft und sozialer Sicherheit. Die Soziale Marktwirtschaft als Ordnungsentwurf verfolgt dieses konzeptionelle wirtschaftspolitische Anliegen (vgl. *Müller-Armack*, 1973, S. 185).

Aus institutioneller Sicht ist die Vereinbarkeit nationaler und internationaler Regeln und Regelsysteme der Wirtschafts- und Sozialordnung angesprochen. Nationale und internationale Ordnungsregeln müssen widerspruchsfrei gestaltet werden, d.h. deren Konformität ist herbeizuführen. Wenn es heute von deutscher Seite vielfache Bemühungen gibt, das Ordnungsmodell der Sozialen Marktwirtschaft auch auf europäischer und internationaler Ebene zu verbreiten, dann muss man diese doppelte Interdependenz – zugleich die wechselseitigen Abhängigkeiten zwischen der Wirtschafts- und Sozialordnung sowie zwischen dem nationalen und internationalen Regelsystem zu beachten – berücksichtigen.

In den folgenden Ausführungen werden einige neuere Entwicklungen und Schwierigkeiten aufgezeigt, die bei der Lösung der oben genannten Doppelaufgabe auftreten. Es wird davon ausgegangen, dass die Soziale Marktwirtschaft in Deutschland gefestigt und diese Konzeption in der EU und darüber hinaus international als Leitbild einer modernen sozialorientierten, marktwirtschaftlichen Ordnung vertreten werden soll.

2 Zur Bedeutung der nationalen Ordnungspolitik für die internationale Ordnung

Die deutsche ordnungspolitische Innovation, die Freiheit des Marktes und eine Politik des sozialen Ausgleichs in einer neuartigen Synthese zu verbinden, hat zunehmend weltweite Beachtung gefunden und beeinflusst so die Gestaltung der internationalen Ordnung. Die Entwicklung der Wirtschafts- und Sozialpolitik in der EU ist durch die Übernahme wichtiger Bestandteile des deutschen Konzeptes gekennzeichnet, wie die Unabhängigkeit der Zentralbank und der darauf aufbauenden Stabilitätskultur, die Regelungen gegen Wettbewerbsbeschränkungen und der Kerngedanke sozialer Partnerschaft. Zur Frage der Gesamtordnung der europäischen Wirtschaftsordnung entwarf *Müller-Armack* schon 1962 das Leitbild:

> „Für Europa im ganzen wird sich daher die Notwendigkeit ergeben, nach der irenischen Formel zu suchen, die - nach meiner Überzeugung - das Wesen der Sozialen Marktwirtschaft überhaupt ausmacht .... (Europa) steht im ganzen vor der dialektischen Aufgabe, seine Wirtschaftspolitik auf die Zielrichtung des sozialen Schutzes wie auf die der freien Initiative zu richten" (*Müller-Armack*, 1962, S. 314-315).

Ein anderes Beispiel für die Übernahme ordnungspolitischer Regeln ist, dass der Gedanke ökonomischer und sozialer Interdependenzen in das neue entwicklungspolitische Denken einbezogen wird. Es wird zunehmend erkannt, dass für die nachhaltige wirtschaftliche Entwicklung eines Landes die einheimischen sozialen Institutionen der kritischste knappe Faktor sind. Es geht dabei um

wichtige gesellschaftliche Institutionen, die in einem Staat das soziale Konfliktmanagement verbessern.

> „The rule of law, a high-quality judiciary, representative political insti-
> tutions, free elections, independent trade unions, social partnerships, in-
> stitutionalized representation of minority groups, and social insurance
> are examples of such institutions" (*Rodrik*, 2001, S. 96).

Die Wirtschaftsordnungspolitik, ihre Grundsätze und Methoden
werden so zum Gegenstand der Entwicklungszusammenarbeit.

In die gleiche Richtung gehen die Überlegungen der Weltbank,
durch die Entwicklung geeigneter gesellschaftlicher Institutionen
(z.B. Rechtsstaatlichkeit, demokratische Strukturen, Pressefreiheit,
elementare Dienste wie Bildungs- und Gesundheitsversorgung) die
ordnungspolitischen Rahmenbedingungen zu schaffen, um einen
Konsens in der Gesellschaft über Prioritäten und Strategien der
Wirtschaftspolitik zu erleichtern. Die bisherige Weltbankpolitik der
Konditionalität – der extern veranlaßten Reformen –, die infolge
gesellschaftlicher Widerstände in den armen Ländern wenig erfolgreich war, soll durch einen Ansatz abgelöst werden, der über ver-
besserte Informationen und Partizipation der Bevölkerung zu einer
Konsensbildung über die notwendige Wirtschaftspolitik und Entwicklungszusammenarbeit führt (vgl. *Collier*, 2001, S. 67 ff.).

Hinsichtlich des nationalen Ordnungsrahmens für die Soziale
Marktwirtschaft wird seit längerem in Deutschland die fehlende
Kohärenz von Teilordnungen zu Recht kritisiert. Die Ordnung der
Alterssicherung und des Gesundheitswesens, die Arbeitsmarkt-
ordnung u.a. werden als Regelsysteme bezeichnet, die in einigen
Teilen nicht systemkonform sind, also nicht den Prinzipien der So-
zialen Marktwirtschaft entsprechen. Neuerdings wird stärker auf
Probleme aufmerksam gemacht, die von Störungen der Kompati-

bilität zwischen der ökonomischen und der politischen Ordnung ausgehen, die also den Zusammenhang zwischen Demokratie und Sozialer Marktwirtschaft betreffen (vgl. *Schulz*, 1999, S. 209 ff.). Es ist unstrittig, dass die Wettbewerbsordnung eines förderlichen institutionellen und politischen Umfelds bedarf. Das politische System des demokratischen Rechtsstaates ist geeignet, dem Einzelnen den Handlungsspielraum nicht nur zuzusichern, sondern ihn auch zu sichern. Der Staat als Rechtsschutzstaat bietet zugleich ein hohes Maß an Flexibilität, um bestehende Institutionen anzupassen und weiter zu entwickeln. Es ist also eine Gestaltung im offenen Prozess möglich. Die Interdependenz von politischer Ordnung und Wirtschaftsordnung wurde in der Entwicklung der Sozialen Marktwirtschaft immer gesehen; beide Ordnungen beruhen auf gleichgerichteten Wertvorstellungen (vgl. *Schulz*, 1999, S. 225).

Neuere Forschungsergebnisse zeigen jedoch, dass das Verhältnis von Demokratie und Marktwirtschaft offensichtlich Veränderungen unterliegt. Die generelle Behauptung, rechtsstaatliche Demokratie und Soziale Marktwirtschaft würden zusammenpassen, ist zu vordergründig und widerspricht der Realität in Deutschland (vgl. hierzu *Besters*, 2000, S. 13 ff.). Die Veränderung der parlamentarischen Demokratie in Richtung auf eine korporatistische Verhandlungsdemokratie schwächt den Staat als ordnende Potenz. Seine Glaubwürdigkeit und Kompetenz in der Wirtschaftpolitik leiden, wenn er Teile seiner Macht an organisierte und nicht-organisierte Partikularinteressen verliert. Schon *Eucken* hatte die Gefahr des Verlustes der Staatsautorität deutlich gemacht, wenn wirtschaftliche Machtgruppen die staatlichen Kompetenzen einengen oder aushöhlen; so sei der heutige Staat „abhängig von einem Geschiebe von Machtgruppen" (*Eucken*, 1960, S. 328). Die politische Ordnung in Deutschland hat sich unter dem Einfluss von Interessengruppen verändert.

> „Die liberale Demokratie freier Bürger hat sich zur partizipatorischen
> Gruppendemokratie entwickelt, die Soziale Marktwirtschaft ist zur
> miss-match-Marktwirtschaft erodiert. Als Ergebnis ist festzuhalten: Je
> stärker sich die korporatistische Verhandlungsdemokratie in einem
> Land durchsetzt, desto deutlicher werden die Bürger in ihrer Freiheit
> sowie die Marktwirtschaft in ihrer Effizienz beschnitten" (*Besters*,
> 2000, S. 27).

Festzuhalten bleibt, dass das Verhältnis von Demokratie und
Marktwirtschaft als eine permanente ordnungspolitische Gestal-
tungsaufgabe begriffen werden muss, die immer wieder erneut Anstrengungen erfordert, die Kompatibilität der Teilordnungen herzustellen. Dies zu erkennen ist insbesondere für Transformations- und
Entwicklungsländer richtungweisend, in denen daran gearbeitet
wird, die wirtschaftlichen und politischen Teilordnungen nach dem
übergreifenden Ordnungsgedanken verantworteter Freiheit zu gestalten.

3 Zur internationalen Ordnungspolitik

Seit dem Zweiten Weltkrieg sind auf internationaler Ebene viele
neue institutionelle Regeln für die Weltwirtschaft geschaffen worden, welche die Entwicklung der Sozialen Marktwirtschaft in
Deutschland unterstützt und Annäherungen an diese Konzeption in
einzelnen Staaten und Staatengruppen gefördert haben. Man kann
feststellen, daß sich die internationale Ordnungspolitik in Bezug
auf die Handlungsfelder und in der Art und Weise der Regelsetzung und -überwachung seit den 40er Jahren erheblich gewan-
delt hat. Auf vier Veränderungen wird im Folgenden eingegangen.

3.1 Die Entwicklung einer neuen internationalen Handels- und
Währungsordnung begann nach dem Zweiten Weltkrieg zunächst
als hegemoniales Verfahren unter der Führung der USA. **Der**

Übergang zu einer kooperativen Strategie bei der Entwicklung und Anwendung internationaler Regeln wurde mit den Verhandlungen über die Römischen Verträge und der Gründung der EWG (1958) deutlich. Diese Strategie ist dann relativ erfolgreich im Rahmen der verschiedenen GATT-Runden und der Umweltschutzvereinbarungen angewendet worden. Diese Form internationaler Kooperation wird auch als Global Governance bezeichnet: Es verständigen sich Nationalstaaten in völkerrechtlichen Verträgen auf internationale Regeln und Institutionen, deren Einhaltung sie durch Mechanismen mit unterschiedlicher Sanktionskraft kontrollieren.

In Europa führte der Verhandlungsprozess der Gründerstaaten der Wirtschaftsgemeinschaft zu einem marktwirtschaftlichem Ordnungsrahmen, der nicht nur die deutsche Soziale Marktwirtschaft stärkte, sondern diese Konzeption für die europäische Ebene zu einer Art Referenzmodell werden ließ. In der EWG war die grundlegende normative Orientierung, die bis heute den europäischen Integrationsprozess und neuerdings die EU-Osterweiterung auf mittel- und osteuropäische Länder bestimmt, marktwirtschaftlich und liberal. Es soll ein Gemeinsamer Markt mit vier wirtschaftlichen Grundfreiheiten geschaffen werden, in dem das Prinzip des unverfälschten Wettbewerbs gilt, der durch eine europäische Wettbewerbsordnung geschützt wird. Zwar gab und gibt es wirtschaftliche Bereiche mit Regulierungen und staatlicher Lenkung, z.B. die Sektoren Landwirtschaft und Energie, dennoch ist die ordnungspolitische Grundausrichtung der zu gestaltenden Wirtschaftsgemeinschaft marktwirtschaftlich.

Diese europäische Wirtschaftsordnung ist das Ergebnis der Kooperation der EWG-Gründerstaaten, die von durchaus unterschiedlichen wirtschaftspolitischen Konzeptionen ausgingen. Die ordnungspolitische Haltung der kleineren Gründerstaaten wie die Niederlande und Luxemburg beruhte während der damaligen Ver-

tragsverhandlungen auf der Überlegung, dass die Entscheidungs-
und Handlungsfreiheit der privaten Wirtschaftsakteure auf dem
Binnenmarkt am besten in einer Wettbewerbsordnung zu schützen
seien, während in einer interventionistischen europäischen Ordnung – etwa in der Art der französischen Planification – eine domi-
nierende Politikgestaltung durch die großen Staaten zu erwarten
sei. Aus den Erfahrungen als Verhandlungsteilnehmer schreibt
Müller-Armack:

> „Nicht, als ob sich nun bei den Verhandlungen liberale Ideale ständig
> durchgesetzt hätten; im Gegenteil, die Regierungen mit sozialistischer
> Tendenz waren ja stark vertreten. Dass sich dieses Ergebnis dennoch
> herausstellte, war die Konsequenz einer Vorsicht gegenüber nationalen
> Interventionen der anderen Länder. Man wollte sich gegen die Wirt-
> schaftspolitik der übrigen Staaten sichern und kam dazu, den wirt-
> schaftpolitischen Spielraum nach innen streng zu begrenzen. Es ist
> vielleicht nicht gerade ein Ausdruck besonders liberaler Empfindungen,
> sondern mehr eine gewisse nationale Eifersucht, die dieses Ergebnis
> herbeiführte. Man mag das als List der Idee ansehen. Die Ordnung des
> Gemeinsamen Marktes ist so als ein streng wettbewerblicher Markt im
> Inneren definiert" (*Müller-Armack*, 1964, S. 405).

**3.2   Die Einbeziehung neuer Aktionsfelder in die kooperative
Strategie** der internationalen Ordnungspolitik verdeutlicht deren
zunehmende Bedeutung. Bis Anfang der 80er Jahre hat das Bret-
ton-Woods-GATT-Regime noch einigen Spielraum für nationale
Wege in der Wirtschaftspolitik gelassen (vgl. hierzu *Rodrik*, 2000,
S. 183-184). Die Globalisierung der Wirtschaftsbeziehungen hat
jedoch seit den 80er Jahren dazu geführt, der internationalen Ordnungspolitik viel größere Bedeutung zu verschaffen. Zu den Auswirkungen internationaler Handelsabkommen gehörte nämlich
auch, dass mehr und mehr bestimmte nationale Politiken, wie
Kartellpolitik, Subventionspolitik sowie Gesundheits- und Sicher-

heitsbestimmungen als wettbewerbsverzerrend und handels-
hemmend entlarvt wurden und diese jetzt zum Gegenstand internationaler Regelungen gemacht werden.

Neben den ökonomischen Bereichen Handel, Kapitalverkehr und
Investitionen sind im Interesse einer globalen Ordnungspolitik völ-
kerrechtlich verbindliche Konventionen, internationale Abkommen
und Aktionspläne für die Bereiche Menschenrechte, soziale Entwicklung sowie Umweltschutz geschaffen worden. So sind beispielsweise in den letzten dreißig Jahren bereits mehr als hundert
multilaterale internationale Umweltabkommen abgeschlossen worden; allerdings wird deren ökonomische Effektivität durchaus in
Frage gestellt bzw. sogar verneint (vgl. dazu sehr kritisch
Endres/Finus/Lobigs, 2000, S. 73 ff.).

In jüngerer Zeit gibt es verstärkte Bemühungen – unterstützt von
fast allen Staaten der Erde – , die Weltwirtschaftsordnung zu einer
Wirtschafts- **und** Sozialordnung auszubauen. Diese Ausrichtung
entspricht der ordnungspolitischen Doppelaufgabe, eine Synthese
von Marktwirtschaft und sozialer Sicherheit herzustellen und für
die Kompatibilität der nationalen und internationalen Ordnungsregeln Sorge zu tragen. Die internationale Sozialordnung ist in ihren
Grundzügen bereits angelegt. Ausgehend von den Basisdokumen-
ten der unmittelbaren Nachkriegszeit – der Charta der Vereinten
Nationen (1945) und der Allgemeinen Deklaration der Menschenrechte (1948) – wurde das internationale Regelwerk für eine menschenwürdige Ordnung schrittweise erweitert. Zu den ordnungspolitisch relevanten Entscheidungen gehören insbesondere:

- Europäische Konvention zum Schutz der Menschenrechte und
  Grundfreiheiten (1950);
- Internationaler Pakt über bürgerliche und politische Rechte
  (1976) und Internationaler Pakt über wirtschaftliche, soziale

und kulturelle Rechte (1976) als UNO-Menschenrechtsüberein-
kommen;

-   Erklärungen der Europäischen Gemeinschaft und des Europa-
    rates zu sozialen Grundrechten, nämlich die Europäische So-
    zialcharta (1961) und die Gemeinschaftscharta der sozialen
    Grundrechte der Arbeitnehmer (1989);
-   ILO-Deklaration über grundlegende Prinzipien und Arbeits-
    rechte (1998), welche die für alle Mitgliedstaaten der ILO ver-
    bindlichen Kernarbeitsnormen enthält;
-   Charta der Grundrechte der EU (2000).

In jüngster Zeit sind die Entscheidungen zur Gestaltung der
Weltsozialordnung verbindlicher geworden (vgl. hierzu *Fues*,
2000, S. 3 ff.). In den Jahren ab 1990 nahmen die internationalen
Bemühungen zu, sich auf ein Leitbild für die nachhaltige menschliche Entwicklung zu verständigen, das den Schutz der natürlichen
Systeme mit den sozialen Dimensionen von Armutsüberwindung,
Menschenrechten und sozialem Ausgleich innerhalb und zwischen
den Gesellschaften verbindet. Es handelt sich hier um Versuche,
auf internationaler Ebene soziale Regeln zu entwickeln, die den
Charakter globaler öffentlicher Güter haben. Neuere Beispiele für
solche Aktivitäten sind (vgl. *Fues*, 2000, S. 5 ff. und 47 ff.):

-   die Absichtserklärung der westlichen Geberländer in der
    OECD/DAC „Shaping the 21st Century" (1996), in der sozial-
    und umweltpolitische Zielvereinbarungen früherer Konferenzen
    präzisiert und mit einem Zeitplan verknüpft werden;
-   der UN-Weltgipfel für soziale Entwicklung (Weltsozialgipfel in
    Kopenhagen, 1995) und die Sonderkonferenz der UN-General-
    versammlung in Genf im Jahr 2000 als Folgekonferenz. Zu die-
    sen Initiativen hat die Kritik aus vielen Entwicklungsländern
    beigetragen, welche mit dem „dominanten neoliberalen Leitbild
    von Globalisierung" keine soziale Entwicklung verbunden se-

hen. Neben einzelnen radikalen Vorschlägen zu einer Re-Regulierung der weltwirtschaftlichen Beziehungen, um geeignete Rahmenbedingungen für Wirtschaftswachstum und Armutsbekämpfung zu schaffen, fordert die große Mehrheit der Entwicklungsländer, die soziale Gestaltung der Globalisierung zum vorrangigen Politikziel zu machen. Man denkt daran, Standards einer erfolgreichen Sozialpolitik aufzustellen und die Entwicklungszusammenarbeit danach auszurichten.

- Die Europäische Initiative für Ethische Produktion und Ethischen Konsum (IEPCE) wurde 1999 mit Förderung der Kommission der Europäischen Gemeinschaften gegründet. Ziel ist es, Produktion, Handel und Konsum von Gütern zu fördern, die unter Einhaltung ethischer Gesichtspunkte, insbesondere von grundlegenden Arbeitsstandards, von europäischen Unternehmen hergestellt oder vertrieben werden.

- Für die EU ist das Grünbuch „Europäische Rahmenbedingungen für die soziale Verantwortung der Unternehmen" (2001) zu nennen, das die enge Verknüpfung zwischen sozialen, ökologischen und wirtschaftlichen Normen hervorhebt. Es liegt in der Verantwortung der Unternehmen, in ihrem lokalen Umfeld sowie im nationalen und globalen Umfeld gegenüber ihren Arbeitnehmern und der Umwelt so zu handeln, dass sie dem Prinzip der Nachhaltigkeit folgen.

- Die „Global Compact" genannte Initiative (1999) des Generalsekretärs der UN, *Kofi Annan*, zielt darauf ab, vielseitige Aktivitäten privater und öffentlicher Wirtschaftsakteure zur Einhaltung der vereinbarten sozialen Grundnormen zu ermuntern. Es geht um die Einhaltung der Menschenrechte, die Beachtung der ILO-Kernarbeitsnormen und den Umweltschutz. Die Erweiterung des Verständnisses einer internationalen Ordnung zeigt sich daran, dass auch Verknüpfungen zwischen bislang unverbundenen Regelsystemen hergestellt werden, so zwischen den Handelsregeln des GATT bzw. der WTO und den Sozialregeln der ILO bzw. Beschlüssen des UN-Weltsozialgipfels.

3.3 In der kooperativen Strategie für eine internationale Ordnungspolitik ist es inzwischen zu einer erheblichen **Erweiterung des Kreises der Akteure** gekommen. Außer der Kooperation von Nationalstaaten gibt es ein globales Netzwerk von Akteuren, bestehend aus Regierungen, internationalen Institutionen und zivilgesellschaftlichen Organisationen - hier insbesondere die Nicht-Regierungsorganisationen. Diese neue Form der internationalen Kooperation für die Entwicklung von Regeln für die Wirtschafts- und Sozialpolitik entstand vor allem im Rahmen der Politik des Schuldenerlasses gegenüber ärmsten Entwicklungsländern. Im Jahre 1999 haben die Weltbank und der IWF den Ansatz der Poverty Reduction Strategies (PRS) begonnen, der eine Beteiligung zivilgesellschaftlicher Akteure an der länderbezogenen Strategie zur Armutsbekämpfung verlangt. Die Partizipation zivilgesellschaftlicher Vertreter ist dabei für die Analyse der Armutssituation, für die Strategieentwicklung zur Armutsbekämpfung sowie für Implementierung, Monitoring und Evaluierung der nationalen Wirtschafts- und Sozialpolitik vorgesehen (vgl. *Eberlei*, 2000, S. 166).

Auf der Ebene der internationalen Wirtschafts- und Sozialordnung wird es trotz der erweiterten und vertieften Kooperation zu keinem dichten, umfassenden Regelwerk kommen. Dem stehen zwei grundlegende Schwierigkeiten entgegen:

-   Die Präferenzen der Wirtschaftsakteure hinsichtlich des gewünschten institutionellen Arrangements für eine internationale Sozialordnung, die den Charakter eines öffentlichen Gutes hat, sind sehr unterschiedlich, sie divergieren stärker als für die nationale Sozialordnung.

- Das Wissen über effiziente Regeln und Regelsysteme ist bruch-stückhaft und von zeit- und ortsbedingten Umständen abhängig. Daher ist unverzichtbar, dass beim Suchen nach Regeln Raum für einen Wettbewerb der Ideen, der Konzepte und Maßnahmen bleibt. Wie die Erfahrungen mit internationalen Initiativen und Konferenzen zeigen, werden dennoch erfolgreiche Problem-lösungen in verschiedenen Ländern nur sehr verzögert von an-deren Regierungen aufgegriffen und imitiert. Daher bemüht sich die EU-Kommission zu Recht seit einiger Zeit, durch Hin-weise auf Beispiele für „Good Practice" den institutionellen Systemwettbewerb in und zwischen den Mitgliedstaaten der Gemeinschaft zu fördern.

3.4 Die Mitwirkung der Zivilgesellschaft bei der internationa-len Kooperation in der Ordnungspolitik stärkt die politische Ak-zeptanz dieses Teils der Wirtschaftspolitik. Die neue Kooperation betrifft privatrechtliche Vereinbarungen von Einzelunternehmen, Wirtschaftsbranchen und Organisationen zu sozialen und ökolo-gischen Regeln im Welthandel. Dieser Ansatz basiert auf dem Grundsatz der Freiwilligkeit; er ist ordnungspolitisch als subsidiär zu charakterisieren, da unterhalb der Ebene staatlicher und insbe-sondere internationaler Regulierungen private Entscheidungsträger der Zivilgesellschaft Regeln entwickeln und vertraglich vereinba-ren. Es wird eine wertorientierte Organisations- und Verhaltens-steuerung geschaffen, die bewusst auf Selbstverpflichtung und Selbstbindung beruht.

Die Vereinbarungen werden internen und externen Überprüfungs-und Überwachungsverfahren unterworfen; hier haben sich bereits verschiedene Formen entwickelt. So gibt es im Hinblick auf die Einhaltung von Sozialstandards das firmeninterne Monitoring, das Monitoring durch eine von einem Unternehmen gegründete, jedoch eigenständige Firma (Beispiel Socam der Firma C&A) sowie das externe Monitoring durch eine beauftragte dritte Institution.

Die privatrechtliche Gestaltung zwischen den beteiligten Wirtschaftsakteuren hat den Vorzug, dass man besser deren Präferenzen und spezielle Interessen berücksichtigen, flexibel reagieren und sich schneller auf Regeln verständigen kann. Die kritischen Punkte der privatrechtlichen Regelungen sind die Effizienz der firmen- oder branchenbezogenen Monitoringprozesse und die Anwendung von Sanktionen – bis hin zur Beendigung der Geschäftsbeziehungen.

Auf dem Gebiet der sozialen und ökologischen Mindeststandards im freien Welthandel ist die Anzahl der freiwilligen Maßnahmen wie Sozialsiegel und Verhaltenskodizes bereits sehr groß. Diese Aktionen und Maßnahmen werden unter der Bezeichnung „Corporate Social Responsibility" zusammengefasst. Es geht um die soziale Verantwortung der Unternehmen, nicht nur den eigenen Arbeitnehmern gegenüber, sondern auch gegenüber Dritten, wie zum Beispiel Zulieferern und Vertragspartnern. Insgesamt folgt man damit dem Kerngedanken der Sozialen Marktwirtschaft als eine Ordnung der verantworteten Freiheit. Beispiele für Sozialsiegel für kommerzielle Produkte und für unternehmerische Verhaltenskodizes (Codes of Conduct) sind:

-   In der Teppichindustrie besteht ein Zertifizierungsverfahren zur Bekämpfung der ausbeuterischen Kinderarbeit in der Teppichherstellung in Indien, Pakistan und Nepal, das mit einer Bestätigung in der Form des Rugmark-Siegels verbunden ist. Dieses Siegel garantiert, dass die Teppiche ohne illegale Kinderarbeit produziert werden und die Arbeitskräfte wenigstens den gesetzlichen Mindestlohn erhalten (vgl. Misereor/Brot für die Welt, 2000, S. 16).

- Der Weltverband der Spielwarenbranche ICTI (International Council of Toy Industries) hat 2001 einen revidierten Verhaltenskodex angenommen (ICTI-Code of Business Practices). Er verlangt

> „... die Einhaltung gesetzlicher Bestimmungen hinsichtlich Arbeitszeitbegrenzung, Entlohnung und Leistungen bei Krankheit und Mutterschaft. Die Verbote von Zwangs- und ausbeuterischer Kinderarbeit sind einzuhalten und die gesetzlichen Rechte der Beschäftigten auf Selbstvertretung zu wahren. Gesetzliche Sicherheitsbestimmungen müssen befolgt und Schutzkleidung gestellt werden. Für angemessene Beleuchtung und Belüftung der Werkshallen ist zu sorgen und ausreichende sanitäre Einrichtungen müssen vorhanden sein" (Misereor, 2001, S. 16).

- Die Außenhandelsvereinigung des Deutschen Einzelhandels (AVE; Köln) hat Beschaffungs- und Verhaltensregeln zur Gewährleistung von Sozialstandards beschlossen (1999). Ziel ist es, auf der Basis von Dialog, Kooperation und Konsens mit den ausländischen Lieferanten auf den Beschaffungsmärkten Einfluss auf die Gewährleistung der Menschenwürde und der Förderung des Umweltschutzes zu nehmen.

4   Schlussbemerkungen

Insgesamt kann man feststellen, dass heute national wie international die ordnungspolitische Doppelaufgabe verstanden worden ist. Wie man Wettbewerbswirtschaft und sozialen Fortschritt miteinander verbinden kann, hat der Ordnungsentwurf der Sozialen Marktwirtschaft aufgezeigt. Er ist für viele Staaten ein Referenzmodell geworden.

Dass nationale und internationale Ordnungen interdependent sind, wird auf dem Weg in die globale Wirtschaftsgesellschaft den politischen Entscheidungsträgern immer bewusster. Die weltweit gewachsene Sensibilität in Menschenrechtsfragen und die Herausbildung eines transnationalen Humanitätsbewusstseins tragen dazu bei, die Weltwirtschaftsordnung um Grundregeln einer Weltsozialordnung zu erweitern.

Literatur

Besters, Hans (2000): Zur Entwicklung zwischen Demokratie und Marktwirtschaft, in: *Friedrich A. Hayek* Institut (Hrsg.), Vordenker einer neuen Wirtschaftspolitik. Marktwirtschaft, Individualismus und Ideengeschichte (Festschrift für *Christian Watrin*), Frankfurt, S. 13 – 30.

Collier, Paul (2001): Consensus Building, Knowledge, and Conditionality, in: *Pleskovic, Boris / Stern, Nicholas* (Hrsg.), Annual World Bank Conferences on Development Economics 2000, Washington, S. 67 – 83.

Eberlei, Walter (2000): Paradigmenwechsel in der Armutsbekämpfung. Poverty Reduction Strategies als neues Konzept - auch fürs BMZ? in: Entwicklung und Zusammenarbeit, 41. Jg., Nr. 6, S. 164 – 168.

Endres, Alfred / Finus, Michael / Lobigs, Frank (2000): Symbolische Umweltpolitik im Zeitalter der Globalisierung? – Zur Effektivität internationaler Umweltverträge aus ökonomischer Sicht, in: Perspektiven der Wirtschaftspolitik, Bd. 1, Heft 1, S. 73 – 91.

Eucken, Walter (1960): Grundsätze der Wirtschaftspolitik, 3., unv. Aufl. Tübingen.

Fues, Thomas (2000): Auf dem Weg zur Weltsozialordnung? Beiträge zur Debatte über globale Armutsstrategien (Report. Institut für Entwicklung und Frieden der *Gerhard-Mercator*-Universität Duisburg, Heft 44), Duisburg.

Kommission der Europäischen Gemeinschaften (2001): Grünbuch – Europäische Rahmenbedingungen für die soziale Verantwortung der Unternehmen, Brüssel.

Misereor / Brot für die Welt (Hrsg.) (2000): Sozialsiegel und Verhaltenskodizes. Eine Standortbestimmung (Fair Trade Policy No. 2), Aachen.

Misereor (Hrsg.) (2001): Faire Regeln in der Spielzeugproduktion? Hintergründe/Aktionen 20001/2002), Aachen. - Der Verhaltenskodex steht im Internet unter http://www.toy-icti.org/publications/bizpractice.htm.

Müller-Armack, Alfred (1962): Das gesellschaftspolitische Leitbild der Sozialen Marktwirtschaft, wiederabgedruckt in: Derselbe, Wirtschaftsordnung und Wirtschaftspolitik. Studien und Konzepte zur Sozialen Marktwirtschaft und zur Europäischen Integration, 2. Aufl., Bern/Stuttgart 1976, S. 293 – 315.

Derselbe (1964): Die Wirtschaftsordnung des Gemeinsamen Marktes, wiederabgedruckt in: Ebenda, S. 401 – 415.

Müller-Armack, Alfred (1973): Die künftige Verfassung der Sozialen Marktwirtschaft, wiederabgedruckt in: Derselbe, Genealogie der Sozialen Marktwirtschaft, 2., erw. Aufl., Bern/Stuttgart 1981, S. 185 – 194.

Rodrik, Dani (2000): How Far Will International Economic Integration Go? in: Journal of Economic Perspectives, Vol. 14 No. 1, S. 177 – 186.

Derselbe (2001): Development Strategies for the 21st Century, in: *Pleskovic, Boris / Stern, Nicholas* (Hrsg.), Annual World Bank Conference on Development Economics 2000, Washington, S. 85 – 108.

Schulz, Günther (1999): Demokratie und Soziale Marktwirtschaft – Zwei Seiten derselben Medaille? Die Erfahrungen der deutschen Nachkriegszeit, in: *Nörr, Knut Wolfgang / Starbatty, Joachim* (Hrsg.), Soll und Haben. 50 Jahre Soziale Marktwirtschaft, Stuttgart, S. 209 – 228.

Das Menschenbild der Sozialen Marktwirtschaft

ANTON RAUSCHER

Wer die katastrophale Lage und die Hoffnungslosigkeit in der deutschen Bevölkerung beim Zusammenbruch der nationalsozialistischen Gewaltherrschaft im Mai 1945 erlebte, hat es damals kaum für möglich gehalten, daß sich dieses Land, dessen Städte und Produktionsanlagen größtenteils zu Schutt und Asche gebombt waren, dessen Infrastruktur lahm gelegt war und das als politisches Gemeinwesen aufgehört hatte zu existieren und in vier Besatzungszonen geteilt war, wieder erheben würde. Man kann es nur als glückliche Fügung bezeichnen, wenn in dieser Situation zwei Persönlichkeiten die öffentliche Bühne betraten, die einen entscheidenden Anteil am wirschaftlichen Wiederaufbau Deutschlands und an der Neuordnung hatten: *Alfred Müller-Armack*, der Architekt der Sozialen Marktwirtschaft, und *Ludwig Erhard*, der diese gegen alle Widerstände und Vorbehalte – und diese waren von allen Seiten heftig – politisch durchsetzte.

Die neuen Ansätze

Müller-Armack, dessen 100. Geburtstages die Universität Leipzig mit diesem Symposion gedenkt, hat sich schon seit Oktober 1945 in seinen Frühschriften zur Sozialen Marktwirtschaft mit der Frage beschäftigt, wie die zerstörte Wirtschaft wieder in Gang gebracht und die quantitativ und qualitativ ausreichende Versorgung der Bevölkerung mit Gütern und Diensten gesichert werden könne. In der von ihm erarbeiteten Stellungnahme der Industrie- und Handelskammern von Nordrhein-Westfalen zur Frage der Prüfung und Kontrolle der Produktionsbetriebe vom April 1947 umschrieb er die Aufgabe so:

„Das Problem der bestmöglichen Versorgung der Bevölkerung darf unseres Erachtens nicht von einem doktrinären Standpunkt aus, auch nicht
unter parteipolitischen Gesichtspunkten geschehen, sondern muß einzig
und allein vom gesunden Menschenverstand, vom Standpunkt der
Zweckmäßigkeit aus angefaßt und gelöst werden."[1]

Er fuhr fort:

„Die Frage kann also nur lauten, welche Wirtschaftsreform unter den
gegenwärtigen Verhältnissen am einfachsten, schnellsten und wirksam-
sten die Initiative des Unternehmers zu beleben, die Leistungen des Ar-
beitnehmers zu steigern und damit die Erzeugung zu erhöhen geeignet
sind, und zwar unter voller Berücksichtigung der sozialen Belange der
Verbraucher, insbesondere der Arbeitnehmer."

Im Hinblick auf das Menschenbild der Sozialen Marktwirtschaft als
Gegenstand der folgenden Überlegungen ist diese Feststellung be-
merkenswert. *Müller-Armack*, der nach dem Ersten Weltkrieg in
Gießen, Freiburg, München und Köln studiert und sich für das
Fachgebiet Wirtschaftliche Staatswissenschaften 1926 habilitiert
hat, rekurriert auf den „gesunden Menschenverstand" und auf die
„Zweckmäßigkeit", die uns aus der verfahrenen Situation herausführen können. Er beruft sich nicht auf die theoretischen Ansätze,
wie sie im ausgehenden 19. und zu Beginn des 20. Jahrhunderts
von den verschiedenen Schulen der Nationalökonomie vertreten
wurden, wobei die Auseinandersetzung um die angebliche Wertfreiheit der Forschung hohe Wellen geschlagen hatte. In der extremen Notsituation von 1945 bedeutete die Berufung auf den gesunden Menschenverstand eine Absage an vorgefertigte Denkmuster,
auch eine Absage an die in den zwanziger Jahren mit deutscher

---

[1] *Alfred Müller-Armack*, Genealogie der Sozialen Marktwirtschaft. Frühschriften und weiterführende Konzepte. Zweite, erweiterte Aufl., Bern,
Stuttgart 1981, 77.

Gründlichkeit heftig diskutierten Gegensätze zwischen Kapital und Arbeit, zwischen Kapitalismus und Sozialismus – und ebenfalls eine Absage an politische und bürokratische Regelungen und Kontrollen, als ob es allein auf den Staat angekommen wäre, einen Ausweg aus der verfahrenen Situation zu finden.

Befaßt man sich mit den Werken *Müller-Armacks*, so kann man schnell feststellen, daß sein Interesse nicht so sehr den vielen Theorien über die Wirtschaft, über die Markt- und Zentralverwaltungswirtschaft galt, sondern den Bemühungen um eine möglichst zutreffende Diagnose der nach dem Ende des Weltkrieges herrschenden sozio-ökonomischen Misere. Desgleichen bemühte er sich nicht um „Modelle" einer funktionierenden Marktwirtschaft, sondern um die wirtschaftliche und wirtschaftspolitische Ordnung der Verhältnisse. Hier wird der Einfluß von *Walter Eucken* spürbar. Der Glaube an den Marktautomatismus war durch den New Yorker Börsenkrach (1929) erschüttert worden. Der Neoliberalismus sorgte für einen Neuansatz, insofern der Wettbewerb politisch, nämlich durch eine vom Staat zu erstellende Rahmenordnung gesichert werden sollte. Es ging *Müller-Armack* auch nicht um eine „Theorie der Sozialen Marktwirtschaft", sondern um die „wissenschaftliche Fundierung der Ansätze, die in das Fundament der Sozialen Marktwirtschaft hineingebaut wurden".[2]

Welches sind diese Ansätze, die für den Aufbau der Sozialen Marktwirtschaft wichtig sind? In dem 1973 erschienenen Artikel:

---

[2] *Alfred Müller-Armack*, Die wissenschaftlichen Ursprünge der Sozialen Marktwirtschaft, abgedruckt in: a.a.O., 178. Sehr engagiert setzte sich *Müller-Armack* mit dem damals wie heute diskutierten „Wissenschaftspluralismus" auseinander. Es gebe zwar „einen gewissen Pluralismus der wissenschaftlichen Methoden, die aber alle unter dem übergreifenden Anspruch der kritischen Findung einheitlicher wissenschaftlicher Wahrheiten stehen ... Einen Pluralismus der letzten wissenschaftlichen Einsichten gibt es nicht" (im Original kursiv).

„Die wissenschaftlichen Ursprünge der Sozialen Marktwirtschaft"
werden die wissenschaftlichen Analysen erwähnt, die das Entstehen unserer modernen Industriegesellschaft seit dem 16. Jahrhundert zum Gegenstand hatten. In dem 1930 veröffentlichten Buch
„Entwicklungsgesetze des Kapitalismus" beschäftigte sich *Müller-
Armack* mit diesen weit zurückreichenden Wurzeln. Resümierend
nennt er jetzt an erster Stelle die Auseinandersetzung mit dem na-
tionalökonomischen Gehalt der marxistischen Theorie und die Wi-
derlegung der *Marxschen* Ideologie. An die Stelle der „primitiven
Theorie der kapitalistischen Produktionsverhältnisse" sei ein Denken in Wirtschaftsordnungen getreten, wobei der Beitrag *Max
Webers* zur Überwindung der materialistischen Geschichtsauffassung besonders hervorgehoben wird. *Max Weber* und *Werner
Sombart* verdanken wir

> „die Einsicht in die Bedeutung, die geistige, wissenschaftliche und reli-
> giöse Faktoren in der Wirtschaftsgeschichte der Neuzeit gewannen".[3]

Es ist erstaunlich, daß in der Diskussion um den Neo- oder Spät-
marxismus im Anschluß an die 1968er Kulturrevolution weder die
Ansätze *Max Webers* noch die Positionen *Müller-Armacks* von den
Wissenschaften aufgegriffen wurden.

In seiner Publikation „Das Versagen des Wirtschaftsliberalismus
als religionsgeschichtliches Problem", 1945 erschienen, bemerkt
Alexander Rüstow:

> „Da die Wirtschaft um des Menschen willen da ist, und nicht der
> Mensch um der Wirtschaft willen, so ist die Vitalsituation des wirt-
> schaftenden Menschen ein überwirtschaftlicher Wert; die Wirtschaft ist

---

[3]   Vgl. ebda., 179 f. – Dabei darf man nicht übersehen, daß *Karl Marx* Kind
      seiner Zeit war und der Materialismus im Zuge der aufblühenden Naturwis-
      senschaften weit verbreitet war.

Mittel, die Vitalsituation aber Zweck. Diese grundlegende Wahrheit gehört zu denen, die der alte soziologieblinde Vulgärliberalismus übersah. Daraus ergab sich die ihm selbstverständliche und so auch vom Sozialismus übernommene Überzeugung, daß dem Glücksgefühl des arbeitenden Menschen proportional der Lohnhöhe und umgekehrt proportional der Arbeitszeit sein müsse. Während in Wirklichkeit die tiefe Unzufriedenheit des Industriearbeiters bedingt ist durch seine unmenschliche und menschenunwürdige Vitalsituation, die Unnatur und Naturferne der Großstadt, die Schrumpfung des Familienlebens, das Wohnen in Mietkasernen und Straßenschluchten, die herdenhafte Fabrikarbeit in Arbeitskasernen und nach Kommando, die sinnferne Teilhaftigkeit dieser Arbeit, ihr gehetztes Tempo, und die nicht geringe Hetze und betäubende Sinnlosigkeit großstädtischer Vergnügungen und Zertreuungen".[4]

Die Feststellung, daß die Wirtschaft um des Menschen willen da sei, und nicht der Mensch um der Wirtschaft willen, nimmt einen Gedanken vorweg, der erst viel später im Raume der Kirchen und ihrer Soziallehren hohe Aktualität erlangte. Allerdings wurde und wird diese Überlegung von vielen christlich-sozial Engagierten eher im Blick auf die Verteilungsgerechtigkeit in der Gesellschaft verstanden, wohingegen sie bei *Rüstow* grundsätzlich eine falsche Sicht der Wirtschaft („Vulgärliberalismus") anprangerte. Aufschlußreich ist in diesem Zusammenhang die Kritik, die *Müller-Armack* in seinem Buch „Das Jahrhundert ohne Gott" (1948) am Menschenbild, das der liberalen Wirtschaftstheorie zugrundeliegt, so umschreibt: es

„... ist die blasse Fiktion des ‚homo oeconomicus', auf den Arbeiter übertragen und zu letzter ‚Rechenhaftigkeit' übersteigert. Keine Lebenserscheinung hat so wie die Rechenhaftigkeit den Anspruch der neueren Zeit bestärkt, von allen Religionen befreit und in reiner Dies-

---

4   *Alexander Rüstow*, Das Versagen des Wirtschaftsliberalismus als religionsgeschichtliches Problem. Istanbul 1945, 91 f.

seitigkeit verwurzelt zu sein ... Diese Rechenhaftigkeit bedingt dann den
Aufbau einer spezifisch modernen Produktionstechnik in den Manu-
fakturen und Fabriken des 18. und 19. Jahrhunderts und wird in vielem
das Symbol für die vom wirtschaftlichen Kalkül bestimmte Lebenshal-
tung des neuzeitlichen Wirtschaftsmenschen".[5]

Es ist erstaunlich, daß diese kritischen Stimmen schon sehr bald,
wenigstens mit dem Ende des Wiederaufbaus in der Bundesrepublik Deutschland vergessen waren und in den Wirtschafts- und Sozialwissenschaften keine nachhaltige Wirkung hatten. Sonst wäre
es wohl zu einer stärkeren Besinnung auf das Verhältnis von Wirtschaft und Religion, auch von Wirtschaft und Moral bzw. Ethik
gekommen.

Für die Genealogie der Sozialen Marktwirtschaft bei *Müller-
Armack* ist die Beschäftigung mit jenen liberalen Nationalöko-
nomen wichtig, die bereits während des Zweiten Weltkrieges und
vermehrt in den Nachkriegsjahren eine Renaissance der Wettbewerbstheorie bewirkten: *Ludwig von Mises, Walter Eucken, Franz
Böhm, Wilhelm Röpke, Alexander Rüstow, Friedrich August von
Hayek*. Hand in Hand geht damit die Erkenntnis der Freiburger
Schule, daß der Wettbewerb, um sich nicht selbst aufzuheben und
im Gesetz des Stärkeren zu erstarren, einer politisch zu setzenden
Rahmenordnung bedürfe, die freilich mehr und etwas anderes sei
als staatlicher Interventionismus, der heute wieder stärker in Mode
zu kommen scheint.

So bedeutsam die Marktkräfte von Angebot und Nachfrage für eine
funktionsfähige Wirtschaft auch sind, so bleibt die Markttheorie für
Müller-Armack nur „ein Werkzeug, um Zentralverwaltungswirtschaft und Wettbewerbswirtschaft zu erklären". Der altliberale
Glaube, daß die Wirtschaft – ähnlich wie die Naturgesetze der

---

[5] *Alfred Müller-Armack*, Das Jahrhundert ohne Gott. Münster 1948, 99.

Himmelskörper – von naturgesetzlichen Kräften bestimmt werde und jedweder Eingriff des Staates nur schädlich sei, dieser Glaube hatte sich als unbegründet erwiesen. Damit waren auch neue Freiräume für das menschliche Handeln, für die soziale Dimension der Wirtschaft und für die politische Verantwortung eröffnet.

Besonders inspiriert fühlte sich *Müller-Armack* von *Joseph A. Schumpeters* Theorie der wirtschaftlichen Entwicklung, in der der Unternehmer als „dynamische Person im Wettbewerbsprozeß" steht. Die Entdeckung des Unternehmers und seiner sozialökonomischen Funktion, die auch einen Zeitgenossen wie *Johannes Messner* enorm beeindruckte[6], bahnte einer Wirtschaftsauffassung den Weg, die nicht mehr von der Mechanik und dem Automatismus des Marktes und der Marktgesetze beherrscht war, in der vielmehr die menschliche Person der eigentliche Aktivposten war. Darauf wird noch zurückzukommen sein.

Die genannten Ansätze münden in die Überlegungen, die *Müller-Armack* unter dem Begriff philosophische Anthropologie faßt. Er erblickt in der Überwindung einer dualistischen Anthropologie, die entweder von einer idealistischen oder von einer naturalistischen Erklärung der Dinge ausgeht, den wesentlichen Fortschritt, wodurch die marxistische Ideologie und die sozialistische Eschatologie überwunden werden konnten. Die Arbeiten von *Plessner*, *Scheler*, *Sombart* und *Leopold von Wiese* haben hier bahnbrechend

---

[6] *Johannes Messner*, der nach dem Zweiten Weltkrieg durch sein großes Werk „Das Naturrecht" bekannt wurde, hatte schon frühzeitig die Bedeutung der Entdeckung des Unternehmers durch *J. A. Schumpeter* erkannt. In einer Reihe von Veröffentlichungen zeigte er die Verbindungslinien auf zwischen dem christlichen Menschenbild und der unternehmerischen Aufgabe, immer neue und bessere Wege der Versorgung der Menschen mit Gütern und Diensten zu finden: Das Unternehmerbild in der katholischen Soziallehre (1968); abgedruckt in: ders., Ethik und Gesellschaft. Aufsätze 1965 – 1974, Köln 1975, 251-278.

gewirkt. Der Mensch ist auch nicht an die ökonomischen Produktionsverhältnisse gebunden, so daß nur die Verstaatlichung der Produktionsmittel ihn daraus befreien könnte. Der Mensch ist nicht der
Immanenz eines Daseinszwanges unterworfen, sondern er hat Zugang zur geistigen Welt und kann sich frei entscheiden – wenn-
gleich immer in einer konkreten Lebenssituation. Die neue philosophische Anthropologie hat auch die Unmöglichkeit, eine end-
zeitliche Verheißung in dieser Welt zu realisieren, nämlich die
„klassenlose und herrschaftsfreie Gesellschaft aufzurichten", ent-
tarnt, von der Marxismus, Kommunismus und Anarchismus gleichermaßen träumen.

> „In die Struktur der Sozialen Marktwirtschaft sind die Ansätze dieser
> beiden Wissenschaftsepochen insofern eingegangen, als wir der ersten
> die Einsicht in die Notwendigkeit, in Gesamtordnungen zu denken, ver-
> danken und der zweiten die Einsicht, daß wir alle menschliche Gestal-
> tung im Doppelaspekt seiner ökonomischen wie geistigen Lebensform
> zu sehen haben, die geschichtlich bleibt, der ein vorgegebenes Rezept
> versagt ist und der es verwehrt ist, in die Utopie einer innerweltlichen
> Selbsterlösung der Menschheit einzumünden. In dieser Ablehnung einer
> innerweltlichen Eschatologie berührt sich dieser Gedanke mit der
> christlichen Haltung".[7]

Das Menschenbild

Es war die ausweglos erscheinende Situation des Jahres 1945, die
auch in den Wirtschafts- und Sozialwissenschaften die herge-
brachten Verkrustungen aufbrach und die Umkehr des Denkens
und eine geistig-sittliche Erneuerung erleichterte. Was war falsch
gelaufen? Und zwar nicht erst in den zwölf Jahren der nationalsozialistischen Diktatur, sondern schon in den vorausgehenden Jahr-

---

[7] *Alfred Müller-Armack*, Genealogie der Sozialen Marktwirtschaft, a.a.O., 183.

zehnten. *Müller-Armack* wollte nicht dort weitermachen, wo die Reflexion in den Wirtschaftswissenschaften stehengeblieben war. Vielmehr wandte er sich bei der Suche nach den Ursachen, die zur Zerrüttung der wirtschaftlichen und sozialen Verhältnisse geführt hatten, der Frage nach dem Menschenbild zu, das in der Wirtschaftsordnung Gestalt gewinnt.[8] War diese Dimension in der wirtschafts- und sozialwissenschaftlichen Reflexion, die sich fast ausschließlich mit kausalen und funktionalen Abhängigkeiten und Zusammenhängen beschäftigte, zu kurz gekommen? Hatte man über den Auseinandersetzungen um die beiden Pole von Kapitalismus und Sozialismus und um die Wertfreiheit der Wissenschaft den Menschen und damit die humane und soziale Wirklichkeit vergessen oder sie nur noch partiell wahrgenommen?

Im Vorwort, das *Müller-Armack* im Mai 1948 seinen „Vorschlägen zur Verwirklichung der Sozialen Marktwirtschaft" voranstellte, rückte er „Ziele" in den Mittelpunkt. Er war sich darüber im klaren, daß zur Begründung einer neu zu gestaltenden Wirtschaftsordnung weder ein bloßes Zweckdenken noch antiquierte politische Ideale ausreichen, sondern es auf die tiefere Begründung durch sittliche Ideale ankomme, die ihr erst die „innere Berechtigung" verleihen.

> „Zwei großen sittlichen Zielen fühlen wir uns verpflichtet, der Freiheit und der sozialen Gerechtigkeit".[9]

Mit den sittlichen Zielen der Freiheit und der sozialen Gerechtigkeit wurde eine ganze Epoche verabschiedet, die die Wertfreiheit der Wirtschafts- und Sozialwissenschaften wie ein Dogma verteidigte und Ziele, mithin auch die Wirtschafts- und Sozialpolitik

---

[8] Vgl. dazu den Beitrag von *Alfred Schüller*, Das Menschenbild der christlichen Kirchen aus ordnungsökonomischer Sicht. In: *Reinhold Biskup, Rolf Hasse* (Hrsg.), Das Menschenbild in Wirtschaft und Gesellschaft. Bern, Stuttgart, Wien 2000, 79-132.

[9] Ebda., 90.

nicht als zur Wissenschaft gehörig ansah. Das Postulat der Wertfreiheit hat die materialistische Geschichtsauffassung und die
Theorie der Produktivkräfte, wie sie *Karl Marx* vertrat, begünstigt.
Zugleich hat sie ein Denken gefördert, das in der Wirtschaft nicht
mehr einen menschlichen und sozialen Lebensprozeß erkannte,
sondern ein Gütergeschehen, das von Angebot und Nachfrage am
Markt unter Antrieb des Wettbewerbs gesteuert sein sollte.[10]

Als Gütergeschehen war die Wirtschaft nicht nur jeglichem Morali-
sieren entzogen, sondern auch jeder ethischen und anthropologischen Betrachtungsweise und Beeinflussung. Die Prozesse der Produktion und der Verteilung der Güter laufen, so war die herr-
schende Meinung, sozusagen automatisch ab, weil es ein freies und
absichtliches Eingreifen des Menschen und eine Orientierung an
Werten wie der Freiheit, der Gerechtigkeit und der Solidarität nicht
geben könne und nicht geben dürfe. Unter diesen Umständen war
auch der Begriff „Ordnung" zu einem bloßen Funktionszusammen-
hang verkümmert, ehe er von *Walter Eucken* wieder entdeckt
wurde. Ordnen bedeutete für ihn nicht das Registrieren von einer
am Markt ablaufenden Automatik, sondern das sinnvolle von Menschen bzw. von der staatlichen Gemeinschaft zu bewirkende Gestalten der ökonomischen Prozesse.

Da an den Universitäten die frühere Verbundenheit der Wissenschaften und der Philosophie und Theologie – sieht man von den
theologischen Fakultäten ab – abgebrochen war und nicht mehr
gepflegt wurde, war es für einen Nationalökonomen nicht leicht,
Zugang zu finden zu wissenschaftlich gesicherten Einsichten in den
Menschen und in die Gesellschaft. *Müller-Armack* stieß auf die

---

[10] Für *Gustav Gundlach*, einen der Architekten des christlich-sozialen Denkens,
lag hier der Gegensatz zwischen einer wertfrei gedachten Nationalökonomie
und der christlichen Auffassung über die Wirtschaft: Die Ordnung der
menschlichen Gesellschaft. Erster und Zweiter Band, Köln 1964, passim
(Sachregister).

philosophische Anthropologie *Helmut Plessners*, die sich mit dem Wesen des Menschen und seinen kulturellen Ausdrucksformen befaßte. Er erblickte darin einen grundlegend neuen Ansatz für die von ihm intendierte Ordnung der Wirtschaft, die die Bezeichnung Soziale Marktwirtschaft erhalten sollte.

Plessners Gedankenwelt gründet in der Philosophie und Theologie der europäischen Kultur.[11] Das christliche Menschenbild sieht den Menschen als Geschöpf, von Gott ins Dasein gerufen. Der Mensch ist nicht Produkt weder eines mit Notwendigkeit ablaufenden natürlichen Prozesses noch eines mehr oder minder blinden Schicksals (Zufall) noch verdankt er sich selbst (Selbstschöpfung). Im Schöpfungsbericht der Bibel, die einen großen Einfluß auf die verschiedenen Ansätze der Reflexion in der späten Antike, im Mittelalter und auch in der Neuzeit ausgeübt hat, wird der Mensch als „Bild Gottes" gesehen, ausgestattet mit Vernunft. Weil der Mensch vernunftbegabt ist, sucht er nach Wahrheit von Kindheit an und es gehört zu den schlimmsten Enttäuschungen, wenn er angelogen oder ihm etwas vorgegaukelt wird. Desweiteren sieht sich der Mensch in der Entscheidung zwischen Gut und Böse. Das heißt, er erfährt sich als ein Wesen, das eine ursprüngliche Freiheit besitzt und sich entscheiden kann. Der Mensch kann nicht nur zwischen Alternativen wählen, am meisten kommt seine Freiheit darin zum Ausdruck, daß er sich selbst bestimmen kann. Eine Ordnung der wirtschaftlichen und sozialen Verhältnisse, auch der kulturellen und politischen Verhältnisse, ist nur dann „human", wenn sie an dieser Freiheit und Selbstbestimmung des Menschen ihr Maß nimmt.

---

[11] Vgl. den informativen Artikel über Leben und Werk von *Helmuth Plessner*, in: Biographisch-Bibliographisches Kirchenlexikon, Bd. VII (1994), Spalten 735-739.

Der Grundwert der Freiheit besagt, daß jeder Mensch auch in seiner wirtschaftlichen Tätigkeit frei ist in seinen Überlegungen, in der Wahl seiner Ziele, in der Anwendung der Mittel. Dies gilt nicht nur für die Unternehmer und für die Eigentümer, sondern genauso für die abhängig Beschäftigten in allen Bereichen. Die Korrelation zwischen der unternehmerischen Initiative und Freiheit ist offenkundig; aber sie besteht auch für den Arbeitnehmer, der ja gerade nicht „Objekt" der Unternehmensleitung oder der Eigentümer ist, sondern mitdenken und mitgestalten soll. Erst die Besinnung auf das Menschenbild hat die lange genug nicht beachteten und verschütteten freiheitlichen Grundkräfte wieder bewußt werden lassen.

Zum Menschenbild gehört auch die Geschichtlichkeit, weil der Mensch in Raum und Zeit existiert. Mit der Geschichtlichkeit ist gegeben, daß der Mensch mit seinen Entscheidungen und Handlungen immer nur ein Stück seines eigenen Lebens und der gesellschaftlichen Wirklichkeit gestalten und mitgestalten kann. Er kann nicht das Glück ein für alle Mal herbeizwingen, wie dies Revolutionäre und Utopisten gerne möchten. Auf dieser Welt gibt es keine Endgültigkeit, keine „ewigen Festlegungen" auch keine Utopien, die umgesetzt werden können, kein Paradies. Es gibt keine Selbsterlösung des Menschen. Das christliche Menschenbild beinhaltet jedoch die Hoffnung, daß Gott selbst, wenn die geschichtliche Entwicklung dieser Welt an ihr eschatologisches Ende kommt, dem Guten endgültig zum Durchbruch verhelfen wird.

Zu den Kernelementen des christlichen Menschenbildes, die in der Sozialen Marktwirtschaft lebendig werden, gehört die Einsicht, daß die Wirtschaft zwar eine unabdingbare Voraussetzung für die Entfaltung des Menschen in allen Lebensbereichen ist, daß aber die Wirklichkeit nicht auf das Ökonomische verkürzt und beschränkt werden darf. In seiner berühmt gewordenen Untersuchung „Jenseits von Angebot und Nachfrage" schrieb *Wilhelm Röpke*:

„Ökonomismus, Materialismus und Utilitarismus haben in unserer Zeit vereint zu einem Kult der Produktivität, der materiellen Expansion und des Lebensstandards geführt ... Dieser Kult des Lebensstandards ist ... selbstverständlich ein Sehfehler der Seele von geradezu klinischem Charakter, eine unweise Verkennung der wahren Rangordnung der Lebenswerte und eine Erniedrigung des Menschen, die er auf die Dauer kaum ertragen wird".[12]

Das anthropologische Leitbild der Sozialen Marktwirtschaft ist weit entfernt von dem „homo oeconomicus", bei dem der wirtschaftliche Akteur nur an der Maximierung des Eigennutzens interessiert ist, den er aus der Verfügbarkeit über materielle Güter zieht. Das für die Ordnungspolitik maßgebliche Leitbild vom Menschen ist vielmehr das der selbständig handelnden, mündigen und sittlich verantwortlichen menschlichen Person.

Gerade weil die Freiheit den Grundwert der Sozialen Marktwirtschaft bildet und die freie Entwicklung der schöpferischen Kräfte des wirtschaftenden Menschen ermöglicht, ist mit ihr die Frage nach der Gerechtigkeit in der Wirtschaftsgesellschaft untrennbar verbunden. „Bloße Freiheit könnte zum leeren Begriff werden", vermerkt *Müller-Armack* im Mai 1948,

„wenn sie sich nicht mit der sozialen Gerechtigkeit als verpflichtender Aufgabe verbände. So muß die soziale Gerechtigkeit mit und neben der Freiheit zum integrierenden Bestandteil unserer künftigen Wirtschaftsordnung erhoben werden".[13]

---

[12] *Wilhelm Röpke*, Jenseits von Angebot und Nachfrage. 2. Aufl., Erlenbach/Zürich und Stuttgart 1958, 151.
[13] *Alfred Müller-Armack*, a.a.O., 91.

Soziale Gerechtigkeit darf nicht mit sozialer Sicherheit verwechselt werden. Vor allem tritt *Müller-Armack* dem Mißverständnis entgegen, das er bei vielen Wirtschaftswissenschaftlern und Wirtschaftspolitikern damals vermutete, die in der sozialen Gerechtigkeit ein Mittel der bewußten Planung und Lenkung des Wirtschaftsablaufs erkennen und die bezweifeln, daß durch freie Preisbildung und freien Leistungswettbewerb die soziale Gerechtigkeit in hinreichendem Maße verwirklicht werden könne. Sie werfen der Marktwirtschaft die „Ungeregeltheit" und das angeblich „Chaotische" ihres Wettbewerbes vor und wollen eine „planvolle" Ordnung an ihre Stelle setzen.[14]

Alle Erfahrungen mit planwirtschaftlichen Eingriffen in Friedens- und Kriegszeiten hätten jedoch gezeigt, wie problematisch ein solcher Ansatz ist. Marktwirtschaftler und Planwirtschaftler seien sich einig über die Ziele einer ausreichenden Güterversorgung, sozialer Sicherheit und die Wahrung der Menschenwürde. Sie unterscheiden sich grundsätzlich voneinander bei der Beantwortung der Frage, welches Instrument zur Erreichung dieses Zieles am besten geeignet ist. „Wir haben diese Frage zugunsten der Sozialen Marktwirtschaft beantwortet".[15]

Der Begriff soziale Gerechtigkeit findet sich kaum in der damaligen politischen Literatur, schon gar nicht in den gesellschaftlichen Reflexionen, in denen Klassenkampfpositionen immer noch nachwirkten. Er ist beheimatet in christlichen Traditionen und Denkhorizonten.[16] Soziale Gerechtigkeit setzt die Einsicht voraus, daß der

---

[14] Ebda.

[15] Ebda., 92. – Neuerdings hat *Hans Tietmeyer* die Grundlagen der Sozialen Marktwirtschaft wieder ins Bewußtsein gerückt und auf manche Fehlentwicklungen hingewiesen: Besinnung auf die Soziale Marktwirtschaft, Reihe „Kirche und Gesellschaft", Nr. 285, Köln 2001.

[16] In der Sozialenzyklika Quadragesimo anno (1931) wird betont, daß der freie Wettbewerb, der „innerhalb der gehörigen Grenzen berechtigt und von zwei-

Mensch nicht Individuum, sondern ein soziales Wesen ist, daß der Mensch als Person dialog- und kooperationsfähig, ja auf die Mitmenschen angewiesen ist, daß der Mensch nur inmitten der Gesellschaft leben und sich entfalten kann, daß er deshalb auch Verantwortung trägt für die Gesellschaft im ganzen und in all ihren Teilen, indem er für „soziale Gerechtigkeit" im Aufbau und in der Gestaltung der sozialen Lebensbereiche sorgt.

Damit ist das Verhältnis zwischen dem Einzelmenschen und der Gesellschaft angesprochen. Ist die Gesellschaft eine Summe von Individuen, die mehr oder minder unverbunden ihr Leben autonom bestimmen, oder ist sie ein Kollektiv, von dem die Menschen Teile sind, so daß die Gesellschaft die eigentliche Wirklichkeit ist und der Einzelne sich nur vom ganzen Ganzen her verstehen und entsprechend tätig werden kann? Die moderne Sozialgeschichte Europas ist voll von individualistischen und kollektivistischen Denk- und Interpretationsansätzen. Ohne eine innere Bindung der Menschen kommt keine Einheit zustande, keine Gesellschaft, die mehr ist als eine Summe von Individuen, auch keine Marktwirtschaft; und ohne die Selbständigkeit und die Selbstverantwortung der Personen als Handlungssubjekte könnte man die Freiheit in den Kamin schreiben. Soziale Gerechtigkeit will beiden Dimensionen entgegenkommen: der kreativen Freiheit des Menschen und seiner sozialen Bindung. Im übrigen wäre es ein arges Mißverständnis, die Freiheit beim Einzelnen, und die soziale Gerechtigkeit womöglich nur in den gesellschaftlichen Strukturen zu erblicken. Wir dürfen Eigenverantwortung und Verantwortung für das soziale Miteinander (Gemeinsinn) nicht auseinanderdividieren, so wie auch die Strukturen blind und steril würden, wenn sie nicht von der personalen Verantwortung ständig inspiriert werden.

---

fellosem Nutzen" ist, nicht das „regulative Prinzip der Wirtschaft" sein könne. Dieses Ziel sei „die soziale Gerechtigkeit und die soziale Liebe" (Nr. 88).

Die soziale Gerechtigkeit erstreckt sich nicht nur auf die zwischenmenschlichen Sozialbereiche, sondern ebenso auf die sozialen Strukturen in der Wirtschaft. Wir kennen die Bedeutung der Gerechtigkeit, die sie vor allem im Verteilungssektor hat. Ohne gerechte Lohnstrukturen gibt es keine ineinandergreifende Zusammenarbeit, weder in kleinen Betrieben noch in mittleren und großen Unternehmen. Ohne gerechte Lohnstrukturen kann auch kein gutes Betriebsklima entstehen. Ähnliches gilt für die Vermögens- und Eigentumsverteilung in der Volkswirtschaft. Leider konzentrierten sich die Interessen sowohl der Arbeitnehmer und der Gewerkschaften als auch der Arbeitgeber und der Unternehmer seit den Jahren des Wiederaufbaus zu einseitig auf den Lohnbereich und viel zu wenig auf die Beteiligung der Arbeitnehmer an der volkswirtschaftlichen Kapitalbildung. Da in einer fortgeschrittenen Industriegesellschaft der Kapitalanteil immer mehr wächst, werden wir um einer vernünftige und gerechte Verteilung des Vermögens nicht herumkommen. Diese Frage erhält neue Dringlichkeit, seitdem die großen Betriebe zurückgehen und die mittleren und kleineren zunehmen, seitdem sich auch mehr junge Menschen für die Selbständigkeit entscheiden.

Allerdings beschränkt sich die soziale Gerechtigkeit nicht auf den Verteilungssektor. Sie muß auch den Produktionssektor durchwalten. Schon 1948 nannte *Müller-Armack* verschiedene Aufgaben künftiger sozialer Gestaltung, darunter an erster Stelle:

> „... Schaffung einer sozialen Betriebsordnung, die den Arbeitnehmer als Mensch und Mitarbeiter wertet, ihm ein soziales Mitgestaltungsrecht einräumt, ohne dabei die betriebliche Initiative und Verantwortung des Unternehmens einzuengen".[17]

---

[17] *Alfred Müller-Armack*, a.a.O., 100. – Es lohnt sich, den Aufgabenkatalog für die Verwirklichung der „Sozialen Marktwirtschaft" neu zu reflektieren.

Schlußbemerkung

Freiheit und soziale Gerechtigkeit sind also die beiden großen sittlichen Ziele, auf denen die Soziale Marktwirtschaft beruht. Sie finden ihre Begründung in dem Menschenbild, das nicht nur bei *Müller-Armack* und seinen geistigen Mitstreitern eine wesentliche Rolle spielt, das auch den Menschenrechtserklärungen der Vereinten Nationen und des Europarates zugrunde liegt.

Gustav Gundlach, auf den die Formulierung des Subsidiaritätsprinzips in der Sozialenzyklika Quadragesimo anno (1931) zurückgeht, hat die personale Grundlage der Christlichen Soziallehre herausgearbeitet. Die von ihm geprägte Kurzform lautet: Die menschliche Person ist Ursprung, Träger und Ziel allen gesellschaftlichen Lebens.[18] Also auch des wirtschaftlichen Lebens. Der Mensch erscheint hier nicht nur als Träger der Freiheit und der Freiheitsrechte, sondern als das entscheidende Aktivzentrum der wirtschaftlichen und gesellschaftlichen Prozesse. Der Mensch hat Bedürfnisse, die befriedigt sein wollen. Zu diesem Zweck wird der Mensch wirtschaftlich tätig durch die Ideen und Innovationen, ebenso durch seine Arbeit und den Einsatz von Kapital, wodurch die Güter und Dienste verfügbar werden, die er braucht. Der Mensch muß nicht erst fragen, ob er arbeiten darf, ob er ein Geschäft betreiben darf, ob er einen Betrieb oder ein Unternehmen gründen darf. Er entwickelt Initiativen, er wird aktiv. Auch wenn der Begriff des Unternehmers in ganz besonderer Weise auf seine innovative Tätigkeit in der Wirtschaft zutrifft, so darf doch nicht übersehen werden, daß jeder Mensch, daß alle Menschen dazu bestimmt sind, aktiv tätig zu sein, etwas zu unternehmen, unternehmerisch zu wirken. Dies gilt für alle Lebensbereiche. Die Wirtschaft freilich ist in besonderem Maße auf die unternehmerische Aktivität angewiesen. Die unternehmerische Qualität ist nicht auf

---

[18] *Gustav Gundlach*, a.a.O., passim.

die Unternehmerschaft beschränkt; auch viele Arbeitnehmer, die einer abhängig geleisteten Erwerbsarbeit nachgehen, sollten, und zwar auf allen Stufen, unternehmerisch denken und handeln, mitdenken und mithandeln. Wie der Appetit beim Essen kommt, so wachsen auch viele Arbeitnehmer, indem sie sich unternehmerisch betätigen, in neue Arbeitsverhältnisse hinein. Die Freiheit als Grundziel der Sozialen Marktwirtschaft steht im Gegensatz zu einer Haltung, die nicht mitdenkt, keine Vorschläge macht, keine kritischen Anregungen gibt, sondern alles schluckt und dann über die miesen Verhältnisse schimpft. Wir dürfen die Arbeitsverhältnisse nicht fälschlich idealisieren; aber wir sollten die Freiheit der Sozialen Marktwirtschaft als Freiheit für alle Beteiligten begreifen.

Dann würde es uns auch leichter fallen, das, was *Johannes Messner* die Sozialfunktion des Unternehmers nannte, zu begreifen. In der Öffentlichkeit gilt der Unternehmer als derjenige, der im Grunde nur sein individuelles Interesse verfolgt, vor allem nach Gewinn strebt. Der Unternehmer wird nicht selten geradezu als Gegensatz zum sozial engagierten Bürger gesehen. Aber trifft es zu, daß der Unternehmer der Prototyp des Individualisten und des Egoisten ist, wohingegen andere Berufstätige wie der Arzt oder der Lehrer, der Pfleger oder der Sozialarbeiter das Soziale geradezu verkörpern? Wie abwegig ein solches Denken ist, geht schon daraus hervor, daß ein erfolgreicher Unternehmer ganz offensichtlich Produkte erzeugt und anbietet, die nicht nur ein paar Millionäre, sondern breite Schichten der Bevölkerung wollen und kaufen. Er leistet den Verbrauchern einen sozialen Dienst, erst recht, wenn er seine Produkte zu bezahlbaren Preisen anbietet. Auch so manche Schule, Verwaltung und Sozialeinrichtung könnten ihre Aufgaben besser lösen, wenn unternehmerisches Engagement vorhanden wäre und man sich nicht hinter irgendwelchen Vorschriften verschanzen würde, um nicht neue Wege suchen zu müssen.

Die Sorge um die Erhaltung und Stärkung der Wettbewerbsordnung ist nicht nur Sache des Staates oder der Kartellbehörde. Ausdrücklich spricht *Müller-Armack* von

> „... einer als öffentliche Aufgabe begriffenen Wettbewerbsordnung, um dem Erwerbsstreben der Einzelnen die für das Gesamtwohl erforderliche Richtung zu geben"[19].

Daß der Wettbewerb für die Verbraucher von großer Bedeutung ist, diese Erfahrung ist weit verbreitet. Trotzdem kann unter bestimmten Voraussetzungen immer wieder die Meinung hochkommen, als ob nicht der Wettbewerb, sondern staatliche Maßnahmen den Bürger besser schützen würden. Hier könnten die Massenmedien daraufhin wirken, daß die Zusammenhänge von den breiten Schichten besser verstanden werden und die Menschen erkennen, daß der gesunde Wettbewerb unabdingbar zur Sozialen Marktwirtschaft gehört und den Verbrauchern im allgemeinen mehr nützt als behördliche Preisregulierungen.

---

[19] *Alfred Müller-Armack*, a.a.O., 100.

Alfred Müller-Armacks Idee der „Sozialen Irenik" und ihre Anwendungsmöglichkeiten

FRIEDRUN QUAAS

1. Der Kerngehalt der Sozialen Irenik im historischen Bezug

In den 40er Jahren des 20. Jahrhunderts hat *Alfred Müller-Armack* den spezifischen Grundgedanken der sozialen Irenik entwickelt, um ihn dann 1950 in einem gleichlautenden Aufsatz im „Weltwirtschaftlichen Archiv" zu publizieren.[1]
Die Entwicklung der Idee der sozialen Irenik steht in enger Verbindung mit *Müller-Armacks* an *Max Weber* anknüpfenden religionssoziologischen Schriften der 30er und 40er Jahre und deren Grundthese, dass Glaubensgeschichte und Wirtschaftsgeschichte einen Zusammenhang bilden, der nicht dadurch aufgehoben wird, dass die Menschen sich in einer zunehmend säkularisierten Welt wiederfinden. Säkularisation spiegelt in diesem Verständnis letztlich nichts anderes wider als den Ersatz religiöser Werte durch profane Wertsurrogate, die *Müller-Armack* als „Machtmetaphysiken" und „Glaubensidole" verachtet.
In diesem Kontext, der die Verbindung zwischen dem realen wirtschaftlichen Geschehen und den dahinter stehenden, sich wandelnden Denkhaltungen herstellt, war es *Müller-Armack* wichtig, seine Überlegungen empirisch gestützt zu sehen. Er wählt den Bezug zum Zerfall der Glaubenseinheit in unterschiedliche Konfessionen, der in Westeuropa mit dem 16. Jahrhundert einsetzte. In seinen Arbeiten über die Verschiedenartigkeit der Wirtschaftsstile stellt *Müller-Armack* folgerichtig die Wirkungen der geistigen Grund-

---

[1] Vgl. *Müller, Armack, Alfred*: Soziale Irenik, in: Weltwirtschaftliches Archiv, Bd. 64, 1950. Wiederabdruck in: Ders.: Religion und Wirtschaft. Geistesgeschichtliche Hintergründe unserer europäischen Lebensform, 3., unveränd. Aufl., Bern-Stuttgart, S. 559-578.

haltungen auf das wirtschaftspraktische Verhalten der Menschen dar. Zwischen weltanschaulichen Grundhaltungen und spezifischen Wirtschaftsgesinnungen bestehen hiernach unübersehbare Verkettungen, die einen bestimmten Wirtschafts- und Lebensstil der Menschen prägen.

Diese Einsicht hat Auswirkungen auf *Müller-Armacks* weitergehende Überlegungen. Mit der Aufsplitterung eines durch ein religiöses Band einst vereinheitlichten Wertekanons – dessen historische Existenz man allerdings wohl nicht allzu dogmatisch voraussetzen sollte – entsteht ein Problem: Wie vermitteln sich in der modernen säkularisierten Welt – in den „Jahrhundert(en) ohne Gott" – die unterschiedlichen weltanschaulichen Positionen im realen Umgang miteinander?

Eben hier greift die irenische Position *Müller-Armacks*. Im Allgemeinen ist mit Irenik die Lehre vom Frieden gemeint, wobei der Begriff an dem griechischen Wort εἰρήνη (Frieden) bzw. am Namen der griechischen Friedensgöttin *Eἰρήνη*, Tochter des *Zeus* und der *Themis*, angelehnt ist. Im speziellen Bezug ist der Begriff der sozialen Irenik von *Müller-Armack* in doppelter Bedeutung benutzt worden. Erstens zeigte er damit die Möglichkeit einer die Weltanschauungen verbindenden Sozialidee auf. Zweitens ist der Begriff der sozialen Irenik direkt verbunden mit der Ausprägung des typischen Charakters der Wirtschaftsordnung der Sozialen Marktwirtschaft.

Hinsichtlich der zuerst genannten Bedeutung stand für *Müller-Armack* die Frage im Mittelpunkt, wie in unterschiedlichen sozialtheoretischen Ansätzen die Gestaltung der Sozialordnung auch dann noch als eine gemeinschaftliche Aufgabe begriffen werden kann, wenn die existierenden Standpunkte direkte, ganz augenscheinliche Gegensätzlichkeiten aufweisen.

Zeitbezogen hat er diese Idee auf die geistige Situation der westeuropäischen Welt nach dem 2. Weltkrieg angewandt, wenn er in den Denk- und Glaubenssystemen des Katholizismus, Protestantismus, Sozialismus und Liberalismus die führenden weltanschaulichen Standpunkte verortete. Zugleich prognostizierte *Müller-Armack*, dass es wohl keiner dieser Positionen in absehbarer Zeit gelingen könne, die anderen zu verdrängen und somit zu dominieren oder gar die alleinige Herrschaft zu erlangen. An dieser Stelle soll nicht darauf eingegangen werden, inwieweit *Müller-Armack* mit dieser Einschätzung richtig gelegen hat, sondern vielmehr auf seine hieraus gezogenen Schlussfolgerungen.

Eine wesentliche Konsequenz betrifft die Methode der sozialen Irenik als eine Empfehlung für die Art und Weise, wie Anhänger unvermeidlich nebeneinander existierender unterschiedlicher Weltanschauungen miteinander umgehen sollten, um Frontstellungen zu überwinden – nämlich friedfertig und konfliktbewältigend. Dabei geht es keinesfalls um eine unklare Verwischung vorhandener Gegensätze, sondern um deren bedingte Vermittlung und Versöhnung. Die immanente Bedingung besteht darin, dass die Tatsache der Gespaltenheit der Anschauungen einerseits als gegeben anerkannt werden soll, andererseits aber Bemühungen um eine mögliche gemeinsame Einheit fortzusetzen sind. Gerade die Besinnung auf das Besondere des eigenen Standpunktes hebt nach *Müller-Armack* zwar die Konturen des Trennenden stärker hervor, zugleich vermag sie in seinem Verständnis jedoch eine Art von Stabilität und Sicherheit zu verleihen, die Offenheit der Haltung gegenüber dem Anderen möglich macht. Dies allerdings, ohne dessen Akzeptanz schon als selbstverständlich zu präjudizieren.

Müller-Armack betont somit den potentiellen Charakter einer Einheit in den verschiedenen Positionen, ohne dass man unterstellen dürfte, dass diese Einheit sich in jedem Falle realiter auch fruchtbar niederschlagen müsste.

Genau dieser Zusammenhang ist es, in dem *Müller-Armack* von einer „falschen Irenik"[2] sprach, einer Irenik, die eben dadurch falsch wird, dass Nichtvereinbares unbedacht zusammengemischt wird in

---

[2] Vgl. *Müller-Armack, Alfred*: Soziale Irenik, a.a.O., S. 564.

einem Kompromiss, der nicht tragen wird, weil er von vornherein nur oberflächlich ist und Bewährungsproben nicht übersteht. Im Gegenzug berechtige das nicht dazu, schwierigen und vielleicht ergebnislosen Suchprozessen nach einem für alle Beteiligten annehmbaren Kompromiss das Prädikat „irenisch" a priori absprechen zu dürfen; gerade hier könnte Irenik im wohlverstandenen Sinne sich bewähren.

Im Grunde genommen stellt sich damit ein eher ernüchterndes Zwischenergebnis heraus, das bereits die Erfahrung und der gesunde Menschenverstand lehren: Die Suche nach der Vermittlung unterschiedlicher Positionen gestaltet sich schwierig, sie kann andauernd sein und nicht immer ist sie von Erfolg gekrönt.

Unter diesem Blickwinkel ist die Forderung nach sozialer Irenik letztlich ein moralischer Appell an eine bestimmte erwartete Form des Verhaltens von Menschen in komplexen gesellschaftlichen Situationen. Sich sozial irenisch zu verhalten, umfasst die ganze Spannbreite der Möglichkeiten zwischen Toleranz und (rational respektive emotional vermittelter) Akzeptanz von solchen Geisteshaltungen, die der eigenen gegenüber zunächst äußerlich sind, und die vielleicht auch fremd bleiben, nämlich immer dann, wenn die Einheit in der Vielfalt nicht auffindbar ist.

2. „Soziale Irenik" als integrierender Bestandteil im Konzept der Sozialen Marktwirtschaft

Das *Müller-Armack*'sche Konzept der Sozialen Marktwirtschaft ist selbst ein Beispiel par excellence für eine irenische Vorgehensweise. Dies deutet sich bereits semantisch an, wenn die beiden Begriffe, aus denen die Kategorie „Soziale Marktwirtschaft" komponiert ist, betrachtet werden. Jenseits der Erinnerung politischer Sonntagsreden und jenseits auch der Auffassung, Marktwirtschaften würden per se schon eine soziale Wirkung entfalten, wird deutlich, was gemeint ist. Geht man nämlich nicht davon aus, dass der

Begriff Soziale Marktwirtschaft lediglich eine – wenn auch eine wohlklingende – Tautologie oder ein Pleonasmus sei, treten das Trennende sowie das Gegensätzliche zwischen beiden Begriffskomponenten rasch und prononciert hervor. Die Beziehungen zwischen „Sozialem" und „Marktwirtschaftlichem" sind nicht notwendig als Harmonieverhältnis zu denken, sondern durchaus auch als Widerspruchsverhältnis.

Es ist das Verdienst von *Müller-Armack*, mit seinen konzeptionellen Überlegungen zur Sozialen Marktwirtschaft einen Ansatz zur Vermittlung der Gegensätze vorgelegt zu haben, der tragfähig ist.

Dies ist zunächst in dem Grade geleistet worden, wie „das Soziale" als eine abstrakte sittliche Idee aufgefasst werden kann, die vielen Geisteshaltungen immanent ist und die deshalb für einen Konsens besonders prädestiniert erscheint. Bekanntlich wird der Gestaltungsspielraum für irenisches Verhalten schon dann enger, wenn das Soziale im jeweiligen historisch-realen Kontext definiert werden soll. Einer abstrakten Idee sich anzuschließen, ist vielfach einfacher, als diese und vor allem deren Wirkungen auch dann auszuhalten, wenn sie konkrete Formen annehmen, die eben nicht mit allen Ausprägungsformen von Marktwirtschaften kompatibel sein dürften – und das könnte beispielsweise auch die eigene, mehr oder weniger offen verteidigte, oder aber heimlich präferierte Variante sein.

In diesem Sinne ist die Synthesefähigkeit der Sozialen Marktwirtschaft tatsächlich begrenzt. Offenheit der Stilidee kann nicht bedeuten, dass alle möglichen Auffassungen in die Konzeption hineinkolportiert werden können, ohne dass wesensfremde Züge entstehen. Unter diesem Blickwinkel habe ich an anderer Stelle von der Verfremdung des Konzepts der Sozialen Marktwirtschaft gesprochen.[3]

---

[3]   Vgl.: *Quaas, Friedrun*: Soziale Marktwirtschaft. Wirklichkeit und Verfremdung eines Konzepts, Bern-Stuttgart-Wien, 2000.

Sicher, in der aktuellen Diskussion geht es auch und vielleicht sogar in erster Linie um die Nichtübereinstimmung zwischen Theorie und Praxis und ihre Folgen. Auf einer vorgelagerten Ebene sind es aber bereits überzogene theoretische Erwartungen, die solchen Verfremdungstendenzen Tür und Tor öffnen und nichtintendierte Folgen intendierten Handelns provozieren, die möglicherweise vermeidbar gewesen wären. Eine Sozialpolitik beispielsweise, die prinzipienlos auf Umverteilung orientiert ist – die Betonung liegt hier auf dem Attribut „prinzipienlos" –, verträgt sich mit den Intentionen der Sozialen Marktwirtschaft ebenso wenig wie eine Wirtschaftspolitik, die ihre Impulse lediglich von Effizienzerfordernissen und dem irrationalen Glauben an die „unsichtbare Hand" des Marktes bezieht.

In diesem Punkt ist *Müller-Armack* unmissverständlich und klar gewesen. Seine Bestimmung des Sinns der Sozialen Marktwirtschaft liegt bekanntlich – und oft zitiert – darin, das Prinzip der Freiheit des Marktes mit dem des sozialen Ausgleichs (der sozialen Gerechtigkeit) zu verbinden. Die beiden Grundwerte Freiheit und Gerechtigkeit stehen dabei repräsentativ für die beiden Säulen „Marktwirtschaftliches" und „Soziales".

Ebenso aber, wie die Kategorie „Soziale Marktwirtschaft" nicht begriffen ist, wenn man darunter lediglich eine mit dem Attribut „sozial" supplementierte Marktwirtschaft versteht, gilt auch für das Verständnis ihrer beiden repräsentativen Grundwerte eine zusätzliche Annahme. Diese betrifft den besonderen Charakter des Verhältnisses der beiden Grundwerte zueinander; obgleich sie Gegensätze sind, bedingen sie einander. *Alfred Müller-Armack* war der festen Überzeugung, dass beide Werte nicht in einem substitutionalen, sondern in einem komplementären Verhältnis zueinander stehen. Umgesetzt auf die praktische Ebene, bedeutet das nichts anderes, als eine politisch-ökonomische Praxis abzulehnen, bei der ein Zuwachs an Freiheit ausschließlich auf Kosten einer Reduktion von Gerechtigkeit erreicht werden soll (oder vice versa).

Ökonomen sind es gewöhnt, in funktionalen Zusammenhängen und schematischen Darstellungen zu denken. Also liegt es nahe, den Versuch zu starten, die Ideen eines Gelehrten wie *Müller-Armack*, entsprechend darzustellen, auch wenn dieser ganz bestimmt nicht in mathematischen Kategorien dachte. Würde man das Verhältnis zwischen Freiheit und Gerechtigkeit modellhaft als komplementär auffassen, so hätte man Isoquanten bzw. Indifferenzkurven, die nicht den normalen hyperbolischen Verlauf, sondern die bekannten Eckpunkte einer limitationalen Faktorkombination bzw. komplementärer Güter aufweisen, die uns eben die Kombination von Freiheit und Gerechtigkeit in einem festen Verhältnis anzeigen (vgl. Abb. 1).

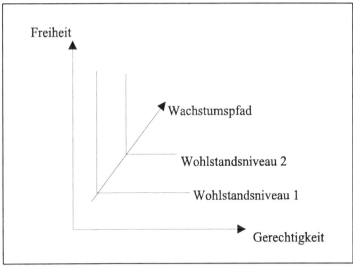

Abb.1: Komplementarität zwischen den Grundwerten Freiheit und Gerechtigkeit.

Eine solche Darstellung muss natürlich hinken, und zwar in mindestens zweierlei Hinsicht.

Erstens kann man mit Grundwerten allein kaum ein Wohlstandsniveau produzieren. Zum guten Leben in der Gesellschaft gehört ein bisschen mehr als moralische Wertüberzeugungen.

Zweitens – und das ist in diesem Zusammenhang gravierender – bildet die Darstellung eine Art von Komplementarität ab, die so – auch von *Müller-Armack* – wohl eher nicht intendiert war. Die Kombination zwischen Freiheit und Gerechtigkeit lässt sich eben nicht bestimmen wie ein fix vorgegebenes Verhältnis von materialen Produktionsfaktoren, wo man vorher weiß, dass man z.B. zur Herstellung eines Tisches im allgemeinen 4 Tischbeine und eine Tischplatte braucht. Komplementarität der Werte Freiheit und Gerechtigkeit bedeutet bei *Müller-Armack* – so meine Interpretation – letztlich eigentlich nur, dass zwei Dimensionen im gesellschaftlichen Raum aufgespannt werden, die ihrerseits durch ihre Kombination den Wohlstand einer Gesellschaft in bestimmter Art und Weise beeinflussen.

Sicher gibt es bei *Müller-Armack* idealiter einen Punkt, der die Spannung zwischen den Werten aufrechterhält und der deshalb vielleicht als Gravitations- oder Schwankungszentrum gedacht werden kann, um den sich die Werteabweichungen herum bewegen. Ausdehnungen des Funktionsbereiches der Werte innerhalb ihrer Tensionsweite sind damit möglich, sogar unumgänglich, und sie müssen auch nicht zwangsläufig schädlich wirken. *Müller-Armack* hat in diesem Zusammenhang von einem Spannungsverhältnis und von einem dialektischen Verhältnis gesprochen. Dies alles sind Formulierungen, die eine mechanische Umsetzung in die uns bekannten Kurven fragwürdig und auch für sein Verständnis eher unwahrscheinlich erscheinen lassen. Diese Relativierung ist folgenreich. Sie macht nämlich nicht nur die orthogonalen Indifferenzkurven fraglich, sondern auch die Vorstellung, ob wir an ihrer Stelle mit gutem Gewissen eine Substitutionskurve darstellen können, wenn wir das Verhältnis von Freiheit und Gerechtigkeit betrachten.

Genau diese Denkweise wird aber in der Diskussion nach wie vor bemüht. Der oft – kürzlich von *Ingo Pies*[4] – beschworene Trade-off zwischen Freiheit und Gerechtigkeit lässt in Wirklichkeit aber lediglich eine Teilmenge der Optionen für den Kombinationsgrad beider Werte zu. Das Wandern auf Substitutionskurven suggeriert, dass der eine stets mehr oder weniger den anderen ersetzen – oder härter formuliert: verdrängen! – könnte. Zweifellos müssen auch derartige modellhafte Lösungsversuche eines moralischen Entscheidungsproblems insgesamt hölzern und aufgesetzt wirken. Variationen des Trade-off-Schemas bleiben dem Gedanken verhaftet, dass der Dualismus von Freiheit und Gerechtigkeit zwangsläufig in eine Umverteilungsfalle führen würde. Ich will im letzten Punkt zeigen, dass diese Auffassung nicht nur kontraintuitiv ist, sondern ihre Berechtigung allenfalls im Rahmen eines bestimmten Ethikkonzeptes aufrechtzuerhalten vermag, das mit dem Konzept der Sozialen Marktwirtschaft nicht besonders gut harmoniert. Mit dieser Bemerkung soll nicht prinzipiell der Stab über die Anhänger des Trade-off-Modells gebrochen werden, sondern lediglich aufge-

---

[4]   *Pies* hat den Begriff der „orthogonalen Positionierung" in die Diskussion eingebracht und als Indikator für eine „richtige Irenik" – ein Begriff, der bei *Müller-Armack* übrigens nicht zu finden ist –, angeführt. Die „orthogonale Positionierung" soll nach *Pies* aus dem sozialpolitischen Umverteilungsdilemma herausführen, das durch den Wertedualismus (Freiheit und Gerechtigkeit) begründet werde. Indem hiernach mehr Freiheit weniger Umverteilung und andererseits mehr Gerechtigkeit bzw. Sicherheit auch mehr Umverteilung bedeute, bedient *Pies* das Trade-off-Schema in klassischer Weise, auch wenn er es eigentlich ablehnt und überwinden möchte. Der Ausweg, den er anbietet, liegt in einer Sozialpolitik, die nicht mehr mit Umverteilung gleichgesetzt werden dürfe. (Vgl. *Pies, Ingo*: Institutionenökonomik als Ordnungstheorie: Ein Ansatz für wissenschaftliche Politikberatung in der Demokratie, in: *Leipold, Helmut / Pies, Ingo* (Hrsg.): Ordnungstheorie und Ordnungspolitik, Stuttgart, 2000, S. 347 – 370 sowie *Pies, Ingo*: Sozialethik und Anthropologie. Zur Ehrung von *Alfred Müller-Armack* als Klassiker der sozialen Marktwirtschaft, Vortrag zum 100. Geburtstag von *Alfred Müller-Armack*, Bonn, 28. Juni 2001.)

zeigt sein, dass hier eine Verständnislücke klafft zum Ansatz der
Sozialen Marktwirtschaft, die längst Gefahr läuft, sich zu einer umfassenden Akzeptanzlücke auszuwachsen.

Festzuhalten bleibt jedoch zunächst noch – auf der konzeptimma-
nenten Ebene – die Unstrittigkeit der ethischen Dimension der Sozialen Marktwirtschaft, und das heißt die Akzeptanz ihrer Wertge-
bundenheit.

Das Bewusstsein und die Anerkennung des Gebundenseins sozial-
ökonomischer Theorie an Werte sind Voraussetzungen, die gerade
unter Wirtschaftswissenschaftlern durchaus nicht durchgängig gegeben sind. Gerade sie aber könnten uns in einem weiteren Schritt
vor einer ausufernden und damit unfruchtbaren Erwägungskultur
der Werte bewahren. Umso rascher könnte das Augenmerk auf
deren materiale Ausgestaltung gerichtet werden, die anders als ihre
formale Verankerung in der Verfassung und als legaldefinitorisch
fixierte Wirtschaftsordnung „Soziale Marktwirtschaft" eigentlich
erst noch zu leisten ist.

3. Wirtschaftsethische Herausforderungen

Das Verhältnis von Ethik und Ökonomie ist in der neueren Literatur nach jahrelanger Abstinenz und Abkehr von der Tradition
ausführlich diskutiert worden.[5] Ausgangspunkt für die meisten
grundsätzlichen Überlegungen bildete eine Frage, die so oder ähnlich formuliert ist: Passen wettbewerbswirtschaftliche Interaktions-
formen und moralisches Handeln zusammen, oder muss Wirtschaftsethik als Forum für von moralischen Prinzipien getragene
Marktkoordinationen nicht vielmehr als ein Oxymoron gelten –
eine scharfsinnige Geistlosigkeit, ein hölzernes Eisen?

---

[5] Vgl. exemplarisch *Koslowski, Peter* (Hrsg.): Neuere Entwicklungen in der
Wirtschaftsethik, Berlin, 1992 sowie *Ulrich, Peter* (Hrsg.): Auf der Suche
nach einer modernen Wirtschaftsethik, Bern-Stuttgart, 1990.

Inzwischen werden zwar nur noch vereinzelt, dann allerdings vehement, Stimmen gegen die Sinnhaftigkeit eines ethisch-moralischen Bezugspunktes in der Ökonomie vorgebracht. Aber welche ethische Theorie passt zur Marktwirtschaft? Oder, anders formuliert: Wie soll die ethische Grundlegung einer modernen Wirtschaft aussehen?

Die bekanntesten Ansätze sind:

i) Anwendung der Ethik auf die Wirtschaft (Bindestrich-Ethik),
ii) Normative Ordnungsethik,
iii) Integrative Wirtschaftsethik.

Weniger hervorgehoben wird in der Regel, dass *Müller-Armacks* Konzept der Sozialen Marktwirtschaft ebenfalls von einem ethischen Standort aus konzipiert wurde. Insofern Soziale Marktwirtschaft spätestens seit dem Einigungsvertrag zwischen den beiden deutschen Staaten jedoch als die gemeinsame Wirtschaftsordnung bestimmt wurde – und damit explizit das Bekenntnis sowohl zu marktwirtschaftlicher Freiheit wie zu sozialer Gerechtigkeit bzw. sozialem Ausgleich verankert wurde – ist es keine Sache der Beliebigkeit mehr, auch deren wirtschaftsethischen Impetus ernst zu nehmen. Folgerichtig muss im Sinne der sozialen Irenik nach Kompatibilitäten zu anderen wirtschaftsethischen Ansätzen gesucht werden.

Um es vorwegzunehmen: Der so angemessen erscheinende *Smith*'sche Topos, das gesellschaftlich Gute (das Gemeinwohl) als sich beiläufig ergebende Nebenwirkung des ökonomisch Optimalen zu betrachten, reicht hierfür nicht aus. Die Folgewirkungen des eigenen selbstinteressierten Handelns sind durchaus nicht immer nur angenehm für andere, auch wenn Fellow-feeling und Sympathie bereits als korrigierende Instanzen wirken und einen geläuterten Egoismus zu erzeugen vermögen.

Noch frühzeitiger scheidet das Verständnis von Wirtschaftsethik als einem bloßen Korrektiv von Marktversagen aus, nämlich als ein naives Verständnis von Wirtschaftsethik. Moralisches Verhalten als nachträgliche Glättung der in Kauf genommenen auch negativen Folgen ökonomisch-rationalen Verhaltens aufzufassen, hieße letztlich nicht mehr, als ein bisschen Make-up aufzulegen, um die gröbsten Entstellungen zu kaschieren.

Aber auch die normative Ordnungsethik, die prima facie geeignet zu sein scheint, macht Probleme. Wenn – wie jene insistiert – wirtschaftliche Moral systematisch in der Rahmenordnung verortet werden soll[6], wird der einzelne Akteur jenseits der Befolgung von gesetzten Rahmenbedingungen von moralischem Verhalten vollständig entlastet. Es soll nicht verhehlt werden, dass dieser Ansatz seine Logik und auch seinen Reiz hat und wahrscheinlich am ehesten mit der Neuen Politischen Ökonomie und der modernen Institutionenökonomik korrespondieren dürfte, in denen wirtschaftliches Verhalten über Institutionen – mithin moralische Richtlinien – kanalisiert und bei Fehlverhalten entsprechend sanktioniert wird. Die Grunddevise lautet: „Was nicht verboten ist, ist erlaubt." Doch diese Maxime, so sehr sie den Geist der verbliebenen Freiheit atmet, hat eine Schattenseite. Auch sie kalkuliert zu wenig die Folgen des eigenen Verhaltens auf andere ein, die eben nicht in jedem Fall schon durch entsprechende Regelbefolgung vorausgesehen und vermieden werden können. Verhaltenstheoretisch ausgedrückt bedeutet das Diktum der normativen Institutionenethik ja nichts anderes, als dass lediglich die Spielregeln zum Gegenstand wirtschaftsethischer Erwägungen gemacht werden dürfen, während die Spielzüge im Rahmen der ordnungsökonomischen Regeln frei davon bleiben können.

---

[6]   Vgl. *Homann, Karl / Pies, Ingo*: Wirtschaftsethik und Ordnungspolitik – Die Rolle wissenschaftlicher Aufklärung, in: *Leipold, Helmut / Pies, Ingo* (Hrsg.): Ordnungstheorie und Ordnungspolitik, a.a.O., S. 329 – 346.

Doch sollten nicht vielleicht auch bei der Gestaltung der Spielzüge Zumutbarkeitskriterien für jeden der beteiligten Spieler vorliegen, nämlich die Forderung, das Spiel so zu spielen, dass der Verlierer mit dem Spiel nicht zugleich die Chance auf eine menschenwürdige Existenz verliert?[7] Ein erwarteter Einwand könnte hier lauten: Nein! Weil der Spieler während des Wettbewerbspiels seine Interessen wahrnehmen soll, und das heißt, er muss versuchen zu gewinnen und kann sich dabei nicht fortwährend mit moralischen Skrupeln belasten, schließlich will der Gegenspieler ja auch gewinnen. Insofern er sich allerdings bei ungewissem Spielausgang in beide Lagen versetzen können muss, wird er sich eben aufgrund dieser Unsicherheit vermutlich moralisch so verhalten, wie er es auch von seinem Gegenüber erwartet – und das kann selbst schon wieder eine Spielregel sein! Auf diese Weise sind Regelebene und Handlungsebene miteinander verknüpft.

John Rawls hatte dies sicher im Sinn, als er den Schleier des Nichtwissens bemühte. Hier gilt es zu bedenken: die Imponderabilien in Lebenssituationen sind nicht gleich verteilt. Einige Mitspieler sind auf Grund spezifischer Lebenslagen schon ex ante die Verlierer, wenn sie nicht auf eine über formale Regelbefolgung hinausgehende Fairness und Moral der Mit- bzw. Gegenspieler rechnen können.

Zumindest zwingt das dazu, die Regeln nicht zu zementieren, sondern in Abhängigkeit von den Ergebnissen der ablaufenden Prozesse variabel zu gestalten, zu entwickeln, um die genannten Unwägbarkeiten kompensieren zu können. Wenn die ethische Ordnungspolitik so verstanden wird, kann man gegen den Ansatz der normativen Ordnungsethik nicht viel einwenden. Allerdings muss die Verortung der Moral ausschließlich in den Rahmenbedingungen immer dann problematisch sein, wenn Time-lags der

---

[7] Vgl. dazu auch: *Quaas, Friedrun*: Über die Zumutbarkeit einer ökonomischen Vernunftethik, in: Ethik und Sozialwissenschaften, Jg. 11/2000, Heft 4, S. 607-610.

Regelanpassung oder gar starre Regelsysteme vorliegen. Diese sind bekanntlich in der Realität aber nicht auszuschließen.

Der dritte Ansatz, die integrative Wirtschaftsethik von *Peter Ulrich*, ist angetreten, diese Lücke, die bei der Regelanpassung entstehen kann, zu schließen.[8] Seine zentrale Ausgangsthese besteht darin, die kryptonormative Determiniertheit der Ökonomie zu behaupten und gleichzeitig zu fordern, dass diese offengelegt wird, und zwar im Rahmen einer ökonomischen Vernunftethik, die sich an den Erkenntnissen der Moralphilosophie und ihres Umganges mit moralischen Werten ausrichtet.

Moderne philosophische Vernunftethik ist nicht durch eine bestimmte inhaltliche Interpretation (der moralischen Werte) festgelegt, sondern hebt auf die formale Symmetrie der moralischen Verbindlichkeiten ab. Damit steht sie in der Tradition der Goldenen Regel und des *Kant'*schen kategorischen Imperativs.

Angewandt auf die Perspektive einer Vernunftethik des Wirtschaftens, richtet sich die Forderung nach formaler Symmetrie der moralischen Verbindlichkeiten auf die Legitimitätsbedingungen für ökonomisches Nutzens-, Vorteils- und Erfolgsstreben aus.

Es wäre also – um einen irrelevanten Kritikpunkt sofort auszuschließen – nicht korrekt, der integrativen Wirtschaftsethik zu unterstellen, sie lehne aus moralischen Gründen jegliches eigeninteressierte Handeln als Egoismus ab. Es ist ganz und gar nicht der pauschale Verzicht auf Nutzens-, Vorteils- und Erfolgsorientiertheit, der hier gefordert wird, sondern integrative Wirtschaftsethik verlangt, die praktische Umsetzung solcher vom Eigeninteresse gesteuerten Orientierungen abhängig zu machen von ihrer Vertretbarkeit gegenüber jedermann, der davon betroffen sein könnte, und

---

[8] Vgl. *Ulrich, Peter*: Integrative Wirtschaftsethik: Grundlagenreflexion der ökonomischen Vernunft, in: Ethik und Sozialwissenschaften, Jg. 11/2000, Heft 4, S. 555 –567. Vgl. auch die Kritiken zu diesem Artikel, ebenda, S. 567 – 631 sowie die Replik von *Ulrich*, S. 631 – 642.

der aus dieser Betroffenheit auch das moralische Recht legitimer Ansprüche bezieht.

Die in diesem Zusammenhang von *Ulrich* erhobene spezifische Forderung des Primats der Ethik[9] ist sehr viel weitergehender als andere wirtschaftsethische Ansätze, weil mit ihr der einzelne nicht entlastet wird von einer Legitimitätsprüfung des eigenen Handelns.

Integrative Wirtschaftsethik kann daher auch verstanden werden als der systematische Versuch, die ökonomische Ratio auf allen Ebenen des Handelns mit ethisch-kritischer Vernunft zu konfrontieren, nicht ausschließlich auf der Ebene des Ordnungsrahmens.

Die Institutionalisierung eines gerechten Zusammenlebens freier und gleicher Bürger könnte nach *Ulrich* – ähnlich wie in der Vorstellung von *Dahrendorf*, auf den *Ulrich* sich hier bezieht – durch entwickelte Wirtschaftsbürgerrechte erreicht werden, also durch eine Institutionalisierung von moralischen Regeln.

Wirtschaftsbürgerrechte heben ab auf den Schutz vor entwürdigender existentieller Not und vor sozialer Benachteiligung **sowie** auf eine angemessene Teilhabe am volkswirtschaftlichen Kapital, Prozess und Ergebnis. Sie schließen eine etatistische Bevormundung im Sinne der üblichen Sozialstaatspolitik aus und unterstreichen den emanzipatorischen Anspruch und das damit korrespondierende Selbstverständnis der Bürger.

Zumindest der erste Teil dieser Funktionsbestimmung hätte bei *Müller-Armack* vermutlich Unterstützung gefunden. Seine Forderung nach einer breiten Einkommens- und Vermögensstreuung innerhalb der Bevölkerung zeigt, dass er nicht nur die Lauten und Starken im Sinn hatte, unmöglich nur an die Gewinner in Wettbewerbssituationen gedacht haben kann. Fraglich ist auch, ob *Müller-Armack* – bei aller Wertschätzung des Wettbewerbes – wirklich überzeugt davon gewesen ist, dass Wettbewerb letztlich immer zu Win-win-Situationen führt.

---

[9] Vgl. ebenda, S. 558.

Sein nachdrücklich vorgebrachtes Plädoyer für sozialen Ausgleich
jedenfalls scheint ein anderes Szenario im Blick gehabt zu haben;
sozialer Ausgleich und Umverteilung bedingen hiernach einander.
Was die Soziale Marktwirtschaft angeht, ist also eine Sozialpolitik
ohne Umverteilung – wie sie der normativen Ordnungsethik vor-
schwebt – konzeptimmanent unmöglich, eben weil es nicht nur um
die Verteilung milder Gaben an Bedürftige oder um die Bewahrung
vor sozialen Dilemmata geht, sondern um eine Verteilung von
Chancen und Anrechten im Sinne einer angemessenen Vitalsituation aller Bürger, die unveräußerlich ist.
Die Beantwortung der Frage, wie wir leben sollten, auf welche
Weise wir das gute Leben in der Gemeinschaft erreichen, kann weder allein dem unpersönlichen Markt noch, diesen ergänzend, der
Politik zur Gestaltung der Rahmenordnung aufgebürdet werden.
Hier nämlich greift die ethische Dimension der Sozialen Marktwirtschaft. Ihre Integrativkraft zeigt sich gerade darin, dass sie weder den Einzelnen noch den Staat von moralischen Zumutungen
entlastet. Der Ort für Moral ist in allen wirtschaftlichen und gesellschaftlichen Ebenen angesiedelt, er umfasst Individuum, Institution
und System.
Sich moralischen Zumutungen auszusetzen, ohne von den Frei-
heitsbeschränkungen einer konventionellen Gehorsamkeitsmoral
erdrückt zu werden, lenkt die Aufmerksamkeit wiederum darauf,
was es bedeutet, sich moralisch im Sinne bestimmter Werte zu verhalten. Dazu bedarf es einer interpersonell überprüfbaren und uni-
versalisierbaren Vorstellung darüber, was letztere in konkreten Zusammenhängen bedeuten.
Durch Strukturierung der moralischen Diskussion und Präzisierung
der Bedeutung moralischer Werte wird es vielleicht möglich, ar-
gumentativ eine über die subjektive Anerkennung hinausgehende
objektivere Art der Verbindlichkeit von Werturteilen zu vermitteln,
oder mit anderen Worten, den Versuch zu starten, Werte zu begründen.

Hier allerdings greift die von *Müller-Armack* präferierte und einst sehr hoffnungsträchtige materiale Wertethik *Max Schelers* zu kurz. Sie überwindet zwar die subjektive Beliebigkeit einer Wertinterpretation, aber mit ihrem Versuch, den Werten eine autonome materiale Qualität beizumessen, unabhängig von deren Eingebettetsein in spezifische Zusammenhänge, muss sie wohl als überwunden eingeschätzt werden.

Einen anderen, aber mit der *Müller-Armack*'schen Wertethik meiner Meinung nach verträglichen Zugang bietet die nichtmoralische Theorie der moralischen Begründung durch *Richard M. Hare*.[10] Sie scheint auch deshalb geeignet, weil sie im moralischen Diskurs partnerschaftliche Umgangsformen im Sinne der sozialen Irenik ungemein begünstigen könnte, und zwar auf der Basis einer Logik, die durch Tatsachenbestände, Interessen und die Vorstellungskraft der Beteiligten in ihrer begründenden Funktion ergänzt wird.

Die beiden Prinzipien für moralisches Begründen sind nach *Hare* Merkmale moralischer Urteile: Universalisierbarkeit und Präskriptivität.

Universalisierbar sind Werturteile dann, wenn eine Übereinstimmung bezüglich ihres beschreibenden Gehaltes erreicht ist. Der Test der Universalisierbarkeit ist nur anwendbar, wenn die Werte ihrer lediglich formalen Gestalt entkleidet und mit den Tatsachen konfrontiert werden. Das Gut-Sein, Gerecht-Sein usw. muss mit der wirklichen Welt in Berührung stehen. Dies gewährleistet, dass nicht-identische Moralurteile in identischen Situationen als widersprüchlich disqualifiziert werden können. Ließe man diese dagegen zu, lässt sich der Dialog nicht mehr herrschaftsfrei führen, die Suche nach echten Kompromissen muss aufgegeben werden.

Das Prinzip der Präskriptivität bei *Hare* untersucht die Struktur von Aussagen. Danach können moralische Wertvorstellungen keine reinen Tatsachenfeststellungen sein, sondern weisen mindestens in

---

[10] Vgl. vor allem *Hare, Richard M.*: Die Sprache der Moral, Frankfurt a. M., 1983 sowie Ders.: Freiheit und Vernunft, Frankfurt a. M., 1983.

einer ihrer Prämissen eine Imperativähnlichkeit auf. Damit ist eine verhaltensregelnde Empfehlungs- oder Ablehnungshaltung impliziert, der man sich nicht entziehen kann, ohne die Logik der Sprache zu verletzen.

Auch wenn wir nicht immer genau wissen, was die einzelnen Wertwörter material exakt bedeuten, können wir doch hilfreiche Hinweise dazu bekommen, wenn wir – wie *Hare* das empfiehlt – fortgesetzt und feinfühlig auf die Art und Weise schauen, in der wir sie gebrauchen.

Das moralische Werturteil „sozial gerecht sein" hat demnach zweifellos nicht nur schlechthin empfehlenden oder zustimmenden Charakter, sondern orientiert auf eine Handlungsweise, die den formalen Wert der sozialen Gerechtigkeit material auszufüllen hat. Greift man nun als einen Aspekt Verteilungsgerechtigkeit auf, so kann man mit einer gewissen Wahrscheinlichkeit unterstellen, dass innerhalb einer heterogenen Gruppe von Gesellschaftsmitgliedern vielleicht noch Konsens besteht im Hinblick auf die empfehlende Haltung, eine derartige Gerechtigkeit herzustellen.

Empfehlung aber impliziert auch die Akzeptanz der Folgen der Handlung. Erst wenn auch die Konsequenzen allgemein zustimmungsfähig sind, kann das Werturteil „Verteilungsgerechtigkeit herstellen (!)" als universalisierbar gelten.

Wenn Verteilungsgerechtigkeit beispielsweise ausschließlich im Sinne von Leistungsgerechtigkeit gemeint ist, muss man – unabhängig von der eigenen sozialen Stellung – also auch deren möglicher Konsequenz der weiteren Polarisierung der Gesellschaft zustimmen können. Und zwar auch dann, wenn man sich plötzlich selbst am unteren Rand der Gesellschaft wiederfindet. Da die Interessen der am moralischen Diskurs Beteiligten im Rahmen der *Hare*'schen Moralphilosophie zu berücksichtigen sind, müssten diejenigen, die im Rahmen eines solchen Gerechtigkeitsmodells nicht zu den Begünstigten gehören, schon Fanatiker sein, wenn sie

Verteilungsgerechtigkeit ausschließlich in der Form der Leistungsgerechtigkeit empfehlen würden.

Weil andererseits die Vorstellungskraft der Urteilenden hinzuzuziehen ist, müsste sich auch jeder Beteiligte in die Lage versetzen können, zu den Nicht-Begünstigten der Leistungsgerechtigkeit zu zählen und sie dennoch als Gerechtigkeitsmodell zu empfehlen. Unter diesen Bedingungen ist es eher wahrscheinlich, dass Konsens und Zustimmung erst dann zustande kommen, wenn die ausgleichende Gerechtigkeit komplementär hinzukommt – und das wäre zweifelsfrei ein Plädoyer für Umverteilung.

Das Beispiel zeigt, dass die Verbannung der Umverteilung aus der Sozialpolitik wohl doch eine ziemlich gewagte Forderung ist, an deren Zustimmungsfähigkeit zu zweifeln bleibt. Mit einer ethischen Fundierung der ökonomischen Politik im Sinne *Müller-Armacks* korrespondiert sie jedenfalls nicht nur nicht, sondern es bleibt offen, ob sie jenseits der wissenschaftlichen ordnungstheoretischen Debatte auch im öffentlichen moralischen Diskurs unter freien Bürgern Bestand zeigen wird.

Soziale Sicherheit, *Müller-Armacks* „Soziale Irenik" und die ordoliberale Perspektive

VIKTOR VANBERG

1 Einleitung

Das von *Alfred Müller-Armack* geprägte Konzept der Sozialen Marktwirtschaft ist weit über die Grenzen unseres Landes hinaus zum Markenzeichen für den erfolgreichen wirtschaftlichen Wiederaufbau nach dem zweiten Weltkrieg in der Bundesrepublik Deutschland geworden, und viele Transformationsstaaten betrachteten und betrachten das Modell der Sozialen Marktwirtschaft als ein Vorbild, an dem sie ihre eigenen Bemühungen um den Aufbau einer funktionsfähigen Wirtschafts- und Gesellschaftsordnung orientieren. So unbestritten allerdings der historische Erfolg dieses Modells auch ist, so begründet sind doch auch die Zweifel, ob sich die aktuelle Wirtschaftsverfassung, wie sie im heutigen Deutschland weiterhin unter dem Namen „Soziale Marktwirtschaft" existiert, in der Tat zur Nachahmung empfiehlt. Wie in verschiedenen Beiträgen zu diesem Symposion betont wird, haben fünf Jahrzehnte politischer Umformungen der Sozialen Marktwirtschaft eine institutionelle Struktur ergeben, die sich nicht nur weit von dem entfernt hat, was die ursprünglichen Advokaten des Konzepts im Auge hatten, sondern die auch durch einen wachsenden Berg von Problemen gekennzeichnet ist, von denen die anhaltend hohe Arbeitslosigkeit und die Krise der sozialen Sicherungssysteme nur die augenfälligsten Beispiele sind. Von vielen Seiten wird denn auch mit wachsender Dringlichkeit angemahnt, dass – wie es der Titel dieses Themenkreises ausdrückt – „Ordnungspolitischer Reformbedarf in der Sozialen Marktwirtschaft" besteht.

Eine systematische Diagnose der strukturellen Probleme der Sozialen Marktwirtschaft in ihrer heutigen Verfassung wird nach den Ursachen fragen müssen, welche die „Fehlentwicklungen der Vergangenheit" möglich gemacht oder zugelassen haben, von denen *Otto Schlecht* (2001) in einem Artikel in der Frankfurter Allgemeinen Zeitung sprach. Nun ist seit langem und von vielen Autoren darauf hingewiesen worden, dass die Interpretationsoffenheit des Beiworts „sozial" im Konzept der Sozialen Marktwirtschaft nur allzu leicht im politischen Prozess zur Rechtfertigung von Eingriffen und Reformen genutzt (oder missbraucht) werden konnte, die die Dynamik und Anpassungsfähigkeit marktwirtschaftlicher Kräfte zunehmend haben erlahmen lassen.[1] *Friedrich A. Hayek* hat dieses Argument bekanntlich in besonders pointierter Weise artikuliert. Und es kann wohl kaum ein Zweifel bestehen, dass in diesem Aspekt eine der Wurzeln jener Problematik zu suchen ist, die hier zur Debatte steht. In meinem Beitrag möchte ich mich allerdings weniger mit der ausgiebig diskutierten allgemeinen Frage befassen, inwieweit das Attribut „sozial" zum Einfallstor für politische Bestrebungen geworden ist, die in ihren Auswirkungen den heutigen Reformbedarf geschaffen haben.[2] Ich möchte mich hier vielmehr auf die Frage konzentrieren, ob und wo in der Konzeption des Autors, dem dieses Symposion gewidmet ist, Ansatzpunkte für jene Entwicklungen zu finden sind, von denen *Alfred Müller-Armack* selbst 1977 gesagt hat:

> „Jeder dieser einzelnen Schritte... mag ein Stück Vernünftigkeit enthalten, die Summe der kleinen Schritte bedeutet jedoch eine zunehmende Belastung der Wirtschaft, eine immer größere Verstrickung der Staatsfinanzen, der Sozialversicherungen in ein Netz dirigistischer Politik, das

---

[1] So stellte *Otto Graf Lambsdorff* (2001: 9) kürzlich in seiner Einleitung zu einem Band über „Freiheit und soziale Verantwortung" fest, die Instrumentalisierung der Sozialpolitik habe „das Einfallstor für die Gefälligkeitspolitik wagenweit geöffnet".

[2] Siehe dazu etwa *H. Hamel* 1994 und *D. Cassel* und *S. Rauhut* 1998.

am Ende praktisch auf einen Systemwechsel hinausläuft, zumindest in eine Ordnungsform, die auch politisch nicht mehr regulierbar und steuerbar ist" (*Müller-Armack* 1981 [1977]: 319).

Ich möchte ausdrücklich betonen, dass es mir bei meinen Darlegungen allein darum geht, gewisse systematisch-konzeptionelle Fragen des theoretischen Ansatzes von *Müller-Armack* zu klären, nicht darum, diesem Autor in irgendeiner Weise Verantwortung für eine Entwicklung anzulasten, deren vielfältige tatsächliche Gründe in konkreten historischen Umständen ebenso wie in allgemeinen Bedingungen politischer Entscheidungsprozesse liegen. Ausdrücklich betonen möchte ich ebenfalls, dass die Beiträge, die *Müller-Armack* zur Erläuterung des von ihm geprägten Konzepts der Sozialen Marktwirtschaft geschrieben hat, auf einen ganz bestimmten Kontext politischer Auseinandersetzung abgestellt waren und in ihren Akzentsetzungen aus diesem Kontext heraus interpretiert werden müssen. So ist es für eine angemessene Würdigung seines Werkes insbesondere unerlässlich zu bedenken, dass er sich zuallererst mit der Herausforderung konfrontiert sah, in einer gegenüber marktlichen Ordnungsprinzipien ausgesprochen skeptischen politisch-intellektuellen Atmosphäre ein Plädoyer für die Marktwirtschaft zu halten. Seine Hauptsorge war gewiss nicht, Auffassungsunterschiede in letzter Feinheit zu klären, die innerhalb der Gruppe gleichgesinnter liberaler Ökonomen bestanden, die sich in der grundsätzlichen Bejahung einer marktwirtschaftlichen Ordnung völlig einig waren, aber sich in ihren Auffassungen über die wünschenswerte spezifische Ausgestaltung einer solchen Ordnung unterschieden. In meinen Überlegungen wird es mir aber gerade um eine solche Differenzierung innerhalb des liberalen Spektrums gehen. Genauer gesagt, ich möchte den Ansatz *Müller-Armacks* mit der Sichtweise des Freiburger Ordoliberalismus kontrastieren, und ich werde argumentieren, dass bestimmte Unterschiede zwischen beiden Konzeptionen für die hier interessierende Thematik von

Bedeutung sind.[3] Damit lege ich zugegebenermaßen einen Maßstab
an, der wenig tauglich wäre, wenn es darum ginge, die Intentionen
verständlich zu machen, aus denen heraus *Müller-Armack* das Leitbild der Sozialen Marktwirtschaft entwickelte. Er ist aber, so denke
ich, aufschlussreich, wenn es darum geht, jene Aspekte seiner Konzeption zu identifizieren, die die von ihm selbst beklagte Erosion
marktwirtschaftlicher Prinzipien begünstigt haben mögen.

2   „Soziale Marktwirtschaft" als „irenische Formel"

Obschon dies, wie gesagt, sicherlich nicht im Zentrum seiner Aufmerksamkeit stand, so hat *Müller-Armack* doch sein Konzept der
Sozialen Marktwirtschaft im Spektrum liberaler Ansätze verortet.
Dieses Konzept sei, so stellte er einmal im Rückblick fest, unmittelbar nach dem Kriege „von Wissenschaftlern des neoliberalen
Kreises" (*Müller-Armack* 1981 [1969]: 128) entwickelt worden,
wobei er ausdrücklich betont, dass daran „die sogenannte Freiburger Schule von *Walter Eucken* und *Franz Böhm* besonders betei-
ligt" (1981 [1973]: 167)[4] gewesen sei, mit der er sich in der kritischen Distanz zum „Laissez-faire Liberalismus" oder „Altliberalismus" einig sieht. Dem „Altliberalismus" gesteht *Müller-Armack*
zu, dass er „die Funktionsbedingungen des Wettbewerbs richtig
gesehen" (1976 [1956]: 244) habe, er wirft ihm aber vor, dass er
„die sozialen und soziologischen Probleme jedoch nicht ausreichend beachtet" (ebd.) habe. Auch bei der Freiburger Schule ver-
misst *Müller-Armack* immer noch eine ausreichende Beachtung der
„sozialen und soziologischen Probleme", obschon er anerkennt,
dass sie mit der Betonung der Notwendigkeit einer bewussten Ge-

---

3   Einen Vergleich zwischen den Vorstellungen *Müller-Armacks* und dem Or-
     doliberalismus der Freiburger Schule nehmen auch *J. Lange-von Kulessa* und
     A. Renner (1998) vor, wobei sie insbesondere auf Frühschriften *Müller-Ar-
     macks* Bezug nehmen.
4   Soweit in diesem Beitrag Quellenangaben ohne Namensnennung gemacht
     werden, beziehen sie sich stets auf Schriften *Müller-Armacks*.

staltung der Wettbewerbsordnung nach seiner Einschätzung einen wesentlichen Schritt über den „Altliberalismus" hinaus getan habe. „Wenn auch", so stellt er, offensichtlich an die Freiburger Adresse gerichtet, fest,

> „in Deutschland die Auffassung entstand, es sei im wesentlichen nur die bewusste Gestaltung der Wettbewerbsordnung vonnöten, so dürfte man doch heute klarer sehen, daß eine solche instrumentale Auffassung der hier zu bewältigenden Aufgabe nicht gerecht wird. Es handelt sich nicht nur um die Gestaltung einer ökonomischen Ordnung, vielmehr bedarf es der Eingliederung dieser Ordnung in einen ganzheitlichen Lebensstil" (1976 [1952]: 237).

Der Freiburger Gedanke der Wettbewerbs**ordnung** fülle, so *Müller-Armack*, „nicht das aus, was unter Sozialer Marktwirtschaft insgesamt zu verstehen ist." Sein Konzept der Sozialen Marktwirtschaft gehe weiter, indem es den Anspruch erhebe,

> „über marktkonforme wirtschaftspolitische Interventionen und über ein vom Marktsystem her getragenes und gestärktes System der sozialen Hilfen eine neue Wirtschaftsordnung zu schaffen" (1981 [1973]: 167).

Es ist ihre Rolle als, wie er es nennt, **irenische Formel**, die nach seiner Überzeugung „das Wesen der Sozialen Marktwirtschaft überhaupt ausmacht" (1976 [1962]: 314). Sie ist von ihrem Kernanliegen her eine „Friedensordnung"[5], sie ist, in seinen Worten, „der geschichtliche Versuch, alle Gruppen auf das engste an Ergebnisse und Erfolge des expandierenden Marktes anzuschließen" (1981 [1972]: 162), um auf diese Weise „eine innere Entspannung der Gruppenbeziehungen" (ebd.) zu erreichen, „ein Zurücktreten vordergründig erlebter Konflikte im Hinblick auf die

---

[5] „Die Soziale Marktwirtschaft als Friedensordnung" ist der Titel eines Aufsatzes von *Müller-Armack* (1981 [1972]).

Vorteile, die jede Gruppe aus dem Funktionieren des Ganzen zieht"
(ebd.). Das Konzept der Sozialen Marktwirtschaft sucht diese friedensstiftende Rolle zu erfüllen, indem es der „Schaffung einer
echten Marktwirtschaft ... soziale und sonstige konstruktive Ver-
besserungen" (1976 [1948]: 195) hinzufügt. Leitidee dieser Konzeption ist es, „auf dem Boden einer freien Wettbewerbswirtschaft
persönliche Freiheit und soziale Sicherheit in Einklang zu bringen"
(1976 [1960b]: 267).

Die zitierten Formulierungen könnten den Schluss nahe legen, der Unterschied zur Freiburger Variante des Neoliberalismus
bestehe im Wesentlichen darin, dass *Müller-Armack* dem menschlichen Bedürfnis nach sozialer Sicherheit größere Beachtung
schenkt und deshalb der Sozialpolitik eine gewichtigere Rolle zuschreiben möchte. Wie ich im Folgenden noch eingehender erör-
tern werde, liegen die Dinge nach meiner Einschätzung etwas anders. Den wesentlichen Unterschied zwischen *Müller-Armacks*
„Integrationsformel der Sozialen Marktwirtschaft" (1976 [1962]:
301) und dem ordnungspolitischen Ansatz der Freiburger Schule
muss man, so meine These, wohl eher darin sehen, dass die Frage
der **moralischen Qualität marktlicher Wettbewerbsordnung**
von *Müller-Armack* grundlegend anders beurteilt worden ist als von
den Freiburger Ordoliberalen.

Von entscheidender Bedeutung für die Vorstellungen *Müller-
Armacks* über die Ergänzungsbedürftigkeit der Marktwirtschaft,
einer Ergänzungsbedürftigkeit, die er gerade mit dem „Beiwort
sozial" (1981a: 301) betonen wollte, scheint mir, dass er in der
marktlichen Wettbewerbsordnung einen rein technischen, moralisch neutralen Mechanismus für die Produktion wirtschaftlichen
Wohlstandes sieht, ein Instrument, das aus sich heraus keine Wer-
tungsmaßstäbe zu generieren vermag und dem moralische Qualität
erst durch werthaltige politische Entscheidungen verliehen wird.

Diese Sichtweise zeigt sich etwa, wenn *Müller-Armack* mit Bezug auf *Franz Böhms* Auffassung vom marktlichen Wettbewerb fest- stellt: „Aber er bleibt ein mechanischer Vorgang, der gegenüber Werten und Zielen indifferent ist" (1976 [1962]: 302). Oder sie zeigt sich, wenn er davon spricht, dass

> „der Gedanke der Sozialen Marktwirtschaft... soziale Vorstellungen auf[nimmt], die in dem rein technischen Gefüge einer Wettbewerbsord- nung noch nicht enthalten sind" (1976 [1960a]: 252).

Als liberalen Irrtum kritisiert *Müller-Armack* ausdrücklich die An- nahme, „daß schon die Ergebnisse des Marktmechanismus als sitt- lich und sozial gerechtfertigte Lösungen anzusprechen seien" (1976 [1952]: 238), und er hält dem entgegen: „Auch die Marktwirtschaft darf primär nur als ein instrumentales Mittel gelten" (ebd.). Sie sei zwar nicht ungeeignet, „einer ethischen Ordnung als Basis zu die- nen" (ebd.), und sie stelle einen Sachzusammenhang dar, „auf den das sittliche und soziale Handeln Rücksicht zu nehmen hat, wenn es seine Ziele erreichen will" (ebd.), sie kann aber nach *Müller- Armack* nicht selbst als eine „ethische Ordnung" angesehen wer- den. Für *Müller-Armack* ist „die an sich rein technisch wirkende Marktwirtschaft" (1976 [1960a]: 253) eine Ordnung, deren „techni- sche Erfolgsseite" (ebd.: 255) zwar bereits wesentliche „soziale Fortschritte" enthält. Nichtsdestoweniger ist sie für ihn jedoch „eine Ordnung, die Werte empfängt, aber nicht selbst setzt" (1976 [1962]: 299).

Nur vor dem Hintergrund einer solchen Auffassung von der marktlichen Wettbewerbsordnung als einem „rein technischen In- strument", das in seinem wohlstandsschaffenden Wirkungspotential zwar äußerst wünschenswert aber ansonsten ethisch neutral ist, kann man, so meine These, *Müller-Armacks* Vorstellung von der spezifischen Ergänzungsbedürftigkeit der Marktwirtschaft angemessen verstehen. Sie macht deutlich, warum die von den Freiburger Ordoliberalen betonte Notwendigkeit von Wettbewerbspolitik in *Müller-Armacks* Sicht allein nicht ausreicht, um das wertneutrale, rein technische Instrument der Marktwirtschaft mit ethischem Gehalt zu versehen. Dazu bedarf es nach seiner Auffassung vielmehr der Ergänzung der Marktwirtschaft in zweierlei Richtung: Zum einen durch eine Sozialpolitik, die durch Umformung oder Umlenkung marktbestimmter Einkommen die ethischen Werte der „sozialen Gerechtigkeit" und der „sozialen Sicherheit" in die Marktwirtschaft hineinträgt, und zum anderen durch eine Gesellschaftspolitik, die durch „eine von der Gesamtgesellschaft her entwickelte Zielsetzung" (1976 [1962]: 304) der Marktwirtschaft das sozial integrierende „Fundament gemeinsamer Werte und Überzeugungen" (1976 [1960b]: 288) hinzufügt, das sie als rein technisches Instrument aus sich heraus nicht zu bieten vermag. Die „entscheidende Ergänzung der Sozialen Marktwirtschaft durch ein gesellschaftspolitisches Programm" (ebd.: 272) soll sich der „Aufgabe der inneren Integration unserer Gesellschaft" (ebd.: 288) stellen, zu deren Lösung nach *Müller-Armacks* Auffassung die Marktwirtschaft per se aufgrund ihre ethischen Leere nicht in der Lage ist.

Wie es im Vergleich dazu um die ethische Qualität der marktlichen Wettbewerbsordnung aus Sicht der Freiburger Schule bestellt ist, werde ich im Folgenden erläutern, um dann anschließend auf die Frage einzugehen, inwieweit die Unterschiede zwischen den beiden kontrastierten Sichtweisen für das Problem der Erosion marktwirtschaftlicher Ordnungsprinzipien von Bedeutung sind.

3 Marktwirtschaft, Privatrechtsgesellschaft und das Ideal der Privilegienfreiheit

In besonders eindrücklicher Weise hat *Franz Böhm* in seinem Aufsatz „Privatrechtsgesellschaft und Marktwirtschaft" (1980 [1966]) die ordoliberale Vorstellung von der ethischen Qualität der marktwirtschaftlichen Ordnung dargelegt, eine Vorstellung, die in grundlegender Hinsicht von der Sicht *Müller-Armacks* abweicht. Im Zentrum dieses Aufsatzes steht der Gedanke des systematischen Zusammenhangs zwischen der Regelordnung der Privatrechts- oder Zivilrechtsgesellschaft einerseits und der Wirtschaftsverfassung einer marktlichen Wettbewerbsordnung andererseits. Die Marktwirtschaft ist für *Böhm* alles andere als ein rein technisches, ethisch neutrales Instrument. Sie ist systematischer Ausfluss einer Privatrechtsordnung und trägt damit in sich auch die ethischen Werte, die diese Privatrechtsordnung bestimmen.[6]

Wesentliches Kennzeichen der Privatrechtsordnung ist, dass sie eine privilegienfreie Ordnung von Rechtsgleichen ist, ein Regelsystem, das „dem Kooperieren und Koexistieren von gleichberechtigten Trägern autonomer Individualpläne" (*Böhm* 1980 [1966]: 108) dient. Im Kontrast zu Regelordnungen, die den Einzelnen und Gruppen unterschiedliche, statusabhängige Rechte zuweisen, wie dies für die stände- und privilegienrechtliche Ordnung der Feudalgesellschaft galt, aus der sie im Zuge liberal-bürgerlicher Reformen und Revolutionen hervorgegangen ist, regelt die Privatrechtsordnung „die Befugnisse und den Verkehr zwischen Gleichberechtigten" (ebd.: 105). Historisch und systematisch waren, so betont Böhm, die liberalen Ideale der Privilegienfreiheit und Rechtsgleichheit einerseits und die Entdeckung des marktlichen Koordinationsmechanismus andererseits aufs engste miteinander verbunden. Das „marktwirtschaftliche System und die privilegien-

---

[6] Für eine ausführlichere Erörterung der diesbezüglichen Argumente von *Franz Böhm* siehe *Vanberg* (1997: 715 ff.).

lose Zivilrechtsgesellschaft" (ebd.: 164) sind nicht zwei separat
wählbare Dinge. Sie sind historisch und systematisch untrennbar
verbunden im Sinne einer verfassungspolitischen Grundentscheidung zugunsten einer Gesellschaft, in der „jeder die gleichen
Rechte und den gleichen Status, nämlich den Status einer Person
des Privatrechts" (ebd.: 107) hat.

Das für die marktliche Wettbewerbsordnung wie für die
Privatrechtsordnung konstitutive Prinzip der Privilegienfreiheit und
Rechtsgleichheit wird dabei von *Böhm* nicht einfach als ein Attribut verstanden, das jeder sich als marktwirtschaftlich ausgebenden
Ordnung gleichermaßen zukommt. Es ist ein **Verfassungsideal**,[7]
das Ideal einer Ordnung von gleichberechtigten und gleich freien
Menschen, an dem real vorfindbare marktwirtschaftliche Ordnungen gemessen werden können, und dem sie nur in mehr oder
minder unvollkommenem Maße entsprechen werden. Dies nicht
nur, weil in ihnen Privilegien-Relikte feudaler Ordnung überdauert
haben, an deren Verteidigung die von ihnen Begünstigten interessiert sind, sondern auch – und dies ist für das uns hier interessierende Thema besonders bedeutsam – weil es immer wieder neue
Bestrebungen von Interessengruppen gibt, in den Genuss von sie
begünstigenden Sonderregelungen oder Privilegien zu kommen.

Nicht weniger nachdrücklich als *Franz Böhm*, in dessen
Konzept der Privatrechtsgesellschaft er eine treffende Kennzeich-
nung für eine liberale Gesellschaftsordnung sah (*Hayek* 1969: 116),
hat *Friedrich A. Hayek* betont, dass das Ideal einer privilegienfreien Ordnung den Kern des liberalen Plädoyers für die marktliche
Wettbewerbsordnung ausmacht. Der wesentliche Kern des Liberalismus sei, so stellt er (*Hayek* 1972 [1944]: ix f.) fest,

---

[7]   *Böhm* (1980 [1966]: 109): „Dieses Postulat, daß alle Mitglieder der Gesell-
       schaft den nämlichen Status haben sollten, ist ... ein *politisches, verfassungs-
       rechtliches Postulat*."

> „die Verweigerung jeglichen Privilegs, wenn man darunter im ur-
> sprünglichen Wortsinne alle Vorrechte versteht, die der Staat einigen
> gewährt, ohne sie anderen in gleicher Weise einzuräumen."

Im Sinne des liberalen Ideals einer privilegienfreien Ordnung, in der für alle die gleichen Regeln gelten,[8] ist die marktliche
Ordnung alles andere als ein wertneutrales Instrument wirtschaftlicher Wohlstandsgenerierung. Sie ist vielmehr eine Ordnung, die
ethischen Eigenwert aufgrund des Umstandes beanspruchen kann,
dass sie eine diskriminierungsfreie Ordnung ist, in der alle Beteiligten den gleichen Regeln unterworfen sind, Regeln, die aufgrund
ihrer wünschenswerten allgemeinen Funktionseigenschaften die
Zustimmung aller finden können. In der Metapher des fairen wettbewerblichen Spiels, das nach für alle gleichen Spielregeln ausge-
tragen wird, spricht *Hayek* vom Markt als dem „game of catallaxy"
(*Hayek* 1976: 115) oder Tauschspiel, das ein für alle Beteiligten
wünschenswertes und daher zustimmungsfähiges Arrangement
darstellt, weil es – im Vergleich zu möglichen alternativen Ordnungen – die Chancen für alle erhöht, ihre jeweiligen persönlichen
Ziele mit Aussicht auf Erfolg anstreben zu können (ebd.). Es ist ein
für alle Beteiligten vorteilhaftes und zustimmungsfähiges, „Wohlstand schaffendes Spiel" (ebd.), das nach für alle gleichen Regeln
gespielt wird.

Das Ideal der Privilegienfreiheit und Rechtsgleichheit gibt
auch den Maßstab ab, an dem für *Hayek* ebenso wie für die Freiburger Ordoliberalen Eingriffe in die marktwirtschaftliche Ordnung
zu messen sind. Für sie ist dies keineswegs nur eine technische

---

[8] *Hayek* (1971: 185f.): „Der eigentliche Gegensatz zu einer Ordnung durch
Status ist die Herrschaft durch allgemeine und gleiche Gesetze, durch Regeln,
die für alle dieselben sind, oder, könnten wir sagen, die Herrschaft von ‚le-
ges' im ursprünglichen Sinne des lateinischen Wortes für Gesetz, im Gegensatz zu privi-leges (wörtliche die ‚Sonderrechte')." – Siehe auch *Hayeks* Bemerkungen zum klassischen Ideal der „isonomia" (ebd.: 201f.).

Frage der möglichen Funktionsbeeinträchtigung des Marktes als eines ethisch neutralen Wohlstandschaffungsmotors. Es geht vielmehr primär um die Frage, ob durch solche Eingriffe Privilegien geschaffen werden, also Sonderrechte, die nur bestimmten Gruppen und nicht allen Beteiligten gewährt werden. Die Möglichkeit oder gar Notwendigkeit, die Spielregeln der Marktwirtschaft dort zu reformieren oder zu ergänzen, wo dies im gemeinsamen Interesse aller Beteiligten wünschenswert erscheint, wird selbstverständlich anerkannt. Das Ideal privilegienfreier Ordnung fordert allerdings, dass solche Reformen oder Ergänzungen durch Regelungen vorgenommen werden, die für alle Beteiligten in diskriminierungsfreier Weise gelten, und nicht dadurch, dass man einigen Sonderrechte zubilligt, die den übrigen Mitgliedern des Gemeinwesens vorenthalten bleiben (*Hayek* 1976: 129).

4   Privilegiensuche und „Refeudalisierung"

Der Umstand, dass die marktliche Wettbewerbsordnung als eine privilegienfreie, wohlstandsschaffende Ordnung für alle Beteiligten zustimmungsfähig sein sollte, bedeutet freilich keineswegs, dies haben die Freiburger Ordoliberalen mit großer Klarheit gesehen, dass man deshalb mit der Bereitschaft aller Beteiligten rechnen könnte, sich den für alle gleichermaßen geltenden Regeln bereitwillig zu unterwerfen. Zu groß ist nicht nur die Versuchung, sich durch direkte Spielregelverletzung Sondervorteile zu sichern, sondern auch die Versuchung, sich dort, wo dies möglich erscheint, Sonderrechte zu erwirken, die es einem erlauben, an den allgemeinen Vorteilen des marktlichen Tausch-Spiels zu partizipieren, sich selbst aber die unbequemen Seiten dieses Spiels zu ersparen. Auch *Müller-Armack* (1976 [1960a]: 256) spricht das hier in Frage stehende Spannungsverhältnis an, wenn er darauf hinweist,

> „daß der Wettbewerb nicht nur eine gelegentlich unzweifelhaft unbequeme Sache für denjenigen ist, der zum Objekt des Wettbewerbs wird, sondern daß in ihm auch eine solidarische Funktion liegt, daß nämlich alle, auch diejenigen, die unter dem Wettbewerb seufzen, letztlich von anderen Leistungen des Wettbewerbs her wesentliche Vorteile bekommen."

Was *Müller-Armack* hier als „solidarische Funktion" umschreibt, betrifft die konsensfähigen Interessen aller an einer privilegienfreien marktlichen Wettbewerbsordnung, während sein Hinweis auf die „unbequeme" Seite des Wettbewerbs deutlich macht, dass die Beteiligten durchaus ein Interesse daran haben können, die „solidarische Funktion" von anderen erfüllen zu lassen, und für sich selbst das Privileg zu erwirken, von dieser „unbequemen" Seite verschont zu bleiben.

Die allgemeine Problematik, die daraus resultiert, dass Interessengruppen den politischen Prozess nutzen, um für ihre Mitglieder eine privilegierte Stellung im Wettbewerbsspiel des Marktes zu sichern, haben die Vertreter der Freiburger Schule ausführlich unter dem Stichwort der „Refeudalisierung der Gesellschaft" (*Böhm* 1980: 258) erörtert.[9] Über den Prozess, in dem das Zusammenspiel von privilegiensuchenden Sonderinteressen und staatlichen Interventionen zugunsten solcher Interessen dazu führt, dass man sich schrittweise von einer privilegienfreien Ordnung fort und auf eine neufeudale Privilegienordnung hin bewegt, stellte *Franz Böhm* (1973: 41) fest:

> „Es zeigt sich nämlich, daß sich, je mehr die Interventionen zunehmen, je mehr sie das Verhalten breiter Kreise von Wirtschaftsbeteiligten be-

---

[9] Sie haben damit den Kern dessen vorweg genommen, was in der modernen politischen Ökonomie oder Public Choice Theorie unter dem Begriff des **Rent-Seeking** thematisiert wird.

stimmen ..., das *Verhältnis zwischen Regierung und Regierten verschiebt*. Durch Interventionen werden *private Besitzstände* geschaffen. Man denke insbesondere an spezifisch protektionistische Interventionen, wie etwa Zölle, Einfuhrverbote, Prämien, Subventionen. Die Einführung solcher Maßnahmen ist leicht ... Die Wiederaufhebung dagegen stößt bei den Begünstigten auf einen leidenschaftlichen Widerstand. Sie kommen sich vor und stellen sich an, als ob sie enteignet würden. Kurz, der politische Effekt von Interventionen ist, daß auf die Wirtschaftenden ein starker Anreiz ausgeübt wird, sich zum Beruf der Erlangung von Interventionen *politisch* zu organisieren."

Über den **circulus vitiosus**, der aus dem Zusammenspiel von privilegiensuchenden Sonderinteressen und privilegiengewährendem interventionistischen Staat unvermeidlich resultiert, hat *Walter Eucken* (1990: 326) warnend gesagt:

„Wer das erste Privileg gewährt, muß wissen, daß er die Macht stärkt und die Grundlage gibt, von der aus das zweite Privileg erstritten wird und daß das zweite Privileg die Grundlage für die Erkämpfung eines dritten wird."

5   Marktwirtschaft und soziale Sicherheit

Welche Bedeutung für das hier interessierende Problem der Erosion marktlicher Ordnungsprinzipien hat nun der im Vorhergehenden von mir skizzierte Unterschied zwischen *Müller-Armacks* Verständnis der marktlichen Wettbewerbsordnung als einem rein technischen, ethisch indifferenten Gefüge und dem ordoliberalen Verständnis dieser Ordnung als einer von der Ethik der Rechtsgleichheit und Privilegienfreiheit bestimmten Ordnung? Ich möchte im folgenden versuchen, dies anhand des Problems der sozialen Sicherheit deutlich zu manchen, indem ich die Unterschiede in der Art und Weise aufzeige, in der dieses Problem aus dem einen und

aus dem anderen Verständnis marktlicher Ordnung heraus ange-
gangen wird.

Bei seinem Konzept der Sozialen Marktwirtschaft als einer Friedensordnung ging es *Müller-Armack* nicht zuletzt um das Problem,
dass die wirtschaftliche Effizienz der Marktwirtschaft, also ihr
Wohlstandsschaffungspotential, für sich nicht unbedingt ausreicht,
ihr die gesellschaftliche Akzeptanz zu sichern, von der ihre **politische** Überlebensfähigkeit abhängt. Sein Konzept der Sozialen
Marktwirtschaft war in diesem Sinne als ein Ordnungsentwurf gedacht, der „auch in breitesten Schichten allgemeine Zustimmung"
(1976 [1956]: 243) finden kann. Die Grundannahme dieses Konzepts war es, so liest man bei ihm,

> „dass es möglich sein müsse, bei breitesten Schichten Zutrauen zu den
> sozialen Leistungen der Marktwirtschaft zu gewinnen" (ebd.: 248).

Nun besteht in der Frage der Bedeutung, die sie der Akzeptanz der
Wirtschaftsverfassung durch die in ihr lebenden Menschen beimessen, zwischen *Müller-Armack* und den Freiburger Ordoliberalen insofern gewiss kein Unterschied, als auch aus ordoliberaler
Sicht die marktliche Ordnung nicht unmittelbar durch ihre wirtschaftliche Produktivität legitimiert ist, sondern letztlich allein daraus ihre Legitimation schöpfen kann, dass sie eine für die betroffenen Menschen insgesamt wünschenswerte und zustimmungs-
fähige Ordnung ist.[10] Unterschiede werden aber deutlich, sobald
man einen genaueren Blick auf die jeweiligen Vorstellungen darüber wirft, wie denn der gesellschaftliche Konsens zu sichern sei.

Als eine wesentliche Quelle für Vorbehalte gegen die
marktwirtschaftliche Ordnung identifiziert *Müller-Armack*, wiederum sicherlich zu Recht, die charakteristischen Risiken, denen
Marktteilnehmer dauernd dadurch ausgesetzt sind, dass ihre Ein-
kommens- und Ertragsaussichten   durch Umstände beeinflusst

---

[10] Ausführlicher dazu *Vanberg* 1997.

werden können, über die sie keinerlei Kontrolle haben. Ereignisse, die sich unter Umständen weit außerhalb ihres Gesichtskreises irgendwo im marktlichen Nexus abspielen, können die relative Knappheit von Ressourcen in einer Weise verändern, die ihre Einkommensmöglichkeiten in bestimmten Berufen oder Wirtschaftszweigen einschneidend vermindern, und durch Erfindungen oder technische Neuerungen, die irgendjemand irgendwo in den Marktnexus einbringt, kann ihr unter Umständen mühsam aufgebautes Humankapital oder Realkapital in dramatischer Weise entwertet werden. Dass dieses Risiko dem marktlichen Prozess inhärent ist, und eine unvermeidliche Begleiterscheinung seines produktiven Potentials ist, ist eine Sache. Dass es von den betroffenen Menschen als Belastung empfunden wird und bei ihnen das Bedürfnis nach Absicherung hervorruft, ist eine andere Sache. Eine gesellschaftliche Ordnung, die Akzeptanz finden will, wird dieses Sicherheitsbedürfnis gewiss nicht einfach ignorieren können. Darauf, wie diesem Bedürfnis angemessen Rechnung getragen werden kann, muss der ordoliberale Ansatz ohne Zweifel ebenso eine Antwort geben, wie Müller-Armack sie zu geben versuchte. Dass die jeweiligen Antworten allerdings charakteristische Unterschiede aufweisen, werde ich im Folgenden zu zeigen versuchen.

Für *Müller-Armack* ist die Marktwirtschaft, wie vorhin erläutert, ein ethisch neutraler aber wirtschaftlich produktiver Mechanismus, dem durch Sozial- und Gesellschaftspolitik ethischer Gehalt hinzugefügt wird. In den Kontext dieses Denkschemas sind auch *Müller-Armacks* Vorstellungen zur Frage der sozialen Sicherung einzuordnen. Da „die Marktwirtschaft sozial große Härten durch die von ihr herbeigeführten zwangsläufigen Umstellungen verursacht" (1976 [1948]: 198), denen gegenüber der einzelne sich „in einer anonymen und hilflosen Rolle fühlt" (1976 [1960b]: 278), muss es, so *Müller-Armack*, darum gehen, den Menschen ihre „berechtigte oder unberechtigte Furcht vor jenem Mechanismus einer freien Wirtschaft zu nehmen" (ebd.). Das Konzept der Sozialen Marktwirtschaft sieht deshalb ein „System sozial ausgleichender Prämien" (1976 [1948]: 198) und einen „breiten Kreis von sozialen Maßnahmen" (1976 [1952]: 241) vor, durch die „der ursprüngliche Argwohn vieler Menschen gegenüber der schwer durchschaubaren Anonymität des Marktgeschehens überwunden werden kann" (ebd.: 242). Es ist, so betont *Müller-Armack*, gerade die Produktivität der Marktwirtschaft, die es möglich macht, auf ihrer Grundlage „ein vielgestaltiges und vollständiges System des sozialen Schutzes" zu errichten.[11] „Der marktwirtschaftliche Einkommensprozeß", so stellt er fest,

> „bietet der Sozialpolitik ein tragfähiges Fundament für staatliche Einkommensumleitung, die in Form von Fürsorgeleistungen, Renten- und Lastenausgleichszahlungen, Wohnungsbauzuschüssen, Subventionen usw. die Einkommensverteilung korrigiert" (1976 [1956]: 246).

Da es in *Müller-Armacks* Konzeption gerade die Aufgabe der Sozialpolitik ist, die Marktwirtschaft um den ihr per se fehlenden ethischen Wert der „sozialen Gerechtigkeit" anzureichern, kann die marktliche Wettbewerbsordnung als lediglich „mechanisches Gefüge" offenkundig aus sich heraus keine ethischen Kriterien abgeben, an denen die „Gerechtigkeit" sozialpolitisch motivierter Maßnahmen gemessen werden könnte. Die marktliche Wettbewerbsordnung gibt nur insofern ein Beurteilungskriterium für sozialpolitische Maßnahmen oder Regelungen ab, als sie, wie es bei

---

[11] *Müller-Armack* (1976 [1956]: 245): „Auf der Grundlage einer marktwirtschaftlichen Gesamtordnung kann ein vielgestaltiges und vollständiges System des sozialen Schutzes errichtet werden." – *Müller-Armack* (1981 [1948]: 100): „Liegt also bereits in der Produktivität der Marktwirtschaft ein starkes soziales Moment beschlossen, so wird es gleichwohl notwendig sein, mit aller Entschiedenheit eine Reihe von Maßnahmen durchzuführen, die eine soziale Sicherheit gewährleisten und die durchaus im Rahmen einer Marktwirtschaft zu verwirklichen sind."

Müller-Armack (1976 [1952]: 238) heißt, einen Sachzusammenhang darstellt, „auf den das sittliche und soziale Handeln Rücksicht
zu nehmen hat, wenn es seine Ziele erreichen will." Das heißt, als
Prüfinstanz für sozialpolitische Interventionen kommt die marktliche Ordnung nur insofern in Betracht, als man klugerweise darauf
achten sollte, dass das produktive Potential der Marktwirtschaft,
aus dem sozialpolitische Sicherungen schließlich allein zu bestreiten sind, nicht in einer Weise beeinträchtigt wird, die die intendierte soziale Zielsetzung gefährdet. In diesem Sinne betont
Müller-Armack, dass Sozialpolitik sich auf „marktkonforme Maßnahmen" (1976 [1948]: 198) beschränken sollte, wobei er allerdings davon ausgeht, dass innerhalb dieser Beschränkung ein großer Spielraum für sozialpolitische Eingriffe besteht. „In einer so
gesicherten Marktwirtschaft", so heißt es etwa bei ihm,

> „gibt es zahlreiche Wege, um ohne Störungen des Marktapparates so-
> ziale Aufgaben zu erfüllen. So schädlich ein direkter Eingriff in den
> Preisapparat meist ist, so wenig Einwendungen erheben sich gegen jene
> sozialpolitischen Einkommensumleitung, sofern die Besteuerung jene
> Grenzen einhält, in denen Marktanreize noch hinlänglich erhalten blei-
> ben" (ebd.: 197).

Im Kontext der Konzeption *Müller-Armacks* stellt sich in diesem
Sinne die Frage nach dem Verhältnis zwischen marktlicher Ordnung und sozialpolitisch motivierten Eingriffen primär als Frage
danach, ob die in Betracht gezogenen Maßnahmen „marktkonform", also mit den Funktionserfordernissen des Marktes vereinbar
sind, oder ob sie das produktive Potential der Marktwirtschaft in
einer Weise beeinträchtigen, die letztlich auch das sozialpolitische
Ziel unerreichbar macht. In den Vordergrund rückt damit die Frage
der **Belastbarkeit** der Marktwirtschaft durch sozial- oder gesell-
schaftspolitisch motivierte Maßnahmen, eine Vorstellung, die fast
zwangsläufig die Parole provozieren muss, man solle diese Belast-

barkeit doch einmal so richtig auf die Probe stellen, eine Parole, die vielen von uns noch in den Ohren klingen dürfte. Noch 1960 äußerte sich *Müller-Armack* zu der Frage der Belastbarkeit der Marktwirtschaft mit der optimistischen Feststellung:

> „Die Erfahrung hat jedoch gezeigt, dass die Marktwirtschaft einen guten Teil nicht marktkonformer Maßnahmen ohne Einbußen ihres Wesens ertragen kann... Daher war es in der Bundesrepublik möglich, erhebliche soziale Interventionen durch Einkommensumlenkung vorzunehmen, ohne den Charakter der Marktwirtschaft zu stören" (1976 [1960a]: 258).

Er fügte allerdings bei dieser Gelegenheit auch hinzu, dass aber nunmehr eine weitere „Steigerung nicht möglich" (ebd.) sei, eine Mahnung, die, wie wir heute wissen, in der politischen Landschaft wenig Gehör gefunden hat.

Wie ist nun, im Vergleich, die Frage der sozialen Sicherheit aus einer ordoliberalen Perspektive anzugehen,[12] die den ethischen Wert der marktlichen Wettbewerbsordnung als einer privilegienfreien Ordnung betont. Den aus der Perspektive eines solchen Ansatzes entscheidenden Punkt hat *Hayek* in fast gleichlautender Formulierung sowohl in seinem populärsten Buch, „Der Weg zur Knechtschaft", als auch in seinem Hauptwerk, „Die Verfassung der Freiheit", zum Ausdruck gebracht. Es heißt dazu bei ihm:

> „Hier muß aber zwischen zwei Bedeutungen von Sicherheit eine wichtige Trennungslinie gezogen werden: einer beschränkten Sicherheit, die für alle erreicht werden kann und die daher kein Privileg darstellt, und

---

12 Zu einer kritischen Analyse der sozialpolitischen Vorstellungen *Müller-Armacks* aus einer ordnungspolitischen Perspektive siehe auch *I. Pies* (1998: 104 ff.).

einer absoluten Sicherheit, die in einer freien Gesellschaft nicht für alle erreicht werden kann" (*Hayek* 1971: 330).[13]

In die erste Kategorie, also die Art von Absicherung, die diskriminierungsfrei allen gleichermaßen gewährt werden kann, fällt nach *Hayek* etwa die Garantie eines Existenzminimums oder Mindesteinkommens. Im Kontrast dazu stellt die Sicherheit eines gewohnten Lebensstandards oder eines einmal erreichten Einkommensniveaus eine Art von Sicherheit dar, die allenfalls einigen als Privileg, unmöglich aber allen gleichermaßen gewährt werden kann.

Der primäre Gesichtspunkt, unter dem aus ordoliberaler Sicht mögliche Vorkehrungen der sozialen Sicherung geprüft, und an dem Forderungen nach sozialer Absicherung gemessen werden, ist also nicht die Frage der „Marktkonformität" im Sinne der Verträglichkeit mit einer als „rein technisches Gefüge" betrachteten marktlichen Wettbewerbsordnung. Primärer Beurteilungsmaßstab ist vielmehr das der marktlichen Ordnung inhärente ethische Kriterium der Privilegienfreiheit. Nicht ein „Belastbarkeitstest" entscheidet hier vorrangig über die Beurteilung sozialpolitisch motivierter Forderungen sondern die Frage, ob die ins Auge gefassten Regelungen in diskriminierungsfreier Weise für alle gelten sollen und können, und ob sie auch dann noch für die „Begünstigten" wünschenswert bleiben, wenn sie nicht nur einigen als Privileg, sondern allen in gleicher Weise zugebilligt werden.

---

[13] Die entsprechende Formulierung in „Der Weg zur Knechtschaft" lautet: „Wir sollten von vornherein zwei Arten von Sicherheit auseinanderhalten: die begrenzte, die allen Menschen gewährleistet werden kann und die deshalb kein Vorrecht ist ..., und die absolute Sicherheit, die in einer freien Gesellschaft nicht allen gewährleistet werden kann und die nicht als ein Vorrecht verliehen werden sollte" (*Hayek* 1952: 156f.).

6 Soziale Sicherheit: Privilegienvergabe oder diskriminierungsfreie Versicherung?

Sozialpolitik im Sinne einer Politik der Absicherung gegen bestimmte Risiken des Lebens in einer marktwirtschaftlichen Ordnung kann durchaus nach den Prinzipien einer diskriminierungsfreien Versicherung betrieben werden, die für alle Bürger vorteilhaft und daher zustimmungsfähig ist.[14] Gerade die Ungewissheit über der eigenen Kontrolle entzogene Umstände, von denen die Möglichkeiten und Chancen zukünftiger Einkommenserzielung für einen selbst und die eigenen Nachkommen abhängen werden, kann es durchaus im Interesse aller gelegen sein lassen, sich etwa auf Regelungen zum Schutz gegen Erwerbsunfähigkeit oder zur Absicherung eines Minimaleinkommens zu einigen.[15] Ebenso kann es durchaus für alle Beteiligten wünschenswert sein, temporäre Anpassungshilfen für den Fall vorzusehen, dass man aufgrund veränderter Marktgegebenheiten gezwungen ist, die gewohnte Erwerbstätigkeit aufzugeben und neue Möglichkeiten des Einkommenserwerbs zu erschließen. An solche Regelungen dürfte auch *Müller-Armack* gedacht haben, als er davon sprach, die Soziale Marktwirtschaft sei „durchaus verträglich ... mit der Gewährung von Anpassungsinterventionen, um Teilen der Wirtschaft den Übergang in eine neue tragbare Position zu sichern" (1976 [1962]: 304 f). Wenn er allerdings davon spricht, dass dies für Bereiche gelten solle, die

> „wie die Landwirtschaft, der Bergbau, die Textilindustrie, in besonderem Maße dem Druck der wirtschaftlichen Dynamik ausgesetzt sind

---

[14] *R. Vaubel* (1989: 39): „Sozialpolitik kann allen nützen. ... Sozialpolitik kann aber auch einen Teil der Bürger schlechter stellen, um zugunsten anderer umzuverteilen. Ein Staat, der einen Teil seiner Bürger schlechter stellt, kann kein freiheitlicher Rechtsstaat sein."

[15] *Hayek* (1976: 142): „For a person at the beginning of an uncertain career, and for his children, it might even be perfectly rational to agree that all should insure for a minimum of sustanence in such an eventuality."

oder durch Konkurrenzprodukte oder größere Märkte bedrängt werden"
(ebd.: 305),

dann nennt er gerade notorische Beispiele für die politische Praxis
der Vergabe von Schutz- oder Protektionsprivilegien an ganz bestimmte Branchen, denen bereits seit vielen Jahrzehnten eine Son-
derbehandlung gewährt wird, die anderen versagt geblieben ist und
versagt bleibt, die sich ebenfalls „dem Druck der wirtschaftlichen
Dynamik... durch Konkurrenzprodukte oder größere Märkte" ausgesetzt sahen und sehen, welche die Anpassungslasten aber selber
tragen müssen und sie nicht mit Hilfe des staatlichen Zwangsappa-
rates auf ihre Mitbürger überwälzen können.

Man kann das hier anstehende Problem der Unterscheidung
von privilegienverteilender und diskriminierungsfreier Sozialpolitik
auch so umschreiben, dass es darum geht, Absicherungsbedürf-
nisse, bei denen wir es „mit echten versicherungsfähigen Risiken
zu tun haben" (*Hayek* 1952: 158) von solchen zu unterscheiden, die
nur durch Erteilung von Sonderrechten befriedigt werden können.
Echt versicherungsfähig sind Risiken dann, wenn Regelungen der
Absicherung gefunden werden können, die ex ante für alle Beteiligten vorteilhaft und zustimmungsfähig sind. Dort, wo es um in
diesem Sinne versicherungsfähige Risiken geht, wie etwa das Risiko, unter ein bestimmtes Mindesteinkommensniveau zu fallen,
oder das Risiko, durch einen notwendig gewordenen Beschäfti-
gungswechsel in eine temporäre Notlage zu geraten, können Regelungen gefunden werden, die in diskriminierungsfreier Weise
allen Bürgern die gleiche Behandlung zusichern, sollten sie in die
in Frage stehende Lage geraten. Nicht versicherungsfähig sind im
Kontrast dazu Risiken, für die keine ex ante für alle Beteiligten
vorteilhafte Absicherung möglich ist, weil sie nur auf eine Weise
absicherbar wären, deren Kosten und zu erwartende Nachteile die
möglichen Vorteile überwiegen. Solche Risiken lassen sich nicht in

diskriminierungsfreier und für alle Bürger wünschenswerter Weise absichern. Gegen sie kann man lediglich mit Regelungen geschützt werden kann, die nur so lange – und nur für die Begünstigten – vorteilhaft sind, wie man sie als Privileg erhält, die aber jegliche Attraktivität verlieren würden, wenn sie gleichermaßen für alle Beteiligten gelten würden. In diese Kategorie der nicht versicherungsfähigen Risiken fällt insbesondere, darauf hat *Hayek* immer wieder mit Nachdruck aufmerksam gemacht, das Risiko, in der bisherigen Erwerbstätigkeit ein einmal erreichtes Einkommensniveau nicht mehr aufrechterhalten zu können und unter einen gewohnten Lebensstandard zu fallen. Absicherungen gegen die Notwendigkeit, sich den marktlichen Gegebenheiten in einer sich ständig wandelnden Welt anpassen zu müssen, können nur bestimmten Gruppen – wie etwa den von *Müller-Armack* ausdrücklich genannten Branchen – als Privileg gewährt werden, unmöglich aber allen. Sobald sie allen gewährt würden, würden sie jegliche Attraktivität verlieren, da ihr Preis aus offensichtlichen Gründen für alle zu hoch wäre. Oder wie *Hayek* dies umschreibt:

> „Die Sicherheit eines bestimmten Einkommens kann jedoch nicht allen gewährt werden. ... Wird sie aber einigen Personen gewährt, so erhalten sie ein Vorrecht auf Kosten der anderen, deren Sicherheit dadurch notwendigerweise beeinträchtigt wird" (*Hayek* 1952: 160f.).

Das Ideal einer privilegienfreien Ordnung schließt keineswegs das aus, was *Müller-Armack* als „Einkommensumlenkung", also als eine Umverteilung von im Markt erzielten Einkommen bezeichnet. Jede Versicherung läuft ex post auf eine Einkommensumverteilung unter den Versicherten hinaus, aber dennoch gibt es vielfältige Gründe aus denen Menschen sich rational auf Versicherungsarrangements einigen können, die ex ante für alle Beteiligten vorteilhaft sind. Im Markt werden solche Versicherungen in vielfältigster Form angeboten, und es kann durchaus so sein, dass gewisse Risiken zweckmäßigerweise im staatlichen Verband als einem Intergenerationen-Verband abgesichert werden. Das ethische Ideal der Privilegienfreiheit und Rechtsgleichheit stellt allein darauf ab, dass Umverteilungsmaßnahmen, die durch den Zwangsapparat des Staates durchgesetzt werden sollen, darauf zu prüfen sind, ob sie nur einigen auf Kosten anderer Sondervergünstigungen gewähren, oder ob sie nach für alle gleichen, diskriminierungsfreien Regeln erfolgen. Auf diesen Punkt stellt auch *Hayek* (1976: 143) ab, wenn er sagt:

> „Da es das Wesen der Gerechtigkeit ist, dass dieselben Prinzipien allgemein gelten, darf die Regierung bestimmten Gruppen nur helfen, wenn sie sich verpflichtet, alle in ähnlicher Lage nach denselben Prinzipien zu behandeln."

– Im Sinne dieses Kriteriums wäre, um ein besonders augenfälliges Beispiel aus der jüngeren Vergangenheit zu nennen, die Intervention des Bundeskanzlers zugunsten der vom Konkurs bedrohten Bauunternehmung Holzmann nur dann als „gerecht" zu bezeichnen, wenn die Bundesregierung bereit wäre, sich an die Regel zu binden, jedem vom Konkurs bedrohten Unternehmen eine gleiche Behandlung zukommen zu lassen, eine Regel, die man nur aussprechen muss, um zu sehen, dass ihre generelle, diskriminierungsfreie Anwendung offenkundig zu völlig absurden und für niemanden wünschenswerten Ergebnissen führen würde.

7   „Refeudalisierung" und ordnungspolitischer Reformbedarf

Wenn *Müller-Armack* betont: „Zwei großen sittlichen Zielen fühlen wir uns verpflichtet, der Freiheit und der sozialen Gerechtigkeit" (1981 [1948]: 90), so wird daraus deutlich, dass er einen ethischen Anspruch nicht nur auf der Seite der Sozialpolitik sah, sondern durchaus auch auf der Seite des liberalen Freiheitsideals. Wenn er aber von der „dialektischen Aufgabe" spricht, „Wirtschaftspolitik auf die Zielrichtung des sozialen Schutzes wie auf die der freien Initiative zu richten" (1976 [1962]: 315), so entsteht durch seine Betonung des angeblich rein instrumentellen Charakters der Marktwirtschaft nur allzu leicht der Eindruck, es gehe vor allem darum, die sachlichen Funktionserfordernisse des „technischen Gefüges" der Marktwirtschaft mit den ethischen Anforderungen einer auf die Herstellung „sozialer Gerechtigkeit" zielenden Sozialpolitik in einen tragfähigen, und das heißt: die Marktwirtschaft nicht überlastenden, Ausgleich zu bringen.[16] Dadurch wird das zu lösende politische Gestaltungsproblem in einen Interpretationsrahmen gestellt, in dem die Sozialpolitik als der Advokat ethischer begründeter Anliegen erscheint, während den Verteidigern marktlicher Ordnungsprinzipien die weit weniger dankbare Rolle zufällt, mit einem bloß abwehrenden Verweis auf die sachlichen Restriktionen marktlicher Mechanik die Grenzen der Realisierbarkeit von per se wünschenswerten Projekten der Sozialpolitik aufzuzeigen. Das Argument für den Markt muß damit unter den typischen Bedingungen des politischen Wettbewerbs zu einem fortdauernden Rückzugsgefecht gegenüber immer neuen Ansinnen geraten, welche die Belastbarkeit des Marktes im Interesse der ethischen Werte „soziale Sicherheit" oder „soziale Gerechtigkeit" weiteren Tests unterziehen wollen. Es ist diese Konstellation, so möchte ich be-

---

[16] Dass *Müller-Armack* dies selbst wohl differenzierter gesehen hat, zeigt etwa seine Feststellung: „Wir warnen allerdings davor, soziale Gerechtigkeit und soziale Sicherheit einander gleichzusetzen. Wer sich zur Freiheit als sittlichen Wert, zum echten Leistungswettbewerb und zur freien Preisbildung als organisierendem Wirtschaftsprinzip bekennt, für den bedeutet soziale Gerechtigkeit nicht ‚jedem das Gleiche', sondern ‚jedem das Seine', und zwar auf Grund seiner Leistungen. .... Freiheit ist nicht zu denken ohne Bewährung, das heißt ohne Wettbewerb der echten Leistung. Gerade ihn scheuen weite Kreise und ersetzen das Ideal der sozialen Gerechtigkeit durch das Ideal der sozialen Sicherheit. Das Versorgungsideal verdrängt das Leistungsideal" (1976 [1948]: 92).

haupten, die jenen Prozess der graduellen Erosion marktlicher Ordnungsprinzipien begünstigt hat, der uns heute von der Notwendigkeit grundlegender ordnungspolitischer Reformen sprechen lässt.

Deutlich anders werden die Akzente gesetzt, geht man die Frage der sozialen Sicherung aus einer ordnungspolitischen Perspektive an, die die Wirtschafts- und Gesellschaftsordnung an dem ethischen Prinzip der Privilegienfreiheit und Rechtsgleichheit misst. Aus einer solchen Perspektive geht es, wie bereits betont, bei der Frage sozialpolitisch motivierter Maßnahmen nicht darum, marktliche Sachzwänge gegen eine sozialpolitische Gerechtigkeitsethik ins Feld zu führen. Es geht vielmehr darum, das Gerechtigkeitsideal der Privilegienfreiheit und Rechtsgleichheit auch auf die Regelungen anzuwenden, mit denen dem menschlichen Bedürfnis nach sozialer Absicherung Rechnung getragen werden soll. Aus dieser Sicht ist die entscheidende Frage nicht, wieviel Sozialpolitik die Marktwirtschaft verkraften kann, sondern **wie** Sozialpolitik betrieben wird: In der Form diskriminierungsfreier Versicherungsprinzipien, die für alle gleichermaßen gelten, oder in der Form von Eingriffen zugunsten einiger, die unmöglich zur allgemeinen Regel gemacht werden könnten (*Hayek* 1976: 122).

Gewiss kann eine Erosion marktwirtschaftlicher Ordnungsprinzipien nicht nur durch Privilegienvergabe erfolgen sondern auch durch die Wahl ungeeigneter Regelungen, die zwar diskriminierungsfrei sind, in ihren Auswirkungen aber allen Beteiligten zum Nachteil gereichen. Und ganz gewiss besteht ordnungspolitischer Reformbedarf in unserem Lande auch in dieser Hinsicht. Unzweifelhaft ist es aber wohl vor allem der verhängnisvolle Wettlauf von Interessengruppen um sie jeweils begünstigende Sonderregelungen, aus dem jener Prozeß seine Dynamik schöpft, den die Freiburger Ordoliberalen mit dem Begriff der Refeudalisierung umschrieben haben, und den *Franz Böhm* (1980: 158 f.) mit den Worten kommentiert:

„Empirisch freilich liegen die Dinge so, daß bei jeder Ordnung, die auf die organisierende Kraft von Spielregeln angewiesen ist, für *jeden* Teilnehmer und für jede partikuläre Gruppe von Teilnehmern die Möglichkeit besteht, *durch Spielregelverletzung Vorteile* zu erlangen. Natürlich auf Kosten anderer Teilnehmer oder Teilnehmergruppen. Auch in der Marktwirtschaft besteht die Möglichkeit, das Mogeln zu einer Einnahmequelle zu machen. ... Ungleich viel wirksamer ist jedoch der Versuch von Teilnehmergruppen, sich an die Tatsache zu erinnern, daß ihre Mitglieder ja auch Wähler und Mitträger der Volkssouveränität sind, und diese Qualitäten ihrer Beitragszahler im Raum des Staats und der Politik zur Geltung zu bringen. Hier setzt man sich erst gar nicht dem Odium aus, selbst zu mogeln, sondern erhebt mit dem besten Gewissen der Welt die Forderung an den Gesetzgeber oder an die Regierung, das Mogeln zum Gesetzgebungs- oder Regierungsprogramm zu erheben. Wer sich als Souverän betätigt, lebt gleichsam auf einer Alm, wo es keine Sünde gibt, wo man Schutzzölle, Steuerprivilegien, direkte Subventionen, Preisstützungen, Starthilfen für Monopolisierungen und sogenannte 'Marktordnungen' fordern und mit solchem Tun seine soziale und politische Reputation sogar noch wirksam vermehren kann. Der Staat ist es in eigener Person, der veranlaßt werden soll, sich zugunsten einer Gruppe und auf Kosten anderer Gruppen von Staatsbürgern über die Spielregeln der geltenden Ordnung hinwegzusetzen."

Wenn die Forderungen nach privilegierender Behandlung von den Betroffenen mit Vorliebe als eine Sache der „sozialen Gerechtigkeit" ausgegeben werden, so zeigt dies, wie *Hayek* immer wieder mahnend betont hat, dass der Begriff der „sozialen Gerechtigkeit" zu wenig mehr als einem Schlagwort geworden ist, mit dem bloße Privilegieninteressen notdürftig kaschiert werden (*Hayek* 1976:

140). Die im Namen der „sozialen Gerechtigkeit" unternommenen Eingriffe in den Markt haben, so *Hayeks* (1976: 139 f.) Argument,

> „vermutlich mehr Ungerechtigkeit in Form neuer Privilegien geschaffen, ... als dass sie zur Verbesserung des Schicksals der Armen beigetragen hätten."

Dass der Versuch, Gruppenforderungen nach der Verschonung von marktlichen Risiken und Anpassungszwängen durch, wie *Müller-Armack* (1976 [1962]: 314) es einmal genannt hat, „einen nach innen und außen gerichteten Sozialprotektionismus" zu befriedigen, zwar temporär beschwichtigend wirken, langfristig aber nicht die Akzeptanz der aus solcher Beschwichtigungsstrategie resultierenden Ordnung sichern kann, hat auch *Müller-Armack* gesehen als er bereits 1960 über politische Bemühungen der Sicherheitsgewährung sagte, sie hätten

> „nicht die erwartete soziale Befriedigung gezeigt. Die Forderungen der Verbände, die sich inzwischen formieren konnten ... stoßen ... zusammen, die zu dämpfen unserer Wirtschaftsordnung das rechte Rezept fehlt" (1976 [1960b]: 270).

Nicht zuletzt die in öffentlichen Meinungsumfragen festgestellte sinkende Zustimmung zu dem, was die Menschen unter „Marktwirtschaft" verstehen, eine sinkende Zustimmung, die seit der Wiedervereinigung in Ost und West zu beobachten ist, muss wohl als Hinweis darauf gewertet werden, dass der Versuch, Akzeptanz durch Umverteilung zu gewinnen, gescheitert ist, und dass aller Anlass besteht, gerade im Hinblick auf die Notwendigkeit nachhaltiger Akzeptanzsicherung über grundlegende ordnungspolitische Reformen nachzudenken.

Wie steht es nun, so bleibt zu fragen, um die Chancen für solche ordnungspolitischen Reformen? Obschon die Zwänge, die die akkumulierte öffentliche Schuldenlast, die Krise der sozialen Sicherungssysteme und der intensiver werdende Standortwettbewerb der Politik auferlegen, die Bereitschaft zu Reformen fördert und auch zu einigen Reformschritten geführt hat, wird man doch kaum erwarten können, dass der politische Prozess, der die Lage, in der wir uns jetzt befinden, herbeigeführt hat, zu einer grundlegenden Richtungsänderung fähig sein wird, wenn sich nicht in den Rahmenbedingungen dieses Prozesses entscheidendes ändert. Schließlich hat es an mahnenden Hinweisen auf die verhängnisvollen längerfristigen Auswirkung ordnungspolitisch problematischer Eingriffe in dem halben Jahrhundert der Entwicklung der Sozialen Marktwirtschaft wahrlich nicht gefehlt. Nicht der Mangel an Hinweisen auf die relevanten Zusammenhänge sondern die Dynamik politischer Interessen, oder, wie dies manchmal umschrieben wird, der Triumph der politischen Opportunität über die ökonomische Rationalität (*Vanberg* 1996), hat die heutige Lage herbeigeführt. Nur wenn die Möglichkeit der Privilegienvergabe durch Regierung und Parlament systematisch und wirksam eingeschränkt wird, und damit der Anreiz reduziert wird, den politischen Prozess zur Privilegiensuche zu nutzen, nur dann wird man eine Umkehr auf dem Weg der „Refeudalisierung" erreichen können. Genau dies hat Walter Eucken mit seiner häufig missverstandenen Formel von der Notwendigkeit eines „starken Staates", als einem gegen die Privilegiensuche von Sonderinteressen abgeschirmten Staat, ausdrücken wollen.[17] Was er damit meinte, hat *Hayek* einmal in dem

---

[17] *Eucken* (1932: 307): „Die Umwandlung des liberalen Staates zum Wirtschaftsstaat bedeutet für das staatliche, wie für das wirtschaftliche Leben sehr viel. Daß mit diesem Prozeß die Größe des Staatsapparates außerordentlich wächst, daß sein Etat mächtig anschwillt, daß er mit seinen Subventionen, Zöllen, Einfuhrverboten, Kontingenten, Moratorien usw. ... viel tiefer als früher in die Einkommensgestaltung des einzelnen eingreift, daß sich also eine entschiedene Expansion der Staatstätigkeiten vollzieht, ist oft geschildert

Satz zusammengefasst: Um die Autorität des Staates zu stärken, müssen wir seine Macht begrenzen. Mit anderen Worten: Der Politik müssen wirksam die Hände gebunden werden, mit denen sie Privilegien vergeben kann.

Die Frage, wie eine solche Bindung von Politik wirksam erfolgen kann, ist in der westlichen Verfassungsdiskussion seit langem erörtert worden, und sie ist ein zentrales Thema der modernen politischen Ökonomie. **Eine**, wenn auch sicherlich nicht die entscheidende, Möglichkeit darauf hinzuwirken, lässt sich aus den Überlegungen folgern, die ich im Vorhergehenden dargelegt habe. Wenn, wie ich behaupte, die Erosion marktlicher Ordnungsprinzipien dadurch begünstigt worden ist, dass in der politischen Auseinandersetzung das der marktwirtschaftlichen Ordnung inhärente ethische Ideal der Privilegienfreiheit und Rechtsgleichheit zu wenig betont worden und damit zu wenig in das öffentliche Bewusstsein eingedrungen ist, dann sollten Anstrengungen unternommen werden, das Versäumte nachzuholen. Nur wenn es gelingt, den Menschen das Ideal einer privilegienfreien Ordnung deutlich zu machen und ihre Sensibilität für den Unterschied zwischen verallgemeinerungsfähigen und daher fairen Regelungen der sozialen Absicherung und privilegierenden Sonderregelungen zu schärfen, wird man es Interessengruppen schwerer machen können, ihre Forderungen nach Sonderrechten als Gebote der „sozialen Gerechtigkeit" auszugeben, und nur dann wird man es Politikern leichter machen, solche Forderungen abzuwehren.

---

worden. Solche Tatsachen dürfen aber nicht eine andere Seite der Sache übersehen lassen; diese Expansion nämlich ... bedeutet nicht etwa eine Stärkung, sondern ganz im Gegenteil eine Schwächung des Staates."

8   Schluss

Müller-Armack hat davon gesprochen, die Soziale Marktwirtschaft stelle

> „den Versuch dar, innerhalb der modernen Massengesellschaft freie wirtschaftliche Initiative und freien Wettbewerb mit den sozialen Überzeugungen, die für unsere Zeit als unabdingbare Voraussetzungen der staatlichen und gesellschaftlichen Existenz angesehen werden müssen, zu verbinden" (1976 [1960a]: 254).

Gewiss wird Politik den von *Müller-Armack* angesprochenen „sozialen Überzeugungen" Rechnung tragen müssen. Ebenso gewiss ist aber auch, dass eine dauerhafte Sicherung der Akzeptanz marktwirtschaftlicher Ordnung auch die dauernde Aufklärung darüber erfordern wird, dass manche der „sozialen Überzeugungen" unserer Zeit auf Forderungen hinauslaufen, die nur auf dem Wege der Privilegienvergabe an einige, unmöglich aber in einer diskriminierungsfreien und für alle Beteiligten vorteilhaften Weise befriedigt werden können, und dass solche Forderungen daher in einer Gesellschaft von gleichberechtigten und gleich freien Menschen zurückgewiesen werden müssen.

Literatur

Böhm, Franz 1973: „Eine Kampfansage an Ordnungstheorie und Ordnungspolitik – Zu einem Aufsatz in Kyklos", ORDO – Jahrbuch für die Ordnung von Wirtschaft und Gesellschaft, Bd. 24, S. 11-48.

Böhm, Franz 1980 [1966]: „Privatrechtsgesellschaft und Marktwirtschaft", in: Ders., Freiheit und Ordnung in der Marktwirtschaft, Baden-Baden: Nomos, 1980, S. 105-168; zuerst veröffentlicht in:

ORDO – Jahrbuch für die Ordnung von Wirtschaft und Gesellschaft, Bd. 17, 1966, S. 75-151.

Böhm, Franz 1980: Freiheit und Ordnung in der Marktwirtschaft, Baden-Baden: Nomos.

Cassel, Dieter und *Siegfried Rauhut* 1998: „Soziale Marktwirtschaft: Eine wirtschaftspolitische Konzeption auf dem Prüfstand", in *D. Cassel* (Hg.): 50 Jahre Soziale Marktwirtschaft, Schriften zu Ordnungsfragen der Wirtschaft, Bd. 57, Stuttgart: Lucius & Lucius, S. 3-31.

Eucken, Walter 1932: „Staatliche Strukturwandlungen und die Krise des Kapitalismus", Weltwirtschaftliches Archiv, Bd. 36, S. 297-323.

Eucken, Walter 1990: Grundsätze der Wirtschaftspolitik, 6. Aufl., Tübingen: J.C.B. Mohr (Paul Siebeck).

Hamel, Hannelore 1994: „Soziale Marktwirtschaft: Anspruch und Realität eines ordnungspolitischen Konzepts", in: *W. Klein, S. Paraskewopoulos* und *H. Winter* (Hg.), Soziale Marktwirtschaft – Ein Modell für Europa, Festschrift für *Gernot Gutmann* zum 65. Geburtstag, Berlin: Dunker & Humblot, S. 109-132.

Hayek, Friedrich A. 1952: Der Weg zur Knechtschaft, Erlenbach-Zürich: Eugen Rentsch Verlag.

Hayek, Friedrich A. 1969: Freiburger Studien, Tübingen: J.C.B. Mohr (Paul Siebeck).

Hayek, Friedrich A. 1971: Die Verfassung der Freiheit, Tübingen: J.B.C. Mohr (Paul Siebeck).

Hayek, Friedrich A. 1972 [1944]: The Road to Serfdom, Chicago: The University of Chicago Press.

Hayek, Friedrich A. 1976: The Mirage of Social Justice, Bd. 2 von Law, Legislation and Liberty, London and Henley: Routledge and Kegan Paul.

Lambsdorff, Otto Graf, Hg., 2001: Freiheit und soziale Verantwortung – Grundsätze liberaler Sozialpolitik, Frankfurt a. M.: Frankfurter Allgemeine Buch.

Lange-von Kulessa, Jürgen und *Andreas Renner* 1998: „Die Soziale Marktwirtschaft *Alfred Müller-Armacks* und der Ordoliberalismus der Freiburger Schule – Zur Unvereinbarkeit zweier Staatsauffassungen", in: ORDO – Jahrbuch für die Ordnung von Wirtschaft und Gesellschaft, Bd. 49, S. 79-104.

Müller-Armack, Alfred 1976: Wirtschaftsordnung und Wirtschaftspolitik – Studien und Konzepte der Sozialen Marktwirtschaft und zur Europäischen Integration, Zweite, unveränderte Auflage, Bern und Stuttgart: Verlag Paul Haupt.

Müller-Armack, Alfred 1976 [1948]: „Die Wirtschaftsordnungen sozial gesehen", in: Ders. 1976, S. 171-199.

Müller-Armack, Alfred 1976 [1952]: „Stil und Ordnung der Sozialen Marktwirtschaft", in: Ders. 1976, S. 231-242.

Müller-Armack, Alfred 1976 [1956]: „Soziale Marktwirtschaft", in: Ders. 1976, S. 243-249.

Müller-Armack, Alfred 1976 [1960a]: „Die Soziale Marktwirtschaft nach einem Jahrzehnt ihrer Erprobung", in: Ders. 1976, S. 251-265.

Müller-Armack, Alfred 1976 [1960b]: „Die zweite Phase der Sozialen Marktwirtschaft – Ihre Ergänzung durch das Leitbild einer neuen Gesellschaftspolitik", in: Ders. 1976, S. 267-291.

Müller-Armack, Alfred 1976 [1962]: „Das gesellschaftspolitische Leitbild der Sozialen Marktwirtschaft", in: Ders. 1976, S. 293-315.

Müller-Armack, Alfred 1981: Genealogie der Sozialen Marktwirtschaft – Frühschriften und weiterführende Konzepte, Zweite, erweiterte Auflage, Bern und Stuttgart: Verlag Paul Haupt.

Müller-Armack, Alfred 1981 [1948]: „Vorschläge zur Verwirklichung der Sozialen Marktwirtschaft", in: Ders. 1981, S. 90-109.

Müller-Armack, Alfred 1981 [1969]: „Der Moralist und der Ökonom – Zur Frage der Humanisierung der Wirtschaft", in: Ders. 1981, S. 123-140.

Müller-Armack, Alfred 1981 [1972]: „Die Soziale Marktwirtschaft als Friedensordnung", in: Ders. 1981, S. 161-166.

Müller-Armack, Alfred 1981 [1973]: „Der humane Gehalt der Sozialen Marktwirtschaft", in: Ders. 1981, S. 167-175.

Müller-Armack, Alfred 1981 [1977]: „Die fünf großen Themen der künftigen Wirtschaftspolitik", in: Ders. 1981, S. 315-340.

Müller-Armack, Alfred 1981a: Diagnose der Gegenwart – Zur Bestimmung unseres geistesgeschichtlichen Standorts, Zweite, erweiterte Auflage, Bern und Stuttgart: Verlag Paul Haupt.

Pies, Ingo 1998: „Theoretische Grundlagen einer Konzeption der ‚sozialen Marktwirtschaft': Normative Institutionenökonomik als Renaissance der klassischen Ordnungstheorie", in: *D. Cassel* (Hg.): 50 Jahre Soziale Marktwirtschaft, Schriften zu Ordnungsfragen der Wirtschaft, Bd. 57, Stuttgart: Lucius & Lucius, S. 97-132.

Schlecht, Otto 2001: „Ein anpassungsfähiges Wirtschaftssystem", in: Frankfurter Allgemeine Zeitung, 7. August 2001, Nr. 181, S. 16.

Vanberg, Viktor 1996: Ökonomische Rationalität und politische Opportunität – Zur praktischen Relevanz der Ordnungsökonomik, Schriftenreihe des *Max-Planck*-Instituts zur Erforschung von Wirtschaftssystemen, Heft 8, Jena: Akademische Buchhandlung Jena.

Vanberg, Viktor 1997: „Die normativen Grundlagen von Ordnungspolitik", in: ORDO – Jahrbuch für die Ordnung von Wirtschaft und Gesellschaft, Bd. 48, Stuttgart: Lucius & Lucius, S. 707-726.

Vaubel, Roland 1989: „Der Missbrauch der Sozialpolitik in Deutschland: Historischer Überblick und Politisch-Ökonomische Erklärung", in: Hamburger Jahrbuch für Wirtschafts- und Gesellschaftspolitik, Bd. 34, S. 39-64.

Die Universität zwischen Freiheit, Markt und Regulierung[1]

HANS WILLGERODT

I Die Universität als staatliche Zweckveranstaltung

In seiner berühmten Abhandlung „Der Streit der Facultäten"
(1789/1964) hat *Immanuel Kant* die Freiheit der Philosophischen
Fakultät von staatlicher Bestimmung ihrer Lehren verteidigt. Zugrunde lag eine Zurechtweisung durch den preußischen König
Friedrich Wilhelm II., weil *Kant* seine

> „Philosophie zur Entstellung und Herabwürdigung mancher Haupt- und
> Grundlehren der heiligen Schrift und des Christentums mißbraucht"
> habe (Brief des Königs vom 1. Oktober 1794).

Kant stellt in seiner Verteidigung als Tatsache fest, daß die theolo-
gische, die juristische und die medizinische Fakultät als die oberen
Fakultäten gelten, weil der Staat an ihren Lehren ein besonderes
Interesse habe:

> „Die Regierung aber interessiert das am allermeisten, wodurch sie sich
> den stärksten und daurendsten Einfluß aufs Volk verschafft, und der-
> gleichen sind die Gegenstände der oberen Facultäten." (S. 281).

Die Philosophische Fakultät vertrete unabhängig von staatlichen
Ansichten nur das Interesse der Wissenschaft und werde daher die
untere genannt. Sie sei aber in ihrer Suche nach durch die Vernunft

---

[1] Mein besonderer Dank gilt *Oliver Zierold* vom Institut für Deutsches und
Europäisches Wissenschaftsrecht der Universität zu Köln für das Beschaffen
von Unterlagen, die mir das Bundesministerium für Bildung und Forschung
nicht zur Verfügung gestellt hat.

begründeter Wahrheit notwendig und auch berechtigt, die Lehren der oberen Fakultäten zu prüfen.

Was *Kant* als das Verfahren der Philosophischen Fakultät geschildert hat, nämlich die vernunftgemäße Prüfung von Tatsachen und Zusammenhängen und die nicht an übergeordnete Schriften gebundene Suche nach Erkenntnis, hat längst Hausrecht auch in den anderen Fakultäten erhalten. Der Staat hat jedoch nicht auf seinen Einfluß auf die Universitäten verzichtet, mindestens soweit er sie wie in Deutschland errichtet und finanziert hat. Immerhin gelang es im 19. Jahrhundert, den staatlichen Einfluß auf den Inhalt von Forschung und Lehre zurückzudrängen. Es entstand ein labiles Gleichgewicht zwischen Freiheit der Wissenschaftler in Forschung und Lehre auf der einen Seite und dem notwendigen und vom Staat zu sichernden materiellen und institutionellen Rahmen der Universitäten auf der anderen Seite. Dieses Gleichgewicht kann sowohl durch Wettbewerbsbeschränkungen und Disziplinlosigkeit der Wissenschaftler von innen gefährdet werden als auch durch Eingriffe von außen, in erster Linie durch den Staat oder Interessengruppen aller Art.

In der Wissenschaft selbst gibt es keine Rangordnung der Fakultäten und Fächer. Jedenfalls kann keinem Fach die Daseinsberechtigung abgesprochen werden, solange darin die Regeln einer rationalen Diskussion und Suche nach Erkenntnis eingehalten werden. Rechtlich gibt es in Deutschland auch nicht mehr die Möglichkeit, unmittelbar wissenschaftliche Inhalte vom Staat oder von Interessengruppen für verbindlich erklären zu lassen.

Mittelbare Rangordnungen und staatliche oder politische und wirtschaftliche Einflüsse auf den Inhalt von Forschung und Lehre ergeben sich jedoch schon allein durch die Zuweisung von Personal und Sachmitteln. Auch wenn der Staat Forschungsprojekte, fachliche Profile und Zielprojektionen für die Universitäten festlegt, kommt dieser Einfluß zum Ausdruck. Forschung und Lehre können im übrigen nicht unbegrenzt inhaltlich frei sein, sondern müssen sich im Rahmen der Gesetze bewegen[2]. Die Lehre ist durch Studienpläne und Prüfungsordnungen kanalisiert. Der Staat kann auch versuchen, gegen Wettbewerbsbeschränkungen und unlauteres Verhalten in der Wissenschaft vorzugehen, obwohl ihm dafür im Regelfall die notwendige Sachkunde fehlt. Ein Teil dieser staatlichen Einflüsse läßt sich nicht aufheben, zumal, wenn die Universitäten staatliche Einrichtungen bleiben. Es kann nur darum gehen, ein qualitatives und quantitatives Optimum des staatlichen Einflusses zu finden.

Nach der politischen Revolte von 1968, deren bevorzugtes Opfer die Universitäten gewesen sind, ging es der staatlichen Hochschulpolitik in vielen westdeutschen Ländern zunächst um eine Politisierung der Hochschulen und die didaktische Umsetzung der damit erzwungenen Festlegungen. Diese Entwicklung war mit einer extremen Bürokratisierung verbunden (*Menze* 1977), weil die Universität als interner, ständestaatlich organisierter Klassenkampf aufgefaßt wurde, bei dem die einzelnen Gruppen aufgefordert wurden, ihre Interessen wahrzunehmen und in zahllosen Sitzungen durch Koalitionen zu irgendeinem Ergebnis zu kommen, das am Gleichgewicht der Kräfte, aber nicht mehr an den Aufgaben von freier Forschung und Lehre orientiert war. *Alfred Müller-Armack*, dem dieses Symposion gewidmet ist, sprach von Holzwegen der Universitätsreform (1977/1980).

Seit einigen Jahren hat sich jedoch die deutsche Hochschulpolitik in ihren Zielvorstellungen um 180 Grad gewendet. Nicht mehr sollen die Hochschulen Veranstaltungen sein, bei denen die Mitwirkung sich nach Gruppeninteressen richtet, und sie sollen auch nicht mehr zu politischen Kampfplätzen werden, wie es den widerstre-

---

[2] Artikel 5 Absatz 3 des Grundgesetzes scheint nur die Lehre an die Treue zur Verfassung zu binden, nicht die Forschung. Aber die übergeordnete Norm der Menschenwürde nach Artikel 1 Satz 1 des Grundgesetzes gilt natürlich ebenso wie z.B. strafrechtliche Normen auch für die Forschung (Hierzu *Grimm* 2002).

benden Professoren abverlangt worden war. Die Universitäten sollen aber immer noch wie schon zu *Kants* Zeiten vor allem staatliche Zweckveranstaltungen sein, wenn sie auch dem ersten Anschein nach weniger politisiert sein sollten. Zweckfreie Suche nach Wahrheit wird zurückgedrängt. Vielmehr wird von den Universitäten erwartet, in ihrer Lehre lediglich unmittelbar auf Berufe vorzubereiten und in der Forschung Ergebnisse abzuwerfen, die sich umgehend wirtschaftlich verwerten lassen. Es hat sich also in den Augen des Staates und der Öffentlichkeit auch die Rangordnung der Fakultäten verschoben. Theologische Fakultäten erscheinen dem Staat nicht mehr wichtig genug, um ihn zu Eingriffen zu veranlassen. Stellungnahmen von Theologen zu Fragen der Politik sind dagegen ebenso häufig wie immer dann ärgerlich, wenn sie sich nicht bei den Nachbarwissenschaften hinreichend kundig gemacht haben, werden aber vom Staat nicht zum Anlaß von Interventionen genommen. Soweit die juristische Fakultät ihren Untersuchungsgegenstand auch als auch als Moralwissenschaft pflegt, hat sie an Einfluß verloren: Staat und Politik nutzen juristische Techniken „positivistisch" als Gestaltungswerkzeug und behandeln oft das Recht als einen Steinbruch, aus dem sie sich nach politischer Opportunität bedienen können. Dem Staat ist jedoch nach wie vor wichtig, was an den juristischen Fakultäten geschieht. Er bindet sie durch Prüfungsordnungen, greift aber bisher kaum in die juristische Forschung ein, zumal ihm das Mittel zur Verfügung steht, Gesetze zu erlassen, die dieser Forschung gegenüber in der praktischen Anwendung das letzte Wort haben. Obersten Rang in der staatlichen und öffentlichen Beachtung nehmen heute die Fakultäten ein, bei denen vermutet wird, daß bei ihnen die unmittelbare Verwertbarkeit ihrer Forschung und Lehre im Vordergrund steht. Dazu gehören auf unmittelbare Nützlichkeit ausgerichtete Teile der Natur- und Ingenieurwissenschaften, der Medizin und bei den Wirtschaftswissenschaften der Betriebswirtschaftslehre, während Staat, Politik und wirtschaftliche Interessenten die Volkswirtschaftslehre immer mehr als lästige Einengung ihrer Bewegungsfreiheit ansehen und daher an den Universitäten zurückdrängen.[3] Auf die Gebiete der *unmittelbaren* Nützlichkeit sollen sich nun die Universitäten ebenso konzentrieren wie die staatliche Forschungspolitik. Dieses erfordere der Wettbewerb im Zeichen der Globalisierung. Bei Wirtschaftsmanagern und Politikern ist die Vorstellung verbreitet, es komme allein auf das gegenwärtige Wirtschaftswachstum und den schnellen Wissenstransfer aus den Hochschulen in die Wirtschaft an.[4]

Mißverständlich so genannte Geisteswissenschaften[5] werden an die Wand gedrängt, die Philosophische Fakultät bleibt auf dem letzten Platz mit den Teilen, die ihr nach dem Verlust der Natur-, Wirtschafts- und Ingenieurwissenschaften verblieben sind.

---

[3] Die Vertreter der Volkswirtschaftslehre fördern diese Tendenz durch den Rückzug in formale Schwerverständlichkeit und den Abbruch von Brücken zur praktischen Politik. Immer mehr volkswirtschaftliche Professuren mit wirtschaftspolitischer Orientierung werden eingespart, auch zugunsten betriebswirtschaftlicher Lehrstühle.

[4] So z.B. folgende Äußerung von *Nikolaus Schweikart* (2001, S. 89), dem Vorsitzenden des Vorstandes der Altana AG: „Will Deutschland im internationalen Wettbewerb mithalten, müssen wir unser Universitätssystem radikal reformieren und privatisieren, um die Qualität und Schnelligkeit der Ausbildung zu erhöhen. Universitäten müssen wie Unternehmen geführt werden und Forschungsergebnisse in Form von Patenten und Unternehmensbeteiligungen an den Markt bringen können". Entgegengesetzt ist eine Äußerung aus dem Zentralverband der Schweizerischen Unternehmen „economiesuisse"(2001, S. 12): „Nachdem in den letzten Jahren die orientierte Forschung (d.h. mit forschungsintensiven Vorgaben) und die nicht programmgebundene Ressortforschung, die heute rund die Hälfte der gesamten staatlichen F + E – Ausgaben von rund 2 Mrd. Franken beanspruchen, kräftig zulegen konnten, gilt es, in Zukunft den Anteil der freien Grundlagenforschung wieder stärker zu gewichten."

[5] Als ob die anderen Wissenschaften geistlos, aber nützlich wären und die Geisteswissenschaften unnatürlich und unnütz.

Selbstverständlich haben die wissenschaftlichen Hochschulen
stets auch die beiden Aufgaben der Ausbildung und der Zweckforschung wahrgenommen, aber ihr Horizont war immer weiter bemessen. Diese Hochschulen sollen in erster Linie nach Wahrheit
auch dort suchen, wo der betriebswirtschaftliche oder Konsumnut-
zen nicht sofort zu erkennen ist. Bei der zunächst wirtschaftlich
zweckfreien Suche nach Erkenntnis können sehr große, wenn auch
oft nur mittelbare Vorteile für die Wohlfahrt des einzelnen entstehen. Aber darin erschöpfen sich Sinn und Kulturbedeutung solcher
allgemeinen Horizonterweiterung nicht. Von ihr kann später niemand ausgeschlossen werden, sofern er sich die Vorkenntnisse an-
eignet, die für die Anwendung neuen Wissens nötig sind. Die Mathematik ist hierfür eines von vielen Beispielen. Ein anderes Beispiel ist die wirtschaftpolitische Forschung, bei der richtige Ergebnisse jedenfalls in aller Regel nicht auf einen konkreten privaten Nutzer zugeschnitten sein können, der bereit ist, für solche Forschung einen kostendeckenden Preis zu zahlen. Deswegen ist zum
Beispiel eine sinnvolle unabhängige Forschung zur Ausgestaltung
der Sozialen Marktwirtschaft oft nur schwer privatwirtschaftlich
finanzierbar.[6] Die wirtschaftliche Gesamtordnung kann aber stärker

---

[6] Ein Anstieg der Kenntnisse über gesamtwirtschaftliche Zusammenhänge
kann aber das private Informationsbedürfnis und damit auch die Nachfrage
nach wirtschaftspolitischer Forschung anregen, so daß sich insoweit ein frü-
heres Angebot an solchen Kenntnissen seine eigene spätere Nachfrage
schafft. Außerdem können nichtstaatliche Kollektive wie Verbände aller Art
objektive wirtschaftspolitische Aufklärung anstreben, weil sie im Interesse
ihrer Mitglieder liegt, zum Beispiel in der Konjunkturbeobachtung. Ähnliches gilt für Großunternehmungen, etwa Großbanken, deren privatwirtschaftliches Interesse sich in manchen Fällen dem gesamtwirtschaftlichen
Interesse nähern kann. Auch eine firmen- und verbandsegoistische Planung
kann an zutreffender volkswirtschaftlicher Information interessiert sein,
selbst wenn sie gegen das gesamtwirtschaftliche Interesse verstoßen will. An
gesamtwirtschaftlich sinnvoller Forschung über ordnungspolitische Fragen
sind alle diejenigen privatwirtschaftlich interessiert, die von einer verfehlten
Ordnungspolitik geschädigt werden.

über die persönliche Lebenslage und menschliche Schicksale entscheiden als manche sofort verwertbaren technologischen Neuerungen. Diese Ordnung ist nicht allein ein Produkt spontaner Prozesse, sondern auch von rechtlich-politischen Entscheidungen abhängig, die durch wissenschaftliche Sachkunde beeinflußt sein können. Weil sich hierfür im allgemeinen nicht genügend uneigennützige Mäzene finden, ist für solche Grundlagenforschung die Finanzierung durch den Staat sinnvoll.

Die heutige Tendenz der staatlichen Forschungsförderung, möglichst unmittelbar rentable Forschung zu subventionieren und die Hochschulen allein in diese Richtung zu drängen, enthält einen grundsätzlichen Irrtum: Zweckforschung dieser Art wird auch privatwirtschaftlich von Unternehmungen betrieben und finanziert, die keine Studierenden ausbilden. Fördert und subventioniert der Staat solche Forschung an seinen Hochschulen, so kann damit eine private und in privaten Unternehmungen vielleicht sogar erfolgreichere und wegen der Kosten und des Risikos sorgfältiger geprüfte Forschung dieser Art verdrängt werden[7]. Daß sich die private Wirtschaft gern von entsprechenden Forschungsaufwendungen zu Lasten des Steuerzahlers befreien möchte, ist verständlich. Wichtig ist

---

[7] Die Meinung, es gebe solche sinnvolle Forschung mit marktfähigem Ergebnis, bei der die privaten Mittel auch sehr großer Unternehmungen nicht ausreichen und das Risiko daher vom Steuerzahler übernommen werden müsse, ist stärker begründungsbedürftig, als meist unterstellt wird. Gigantische einseitige Großforschung müßte einen Nutzen bringen, der denjenigen einer Fülle kleinerer Forschungen gleicher Ausgabensumme deutlich übersteigt. Denn das Risiko ist bei breiterer Streuung niedriger und der Forschungsaufwand kann dabei eher aus den späteren Ergebnissen amortisiert werden. Außerdem fehlt bei einer vom Steuerzahler finanzierten Zweckforschung mit marktfähigem Ergebnis das individuelle, durch Zahlungsbereitschaft erkennbare Einverständnis des späteren Nutzers, es sei denn, daß er im Preis des Ergebnisses soviel zahlt, daß der vom Staat finanzierte Großforscher die aus der Staatskasse erhaltene Summe mit Zinsen zurückzahlt. Die Staatssubventionierung der Zweckforschung erfordert den Nachweis, daß dabei externe Vorteile entstehen, die der Subventionierte sich nicht aneignen kann und die außerdem den staatlichen Aufwand dem Werte nach übersteigen.

jedoch im Gegenteil, daß der Staat vorwiegend solche Forschung fördert, die nicht unmittelbar zu kommerziell verwertbaren Ergebnissen führt, aber durch Entwicklung neuer Methoden und Instrumente und Erschließen neuer Felder des Wissens zur allgemeinen Kultur beiträgt, von der schließlich auch die wirtschaftliche Entwicklung im ganzen abhängt (hierzu: *Helmstädter* 2000; *Hoppe* und *Pfähler* 2001).

In ihrer Forschung sollten sich die wissenschaftlichen Hochschulen nicht vorwiegend oder gar ausschließlich an der kaufkräftigen Nachfrage der Einzelwirtschaften nach ihren Forschungsleistungen orientieren. Teilweise können sie das auch gar nicht. Zum Beispiel weist die naturwissenschaftliche Forschung Interdependenzen auf: Manche einzelwirtschaftlich am Markt verkäuflichen Ergebnisse der naturwissenschaftlichen Forschung können ohne nicht kommerziell verwertbare Grundlagenforschung überhaupt nicht zustande kommen. Es fehlen dann Komplemente, die man für die Fortentwicklung des anwendungsorientierten Spezialwissens braucht (*Mittelstaedt* 1971).

Es kommt ein weiterer Grund hinzu, der es gar nicht erlaubt, Forschung *allein* an einem bestimmten technischen oder kommerziellen Zweck zu orientieren. Zwar beginnt alle Forschung mit einer möglichst genauen Erfassung dessen, was man wissen will, also mit der Präzision eines bisher ungelösten Problems, mindestens aber mit dem Abstecken des Untersuchungsgegegenstandes und Überlegungen darüber, wie man vorgehen will. Insoweit gibt es immer Forschungsplanung, und zwar durch den Forscher selber. Abwegig ist jedoch die planwirtschaftliche Vorstellung, daß es genügt, wenn eine übergeordnete Instanz Geld in die Hand nimmt, geeignete Forscher zusammenruft oder sie nach Art merkantilistischer Fürsten als Goldmacher zusammensperrt und ihnen konkrete Forschungsaufgaben stellt, um in voraussehbarer Zeit das gewünschte Ergebnis erzielen zu können. Ergebnisse der Forschung sind nicht genau vorauszusehen[8].

> „By definition new knowledge cannot be predicted in precise terms – if it were otherwise it would not be new knowledge."(*Robbins* 1966, S. 20).

Daher kann auch nicht präzise vorausgesagt werden, ob bei einer Grundlagenforschung nicht auch anwendbares und außerdem kommerziell verwertbares Wissen entsteht. Umgekehrt können bei Zweckforschung neue Methoden und grundsätzliche Zusammenhänge entdeckt werden, die man der Grundlagenforschung zurechnen muß. Wissen und Wissenschaft enthalten in mehrfachem Sinn starke universale Komponenten: Durch Weitergabe von Einzelwissen verliert es der Gebende nicht, sondern verbreitet es nur. Ferner läßt sich die unentgeltliche Ausbreitung nur durch Geheimhaltung und die unentgeltliche Anwendung nur durch besondere Maßnahmen verhindern (Patente, Nutzungsrechte) und schließlich ist es ohne einen breiteren Hintergrund anderen Wissens und einen allgemeinen kulturellen Humus weder zu entdecken noch zu nutzen. In Abwandlung eines Spruches, den *Lichtenberg* auf einzelne Länder gemünzt hat, könnte man sagen: Wer nur seine eigene Wissenschaft kennt, kennt auch diese nicht eigentlich.

Die Wissenschaft beruht also auf einer Mischung von Bildungs- und Wissensgütern, und zwar sind sie nicht nur nach verschiedenen nebeneinander oder hintereinander liegenden Disziplinen zu unterscheiden, sondern auch danach, ob sie öffentliche oder private Wis-

---

[8] Nach der deutschen Vereinigung hatte ich einmal eine Habilitationsschrift aus der Zeit der DDR über die Planung der Forschung für ein Kombinat zu begutachten. Der – sehr sorgfältige – Bearbeiter hatte große Schwierigkeiten, sein Ergebnis zu verbergen, daß eine solche Planung nicht mit der Genauigkeit möglich war, die der Gesamtplan und die Partei verlangt hatten.

sensgüter sind[9]. Besonders in der Grundlagenforschung können die Ergebnisse öffentliche Güter sein, wenn diese Ergebnisse unentgeltlich von jedermann genutzt werden können. Aber auch anwendungsbezogenes Wissen kann die Eigenschaft eines öffentlichen Gutes haben, wenn die Anwendung nicht genug durch Urheberschutz auf diejenigen beschränkt werden kann, die bereit sind, dafür einen Preis zu zahlen.

Auch die Qualität der Lehre an den wissenschaftlichen Hochschulen kann nicht allein an ihrem sofort verwertbaren wirtschaftlichen Direktnutzen für spätere Arbeitgeber gemessen werden. Diese Hochschulen sollen vielmehr vor allem die Fähigkeiten fördern, die für die Analyse von Sachverhalten notwendig sind, und die dabei anzuwendenden Methoden entwickeln und einüben. Gewiß muß dies auch anhand konkreter Einzelfälle geschehen. Aber sie haben mehr exemplarische Bedeutung. Wer nach mehr praxisbezogener Einengung und Spezialisierung in der Lehre ruft, verkennt, daß nur auf spezielle Einzelfälle gerichtetes Wissen schneller veraltet als allgemeinere Kenntnisse über Methoden zur Lösung neuer Probleme.[10]

---

[9]   Die Unterscheidung von vorgelagertem und nachgelagertem Wissen deckt sich nicht mit der Unterscheidung von privaten und öffentlichen Wissensgütern. Vorgelagertes Wissen braucht man, um anwendungsorientiertes Wissen zu erzeugen. Beide Arten können aber die Eigenschaften entweder privater oder öffentlicher Güter aufweisen, selbst wenn vorgelagertes Wissen mit höherer Wahrscheinlichkeit den Charakter eines öffentlichen Gutes haben kann. Die Beziehungen können auch zirkulär sein, denn zum Beispiel kann der Computer mit seiner Software bei der Konstruktion von neuer Software und neuen Computern benutzt werden. Beide sind aber private Güter. Der Staat kann patentiertes und damit privatisiertes Wissen bei der Erzeugung neuen allgemein zugänglichen Wissens in den von ihm finanzierten Hochschulen nutzen lassen.

[10] So erklärt sich auch der vielfach anzutreffende berufliche Erfolg in Wirtschaft und Wissenschaft von Absolventen humanistischer Gymnasien, die ihre gedankliche und sprachliche Disziplin an den für nutzlos erklärten alten Sprachen und antiken Schriftstellern geschärft haben. Ein Ausschließlichkeitsanspruch der humanistischen Schulbildung, wie er im 19. Jahrhundert

II Marktvorgänge an den Hochschulen

Soll die Weitergabe von Wissen marktfähig sein, müssen Nicht-zahler so lange und in solchem Umfang von der Nutzung ausgeschlossen werden, daß sich Preise bilden können. Wenigstens für private Wissensgüter wie die Lehre oder viele Ergebnisse der Auftragsforschung ist das in den meisten Fällen möglich. Demnach könnte hier die Hochschulpolitik die rationalisierende Kraft der freien Preisbildung und des marktwirtschaftlichen Wettbewerbs nutzen, um die jetzt meist ohne genaueren Beweis vielfach behaupteten Mängel der Hochschulen zu bekämpfen.

1 Die Marktprobleme der Lehre an Hochschulen

Der Erfolg wissenschaftlicher Lehre kommt den einzelnen Studierenden zugute. Die Lehre an der Universität ist insofern ein privates Gut und könnte privat finanziert werden. Das läßt sich, wie ausländische Beispiele zeigen, trotz aller Besonderheiten[11] auch an

---

bestanden hat, ist natürlich ebensowenig gerechtfertigt wie der seit vielen Jahrzehnten geführte Ausrottungsfeldzug gegen diese Schulform. Zum Problem vgl. *Wilhelm Röpke* (1970). Der Kernphysiker *Heinz Maier-Leibnitz* (1996) bemerkt: „Wenn Wissenschaftler und Politiker, Philosophen und Mathematiker miteinander reden, muß es eine gemeinsame kulturelle Basis und ein Minimum an gemeinsamem Wissen geben. Sonst entsteht keine Kommunikation. Ich selbst habe deshalb immer Griechisch und Latein propagiert – das schafft eine weltweite Basis des Verstehens. Ich bedaure sehr, daß das abnimmt." Eine Befragung über den „Nutzen" des Lateins wird einseitig ausgelegt von *Sigrid Schöpper-Grabe* (2001). Einst wurden neben Latein und Griechisch zwei weitere Fremdsprachen verlangt, und von den Theologen noch Kenntnisse in Hebräisch.

[11] Die Abgrenzung zwischen Forschung, Lehre und Dienstleistungen, etwa an den klinischen Teilen der Medizinischen Fakultäten, ist nicht vollständig möglich. Es handelt sich zum Teil um Kuppelproduktion, bei der die genaue Zurechnung der Kosten zu den verschiedenen Nutzern erschwert ist. Ferner kann ein Teil der Lehre ohne Bezahlung zugänglich sein, etwa durch Lehrbücher, die man in öffentlichen Bibliotheken unentgeltlich benutzen kann. Au-

der Zahlungsbereitschaft der Studierenden ablesen. Für die Leistungen der Lehre müßten also allgemein Studiengebühren eingeführt werden.

In Deutschland stößt dies auf erbitterten Widerstand. Es wird sogar ein Verbot von Studiengebühren gefordert. Immerhin werden von Langzeitstudierenden schon in einigen deutschen Ländern Studiengebühren erhoben.[12] Die Gebührenfreiheit wird für sozialpolitisch treffsicher gehalten, weil sie Studierende begünstigt, deren Eltern niedrige Einkommen beziehen. Solche Studierenden haben einen Nettovorteil, weil sie eine Bildung von erheblichem Wert erhalten, ohne daß die Eltern entsprechend höhere Steuern zahlen. Andere Ärmere können aber ohne Studium durch Fleiß, Ausbildung auf eigene Kosten und sonstige Umstände ein gleiches Einkommen erzielen und müssen deswegen dieselben Steuern abführen, ohne in den Genuß eines Studiums gekommen zu sein. Später erzielen die Akademiker vielleicht ein höheres Einkommen, als sie ohne Studium erreicht hätten. Aus dem höheren Einkommen zahlen sie höhere Steuern. Ob das aber zur Deckung der staatlichen Ausgaben für das Studium ausreicht, ist fraglich. Da der Anteil von

---

ßerdem können die Leistungen der Lehrenden unterhalb der Kapazitätsgrenze wie in einer unterbesetzten Straßenbahn so auch in einem nicht gefüllten Hörsaal Grenzkosten von nahezu Null aufweisen, so daß bis dahin wie bei öffentlichen Gütern keine Rivalität zwischen den Nachfragern entsteht. Schließlich können die Studierenden voneinander lernen. Für den bei diesem Tausch möglicherweise entstehenden Importüberschuß an Wissen bei einem der Tauschpartner wird auch bei fehlendem Altruismus kein Entgelt gezahlt, solange die Ermittlung dieses Überschusses Kosten verursachen würde, die den Saldo übersteigen. Nur wenn wie bei einem Repetitor dem Studierenden mehr Nutzen zufließt, als er gleichzeitig abgibt, und dieser Nutzenüberschuß den Verwaltungsaufwand bei der Abrechnung fühlbar übersteigt, lohnt sich die Entgeltlichkeit.

12 Nach Aussage des sozialdemokratischen niedersächsischen Wissenschaftsministers *Oppermann* (2001, S.175) sind bei Sozialdemokraten des eher traditionell geprägten Arbeitnehmermilieus Studiengebühren keineswegs so verpönt wie in anderen von der Studiengeldfreiheit stärker profitierenden Gruppen.

Studierenden aus Familien mittleren und höheren Einkommens wesentlich größer ist, als ihrem Anteil an der Bevölkerung entspricht, ergibt sich im ganzen eine Tendenz, wonach die Ärmeren das Studium der Reicheren finanzieren, vor allem bei nicht sehr progressivem Gesamtsteuersystem.[13] Gezielte Förderung Studierfähiger aus unteren Einkommensschichten wäre zweckmäßiger, ganz abgesehen von der Frage, ob sich eine Förderung nur auf den Berufsweg des Akademikers beziehen sollte. Sozialpolitik über künstlich erniedrigte Preise oder Nulltarife ist immer problematisch. Der Staat lenkt damit die Nachfrage bevormundend auf das entgegen den Marktsignalen verbilligte Gut und muß deswegen das Angebot subventionieren oder die Nachfrage rationieren.

Wird die persönliche finanzielle Verantwortung bei der Nachfrage nach Leistungen der Hochschulen ausgeschlossen, dann bleibt nur die staatliche Kontrolle und Lenkung der Nachfrage oder das Gedränge der Überfüllung, wie es immer entstehen muß, wenn ein knapp bleibendes Gut zum Nulltarif angeboten wird, ohne daß das Angebot entsprechend bis zur völligen Sättigung ausgedehnt werden kann. Die deutsche Hochschulpolitik hat bisher einen Mittelweg zwischen numerus clausus, zentraler Studienplatzverteilung und Überfüllung gewählt (Grundsätzliches zu den möglichen Verfahren: *C. C. von Weizsäcker* 1971). Man hofft vergeblich, das Problem werde infolge geringer besetzter Geburtenjahrgänge allmählich von selbst gelöst werden. Vorsorglich werden Stellen eingespart, mit der möglichen Folge, daß die Überfüllung auch bei sinkender Zahl von Studierenden erhalten bleibt. Von einem Rückgang der Nachfrage nach akademischer Lehre der deutschen Hochschulen ist bisher nichts zu spüren. Die Zahl der Studienanfänger betrug im Studienjahr 1993/94 279 600 (davon 152 500 an wissenschaftlichen Hochschulen einschließlich der Gesamthochschulen), 1999/2000 jedoch 291 000 (davon 195 300 an wissenschaftlichen

---

[13] Zu den Einzelheiten: Sachverständigenrat zur Begutachtung der gesamtwirtschaftlichen Entwicklung, 1998, Ziffern 439 – 459, insbesondere S. 251.

Hochschulen einschließlich der Gesamthochschulen) (*Brings* 1995, S. 67, *Decker* 2000, S. 513, Tab. 9 und 10). Von 1960 bis 1997 hat nach Angaben der Monopolkommission (2000, S. 19) die Zahl der Studierenden, die auf einen Professor entfielen, von 23 (altes Bundesgebiet) auf 44 (neues Bundesgebiet) zugenommen. An der Universität zu Köln hat sich diese Relation von 1 : 101 im Jahre 1990 auf 1 : 125 im Jahre 2001 verschlechtert. Trotzdem soll diese Universität über die schon vollzogene Schrumpfung hinaus weitere Stellen für wissenschaftliches Personal abbauen (Kölner Universitätsjournal, 4/2001, S. 2). Das Studium scheint jedoch ein superiores Gut zu sein, das mit steigendem Einkommen vermehrt nachgefragt wird. Angeblich steigt auch die Nachfrage nach Akademikern im Zeichen einer sogenannten „Wissensgesellschaft".

Ob die Erhebung von Studiengebühren allein ausreichen würde, um bei Studienplätzen ein markträumendes und zugleich sinnvolles Gleichgewicht zwischen Angebot und Nachfrage herzustellen, kann fraglich sein. Deswegen haben in den angelsächsischen Ländern die Hochschulen trotz der dort erhobenen Studiengebühren das Recht, sich ihre Studierenden selbst auszuwählen. Das bedeutet einen numerus clausus für die jeweilige Hochschule so lange, wie sie ihre Kapazität nicht ausweiten will oder kann und die Nachfrage nach den örtlich vorhandenen Studienplätzen die Kapazität übersteigt. Man könnte dann die Studienplätze an die Meistbietenden versteigern. Aber das bedeutet, daß nicht unbedingt die Begabtesten, sondern die Zahlungswilligsten und Wohlhabensten zugelassen werden. Daran haben die Hochschulen nur ein begrenztes Interesse, denn begabte, aber weniger zahlungsfähige Studierende steigern die Effizienz von Lehre und Forschung. Damit steigt das Ansehen der Hochschule. Von ihm hängt wieder ihre Marktposition bei der Einwerbung von Drittmitteln und die Möglichkeit ab, später zahlungsbereite und gute Studierende und vor allem gute

Hochschullehrer zu gewinnen.[14] Werden die Studierenden wie in England durch eine Zulassungsprüfung nach ihren Fähigkeiten ausgesucht, dann kann dies die Zahl der Mißerfolge im Studium herabsetzen. Unproblematisch ist dieses Verfahren wegen des immer begrenzten Prognosewertes von Prüfungen und wegen der wahrscheinlichen Verengung des Prüfungsstoffes trotzdem nicht.[15] Es werden auch diejenigen ausgeschlossen, die zwar bei der Zulassungsprüfung versagt haben, aber trotzdem im Studium Erfolg gehabt hätten. Für eine offene Gesellschaft mit freier Berufswahl ist deshalb die Zulassungsauslese nur erträglich, wenn es genügend Hochschulen gibt, die sich wegen der ihnen zufließenden Studiengebühren um Studierende bemühen, also ihr Angebot nicht künstlich zurückhalten, und wenn konkurrierende Neugründungen möglich sind. Außerdem muß es Nebenwege (zum Beispiel Möglichkeiten zu Fernstudien) geben, auf denen zunächst Ausgeschlossene

---

[14] Einen sinnvollen Kompromiß aus diesen gegenläufigen Tendenzen hat im 18. Jahrhundert bereits die damals modernste deutsche Universität Göttingen gefunden: Einerseits bemühte man sich intensiv, wohlhabende Prinzen und Grafen für das Studium zu gewinnen, die entsprechend zahlen mußten, andererseits gab es eine Art von Gebührenerlaß, der mit den jeweiligen Professoren ausgehandelt werden konnte. Es wurden auch Studentenheime gebaut. Zu den Einzelheiten: *Johann Stephan Pütter* (Er war Hofrat und ordentlicher Professor des Staatsrechts in Göttingen.) (1765, S. 318 ff.). Die Matrikelgebühren waren nach dem „Stand" gestaffelt, wobei Bürgerliche am wenigsten und Grafen am meisten zu zahlen hatten. Auf S. 327 f. werden „Freytische" und Stipendien aufgeführt. Es heißt ferner: „...so wird zur Erleichterung derer Kosten, welche das eigentliche Studieren in Ansehung der Honorarien für die Vorlesungen erfordert, sich nicht leicht ein Lehrer um deren Erlassung vergeblich bitten lassen." Die Universitäten sollen auch in ihrer Frühzeit bis zu 20 % Studierende beherbergt haben, die ihren Lebensunterhalt und die Vorlesungen nicht bezahlen konnten und durch Stipendien unterstützt wurden (*Hasse* 2000, S. 268).

[15] Es kann zu einer extremen Spezialisierung schon auf der Schule kommen, wenn die Aufnahmeprüfung der Hochschulen auf die Anforderungen der gewählten Studienrichtung konzentriert wird; dazu kritisch der *Robbins*-Bericht (*Pfeffer* 1964, S. 10); *Lionel Robbins*, 1966, S. 64.

doch noch zum Erfolg kommen und damit den Gegenbeweis an-
treten können.

Vielfach wird unterstellt, daß die Universitätsprofessoren die
Lehre vernachlässigen, weil sie dafür kein spezielles Entgelt erhalten, während sie durch Forschungsergebnisse ihr Ansehen erhöhen
können und damit die Aussicht auf Gehaltssteigerungen durch Berufungen und Nebeneinnahmen. Das Problem darf nicht dramati-
siert werden: Eine Hochschulforschung, deren Verfahren und Ergebnisse nicht mitgeteilt werden, ist auch für den Forscher selbst
sinnlos. Professoren haben in aller Regel ein elementares Interesse
daran, sich mitzuteilen, und zwar auch gegenüber Studierenden. Sie
profitieren von deren unverbrauchtem kritischen Verstand und
können sie als Mitarbeiter gewinnen.[16] Sehr viele Professoren sind
zugleich vorzügliche Pädagogen, denn der Spruch hat vieles für
sich, daß man als Forscher nicht verstanden hat, was man nicht
anderen erklären kann.

Einer trotzdem möglichen Gleichgewichtsstörung zwischen Forschung und Lehre hat früher das Kolleggeld entgegengewirkt.[17] Es
soll nun wieder besondere Lehrvergütungen geben. Warum hat
man sie vorher unter großem reformatorischem Trommelwirbel
abgeschafft? Sie enthalten auch Probleme, die aber lösbar sind.[18]

---

[16] So schon *Wilhelm von Humboldt* (1810/1964, S. 262): „Denn der freie
mündliche Vortrag vor Zuhörern, unter denen doch immer eine bedeutende
Zahl selbst mitdenkender Köpfe ist, feuert denjenigen, der einmal an diese
Art des Studiums gewöhnt ist, sicherlich ebenso sehr an, als die einsame
Musse des Schriftstellerlebens oder die lose Verbindung einer akademischen
Genossenschaft."

[17] In der gleichen Richtung wirkt das Verfassen von honorierten Lehrbüchern.
Nicht selten kommt dabei sogar eine Inflation von Veröffentlichungen ohne
großen Neuigkeitswert zustande.

[18] Wenn Pflichtvorlesungen an einem Ort immer nur von einem bestimmen Professor gehalten werden, können die Studierenden ihm nicht ausweichen und
es besteht kein Wettbewerb unter den Dozenten. Es müßten also solche Monopolisierungen beschränkt werden, wo immer das möglich ist. Ein Gegen-
gewicht könnten die Privatdozenten sein, die jetzt durch die am 16. Januar

Darüber muß sorgfältig nachgedacht werden. Sind zum Beispiel die jetzt eingeführten Bewertungen durch die Studierenden, „Evaluationen" genannt, für sich allein verläßlich genug, solange sie die Beurteiler nichts kosten und damit der Markt nicht zugelassen wird? Die ehrlichste Bewertung kann immer noch die Bezahlung sein, sofern dem Zahler der Erwerb des Gutes freisteht. Die jetzt wieder geplanten Entgelte für Lehrleistungen sollen aber nicht von den Studierenden bezahlt werden, sondern werden aus einem Fonds entnommen, der aus Kürzungen der Professorengehälter gespeist werden soll.[19]

2001 in Kraft getretene Änderung des Hochschulrahmengesetzes eliminiert werden sollen. Vor allem dürfen die ortsansässigen Wissenschaftler nicht allein darüber befinden, wieviel Professuren in ihrem eigenen Fach eingerichtet werden. Denn die ortsansässigen Dozenten profitieren von der Überfüllung durch hohe Kolleggeldeinnahmen. Andererseits könnten bei völliger Wahlfreiheit Dozenten mit anspruchsvollen Lehrveranstaltungen gemieden werden. Das von ihnen Gelehrte müßte also geprüft werden können. Es müßte aber auch einer monopolisierenden Spezialisierung von Lehrstühlen, Lehrinhalten und Fächern Einhalt geboten werden. Die Konkurrenz zwischen Lernen in Lehrveranstaltungen und Lernen aus Literatur müßte nach angelsächsischem Vorbild stark betont werden. Andererseits wäre die Absatzförderung durch Prüfen allein aus einem Lehrbuch des Dozenten zurückzudrängen. Eine Vorschrift, es dürfe nur geprüft werden, was vorher in Lehrveranstaltungen gelehrt worden ist, verkennt die Natur eines wissenschaftlichen Studiums, dessen Sinn nicht zuletzt darin besteht, die Fähigkeit zu entwickeln, mit neuen Problemen umzugehen. Notwendig ist freilich, daß den Studierenden das Gebiet, aus dem geprüft wird, vorher ausreichend bekannt gemacht worden ist. Die Zahl der Pflichtvorlesungen wäre stark zu begrenzen und durch mehr Wahlmöglichkeiten zu ergänzen. Die Abwanderung an andere Hochschulen wegen nicht zusagender Lehrqualität wird durch einen örtlichen numerus clausus oder durch Zulassungsprüfungen für spätere Semester erschwert und durch Vereinheitlichung der Lehre und der Studienpläne sinnloser gemacht.

[19] Vgl. Gesetz zur Reform der Professorenbesoldung, in Kraft getreten am 16. 02. 2002, §§ 33 und 34. In § 33 Absatz 1 Ziffer 2 werden Leistungsbezüge für „besondere Leistungen" der Professoren auch in der Lehre vorgesehen, in § 34 wird ein Vergaberahmen festgelegt, der die durchschnittlichen Besoldungsausgaben begrenzt. Um Mittel für Leistungszulagen möglichst kosten-

Ein marktähnlicher Vorgang liegt dann vor, wenn die Hochschule
von den Studierenden pro Semester feste Beträge als Eintrittsgeld
erhebt, der sie berechtigt, das Klubkollektivgut[20] Hochschule oder
bestimmter Teile davon zu benutzen. Sofern das Aufkommen aus
dieser Gebühr der Hochschule belassen wird, ist die Verteilung
innerhalb der Hochschule allerdings kein Marktprozeß mehr, sondern ein Verwaltungsvorgang. Das gilt, es sei denn die Mittel
könnten auch innerhalb der Hochschule nach marktähnlichen Kriterien verteilt werden, etwa nach dem Muster der früheren Seminar-
gebühren. Das ist schon allein wegen der nicht im einzelnen zure-
chenbaren Fixkosten der Gesamtuniversität nur beschränkt möglich.

---

neutral zu erhalten, werden die Grundgehälter gesenkt. Aus der Differenz zu
den bisherigen durchschnittlichen Besoldungsausgaben sollen die Leistungsbezüge finanziert werden. Der Vergaberahmen kann nach Maßgabe des Lan-
desrechts um jährlich 2 vom Hundert bis zu 10 % erweitert werden und
nimmt an den regelmäßigen Besoldungsanpassungen teil. Es handelt sich also
in der Hauptsache nur um eine Andersverteilung des Einkommens innerhalb
der Professorengruppe. Einsparungen von Professorenstellen vermindern den
Vergaberahmen. Die durchschnittliche Professorenbesoldung könnte nur
dann real steigen, wenn die Anpassungen des Vergaberahmens nach Steuern
den Inflationsverlust übersteigen. Die Inflationsrate liegt heute über oder in
der Nähe von zwei Prozent. Die allgemeinen Besoldungsanpassungen der
Beamten bleiben seit Längerem hinter denen der Wirtschaft zurück. Ob der
Vergaberahmen über die allgemeinen Besoldungsanpassungen hinaus wirklich erweitert wird, liegt im Ermessen der Länder. Bei der Abschaffung des
Kolleggeldes wurden seinerzeit die Gehälter der Professoren entsprechend
angehoben. Es wurde also bei den Professoren nur eine Einkommensart
durch eine andere ersetzt, während die übrigen Dozenten durch den ersatzlo-
sen Wegfall des Kolleggeldes absolut schlechter gestellt wurden. Der Abstand der Professorengehälter zu den vergleichbaren Positionen außerhalb der
Hochschulen ist also durch die einmalige Anhebung bei Abschaffung des
Kolleggeldes nicht geringer geworden, so daß damit nicht das jetzige Verfahren begründet werden kann.

[20] Zur Definition eines Klubkollektivgutes: *M. Borchert, H. Grossekettler*
(1985, S.315).

2 Die Marktprobleme der Forschung an wissenschaftlichen Hochschulen

Deutlicher als in der Lehre können Verwaltungsvorgänge bei der staatlichen Finanzierung der Forschung hervortreten. Zwar gibt es in der Auftragsforschung einen wirklichen Markt, und die Hochschulen können ihre Erkenntnisse und die Erfindungen ihrer Arbeitnehmer in den verschiedensten Formen veräußern. Früher konnten die Professoren ihre Erfindungen auch selbständig verwerten.[21] Zur Finanzierung der gesamten Hochschulforschung reicht das nicht aus.

Die wissenschaftlichen Hochschulen haben in erster Linie solche Forschung zu pflegen, die nicht überwiegend auf sofortige Vermarktung angelegt ist, also in der Hauptsache Grundlagenforschung. In ihr sollten sie einen besonderen Vorsprung haben, weil nur dann ihre staatliche Finanzierung ausreichend begründet werden kann.

Ein weiteres Argument für die Besonderheit der Universitätsforschung ergibt sich aus dem folgenden Zusammenhang: Die bisherigen alten wissenschaftlichen Hochschulen, vor allem die größeren Universitäten, sind durch eine kaum noch überschaubare Fülle an Fächern gekennzeichnet, die miteinander mehr oder weniger vernetzt sind. Wie sollen sie die ihnen im Globalhaushalt zur Verfügung stehenden Forschungsmittel auf die einzelnen Fächer und Forscher verteilen? Bewährt hat sich hier seit je eine Art von „piecemeal engineering", also das Vorgehen von Fall zu Fall. Das

---

[21] Dieses sogenannte Privileg wird jetzt abgeschafft und wie bei anderen Arbeitnehmern durch Beteiligung an den Forschungserlösen ersetzt. Das läuft auf eine Kürzung des Einkommens für die Betreffenden hinaus, soweit sie bei selbständiger Verwertung ihrer Erfindungen mehr erlangt hätten. Dies könnte durch die geplanten Leistungszulagen ausgeglichen werden. Da diese Zulagen aus dem geplanten Vergaberahmen für die Gehälter der Hochschullehrer und nicht aus den Erträgen der Erfindungen gespeist werden sollen, würde die Summe der Professoreneinkommen insoweit gekürzt.

schließt größere gut begründete gemeinsame Projekte ein, begründet aber nicht ihren jetzt vielfach erhobenen Totalitätsanspruch.[22] Einzel- oder Kollektivforschung sollten im Wettbewerb gleichberechtigt sein. Alle Fächer, wenn sie einmal an einer Hochschule mit einer bestimmten Ausstattung eingerichtet sind, sollten die Chance erhalten, sich weiter zu entwickeln. Die Anstöße für die Einwerbung und Zuteilung zusätzlicher Mittel kommen von unten aus den einzelnen Disziplinen. Sie müssen sich bemühen, den Entscheidenden ihre Vorhaben und deren Vorzüge klarzumachen.

Die Entscheidenden, etwa ein Ministerialbeamter, Vertreter einer Stiftung oder Mitglied der Hochschulleitung, sollten mit der allgemeinen Natur von Wissenschaft aus eigener wissenschaftlicher Tätigkeit vertraut sein. Sie sind aber bestenfalls nur auf ihrem engeren Fachgebiet wirklich sachverständig. Sie können Gutachter heranziehen, möglichst solche, die nicht gleichzeitig Konkurrenten bei dem Ansturm auf die zu verteilenden Mittel sind. Das spricht übrigens für die Beibehaltung von Zuständigkeiten der Hochschulkanzler als Sachbearbeiter des Haushalts, außerdem für Kompetenzen unparteiischer sachkundiger Instanzen wie der Deutschen Forschungsgemeinschaft und sogar eines Ministeriums alter Art mit seiner Betonung der Fachkompetenz, wie sie vor dem ersten Weltkrieg in Preußen unter Leitung *Friedrich Althoffs* vorherrschend gewesen ist (*Vereeck* 2001).[23] Dort werden Anträge aus allen Wis-

---

[22] Verbreitet ist jedoch die Meinung, mit wachsender Betriebsgröße und Zusammenballung von Spezialwissenschaftlern in großen Instituten mit größeren monetären Aufwendungen müsse die Forschungsqualität allgemein steigen, so daß man kleinere Forschungsstätten auflösen müsse.

[23] Es handelt sich um den Sonderfall eines hervorragend sachkundigen, umfassend gebildeten, diplomatisch geschickten, in der Hochschulverwaltung erfahrenen Wissenschaftlers mit Entscheidungskompetenzen, die er zwar autoritär, aber in dem Sinne wahrgenommen hat, daß die Freiheit der Wissenschaft und der wissenschaftliche Wettbewerb gefördert wurden. Der wohlwollende und sachkundige Diktator kann heute schon allein deshalb nicht mehr zum Leitbild der Hochschulpolitik erhoben werden, weil es bei den ent-

senschaftsgebieten entgegengenommen und bei der Aufteilung von Mitteln gegeneinander abgewogen.

Je mehr jedoch die Wissenschafts- und Technologieministerien politisiert sind und mit eigenen groß angelegten Forschungsplanungen auf die Universitäten Einfluß nehmen, desto problematischer wird die Entscheidungsbefugnis dieser Instanzen in Forschungsfragen der Universitäten. Es könnte nach englischem Vorbild erwogen werden, eine nicht weisungsgebundene Zwischeninstanz zwischen Ministerium und Hochschule vorzusehen. Ob diese Lösung zweckmäßig ist, richtet sich nach der Organisation und wissenschaftlichen Urteilsfähigkeit dieser Instanz. Sofern sie mit Vertretern von politischen und wirtschaftlichen Interessengruppen oder Weltanschauungen besetzt ist, kann die Objektivität stärker gefährdet sein als bei einem Ministerium, das immerhin parlamentarisch kontrolliert werden kann. Die bisherigen Erfahrungen mit sogenannten Hochschulräten sind im Gegensatz zu den bewährten früheren Kuratorien zwiespältig. Es wäre völlig abwegig, ihnen umfassende diktatorische Kompetenzen zuzuweisen und damit womöglich die Universitäten wissenschaftlichen Dilettanten auszuliefern, die nicht vom Vertrauen der Wissenschaftler abhängig sind.

Die bei der Beurteilung von Forschungsprojekten getroffenen Entscheidungen sind unvollkommen, nicht nur wegen begrenzter Kenntnisse der Beurteiler, sondern vor allem wegen der Unsicherheit von Prognosen über Forschungsergebnisse. Es wird mit bloßen Anträgen versucht, eine Instanz zu überzeugen, die einen schwer objektiv eingrenzbaren Ermessensspielraum hat und bei lückenhafter Information entscheiden muß. Das Problem entschärft sich, wenn die einzelnen Professoren zwingend eine Grundausstattung

---

scheidenden politischen Instanzen an der Bereitschaft fehlt, die Kulturbedeutung der Wissenschaft in ähnlicher Weise anzuerkennen, wie das im 19.Jahrhundert üblich gewesen ist.

erhalten, mit der sie auch ohne zusätzliche Mittel nach neuen Erkenntnissen suchen können. Wenn und soweit durch Leitungsorgane der Hochschulen oder durch die Selbstverwaltungsgremien diese Grundausstattung in Frage gestellt werden kann, ergibt sich eine Tendenz, diesen Instanzen gegenüber unterwürfig zu sein und ständig um die eigene Möglichkeit zu wissenschaftlicher Betätigung mit Methoden zu kämpfen, die aus der Politik bekannt sind. Auf der anderen Seite entschärft sich das Problem weiter, wenn bei einem Projekt nach abschlägigem Bescheid der einen Instanz andere staatliche oder nichtstaatliche Geldgeber umworben werden können und außerdem weder der Hochschulleitung noch einem Ministerium hierbei ein allgemeines Vetorecht zusteht, das nicht durch die normale Gesetzgebung begründet ist.

Während der Revolte von 1968 wurde die Forschung mit Drittmitteln (die heute eigentlich Zweitmittel heißen müßten[24]) als Gefahr für die Unabhängigkeit der Forschung angesehen, vor allem, wenn es sich um private Geldgeber gehandelt hat. Assistenten und Studierende forderten eine gesellschaftspolitische Kontrolle der Wissenschaft. Der nordrheinwestfälische Gesetzgeber folgte dieser Tendenz ein wenig, indem Drittmittelprojekte meldepflichtig gemacht wurden (Vgl. *Besch* 1970, S. 27 f.). Allerdings wurden die Nebentätigkeiten der Hochschulwissenschaftler stärker beschränkt und kontrolliert. Im neuen Hochschulrahmengesetz begünstigt der Gesetzgeber nunmehr die Forschung mit Hilfe von Drittmitteln. Diese Mittel sollen der Hochschule zufließen und von ihr verwaltet werden. Aus diesen Mitteln kann eine Zulage vergeben werden. Die forschenden Hochschulmitglieder sollen sich als eine Art von abgabepflichtigen Unternehmern betätigen, indem sie sich die für ihre öffentliche Aufgabe notwendigen Mittel selbst beschaffen und damit den Fiskus entlasten. Diese Möglichkeit wurde auch bisher

---

[24] Historisch wurden Mittel, die der Träger der Hochschule zur Verfügung stellte, und Mittel, die von den Studierenden stammten, durch sonstige Einnahmen ergänzt. Die Einnahmen durch Studiengebühren sind weggefallen.

schon genutzt, setzt aber voraus, daß die Forschenden private Mäzene finden oder Auftragsforschung betreiben. Solche Wissenschaften, an deren Leistungen kein privates oder privatwirtschaftliches Interesse besteht, werden benachteiligt. Die Fähigkeit, Mäzene und Auftraggeber für Zweckforschung zu finden, setzt zum Teil ganz andere Begabungen voraus als diejenigen, die zu Forschung und Lehre besonders befähigen.

Ein weiteres Wettbewerbselement für die Forschung, aber auch für die damit verbundene Lehre, kann hinzukommen, wenn die einzelnen Hochschulen bei der Behandlung der einzelnen Fächer Spielraum haben. Sie können dann deren Förderungswürdigkeit unterschiedlich beurteilen. Das ist ausgeschlossen, wenn ein übergeordnetes Ministerium zur Vermeidung sogenannter „Doppelforschung" die ganze Forschung nach einem Gesamtplan mit „strategischen" Zielen und der Zuweisung von Forschungsaufgaben planwirtschaftlich durch als Verträge ausgegebene Anweisungen festlegt, mit denen in der Regel einseitig nur die Hochschulen gebunden werden. Soweit damit der Entscheidungsspielraum der Hochschulen und ihrer Mitglieder aufgehoben wird, können sie nicht mehr durch ihr Verhalten mit anderen Hochschulen Wettbewerb treiben.

Neuerdings gilt das bewährte und für den Fortschritt aller Fächer offene System als rückständig. Man möchte aktuelle Strömungen aus der Unternehmenspolitik nachahmen. Einst galt dort die Fusion zu diversifizierten Konzernen als Mittel zur Abschwächung von Risiken. Nach zahlreichen Fehlschlägen besinnt man sich inzwischen wieder auf Kernkompetenzen. Dazu nicht mehr passende Unternehmensteile werden abgestoßen. Ähnlich sollen Hochschulen Schwerpunkte bilden und „Profil" zeigen. Aber das Profil kann doch nach dem Muster der großen alten Universitäten gerade in ihrer Vielfalt und den dadurch erleichterten interdisziplinären Kontakten bestehen. Nirgendwo ist ein überzeugender Beweis geführt worden, daß die Teile der umfassenden Universitäten ganz

allgemein mit spezialisierten Hochschulen nicht konkurrieren
könnten. Warum sollen hier Vielfalt und Wettbewerb der Strukturen schlechthin zugunsten von stärkerer Einseitigkeit aufgehoben
werden? Eine sinnvolle Diskussion kann also nur darüber geführt
werden, ob im Einzelfall eine Hochschule für ein bestimmtes Fach
noch eine wettbewerbsfähige Betriebsgröße bieten kann. In bestimmten naturwissenschaftlichen Disziplinen können zum Beispiel
sehr teure Apparate wegen im Vergleich zu ihrer Auslastung zu
hoher Kosten nicht an allen Universitätsstandorten zugleich ange-
schafft werden. Aber der Regelfall ist das nicht. Auch in der Wissenschaft gibt es den umtriebigen und vielseitigen Kleinbetrieb, der
durch seine unbürokratische Beweglichkeit wettbewerbsfähig ist.

Außerdem ist die Spezialforschung sowohl auf eine weniger spe-
zialisierte Grundlagenforschung angewiesen als auch auf die Ergebnisse der Nachbarfächer. Für die Medizin und die Wirtschaftswissenschaft ist das offenkundig, gilt aber auch für viele andere
Wissenschaftsgebiete.

Heute wird die Konzentration von Vertretern bestimmter Fächer
an wenigen Standorten unter Preisgabe anderer Standorte gefordert,
weil man sich davon Vorteile durch Kontakte der spezialisierten
Fachleute untereinander verspricht. Solche an sich unbestreitbaren
Vorteile sind gegen einen Nachteil abzuwägen: Durch diese „Profilbildung"[25] kann es zu einer Vereinseitigung von Hochschulen

---

[25] Dieser jetzt häufig verwendete Ausdruck ist ebenso wie andere hochschulpo-
litisch moderne Worte außerordentlich nebelhaft. Wenn die Mitglieder einer
Hochschule etwas Besonderes geleistet haben, so kann man dies als Veränderung ihres Profils bezeichnen. Sie kann aber als Besonderheit durch Wettbewerb anderer Hochschulen wieder aufgehoben werden. Sofern diese Besonderheit dauerhaft wird, kann man von Spezialisierung sprechen. Besteht die
Besonderheit einer Hochschule aber darin, daß sie in jeder Hinsicht überra-
gend ist, dann ist dafür die Bezeichnung „Profil", die ja Differenzierungen
gegenüber einer gedachten Durchschnittsebene bedeutet, unangebracht. Wird
ferner durch Staatsplanung oder Kartellabsprache zwischen den Hochschulen
eine Spezialisierung in der Weise erreicht, daß andere Hochschulen sich in

und zu Verlusten in der Zusammenarbeit mit anderen Wissenschaften kommen. Das Optimum an Konzentration ist hier jedenfalls vom Maximum zu unterscheiden. Würden alle Vertreter eines
bestimmten Faches an einem Ort konzentriert, dann wäre Wettbewerb nur noch zwischen den Ortsansässigen möglich. Dem steht
der oft beobachtete Effekt entgegen, daß bei örtlicher Konzentration eines Faches der Wettbewerb der Ansichten abnimmt und sich
sogenannte „Meinungen des Hauses" herausbilden.[26] Dies wird
unterstützt, wenn die Wissenschaftler einer Hochschule die Tendenz haben, gleich orientierte Kollegen zu berufen. Die jetzt im
neuen Hochschulrahmengesetz begünstigte Hausberufung erleich-
tert dies. Damit wird der Wettbewerb innerhalb der Fächer eingeschränkt, den man doch fördern will. Ob die moderne Nachrich-
tentechnik genügt, um solche Einseitigkeiten auszugleichen, ist
fraglich. Gewiß schafft diese Technik die Möglichkeit, sich über
Meinungen auswärtiger Wissenschaftler schneller zu informieren.
Ob zum Beispiel Studierende aber davon hinreichend Gebrauch
machen, hängt auch davon ab, wie sie von den ortsansässigen Wissenschaftlern beraten werden. Im Zweifel wird man sich an der
Lehre der ortsansässigen Prüfer orientieren.

---

einem bestimmten Gebiet nicht betätigen dürfen, dann handelt es sich um er-
zwungene oder freiwillige Wettbewerbsbeschränkung mit gegenseitiger
Schließung des Marktzuganges. Der Ausdruck „Profil" wird auch nicht dadurch klarer, daß man davon spricht, mit der Profilbildung solle ein „Allein-
stellungsmerkmal" angestrebt werden (*Heimer* und *Schneider* 2000, S. 473).

[26] So schon *Wilhelm von Humboldt* in seiner Schrift über die Organisation der
wissenschaftlichen Anstalten (1810/1965, S. 259): „Was nun aber das
Aeussere des Verhältnisses zum Staat und seiner Thätigkeit dabei betrifft, so
hat er nur zu sorgen für Reichthum (Stärke und Mannigfaltigkeit) an geistiger
Kraft durch die Wahl der zu versammelnden Männer und für Freiheit ihrer
Wirksamkeit. Der Freiheit droht aber nicht bloss Gefahr von ihm, sondern
auch von den Anstalten selbst, die, wie sie beginnen, einen gewissen Geist
annehmen und gern das Aufkommen eines anderen ersticken. Auch den hieraus möglicherweise entstammenden Nachtheilen muss er vorbeugen."

III   Hochschulorganisation und Hochschulautonomie

Leistung, Wettbewerb und Kooperation in der Wissenschaft hängen in erster Linie von den einzelnen Wissenschaftlern ab. Demgegenüber wird heute in der Hochschulpolitik die Vorstellung genährt, die Hochschulen als ganze sollten miteinander konkurrieren und kooperieren, oder ihre Fachbereiche als eine Art wissenschaftlicher Fußballmannschaften, weniger die einzelnen Wissenschaftler, deren Individualismus ohnehin zu weit gehe.

Der *wissenschaftliche* Wettbewerb und auch die *wissenschaftliche* Kooperation finden jedoch nicht zwischen Hochschulen als ganzen statt. Allenfalls gibt es darin Arbeitsgruppen, die mit entsprechenden Gruppen anderer Hochschulen konkurrieren oder zusammenarbeiten. Letztlich kommt es auch in solchen Fällen immer auf die persönliche Kompetenz und die Impulse an, die von Einzelpersonen ausgehen.

Hochschulen als ganze sollen außerdem keine wissenschaftliche oder gar politische Meinung haben, mit der sie Profile bilden können. Hätten sie eine solche, dann würden sie über die Meinung derjenigen ihrer Mitglieder hinweggehen, die anderer Ansicht sind, und der Wettbewerb wäre insoweit aufgehoben.[27] Davon bleibt

---

[27]   Die amerikanischen Universitäten werden jetzt häufig wegen ihrer angeblich stärker hierarchischen Organisation als Vorbild herangezogen. Schon im Jahre 1971 hat jedoch der Präsident der Pennsylvania State University folgendes ausgeführt: „If the present world seems to be full of wrong, injustice and hypocrisy... why does not the university speak out?...The circumstance is, of course, that persons at a university *do* say so, *do* speak out, but „the university" itself is not a single entity nor the voice for any one group. Thus the university as an institution must not attempt to speak with a single voice even in obvious and simplistic matters lest that voice be misused in matters where less consensus exists. It is vital to our freedom of inquiry that we hold fast not to one idea but to the privilege of finding out and evaluating many ideas." *Dr. John W. Oswald*, Future Prospects of the American University, Festvortrag am 20. April 1971 in der Universität zu Köln (1972, S. 20). Hierzu paßt eine Äußerung von *Götz Briefs* (1958, S. 59): „...in der Tat ge-

unberührt, daß es trotz aller ständig stattfindenden schöpferischen Zerstörung bisher bestehender wissenschaftlicher Meinungen durch neue Erkenntnisse und der prinzipiellen Möglichkeit, alle wissenschaftlichen Aussagen wieder neu zu überprüfen, wissenschaftliche Erkenntnisse gibt, die gegenüber solchen Prüfungen resistent sind und als unbestrittene Wahrheiten gelten müssen. Hinter *Kopernikus* dürfte die Astronomie kaum zurückfallen.

Kritiker und Hochschulplaner sprechen oft von mangelhafter Kooperation zwischen Hochschulen und ihren Teilen. Dabei ergeben sich viele Mißverständnisse. Arbeiten die Hochschulen in dem Sinne zusammen, daß sie untereinander die Gebiete aufteilen, auf denen sie sich betätigen wollen, dann beschränken sie nach Art von Spezialisierungskartellen den Wettbewerb. Ganz anders ist die intra- und interdisziplinäre Zusammenarbeit zu beurteilen, die sich aus den Anforderungen des Wettbewerbs von selbst ergibt. Sie erfordert keine Kartelle mit festen Fachgrenzen und beschränkenden Absprachen[28]. Wo diese Zusammenarbeit organisatorisch behindert wird, kann man dagegen vorgehen. Wenn sie aber obrigkeitlich erzwungen werden soll, kommt es zu überflüssigen Konferenzen, unklaren und künstlichen Konzepten sowie Berichtspflichten mit entsprechendem bürokratischem Leerlauf. Die kollektivistisch denkende moderne Hochschulpolitik kann sich nicht mehr vorstellen, daß es ebenso fruchtbar sein kann, wenn sich ein Gelehrter in seinem Zimmer einschließt und in Einsamkeit über ein Problem nachdenkt, ohne eine andere als die geistige Kooperation, die in seinem Kopf mit dem Wissen seiner Zeit stattfindet.

---

langt kein Kollektiv zu den Rechten und Würden einer Person, ohne seine Mitglieder ihrer persönlichen Rechte und Würden zu berauben."
[28] Die alte Verfassung der Universität zu Köln vom 18. 12. 1968 sah in § 8 Absatz 3 vor, daß Professoren Vorlesungen über alle Wissenschaftsgebiete halten durften und nur dann möglichst das Einverständnis einer anderen Fakultät herzustellen war, wenn eine Vorlesung ausschließlich in deren Lehrgebiet fiel.

Die jüngsten deutschen Hochschulreformen, soweit sie überhaupt wettbewerbs- oder leistungsorientiert sind, möchten nicht vorrangig die Freiheit des Wettbewerbs oder der Zusammenarbeit zwischen den *einzelnen* Wissenschaftlern fördern. Im Vordergrund steht vielmehr eine neue Art der Wissenschaftsplanung. Es sollen dem einzelnen Wissenschaftler Forschungsziele vorgegeben und besondere fachliche Spezialisierungen auferlegt werden, die seine wissenschaftliche Bewegungsfreiheit über das Maß hinaus einengen, das sich aus der allgemeinen Definition seines Faches ergibt. Darüber hinaus besteht eine Tendenz zur fachlichen Einengung des Aufgabengebietes von Professuren. Die Wissenschaftsministerien sind mit der Detailplanung von Forschungen natürlich überfordert und wollen die angestrebte Lenkung dadurch erreichen, daß sie die Detailregulierung an die Leitungsorgane der Hochschulen delegieren. Sich selbst behalten sie jedoch die strategische Planung vor. Sie nennen dies Förderung der Hochschulautonomie.

Wenn die Ministerien Aufgaben an die Hochschulen delegieren und die Hochschulleitungen mit neuen Zuständigkeiten versehen, so geschieht das heute weniger mit liberalisierender, als vielmehr mit disziplinierender Absicht. Auch bleibt die neue Scheinautonomie der Hochschulen insofern Stückwerk, als sie nicht das Recht erhalten, Studiengebühren zu erheben oder sich allgemein ihre Studierenden auszuwählen.

Wie erklärt sich diese beschränkte Verlagerung von Kompetenzen? Soeben war es noch zu einer Vielzahl undurchdachter und wenig erfolgreicher administrativer Lenkungs- und Kontrolleingriffe der Ministerien in die Abläufe an den Hochschulen gekommen. Enttäuscht schiebt nun die Staatsverwaltung eigene Verantwortung den Hochschulen zu, ohne die entscheidenden Hebel wirklich aus der Hand zu legen. Das wird an den sogenannten „Zielvereinbarungen" deutlich, die von den Ministerien mit den Hochschulen abgeschlossen werden. Wie soll eine Hochschulleitung Vereinbarungen über Forschungsziele, die sie unterschrieben hat, in der Hochschule durchsetzen, ohne die Freiheit der Hochschulmitglieder bei der Wahl ihrer Forschungsziele und Untersuchungsmethoden zu beeinträchtigen? Entweder handelt es sich bei den Vereinbarungen um eine Sammlung von Versprechungen über das, was die einzelnen Fächer ohnehin vorhaben, oder um als kollektive Selbstverpflichtungen getarnte Anweisungen nach Art der ehemaligen sozialistischen Planwirtschaften.

IV Die Behandlung der Wissenschaftler: Gleichberechtigung oder Hierarchie?

Die Ministerien entlasten sich vor allem von arbeitsintensiven und unangenehmen Aufgaben wie der Entscheidung über die Aufteilung der Haushaltsmittel und der „Leistungszulagen" sowie über die Höhe der Professorengehälter in Berufungsverhandlungen.

Wer innerhalb der Hochschulen soll die neuen Aufgaben, insbesondere Kompetenzen bei der Besoldung des wissenschaftlichen Personals, wahrnehmen? Soll die Verteilung von Leistungsprämien und das Aushandeln von Berufungszusagen den akademischen Gremien übertragen werden? Wer das stets gefährdete Einvernehmen zwischen den Hochschulmitgliedern zerstören und damit das Klima in den Hochschulen vergiften will, muß so verfahren. Wollen die Hochschulmitglieder im Interesse einer Kräfte sparenden und damit produktiven Konfliktvermeidung eine solche Entwicklung verhindern, dann können sie kartellartig schematisch vorgehen und die vom Staat gewünschte wettbewerbliche Differenzierung im Interesse Ruhe stiftender Mittelmäßigkeit umgehen. Ist es im übrigen sinnvoll, wenn sich heute schon Professoren und ihre Mitarbeiter in ihren akademischen Gremien sogar mit der Aufteilung von Telefongebühren und Reisemitteln auf die einzelnen Lehrstühle beschäftigen? Bei dieser Konstruktion und feststehender Verteilungssumme entsteht bei den zuteilungsberechtigten Wissenschaftlern eine Tendenz, ihre Zahl möglichst klein zu halten und

Kollegen zu berufen, die nicht einen solchen Rang haben, daß sie hohe Ansprüche stellen können.[29] Die neue Verteilungsautonomie könnte jedenfalls für die akademischen Gremien bedeuten, daß sich Professoren und anderes Personal zeitaufwendig um Leistungsentgelte und Ausstattungen streiten wie Hunde um einen hingeworfenen Knochen. Denn soweit Märkte fehlen, dürfte es schwer sein, rechtsmittelfeste, keinen wesentlichen Spielraum offen lassende und leistungsbezogene Kriterien dafür zu entwickeln[30], so sehr man sich auch darum bemühen muß. Wenn man die Entscheidung den persönlich am Ergebnis interessierten konkurrierenden Mitgliedern akademischer Gremien überlassen will, müßte es Regeln geben, bei deren Anwendung es auf die subjektive Einschätzung durch einen Beurteiler nicht ankommt, also auch nicht auf seine ausreichende wissenschaftliche Sachkunde und sein persönliches Interesse an dem Ergebnis.

Es sind aber mindestens teilweise Ermessensentscheidungen über die Qualität von Leistungen unvermeidlich, die man nicht allein

---

[29] Ein ähnliches Problem bestand bei den früheren Produktivgenossenschaften, bei denen im Prinzip die Arbeit der Genossen nicht nach ihrer Grenzproduktivität entlohnt wurde, sondern das Gesamteinkommen auf die Genossen nach ihrer höheren Durchschnittsproduktivität verteilt wurde, in der auch die Kapitalverzinsung mit enthalten war. Es lohnte sich nur, neue Genossen zuzulassen, wenn sie mehr als die Durchschnittsproduktivität beitragen konnten. Nicht zuletzt an diesem Problem ist die frühere „sozialistische Marktwirtschaft" Jugoslawiens gescheitert, denn überdurchschnittlich produktive Genossen sind selten und die übrigen, die noch nicht in einer Genossenschaft tätig sind, bleiben arbeitslos. Die Neugründung solcher Genossenschaften ist aber erschwert, wenn die Kapitalbildung benachteiligt wird, weil keine privaten Eigentumsrechte am Kapital zugelassen werden und das Kapital nicht angemessen verzinst wird. Im einzelnen: *Helmut Wittelsberger* 1969, S. 96 f.

[30] Zu der Zweckmäßigkeit leistungsbezogener Entgelte anhand nur quantitativer Kriterien: *Uschi Backes-Gellner* 2001. Zum Problem der Beurteilung des Forschungs- und Lehrerfolgs von Hochschulen: *Stefan Kuhlmann* und *Susanne Bührer* (2000) sowie *Thomas Heimer* und *Johann Schneider* (2000) und die in beiden Quellen angegebene Literatur.

solchen akademischen Gremien übertragen sollte, deren Mitglieder persönlich betroffen sind. Diese Aufgabe wird nun an Stelle des Ministeriums die Universitäts- und Fakultäts- oder Fachbereichsleitung übernehmen müssen. Bisher bestand sie noch überwiegend aus Professoren. Um diese aus der Schar gleichberechtigter Professoren herauszuheben, läßt man nun solche Funktionen im Hauptamt oder mindestens für längere Zeit wahrnehmen, vielleicht sogar die Amtsinhaber von außen bestimmen und sogar nicht mehr von den akademischen Gremien aus der Gruppe der Professoren wählen. Der Tendenz nach soll die auf Kooperation und Wettbewerb unter Gleichberechtigten beruhende Gelehrtenrepublik aufgehoben werden. Anderenfalls befürchtet man, daß die Leitungspersonen nicht so rigoros vorgehen, wie das neue Konzept es möchte, obwohl man ihnen verstärkte Weisungsbefugnisse gegenüber dem wissenschaftlichen Personal zuteilen will. Zu solchen Ämtern können sich jedoch auch Professoren drängen, die ihrer wissenschaftlichen Tätigkeit eine geringere Bedeutung beimessen, sich aber zutrauen, die Tätigkeit anderer Wissenschaftler zu regulieren, zu „evaluieren" und zu kontrollieren. In solchen Positionen können Professoren durchaus Herrschaftsinstinkte entwickeln, zumal wissenschaftliche Arbeit an sich schon zu eindeutigen Aussagen drängt und nicht auf Kompromisse angelegt ist. Es war deshalb weise, bisher die Leitungsämter unter den Professoren in nicht zu langen Fristen wechseln zu lassen.

Vielleicht auch, um solchen Problemen zu entgehen, wird jetzt vorgeschlagen, „Manager" für umfassende Leitungsaufgaben in den Hochschulen heranzuziehen, möglichst solche, die selber keine Wissenschaftler sind, also von den Eigenheiten der Sache, die sie zu verwalten haben, und dem Stand der wissenschaftlichen Diskussion nichts verstehen, sondern bestenfalls von allgemeiner Organisation. Entspricht die Verstärkung von Hierarchie im Zeitalter der Vernetzung von stärker selbstverantwortlichen Unternehmensteilen wirklich dem modernsten und vor allem dem richtigen betriebs-

wirtschaftlichen und organisationspraktischen Erkenntnisstand für
eine Einrichtung, deren Erfolg in erster Linie von der Motivation
und dem Entscheidungsspielraum *einzelner* Wissenschaftler abhängt? Oder wäre dies nicht eher, um mit *Friedrich Schiller* zu
sprechen, „ein Bonmot von vorgestern, die Mode vom vorigen
Jahr"?

Die Vorstellung, Professoren seien strukturell lebensfremd und
könnten jedenfalls nicht wie moderne Manager die Großorganisa-
tion Hochschule leiten, muß sich die Frage gefallen lassen, weshalb
die Universitäten seit Jahrhunderten sehr erfolgreich von Professoren geleitet worden sind und auch heute noch geleitet werden.
Müssen die Professoren bei der Verwaltung ihrer eigenen Angelegenheiten entmündigt werden? Es ist kaum jemand zum Rektor
gewählt worden, der nicht sein Verwaltungsgeschick für die Gesamtuniversität vorher als Dekan oder Senator und in zahllosen
Kommissionen geübt hätte. Professoren als Direktoren großer In-
stitute und Kliniken dürften meist mehr Verwaltungserfahrung haben, als ihnen lieb ist. Will man Juristen und Ökonomen, von denen
Verwaltungsbeamte und Manager ausgebildet werden, die Befähi-
gung zur Leitung einer Hochschule absprechen? Wenn die alten
Universitätsleitungen so schlecht waren, wie jetzt ohne die Spur
eines Beweises behauptet wird, weshalb haben dann die Universitäten auch bei hohen Belastungen noch funktioniert? Die alte Uni-
versitätsleitung war der Tendenz nach im Umfang ihrer Anordnungen sparsam[31], auch weil ihre Mitglieder ihre durch Wahlen legiti-

---

[31] Hierzu wiederum *Wilhelm von Humboldt* (1810/1965, S. 259), nachdem er
     als oberste Aufgabe die Auswahl geeigneter Professoren entsprechend den
     jeweiligen Aufgaben der Teile der wissenschaftlichen Anstalten bezeichnet
     hat: „Nach ihr kommt es am meisten auf wenige und einfache, aber tiefer als
     gewöhnlich eingreifende Organisationsgesetze an, von denen eben wiederum
     nur bei den einzelnen Theilen die Rede sein kann." Als Kontrast in der sach-
     lichen und sprachlichen Kultur kann folgender Passus (§ 77 Absatz 2 Satz 1)
     aus dem neuen Professorenbesoldungsreformgesetz dienen, das am 16. 02.
     2002 in Kraft getreten ist: „Für Professoren der Bundesbesoldungsordnung C,

mierte Leitungstätigkeit nicht als Lebensaufgabe, sondern eher als notwendiges Übel betrachtet haben. Im Prinzip kam man zwischen Professoren mit einer ziemlich flachen Hierarchie aus, selbst wenn wie in allen menschlichen Einrichtungen immer wieder ohne formale Grundlage nicht immer gerechtfertigte Einflußunterschiede zu bemerken waren und sind. Nichts hat im übrigen der Universität mehr geschadet als eine immer wieder zum Vorschein kommende Tendenz, informell steilere Hierarchien zu schaffen und zu verfestigen und von dem Grundsatz abzuweichen, daß die Richtigkeit wissenschaftlicher Argumente nicht davon abhängt, wer sie vorbringt. Aus gutem Grund waren die rein rechtlichen Befugnisse von Dekanen und Rektoren begrenzt, ihre informellen und tatsächlichen Möglichkeiten aber durch den Respekt erweitert, den man den Inhabern der Ämter entgegengebracht hat. Ihren Anordnungen hat sich einst kaum jemand ohne sehr zwingende Gründe entzogen.

Wenn die Universitätsleitungen jetzt nicht nur von den Ministerien Kompetenzen übernehmen, sondern, wie es die Absicht ist, überhaupt mit weiteren neuen und umfassenden Befugnissen ausgestattet werden, kommt es innerhalb der Hochschulen zu einer Umkehrung des Subsidiaritätsprinzips. Im Zweifel ist die überge-

---

die am Tag des Inkrafttretens der aufgrund § 33 Abs. 4 zu erlassenden Regelungen oder, soweit diese Regelungen bis zum 31. Dezember 2004 noch nicht erlassen sind, am 1. Januar 2005 im Amt befindlich sind, finden § 1 Abs. 2 Nr. 2, § 8 Abs. 3, § 13 Absatz 1 Satz 5, Absatz 4 Satz 1, der 3. Unterabschnitt im 2. Abschnitt, die §§ 43, 50, die Anlagen I und II und die Hochschulleitungs-Stellenzulagenverordnung in der bis zum Vortag des Datums des Inkrafttretens des Gesetzes geltenden Fassung sowie die Anlagen IV und IX nach Maßgabe des Bundesbesoldungs- und -versorgungsanpassungsgesetzes 2000 vom 19. April 2001 (BGBl. I, S. 618) sowie unter Berücksichtigung der weiteren Anpassungen der Besoldung nach § 14 und der weiteren Anpassung des Bemessungssatzes nach § 2 Abs. 1 der Zweiten Besoldungs-Übergangsverordnung Anwendung; eine Erhöhung von Dienstbezügen durch die Gewährung von Zuschüssen nach § 1 Abs. 2 Nr. 2 in der bis zum Vortag des Datums des Inkrafttretens des Gesetzes geltenden Fassung ist ausgeschlossen."

ordnete Instanz zuständig. Symbolisch dafür ist eine Bestimmung
des nordrhein-westfälischen Hochschulgesetzes, wonach dem
Rektorat in Ausübung seiner Leitungsaufgabe alle Angelegenheiten
der Hochschule obliegen, „für die nicht ausdrücklich eine andere
Zuständigkeit festgelegt ist."[32] Da die Leitungsaufgabe nun umfassend definiert wird, ist dem einzelnen Universitätsbürger nur ge-
stattet, was ihm ausdrücklich von der Obrigkeit erlaubt wird. In
freiheitlichen Verfassungen darf demgegenüber umgekehrt die Regierung nur tun, wozu sie ausdrücklich ermächtigt worden ist.

Ferner soll der Zentralismus durch außenstehende Hochschulräte
verstärkt werden. Wo sie schon bestehen oder geplant sind, sollen
sie teilweise wissenschaftsfremd zusammengesetzt sein. Sie sollen
„strategische" Konzepte entwickeln, die energisch durchgesetzt
werden sollen. Hat man in den Jahren des Aufruhrs noch aus politischen Gründen eine gegen die Professoren und die Logik wissenschaftlichen Arbeitens gerichtete Disziplinlosigkeit wenn nicht
gefördert, so doch wohlwollend zugelassen, so will man jetzt die
Zügel anziehen. Es wird viel, allzu viel von „Führung" und „Strategie" gesprochen. Vergessen wird dabei, daß schon einmal an den
deutschen Hochschulen das nationalsozialistische „Führerprinzip"
geherrscht hat und unter dem realen Sozialismus Ähnliches geschehen ist. Wissenschaft erfordert durchaus eine hohe Disziplin.
Sie besteht aber in der Regeltreue rationaler wissenschaftlicher
Diskussion. Die in den Hochschulen notwendige äußere und fachliche Disziplin kommt zwar ohne Rangordnung nicht aus. Dies ist
aber eher ein notwendiges Übel und muß in wissenschaftlichen
Fragen gegenüber der Gleichberechtigung der Wissenschaftler so
weit wie möglich zurückgedrängt werden. In der alten Universität
ließ sich äußere Disziplin oft leichter durchsetzen als heute, nachdem die Hochschulreformer für längere Zeit die Universität zum
rechtsfreien Raum haben verkommen lassen.

---

[32] § 20 Absatz 1 Satz 2 des Gesetzes vom 14. März 2000 über die Hochschulen
des Landes Nordrhein-Westfalen.

Auch „Strategie" ist ein verräterisches Wort und stammt aus der Kriegführung, die gehorsame Soldaten voraussetzt. In das Zivile gewendet bedeutet es zentrale Planung durch eine übergeordnete Instanz. In der Hochschulpolitik ist sie bei der Aufteilung staatlicher Mittel und für die Gründung und den Ausbau von staatlichen Hochschulen nicht zu vermeiden. Wenn sie aber nicht mit den einzelnen Wissenschaftlern kooperiert, sondern inhaltliche Auflagen macht, gerät sie in Konflikt mit der Freiheit der einzelnen Wissenschaftler, ohne die es keinen leistungsfördernden wissenschaftlichen Wettbewerb gibt.

Für diesen Wettbewerb ist nichts gewonnen, wenn lediglich Teile der überdehnten Lenkungsbefugnis der Ministerien nach unten auf die Leitungsorgane der Hochschulen verlagert und obendrein verstärkt werden. Von welcher Instanz die einzelnen Wissenschaftler Anordnungen erhalten, dürften sie als weniger wichtig ansehen. Zwar können bei einer größeren Autonomie die heterogenen Kollektive, Hochschulen genannt, miteinander stärker konkurrieren, sofern sie nicht planwirtschaftlich gefesselt werden. Aber sie könnten dies allenfalls mit ihrem Standort, ihrer Ausstattung und Fächerstruktur tun, wenn diese Merkmale nicht von der Hochschulpolitik festgelegt wären. Diese Faktoren sind wichtig, aber dennoch zweitrangig gegenüber dem Geist, der in den Hochschulen herrscht. Dieser Geist kann nur von den vielen einzelnen und selbständig denkenden Wissenschaftlern und den Spielregeln bestimmt werden, die sie entwickeln. Von Personen und ihrem Umgang miteinander hängt der Erfolg ab. Er wird nur zu erzielen sein, wenn neue Leitungsorgane, deren Bewährung noch aussteht, behutsam vorgehen. Die Freiheit der Wissenschaft darf jedenfalls nicht mit der Autonomie der Hochschule als Kollektivorganisation verwechselt werden.

Die vielen Professoren verschiedener Fachrichtungen sind an den überwiegend staatlichen Hochschulen in der Regel Beamte, die ebenso wie die Richter nicht nach Gutdünken versetzt werden können. Damit sollen sie gegen Pressionen der Politik, der Wirtschaft und auch ihrer Kollegen geschützt sein. Im Rahmen ihres jeweiligen Faches haben sie erhebliche Pflichten, aber bisher noch Dispositionsfreiheit bei der Wahl ihrer Forschungsziele und bei den dabei anzuwendenden Forschungsmethoden. Sie haben zwar keine fachlich weisungsbefugten Vorgesetzten, sind aber einer umfassenden internationalen Öffentlichkeit der Wissenschaft ausgesetzt, also einem starken Wettbewerb der Ideen und einer sachlich erbarmungslosen Kontrolle durch die Fachgenossen. Da diese Fachgenossen oft zugleich auch Konkurrenten oder persönliche Sympathisanten sind, kann die Kontrolle in beiden Richtungen von der Objektivität abweichen. Sie ist trotzdem der Beurteilung durch Vorgesetzte oder die jetzt propagierten Evaluierungskommissionen weit überlegen. Insoweit gibt es eine marktähnliche Institution für wissenschaftliche Leistungen. Die Marktübersicht wird dabei allerdings selbst in Spezialfächern durch die unübersehbare Fülle an Veröffentlichungen getrübt, so daß die vielgerühmte Wissensgesellschaft an der begrenzten Aufnahmefähigkeit des einzelnen Wissenschaft betreibenden Menschen leidet. An der grundsätzlichen Funktionsfähigkeit dieses auf der Meinungsfreiheit der Fachleute beruhenden Kontrollsystems ändert das jedoch nichts. Das Marktelement in der Hochschulforschung wird außerdem verstärkt, wenn erfolgreiche Forscher durch Berufungen an andere Hochschulen ihre Arbeitsbedingungen und ihr Gehalt verbessern können. Diesen Wettbewerb haben die deutschen Wissenschaftsminister durch Kartellabsprachen aller Art massiv eingeschränkt (Monopolkommission 2000, Ziffer 67).

In vielen Bereichen sind die Professorengehälter gegenüber vergleichbaren Positionen außerhalb der Hochschulen nicht wettbewerbsfähig. Wie wichtig ist diese Tatsache? Hochschullehrer üben in aller Regel ihren Beruf nicht oder nicht vorrangig aus Gründen des Gelderwerbs aus. Auch Spitzenbegabungen des Hochschullehrernachwuchses fühlen sich kaum von den materiellen Bedingungen an der Hochschule angezogen, die in der Qualifizierungsphase unsicher und bescheiden sind. Es sind vor allem die Möglichkeit, Wissenschaft als Beruf auszuüben, und die fachliche Dispositionsfreiheit, die den Hochschullehrerberuf anziehend gemacht haben. Professoren konnten bisher auch nicht wie politische Spitzenbeamte wegen mißliebiger fachlicher Ansichten in den Ruhestand versetzt oder wie Leiter von privaten Großunternehmungen wegen Meinungsverschiedenheiten über die Geschäftspolitik entlassen werden. So konnten die Hochschulen manche Spitzenkräfte gewinnen, die besser dotierte Positionen hätten erlangen können oder erlangt haben.[33] Seit vielen Jahren werden aber die immateriellen Bedingungen des Professorenberufs verschlechtert. Politik, Wissenschaftsverwaltung, Medien und Wirtschaftsverbände sind sich darin einig, daß die Professoren allgemein zu wenig leisten und von einer Kontrollhierarchie diszipliniert werden müssen. Einige Professoren meinen das auch von ihren Kollegen, wobei dieses Urteil von einer Tendenz zur prinzipiellen Höherschätzung der eigenen Leistung. beeinflußt sein kann. Das früher einmal hohe Ansehen der Professoren wird weniger durch ihre gestiegene Zahl beeinträchtigt als durch diese Kampagne. Neben der nicht anerkannten heutigen Überbelastung der Hochschullehrer bedeutet das eine ge-

---

[33] *Erich Gutenberg*, einer der großen Männer der deutschen Betriebswirtschaftslehre, erzählte mir einmal über ein verlockendes Angebot aus einem großen Industriekonzern. Zunächst unschlüssig habe er auf dem Flur der Konzernzentrale die Namensschilder an den Türen betrachtet und plötzlich darüber nachgedacht, welche Intrigen wohl zwischen den leitenden Mitarbeitern gesponnen würden und wieviel Zeit sie damit verbrächten, die Intrigen anderer abzuwehren und mit gleicher Münze heimzuzahlen. Daraufhin habe er sich für den Professorenberuf entschieden. Die Intrigen an Hochschulen haben wegen der Intelligenz der Beteiligten oft ein besonderes Raffinement, konnten aber bisher nicht in einen gesicherten Bereich der persönlichen Zuständigkeit der Professoren für die selbständige Wahrnehmung eines Faches eindringen. Wußte der Gesetzgeber nicht, daß er dies durch die von ihm angestrebte verstärkte Hierarchisierung nun ändert?

ringere Anziehungskraft des Professorenberufs für Spitzenbegabungen.

Sie wird weiter vermindert, wenn Professoren allgemein nur noch
auf Zeit eingestellt werden. Ihr Gehalt soll ferner auch bei fester
Anstellung in regelmäßigen Abständen nach kaum ausreichend
objektivierbaren Leistungskriterien neu festgelegt werden.

Sind alle diese Maßregeln sinnvoll? Jedenfalls wird dadurch das
materielle und immaterielle Risiko des Professorenberufs erhöht.
Die Professoren werden dort, wo das möglich ist, diese Unsicherheit ausgleichen wollen. Wenn sie nicht vermögend sind, werden
sie sich um Auffangstellungen in der Praxis und um Nebentätigkeiten bemühen müssen. Beabsichtigt ist, die Hochschulwissenschaftler gegenüber vergleichbaren und in Dauerstellungen gesicherten anderen Beamten und Angestellten in ihrem Vertragsver-
hältnis deutlich schlechter zu stellen. Dies könnte durch eine Risi-
koprämie ausgeglichen werden. Bei Vorstandsmitgliedern von Aktiengesellschaften wird das Risiko, das in den kürzerfristigen An-
stellungsverträgen besteht, in der Regel durch höhere Besoldung
mehr als aufgewogen. Für Professoren und den wissenschaftlichen
Nachwuchs aber soll jetzt nur das Risiko erhöht werden. Wegen
der ständig betonten Kostenneutralität der neuen Besoldungsreform
ist mit einer Kompensation nicht zu rechnen.

Solange den Professoren ein mittlerer Lebensstandard möglich ist,
könnte man das Problem ihrer Besoldung für durchaus zweitrangig
halten. Entscheidend für die Leistungsfähigkeit derjenigen, die
Wissenschaft als Lebensberuf ausüben sollen, ist weniger ihre Besoldung an sich, sondern die Aussicht, daß sie nach einer Ausbil-
dungs- und Bewährungsphase einen physisch und rechtlich gesicherten Bereich erhalten, der von anderen nicht zerstört werden
kann. Es müssen ihnen langfristig angelegte wissenschaftliche Rei-
feprozesse und Forschungen möglich sein, die nicht mit der Elle
der Quartalsberichte von Aktiengesellschaften gemessen werden

und auch nicht von politischen Wahlen oder Wechseln von Ministern, Rektoren oder Dekanen abhängig sein dürfen.

Der neuen Hochschulgesetzgebung liegt eine völlig andere Vorstellung zugrunde. Man meint, man könne aus den vorhandenen Professoren mehr Leistung herausholen, indem man nicht nur ihre Arbeitsbedingungen regelmäßig zur Disposition stellt, sondern auch den Wettbewerb zwischen ihnen verstärkt. Sie sollen wie selbständige Unternehmer ohne wirkliche Selbständigkeit behandelt werden, freilich mit dem gravierenden Unterschied, daß über ihre Leistung weniger ein wirklicher Markt entscheidet, sondern mehr eine übergeordnete Hierarchie oder die Einigung mit Konkurrenten wie in einem Kartell mit Gewinnpoolung. Im Ergebnis sollen einige von ihnen besser und dafür andere schlechter bezahlt werden. Für herausragende Wissenschaftler sollen höhere Gehälter möglich sein. Also bleibt aus einem vorgegebenen Gesamtbetrag für die Professorenbesoldung nur noch weniger für die anderen Professoren übrig. Die Professoren sollen eine gegebene Gesamtsumme an Grundgehältern und solchen Leistungszulagen erhalten, die durch Kürzung ihrer bisherigen Gehälter aufgebracht wird. Um den durch Kürzungen aufgebrachten Betrag sollen die Professoren durch Leistung konkurrieren, ohne insgesamt mehr zu erhalten als bisher. Wer nach Ansicht der neuen Beurteilungsinstanzen durch höhere Leistung herausragt, erhält Zulagen auf Kosten seiner Kollegen, die sich deswegen ebenfalls in ihrer Leistung anstrengen sollen. Je mehr Zuckerbrot der eine erhält, desto mehr wird über den anderen die Peitsche geschwungen. Man könnte dies das Prinzip der Tretmühle nennen: Je schneller darin der einzelne vorwärts geht, desto mehr müssen ihm die anderen folgen. Aber alle zusammen kommen keinen Schritt weiter, sondern es soll sich nur die Mühle der Leistung schneller drehen.

Ist das nicht sogar die Logik des marktwirtschaftlichen Wettbewerbs, wie ihn Wirtschaftsprofessoren sonst so loben? Auch dabei konkurrieren doch die Anbieter um die Gesamtausgabe der Nach-

frager. In einem marktwirtschaftlichen System ist es durchaus
möglich, daß gesamtwirtschaftlich die Nachfrager auch bei steigendem Gesamteinkommen für einen bestimmten nachrangigen
Zweck nur eine konstant bleibende Summe ausgeben. Ferner ist es
für ein bestimmtes Haushaltsjahr selbstverständlich, daß ein gegebener Betrag für die Hochschulen im Haushaltsplan ausgewiesen
wird. Weniger selbstverständlich ist es jedoch, diese Summe in den
folgenden Jahren möglichst unverändert fortzuschreiben oder sogar
im Interesse anderer Zwecke zu kürzen. Denn angeblich sieht der
Staat Bildung und Wissenschaft nicht als nachrangige Zwecke an.
Sollte an einem Markt bei feststehender Gesamtausgabe das Angebot spontan zunehmen, dann würde der Preis entsprechend sinken
(Preiselastizität von eins, constant outlay curve). Bei preisunelastischer Nachfrage könnte die Gesamtausgabe sogar sinken, wenn das
Angebot zunimmt.

Aber darum handelt es sich hier nicht. Von einer spontanen Zu-
nahme des Angebots an wissenschaftlichen Leistungen bei unveränderter Nachfrage kann keine Rede sein. Es gilt vielmehr als aus-
gemacht und wird von den Hochschulpolitikern auch unablässig
betont, daß es die Nachfrage nach wissenschaftlichen Leistungen
der Hochschulen sei, die gestiegen ist. Dies sei, so wird gesagt,
unabweisbar in einer sogenannten „Wissensgesellschaft", in der wir
angeblich leben werden. Eine deswegen erhöhte Nachfrage nach
diesen Leistungen müßte eigentlich zu einer höheren Gesamtausgabe für dieses Gut führen. Um das Angebot anzuregen, müßte
sogar die Einzelleistung höher entlohnt werden.

Dies soll vermieden werden. Um sein Ziel eines höheren Angebots bei unveränderter oder fallender Ausgabe zu erreichen, hält
der Staat nach dem Muster der alten Lohnfondstheorie[34] seine Ge-

---

[34] In ihrer einfachsten Version besagte diese im 19. Jahrhundert erörterte Theorie, daß der für Lohnzahlungen verfügbare Fonds gegeben sei, so daß ein höheres Arbeitsangebot zu sinkenden Lohnsätzen führen müsse. (Vgl. *Wilhelm
Krelle* 1961, S. 3 f.). Für die Hochschulen soll jetzt ein solcher Effekt herbeigeführt werden, indem das Angebot bei gleicher Arbeiterzahl und unverän-

samtausgabe fest und möchte ein höheres Angebot erzwingen, indem er auf die Anbieter wie ein Nachfragemonopolist mit Optionsfixierung Druck ausübt.

Das Verfahren ist aus anderen Bereichen bekannt: In der sozialen Krankenversicherung hat man bei steigender Nachfrage nach medizinischen Leistungen versucht, die Gesamtausgaben einzufrieren. Hierzu wird die Entlohnung der Einzelleistungen gesenkt und der Wettbewerb nach dem Tretmühlenprinzip verschärft (Hierzu: *Prinz* und *Vogel* 2001). Auch die Bundeswehr soll mit unveränderten und sogar herabgesetzten Mitteln zusätzliche und neuartige Leistungen erbringen. In den von Streiks bedrohten Bereichen einschließlich des allgemeinen öffentlichen Dienstes gilt demgegenüber der genau entgegengesetzte Grundsatz, die Entlohnung von Einzelleistungen müsse bei den alljährlichen Tarifrunden erhöht werden. Zunächst wurde dabei das Gesamtangebot durch Arbeitszeitverkürzung der noch Beschäftigten verringert. Inzwischen wird dies vor allem durch die Nichtarbeit der Arbeitslosen erreicht. Man befindet sich bei den Erwerbsfähigen in einer neuen Dreiklassengesellschaft, nämlich der Mehrleistenden, der Minderleistenden und der Nichtleistenden (an Leistung Gehinderten und Arbeitsunwilligen).

Durch das neue System können jedoch nur diejenigen Wissenschaftler nach dem Tretmühlenprinzip unter Druck gesetzt werden, die sich bereits auf das sehr hohe Risiko einer wissenschaftlichen

---

dertem Lohnfonds durch Druck und intensiveren Wettbewerb zwischen den Arbeitern erhöht wird. Denkbar wäre auch, daß der für Wissenschaftler verfügbare Lohnfonds verringert wird, um eine „antikonjunkturelle Reaktion" (*von Dietze* 1937/1962, S. 37) hervorzurufen. Danach steigt bei rückläufiger Nachfrage und Wettbewerb das Angebot und sinkt deswegen bei preisunelastischer Nachfrage die Gesamtausgabe noch einmal zusätzlich. Voraussetzung dafür ist fehlende Abwanderungsmöglichkeit der Anbieter und Dominanz des Einkommensziels trotz verringerter Entlohnung. Angeblich will der Bundestag für sich selbst anders vorgehen. Die Zahl an Abgeordneten wird verringert. Die dadurch eingesparten Mittel für Mitarbeiter sollen den übrigen Abgeordneten zur Verfügung gestellt werden (Kölnische Rundschau v. 27. 11. 2001).

Laufbahn eingelassen haben. Auch müssen sie weniger Alternativen haben, sei es wegen der Hindernisse des Orts- und Berufswechsels, sei es wegen ihrer außerhalb der Hochschulen nicht verwendbaren Spezialisierung, in die sie früher einmal durch günstige Bedingungen und Aussichten hineingelockt worden sind. Aber nur die ersten Nachwuchskräfte werden in solche Fallen gehen. Ein steigendes Angebot bei zurückgedrängter Gesamtausgabe entsprechend dem Tretmühlenprinzip kann vorübergehend nur von denen erzwungen werden, die schon beruflich fixiert sind und daher unelastisch oder sogar antikonjunkturell auf herabgesetzte Entlohnungssätze reagieren.

Die deutsche Hochschulpolitik sieht das jedoch anders. Das neue System schaffe endlich die Möglichkeit, wissenschaftliche Spitzenkräfte aus anderen Bereichen, etwa dem Ausland oder der Wirtschaft, für deutsche Hochschulen zu gewinnen. Dazu müssen Anreize bestehen, denn man wird solche Personen in ihren bisherigen Tätigkeiten auch durch höhere Bezahlung festhalten wollen. Sehr viele können das außerdem nicht sein. Sonst wäre der fixierte Vergaberahmen für die Hochschullehrerbesoldung bald erschöpft und die nicht ganz so herausragenden Professoren müßten empfindliche Gehaltskürzungen hinnehmen. Die Ansicht, man könne ihnen dies beliebig zumuten, verkennt, daß auch weniger prominente Professoren Alternativen haben und ebenso der zunächst noch weniger prominente, aber vorzügliche wissenschaftliche Nachwuchs sich von der Universität abwenden kann. Auch von Einwanderungen ist nicht allzuviel zu erwarten.

Man will trotz erhöhter Nachfrage nach wissenschaftlichen Leistungen dafür um keinen Preis eine höhere Bezahlung. Es sollen auch keine neuen Dauerstellen für Hochschullehrer eingerichtet werden. Jedoch sollen Stellen für wissenschaftliche Mitarbeiter in Stellen für auf Zeit angestellte Juniorprofessoren umgewandelt werden. Diese neuen Lehrkräfte müssen zwar als eine Art von geringer bezahlten Billigprofessoren gleichberechtigt und weitgehend gleichverpflichtet mit den dauerhaft angestellten Professoren forschen und lehren, erhöhen aber wegen des Wegfalls von Stellen für wissenschaftliche Mitarbeiter nicht die Gesamtkapazität der Hochschulen, sondern ändern nur ihre Struktur[35]. Es bleibt also dabei: Die Hochschulen sollen für denselben Gesamtbetrag höhere Leistungen erbringen, denn die geforderte Haushaltsneutralität bedeutet konstante Gesamtausgaben.

Fassen wir zusammen: Daß die Gehälter der Professoren nach Leistungsunterschieden differenziert werden sollten, hat einiges für sich, soweit es für solche Unterschiede sinnvolle und eindeutige Maßstäbe gibt. Warum hat man dann bisherige Differenzierungsmöglichkeiten abgeschafft? Denn bei Berufungen sind sie beschränkt worden, Kolleggelder und meist auch Prüfungsgebühren gibt es nicht mehr. Die Kürzung der Grundgehälter und die Unsicherheit, die bei den Leistungszulagen entsteht, wird abschreckend wirken. Je mehr viel leistende Kollegen berufen werden, desto mehr sinkt die eigene Leistungszulage. Wird dies nicht ausgeglichen, dann wandern auch weniger prominente Hochschullehrer ab und die Spitzenkräfte werden sich zurückhalten. Im übrigen sind aber die Abwanderungsmöglichkeiten kein zuverlässiger Leistungsmaßstab. Bei der Berufswahl ist man im allgemeinen noch beweglich, später kann die Abwanderungsmöglichkeit wegen nur einseitig verwendbarer Ausbildung und aus anderen Gründen verringert sein, die nichts mit der Leistung zu tun haben. In solchen Fällen kann der Staat eine Ausbeuterposition einnehmen, weil die Abwanderungsschwelle bei sehr viel niedrigerer Besoldung liegt,

---

[35] Die am 16. 02. 2002 in Kraft getretene 5. Änderung des Hochschulrahmengesetzes sieht die Abschaffung der Habilitation als Zugangsvoraussetzung zur Berufung auf eine reguläre Professur vor. Die vorgesehenen „Juniorprofessoren" sollen nach ihrer Promotion auf maximal zweimal drei Jahre mit den vollen Rechten und Pflichten von Professoren, aber geringerem Gehalt eingestellt werden, während dieser Zeit zusätzliche wissenschaftliche Leistungen als Qualifikation für eine reguläre Professur erwerben und auch noch berufen werden. Anderenfalls werden sie entlassen.

auch wenn die wissenschaftliche Leistung unverändert bleibt oder gar zunimmt. Ob man dies und andere Ungereimtheiten durch hinreichend objektive Leistungskriterien ausgleichen kann, bleibt offen. Nicht mehr offen ist aber die Meinung der Regierung, die Leistungen der Professoren und ihrer Mitarbeiter könnten dadurch gesteigert werden, daß man sie schlechter behandelt.

Literatur

Backes-Gellner, Uschi (2001), Indikatorenorientierte Mittelvergabe in der Universität, Vortragsmanuscript nach dem Symposium „Das neue Steuerungsmodell und die Universitätsreform", Frankfurt am Main, 19. 01. 2001.

Besch, Friedrich (1970), Das Hochschulgesetz des Landes Nordrhein-Westfalen mit Erläuterungen und Nebenbestimmungen, Bad Honnef.

Borchert, Manfred (1985), mit *Heinz Georg Grosseketler*, Preis- und Wettbewerbstheorie, Stuttgart usw.

Briefs, Götz (1958), Das Ethos der pluralistischen Gesellschaft von heute, in: „Hochland", Jahrgang 51, München, S. 49-61.

Brings, Stefan (1995), Studierende im Wintersemester 1993/94, Wirtschaft und Statistik, S. 64-70.

Bührer, Susanne (2000), mit *Stefan Kuhlmann*, Erfolgskontrolle und Lernmedium: Evaluation von Forschungs- und Innovationspolitik, in: DIW Vierteljahrshefte zur Wirtschaftsforschung 69. Jahrgang Heft 3, S. 379-394.

Decker, Jörg (2000), Studierende im Wintersemester 1999/2000, Wirtschaft und Statistik, S. 509-515.

Dietze, Constantin von (1937/1962), Zwangssyndikate als Mittel der Agrarpreispolitik, in: Jahrbücher für Nationalökonomie und Statistik S. 129-142; auch in: ders., Gedanken und Bekenntnisse eines Agrarpolitikers, Göttingen.

economiesuisse (2001), Jahresbericht 2000, Wirtschaftspolitik in der Schweiz, Zürich.

Grimm, Dieter (2002), Die Wissenschaft setzt ihre Autonomie aufs Spiel, Interview in der Frankfurter Allgemeinen Zeitung v. 11. 02. 2002.

Grossekettler, Heinz Georg (1985), mit *Manfred Borchert*, Preis- und Wettbewerbstheorie, Stuttgart usw.

Hasse, Rolf H. (2000), Gaudeamus igitur und produktive Unruhe: Das Bild des Studenten im Wandel der Zeit, Bern usw., S. 263-275.

Heimer, Thomas (2000), mit *Johann Schneider*, Akkreditierung und Evaluation an deutschen Hochschulen – Ein Königsweg für die Reform deutscher Hochschulen? In: DIW Vierteljahrshefte zur Wirtschaftsforschung, 69. Jg., Heft 2, S. 469-480.

Helmstädter, Ernst (2000), Arbeitsteilung und Wissensteilung. Zur Institutionenökonomik der Wissensgesellschaft, in: *Nutzinger, H.G.* und *Held, M.* (Hrsg.), Geteilte Arbeit und ganzer Mensch. Perspektiven der Arbeitsgesellschaft, Frankfurt/M. und New York, S. 118-141.

Hoppe, Heidrun C. (2001), mit *Wilhelm Pfähler*, Ökonomie der Grundlagenforschung und Wissenschaftspolitik, in: Perspektiven der Wirtschaftspolitik, Bd. 2, Heft 2, S.125-144.

von Humboldt, Wilhelm (1810/1964), Ueber die innere und äußere Organisation der höheren wissenschaftlichen Anstalten in Berlin, in: ders., Schriften zur Politik und zum Bildungswesen, Werke Bd. IV, Darmstadt 1964, S. 255-266.

Kant, Immanuel (1798/1964), Der Streit der Facultäten in drey Abschnitten, in: ders., Werke Bd. VI, Darmstadt 1964, S. 263-393.

Kölner Universitätsjournal. Berichte aus der Universität zu Köln, 31. Jahrgang, Ausgabe 04/2001.

Krelle, Wilhelm (1961), Artikel „Lohn (I) Theorie", Handwörterbuch der Sozialwissenschaften, Stuttgart usw., S. 1-16.

Kuhlmann, Stefan (2000), mit *Susanne Bührer*, Erfolgskontrolle und Lernmedium: Evaluation von Forschungs- und Innovationspolitik, in: DIW Vierteljahrshefte zur Wirtschaftsforschung, 69. Jg., Heft 3, S. 379-394.

Maier-Leibnitz, Heinz (1996), Hoffnung, Gutes anzurichten, in: Rheinischer Merkur v. 22. 03. 1996.

Menze, Clemens (1977), Perspektiven in der Universitätsentwicklung, in: Ordo, Bd. 28, S. 3-12.

Mittelstaedt, Peter (1971), Naturwissenschaft und Gesellschaft, Rektoratsrede, Krefeld.

Monopolkommission (2000), Wettbewerb als Leitbild für die Hochschulpolitik, Sondergutachten 30, Baden-Baden.

Müller-Armack, Alfred (1977/1980), Holzwege der Universitätsreform, Frankfurter Allgemeine Zeitung vom 6. Mai 1977, auch in: Wirtschaftspolitische Chronik 29. Jg., S. 91-105.

Oppermann, Thomas (2001), Diskussionsbeitrag, in: *Arnulf Melzer* und *Gerhard Casper*, Wie gestaltet man Spitzenuniversitäten?, Veröffentlichungen der Hanns Martin Schleyer-Stiftung, Bd. 56, Köln.

Oswald, John W. (1972), Festvortrag „Future Prospects of the American University", in: 10 Jahre Austauschprogramm The Pennsylvania State University/Universität zu Köln, Krefeld, S. 18-31.

Pfähler, Wilhelm (2001), mit *Heidrun C. Hoppe*, Ökonomie der Grundlagenforschung und Wissenschaftspolitik, in: Perspektiven der Wirtschaftspolitik, Band 2, S. 125-144.

Pfeffer, Gottfried (1964), Robbins-Bericht, Essen.

Prinz, Aloys (2001), mit *Alexander Vogel*, „Medizin mit Management", in: Frankfurter Allgemeine Zeitung vom 17. 11. 2001.

Pütter, Johann Stephan (1765), Versuch einer academischen Gelehrten-Geschichte von der Georg-Augustus-Universität zu Göttingen, Göttingen.

Robbins, Lionel (1966), The University in the Modern World and other papers on higher education, New York.

Röpke, Wilhelm (1979), Wider den Bildungsjakobinismus, Heroldsberg bei Nürnberg.

Sachverständigenrat zur Begutachtung der gesamtwirtschaftlichen Entwicklung (1998/99), Jahresgutachten „Vor weitreichenden Entscheidungen", Stuttgart.

Schneider, Johann (2000), mit *Thomas Heimer*, Akkreditierung und Evaluation an deutschen Hochschulen – Ein Königsweg für die Reform deutscher Hochschulen? In: DIW Vierteljahrshefte zur Wirtschaftsforschung 69.Jahrgang, S. 468-480.

Schöpper-Grabe, Sigrid (2001), Mit Vergil in die Wirtschaft?, Institut der deutschen Wirtschaft, Beiträge zur Gesellschafts- und Bildungspolitik, Nr. 250, Köln.

Schweikart, Nikolaus (2001), Diskussionsbeitrag in: trend. Zeitschrift für Soziale Marktwirtschaft, III. Quartal, S. 89.

Vereeck, Lode (2001), Das deutsche Wissenschaftswunder. Eine ökonomische Analyse des Systems Althoff (1882 – 1907), Berlin.

Vogel, Alexander (2001), mit *Aloys Prinz*, „Medizin mit Management" in: Frankfurter Allgemeine Zeitung vom 17. 11. 2001.

Weizsäcker, Carl Christian von (1971), Lenkungsprobleme der Hochschulpolitik, in: *Helmut Arndt* und *Dieter Swiatek* (Hrsg.), Grundfragen der Infrastrukturplanung für wachsende Wirtschaften, Schriften des Vereins für Socialpolitik (N. F.), Bd. 58, Berlin, S. 536-553.

Wittelsberger, Helmut (1969), Sozialistische Marktwirtschaft – ein Modell zur Reform der Unternehmensverfassung?, in: Ordo, Bd. 20, S. 69-101.

Zu Biographie und Bibliographie *Alfred Müller-Armacks*

MATHIAS RAUCH

I „Wirtschaftspolitik als Beruf"

Dieser, in Anlehnung an zwei Vorträge *Max Webers*[1] gewählte Titel eines Aufsatzes von *Alfred Müller-Armack* aus dem Jahr 1969[2] beschreibt, vom Autor selbst durchaus intendiert, auf treffende Weise den engen Zusammenhang zwischen seiner Biographie und seinen wissenschaftlichen sowie politischen Schriften, was in der späteren Literatur über seine Person bereits Beachtung gefunden hat[3] und im folgenden vor dem spezifischen Hintergrund der ungewöhnlich starken publizistischen Aktivität *Müller-Armacks* gestützt werden soll.

Alfred August Arnold Müller wurde am 28. Juni 1901 in Essen als Sohn von *Hermann Justus Karl Julius Müller*, einem Betriebsführer der durch die Firma Krupp in Essen gegründeten Konsumvereine, und dessen Ehefrau *Elise Arora Dorothee*, geb. *Armack*, geboren. Den Geburtsnamen seiner Mutter trug er als Namenszusatz, zunächst noch unregelmäßig, bei Publikationen seit ca. 1932.

Den Ausgangspunkt der wissenschaftlichen Arbeiten *Müller-Armacks* bildete bereits gegen Ende seines Studiums der Staatswissenschaften, welches er von 1919 bis 1923 in Gießen, Freiburg, München und Köln absolvierte, das Thema der Konjunkturtheorie

---

[1] Vgl. *Max Weber*: Politik als Beruf (1919), in: Gesamtausgabe *Max Weber* (Abteilung I, Schriften und Reden), Bd. 17, hrsg. von *Wolfgang J. Mommsen* und *Wolfgang Schluchter*, Tübingen: Mohr 1992, S. 157-252 sowie ders.: Wissenschaft als Beruf (1917/1919), in: ebenda, S. 71-111.

[2] *Müller-Armack, Alfred* (1969): Wirtschaftspolitik als Beruf (1918 – 1968), in: Wirtschaftspolitische Chronik, 18. Jg. (1969), Heft l, S. 7-28.

[3] Vgl. bspw. *Kowitz, Rolf* (1998): *Alfred Müller-Armack*: Wirtschaftspolitik als Berufung. Zur Entstehungsgeschichte der Sozialen Marktwirtschaft und dem politischen Wirken des Hochschullehrers, Köln: DIV.

und -politik, eines der später von *Egon Tuchtfeldt* konstatierten sechs Stilmerkmale der Sozialen Marktwirtschaft.[4] *Müller-Armacks* Dissertationsschrift „Das Krisenproblem in der theoretischen Sozialökonomik. Versuch einer Neubegründung der absoluten Überproduktionslehre"[5], mit der er die Promotionsprüfung bei *Leopold von Wiese* an der Universität zu Köln im Jahre 1923 mit Auszeichnung bestand, war im deutschsprachigen Raum eine der ersten Arbeiten, die konjunkturpolitische Probleme thematisierte und diese einer theoretischen Analyse zugänglich machte. Nach Beendigung seines Promotionsverfahrens verwarf er den ursprünglichen Plan, aufgrund der anschließend zu erwartenden besseren Verdienstaussichten zusätzlich Jura zu studieren und trat eine Stelle als Assistent des Dekans der Wirtschaftswissenschaftlichen Fakultät an der Universität zu Köln an. Im Jahr 1925, also nur gute zwei Jahre später, habilitierte sich *Müller-Armack*, ebenfalls an der Universität zu Köln, mit der Schrift „Ökonomische Theorie der Konjunkturpolitik"[6] und bezeugte damit abermals sein gesteigertes Interesse an den gerade zu dieser Zeit hochaktuellen konjunkturpolitischen Fragestellungen. Die Venia legendi wurde ihm 1926 zugesprochen, anschließend trat er eine Privatdozentur in Köln an. 1931 erfolgte seine erste, im Jahr 1934 die zweite Heirat, im selben Jahr wurde *Müller-Armack*, ebenfalls an der Universität zu Köln, zum nichtbeamteten außerordentlichen Professor ernannt. An der Westfälischen

---

[4] Vgl. dazu den Artikel von *Egon Tuchtfeldt* im vorliegenden Sammelband, S. 27-45.

[5] *Müller, Alfred* (1923): Das Krisenproblem in der theoretischen Sozialökonomik. Versuch einer Neubegründung der absoluten Überproduktionslehre (Wirtschafts- und Sozialwissenschaftliche Fakultät der Universität zu Köln: Inauguraldissertation vom 14. Februar 1923), Köln. Auszug in: Promotionen der Wirtschafts- und Sozialwissenschaftlichen Fakultät der Universität zu Köln, Heft 6 (1923), S. 81-83.

[6] *Müller, Alfred* (1926): Ökonomische Theorie der Konjunkturpolitik (Kölner Wirtschafts- und Sozialwissenschaftliche Studien, Folge 2, Heft 1), Leipzig: G. A. Glockner 1926.

Wilhelms-Universität Münster trat er 1938 eine Vertretungs-
professur an, die mit der Dienststellung des Kommissarischen Di-
rektors des dortigen Instituts für Wirtschafts- und Sozialwissenschaften sowie der Leitung der bereits 1928 an der Universität
Münster gegründeten Forschungsstelle für Siedlungs- und Wohnungswesen verbunden war und auch die Verbeamtung *Müller-
Armacks* zur Folge hatte. 1940 wurde er schließlich in Münster
zum ordentlichen Professor für Nationalökonomie und Kultur-
soziologie, insbesondere Religionssoziologie ernannt. Ein Jahr
später übernahm er zusätzlich die Leitung der von ihm zusammen
mit *Ernst Hellmut Vits* 1941 gegründeten Forschungsstelle für Allgemeine und Textile Marktwirtschaft der Universität Münster. Die
Geburt seines Sohnes *Andreas Hermann Müller-Armack* fiel ebenfalls in diese Zeit (geb. 1941).

In der Literatur, die sich mit Leben und wissenschaftlichem Werk
Müller-Armacks auseinandersetzt, existieren zum Teil konträre
Interpretationen seines Verhältnisses zum Nationalsozialismus.
Müller-Armacks scharfe Kritik an den politischen Verhältnissen der
Weimarer Republik und seine Symphatie für die ideologischen
Implikationen des italienischen Faschismus, die er insbesondere in
seinem 1933 erschienenen Buch „Staatsidee und Wirtschaftsord-
nung im neuen Reich"[7] vorgetragen hatte[8], verflüchtigten sich nach
Auffassung vieler Autoren bald unter dem Eindruck des repres-
siven nationalsozialistischen Regimes in Deutschland.[9] *Harriet
Hoffmann* u.a. vertraten in diesem Zusammenhang die These, dass
sich *Müller-Armack* während der Zeit des NS-Systems in die „in-

---

[7]　*Müller-Armack, Alfred* (1933): Staatsidee und Wirtschaftsordnung im neuen
　　Reich, Berlin: Junker & Dünnhaupt.
[8]　Vgl. hierzu den Artikel „Vom Interventionsstaat zur Marktwirtschaft: Der
　　Weg *Alfred Müller-Armacks*" von *Bertram Schefold* im vorliegenden Band,
　　S. 47-87, hier S. 66-68.
[9]　Vgl. exemplarisch für diese Position *Willgerodt, Hans* (2001): *Alfred Müller-
　　Armack* – der Schöpfer des Begriffs „Soziale Marktwirtschaft", in: Zeitschrift
　　für Wirtschaftspolitik, Jg. 50 (2001), Heft 3, S. 253-277, hier S. 270.

nere Emigration" flüchtete, der „politische Druck des Systems" sei
so für die Hinwendung *Müller-Armacks* zu kultur- und religionssoziologischen Studien verantwortlich gewesen.[10] Im Gegensatz zu
dieser Interpretation äußerten sich andere Autoren betont kritisch
zu den von *Müller-Armack* nach 1933 vertretenen Positionen, so
unterstellte beispielsweise *Dieter Haselbach* der Person *Müller-
Armack* ein „beachtliches Verdrängungsvermögen" und den Ver-
fassern von Sekundärliteratur über ihn ein „mangelndes wissen-
schaftlich-kritisches Interesse".[11] Die Arbeiten von *Daniel
Dietzfelbinger* und *Rolf Kowitz*, beide neueren Datums[12], widmeten
der Auseinandersetzung mit der Rolle *Müller-Armacks* während
der NS-Zeit ebenfalls besondere Aufmerksamkeit und zu gut be-
legten und ausgewogen begründeten Schlussfolgerungen.[13] *Müller-
Armack* habe seine Begeisterung bald nach 1933 verloren und hielt
sich fortan bedeckt.
In den Jahren zwischen 1933 und 1945 war *Müller-Armack*, abgesehen von seinem Buch „Genealogie der Wirtschaftsstile"[14], wel-

---

[10] *Hoffmann, Harriet* (1981): Zu Arbeit und Werk von *Alfred Müller-Armack*,
      in: *Müller-Armack, Alfred*: Diagnose unserer Gegenwart. Zur Bestimmung
      unseres geistesgeschichtlichen Standorts, 2., erw. Aufl., Bern-Stuttgart 1981,
      S. 373-382, hier S. 374 f.
[11] Vgl. *Haselbach, Dieter* (1991): Autoritärer Liberalismus und Soziale Markt-
      wirtschaft. Gesellschaft und Politik im Ordoliberalismus, Baden-Baden:
      Nomos, hier S. 118-125.
[12] Vgl. *Dietzfelbinger, Daniel* (1998): Soziale Marktwirtschaft als Wirtschafts-
      stil. *Alfred Müller-Armacks* Lebenswerk, Gütersloh: Kaiser; sowie *Kowitz,
      Rolf*, a.a.O.
[13] *Kowitz* (a.a.O., S. 60-85) gelang es in seiner Arbeit, durch intensive Recher-
      chen in den Archiven der Universitäten Köln und Münster sowie in den
      Nachlässen der in diesem Zusammenhang relevanten Personen der Zeitge-
      schichte, zahlreiche Fakten, bspw. über das Entnazifizierungsverfahren zur
      Person *Müller-Armacks*, einer breiteren Öffentlichkeit zugänglich zu machen.
[14] *Müller-Armack, Alfred* (1941): Genealogie der Wirtschaftsstile: Die geistes-
      geschichtlichen Ursprünge der Staats- und Wirtschaftsformen bis zum Aus-
      gang des 18. Jahrhunderts, Stuttgart: Kohlhammer 1941. 3., unveränd. Aufl.,
      ebenda 1944.

ches innerhalb von nur drei Jahren in dritter Auflage erscheinen konnte und einigen kleineren, in der Mehrzahl gutachterlichen Arbeiten der bereits genannten Münsteraner Forschungsinstitute[15], dementsprechend auch kaum publizistisch tätig. Dabei führte ihn die Auseinandersetzung mit den Arbeiten *Max Webers* bereits Anfang der 1930er Jahre zu Fragen der Wirtschaftsstilforschung, deren intensive Bearbeitung in seine kultur- und religionssoziologischen Schriften der 1930er und 1940er Jahre mündete, von denen zunächst jedoch viele Aufsätze unveröffentlicht blieben.

Nach dem Zusammenbruch des Nationalsozialismus in Deutschland veröffentlichte *Müller-Armack* in kurzer Zeit zahlreiche Schriften, welche die Einführung des von ihm entwickelten theoretischen Konzeptes einer Sozialen Marktwirtschaft zum Ziel hatten. Durch seine vielen Vorträge und Publikationen leistete er einen bedeutenden Beitrag zur Diskussion um die Neugestaltung der bundesdeutschen Wirtschaftsordnung. Dabei fiel seinem Buch „Wirtschaftslenkung und Marktwirtschaft", das zwar bibliographisch auf das Jahr 1947 datiert wird, jedoch seitens des Verlages noch 1946 ausgeliefert wurde, eine Schlüsselrolle zu, da darin seine grundlegende Konzeption der Sozialen Marktwirtschaft als ein Wirtschaftsstil, welcher dem historischen Wandel unterliege, erstmals systematisch und prononciert vorgetragen wurde. Der trotz aller Dynamik des gesellschaftlichen Wandels bleibende Grundgedanke der Sozialen Marktwirtschaft liege darin, das Prinzip der Freiheit auf dem Markt mit dem des sozialen Ausgleichs zu verbinden.

Sein publizistisches und politisches Engagement bleiben nicht folgenlos: 1948 übernahm *Müller-Armack* eine wichtige beratende Funktion und wurde Gründungsmitglied des „Wissenschaftlichen Beirates bei der Verwaltung für Wirtschaft", der damals noch in Frankfurt/Main angesiedelten Vorläuferinstitution des späteren „Wissenschaftlichen Beirats beim Bundesministerium für Wirtschaft", aus dem er erst 1966 auf eigenen Wunsch hin ausschied.

---

[15] Vgl. dazu die Angaben (1933 bis 1945) in der nachfolgenden Bibliographie.

Müller-Armack folgte im Jahr 1950 einem Ruf an die Universität
zu Köln, wo er die Nachfolge seines Doktorvaters *Leopold von
Wiese* am Lehrstuhl für wirtschaftliche Staatswissenschaften antrat.
Die Gründung des Kölner Instituts für Wirtschaftspolitik 1950/51
ging zu einem Gutteil auf das nahezu unermüdliche Bestreben
Müller-Armacks zurück, der eine solches Institut in Köln, auch wegen dessen geographischer Nähe zur Bundeshauptstadt Bonn, für
unabdingbar hielt.
1952 wechselte *Müller-Armack* ins Bundeswirtschaftsministerium,
in seiner Funktion als Kommissarischer Leiter der dortigen Grundsatzabteilung (1952-58) und nachfolgend als Staatssekretär für europäische Fragen (1958-63) brachte er sich mit viel Engagement in
die Debatte um die wirtschafts- und gesellschaftspolitische Ausgestaltung der Europäischen Gemeinschaften ein.[16] In den genannten
Tätigkeiten war *Müller-Armack* permanent, u.a. als Leiter von Ver-
handlungsdelegationen, mit dem Prozess der europäischen Integration befasst, um den er sich ausgesprochen verdient gemacht hat,
was nicht zuletzt durch die große Anzahl von Publikationen
Müller-Armacks zu europapolitischen Themen deutlich wird. Insbesondere die oft komplizierten Fragen der rechtlich-formalen und
inhaltlichen Ausgestaltung der Europäischen Wirtschaftsgemeinschaft (EWG) gehörten in dieser Zeit zu seinem Arbeitsgebiet, so
übernahm er beispielsweise die deutsche Repräsentanz im Ministerrat der EWG, in welchem er auch mehrfach den Vorsitz führte.
Von 1958 bis 1977 war er außerdem Mitglied des Verwaltungsrates
der Europäischen Investitionsbank. Das kontinuierliche Bestreben
Müller-Armacks nach Schaffung eines konjunkturpolitischen Ausschusses der Europäischen Wirtschaftsgemeinschaft (EWG), dessen Präsident er schließlich von 1960 bis 1963 war, erscheint vor
dem Hintergrund seiner eigenen wissenschaftlichen Arbeiten auf

---

[16] Vgl. zu diesem Lebensabschnitt *Alfred Müller-Armack* (1971): Auf dem Weg
nach Europa, Tübingen: Wunderlich; Stuttgart: Poeschel 1971.

dem Gebiet der Konjunkturpolitik als die praktisch-politische Umsetzung seiner durch theoretische Analysen erlangten Erkenntnisse. Wegen unüberbrückbarer Differenzen zwischen seinen eigenen politischen Vorstellungen und den tatsächlichen Entwicklungen insbesondere in der Europapolitik am Ende der Kanzlerschaft *Konrad Adenauers* reichte *Müller-Armack* 1963 seinen Rücktritt aus der Politik ein. In der Zeit seiner hauptamtlichen politischen Tätigkeit war er aus Zeitmangel, obwohl ihm der Status als Honorarprofessor mit den Rechten eines ordentlichen Professors erhalten blieb, nur unregelmäßig als Hochschullehrer in Köln tätig. Es entstanden auch keine größeren wissenschaftlichen Arbeiten, allerdings eine Vielzahl kleinerer Artikel und Aufsätze[17], die inhaltlich vor allem seine Beschäftigung mit der Europapolitik widerspiegelten.

Müller-Armack kehrte im Oktober 1963 auf seinen Lehrstuhl in Köln zurück und blieb weiterhin wissenschaftlich und politisch aktiv. Er wurde 1969 emeritiert, bekleidete aber bis zu seinem Tode am 16. März 1978 noch zahlreiche Ämter. Er war sowohl bundespolitisch als Mitglied des Bundesvorstandes der CDU als auch kommunalpolitisch als Stadtverordneter der CDU in Köln (1964-69) tätig, übernahm von 1964 bis 1968 den Vorsitz der *Konrad-Adenauer*-Stiftung und noch 1977 den Vorsitz der *Ludwig-Erhard*-Stiftung. Von 1966 bis 1968 betraute man ihn mit der Funktion des Aufsichtsratsvorsitzenden der Rheinischen Stahlwerke Essen.

Für sein herausragendes wissenschaftliches und politisches Engagement wurden ihm zahlreiche Ehrungen zuteil. 1962 wurde ihm das Große Bundesverdienstkreuz mit Stern und Schulterband verliehen, 1965 erhielt er von der Universität Wien anlässlich ihrer 600-Jahr-Feier für seine Verdienste um die europäische Integration die Ehrendoktorwürde eines Dr. jur. h.c. zugesprochen. 1972 bekam er in Würdigung seines Lebenswerkes den *Ernst-Hellmut-Vits-*

---

[17] Vgl. dazu die Angaben (1952 bis 1963) in der nachfolgenden Bibliographie.

Preis, im Jahr 1974 wurde er zusammen mit *Ludwig Erhard* mit
dem *Freiherr-vom-Stein*-Preis bedacht, womit der Einsatz beider
für eine freiheitliche Wirtschafts- und Gesellschaftsordnung ge-
würdigt werden sollte. Die *Ludwig-Erhard*-Medaille konnte er
1976 in Empfang nehmen.

Alfred Müller-Armack hinterließ ein sowohl umfangreiches als
auch vielfältiges Schrifttum. Zwischen seiner ersten und seiner
letzten Publikation liegt ein Zeitraum von 55 Jahren, in dem er ein
äußerst gefragter und in Fachkreisen geschätzter Wissenschaftler
und Autor war. Einem breiteren Publikum wurde er durch Gast-
vorträge bei Fest- und Diskussionsveranstaltungen bekannt, die er
häufig und in wechselnden Funktionen hielt. Einen relativ großen
Leserkreis erreichte er als Kommentator wirtschafts- und gesell-
schaftspolitischer Entwicklungen sowie tagespolitischer Fragestellungen in zahlreichen Tageszeitungen und Zeitschriften. Um der
besseren Verbreitung willen sind viele seiner Schriften gleich
mehrfach in verschiedenen Monographien, Zeitschriften oder
Sammelbänden publiziert worden. Dazu kommt, dass viele seiner
Artikel aus der unmittelbaren Nachkriegszeit sowie den 1950er und
frühen 1960er Jahren später in mehreren Sammelbänden[18] erneut
abgedruckt wurden, um sie einem immer größer werdenden Kreis
von Interessenten zugänglich zu machen. Sehr zur Freude *Müller-
Armacks* wurden einige seiner wichtigsten und einflussreichsten
Arbeiten in mehrere Sprachen (Englisch, Griechisch, Französisch,
Spanisch u.a.) übersetzt, so dass sie in zahlreichen europäischen
Ländern und beispielsweise in Mexiko publiziert werden konnten[19]
und nachfolgend auch Eingang in die dortigen wirtschaftspoli-

---

[18] Vgl. u.a. die insgesamt vier Bände umfassende Reihe unter dem Gesamttitel:
      Ausgewählte Werke *Alfred Müller-Armack*, hrsg. von *Ernst Dürr, Harriet
      Hoffmann, Egon Tuchtfeldt,* und *Christian Watrin,* Bern-Stuttgart: Haupt
      1976 und 1981. Für nähere Angaben vgl. die nachfolgende Bibliographie.
[19] Vgl. dazu die Angaben englisch-, französisch-, italienisch- und spanischspra-
      chiger Literatur in der nachfolgenden Bibliographie.

tischen Diskussionen gefunden haben. Neben der Veröffentlichung seiner zahlreichen eigenen Werke übernahm *Müller-Armack* die Herausgeberschaft von Schriftenreihen, Sammelbänden, Festschriften und Vortragsreihen, wobei die Schriftenreihen des Kölner Instituts für Wirtschaftspolitik („Untersuchungen" sowie „Wirtschaftspolitische Chronik") besondere Erwähnung verdienen, da diese über viele Jahre hinweg kontinuierlich fortgeführt werden konnten.

Insgesamt lässt sich die Quellenlage in den bundesdeutschen Archiven in Bezug auf *Alfred Müller-Armack* als gut charakterisieren. Sein Schrifttum ist bestens erschlossen, der Zugang zu selbigem muss jedoch, sollen auch kleinere und unveröffentlichte Schriften erfasst werden, über mehrere Institutionen (Deutsche Bücherei / Deutsche Bibliothek, Archiv Christlich-Demokratischer Politik, Institut für Wirtschaftspolitik der Universität zu Köln etc.) erfolgen. Die folgende Bibliographie der Schriften *Alfred Müller-Armacks* folgt einer chronologischen Ordnung, wobei primär die bibliographische Nennung in den Katalogen der Deutschen Bücherei (Leipzig) für die zeitliche Einordnung der Publikationen ausschlaggebend war. Nicht katalogisierte oder unveröffentlichte Publikationen wurden nach der von *Müller-Armack* selbst vorgenommenen Datierung eingeordnet. Folgeauflagen und Übersetzungen der Monographien sowie Wiederabdrucke der Artikel wurden, soweit möglich, berücksichtigt und im direkten Anschluss an die Erstnennung aufgeführt. Ein Anspruch auf Vollständigkeit kann nicht erhoben werden, evtl. verbliebene Fehler und Lücken unterliegen selbstverständlich allein meiner Verantwortung.

II   Chronologische Bibliographie *Alfred Müller-Armack*[20]

1923

Müller, Alfred (1923): Das Krisenproblem in der theoretischen Sozialökonomik. Versuch einer Neubegründung der absoluten Überproduktionslehre (Wirtschafts- und Sozialwissenschaftliche Fakultät der Universität zu Köln: Inauguraldissertation vom 14. Februar 1923), Köln.
Auszug in: Promotionen der Wirtschafts- und Sozialwissenschaftlichen Fakultät der Universität zu Köln, Heft 6 (1923), S. 81-83.

1925

Müller, Alfred (1925): Kreditpolitik als Mittel des Konjunkturausgleichs,
in: Kölner Sozialpolitische Vierteljahresschrift, Zeitschrift des Forschungsinstituts für Sozialwissenschaften in Köln (hrsg. von *Christian
Eckert* u.a.), 4. Jg., Heft 3/4, Berlin, S. 251-268.

Müller, Alfred (1925): Über den Sinn und die Aussichten des Naturrechts,
in: Die christliche Welt, 39. Jg., Heft 7/8, Gotha, S. 147-155.

1926

Müller, Alfred (1926): Ökonomische Theorie der Konjunkturpolitik
(Kölner Wirtschafts- und Sozialwissenschaftliche Studien, Folge 2,
Heft 1), Leipzig: G. A. Glockner.

1927

Müller, Alfred (1927): Formen der Kreditexpansion und der Kreditpolitik
(Kölner Vorträge, veranstaltet von der Wirtschafts- und Sozialwissenschaftlichen Fakultät der Universität zu Köln, Wintersemester
1926/27), in: Die Kreditwirtschaft (Kölner Vorträge, Bd. l), Leipzig.

---

[20] Ich danke den Mitarbeiterinnen der Deutschen Bücherei (Leipzig) für die
freundliche und wertvolle technische Hilfestellung während meiner Recher-
chen.

1929

Müller-Armack, Alfred (1929): Stichwortbeitrag „Konjunkturforschung und Konjunkturpolitik", in: *Elster, Ludwig / Weber, Adolf / Wieser, Friedrich* (Hrsg.): Handwörterbuch der Staatswissenschaften, 4., gänzlich umgearb. Aufl. (8 Bde. + Ergänzungsband, 1923-29), Ergänzungsband, Jena: G. Fischer 1929: S. 645-677. Erneut in: Ders. (1981): Genealogie der sozialen Marktwirtschaft: Frühschriften und weiterführende Konzepte, 2., erw. Aufl. (Reihe „Beiträge zur Wirtschaftspolitik", Bd. 34, hrsg. von *Egon Tuchtfeldt*), Bern-Stuttgart: Haupt, S. 197-255.

1930

Müller, Alfred (1930): Rezension zu *Friedrich von Hayek*: Geldtheorie und Konjunkturtheorie, in: Zeitschrift für die gesamte Staatswissenschaft, Bd. 89, Heft 3, Tübingen 1930, S. 630-633.

Müller, Alfred (1930): Rezension zu *Erich Carell*: Sozialökonomische Theorie und Konjunkturproblem, in: Zeitschrift für Nationalökonomie, Wien 1930, S. 145-146.

1931

Müller-Armack, Alfred (1931): Aufgaben und Organisationsprobleme der öffentlichen Unternehmung im Gebiete der Bankwirtschaft, in: Moderne Organisationsformen der öffentlichen Unternehmungen, Teil II: Deutsches Reich (Schriften des Vereins für Socialpolitik, Bd. 176), hrsg. von *Julius Landmann*, München-Leipzig: Duncker & Humblot, S. 389-435. Auch als unveränd. Nachdruck: Vaduz, Liechtenstein: Topos-Verl. 1994.

1932

Müller-Armack, Alfred (1932): Entwicklungsgesetze des Kapitalismus. Ökonomische, geschichtstheoretische und soziologische Studien zur modernen Wirtschaftsverfassung, Berlin: Junker & Dünnhaupt.

Müller, Alfred (1932): Politische Bildung. Aus Anlaß von *Helmuth Plessners*: Macht und menschliche Natur (unveröffentl. Manuskript, ca. 1931/32, Archiv für Christlich-Demokratische Politik, ACDP), Nachlaß *Alfred Müller-Armack* (I – 236 – 008/1), Bonn-St. Augustin.

1933

Müller-Armack, Alfred (1933): Staatsidee und Wirtschaftsordnung im neuen Reich, Berlin: Junker & Dünnhaupt.

Müller-Armack, Alfred (1933): Beitrag, in: Der Stand und die nächste Zukunft der Konjunkturforschung. Festschrift für *Arthur Spiethoff*, hrsg. von *Gustav Clausing* (Vorwort von *Joseph Alois Schumpeter*), München 1933, S. 199-204.

1941

Müller-Armack, Alfred (1941): Genealogie der Wirtschaftsstile: Die geistesgeschichtlichen Ursprünge der Staats- und Wirtschaftsformen bis zum Ausgang des 18. Jahrhunderts, Stuttgart: Kohlhammer. 3., unveränd. Aufl., Ebenda 1944. Erneut abgedruckt in: Ders. (1981), Religion und Wirtschaft. geistesgeschichtliche Hintergründe unserer europäischen Lebensform, 3., unveränd. Aufl. (Reihe „Beiträge zur Wirtschaftspolitik", Bd. 33, hrsg. von *Egon Tuchtfeldt*), Bern-Stuttgart: Haupt, S. 46-244. Auch in span. Sprache: Geneálogía de los estilos economicós (Brevarios del Fondo de Cultura Económica), México: Fondo de Cultura Económica 1967.

Müller-Armack, Alfred (1941): Arbeit und Siedlung als Untersuchungsgegenstand. Die Forschungsstelle für Siedlungs- und Wohnungswesen, in: Wirtschaftskammer Westfalen und Lippe (Hrsg.), Westfälische Wirtschaft, 5. Jg., Heft 9, Dortmund, 02. Mai 1941, S. 6- 7.

Müller-Armack, Alfred (1941): Die Marktforschung in der gelenkten Wirtschaft, in: Arbeitsberichte zur Marktforschung, hrsg. von der Forschungsstelle für Allgemeine und Textile Marktwirtschaft an der Universität Münster, Heft 1/1941, S. 7-14.

Müller-Armack, Alfred (1941): Wissenschaft und Wirtschaftspraxis. Vortrag vor der Förderergesellschaft der Forschungsstelle für Allgemeine und Textile Marktwirtschaft am 23. Oktober 1941 in Münster, in: Arbeitsberichte zur Marktforschung, hrsg. von der Forschungsstelle für Allgemeine und Textile Marktwirtschaft an der Universität Münster Heft 3/1941, S. 65-73.

1942

Müller, Alfred (1942): Die gewerblichen Umsiedelungsmöglichkeiten in Westfalen. Untersuchungen zur künftigen West-Ost-Siedlung. Bearbeitet im Institut für Wirtschafts- und Sozialwissenschaften und der Forschungsstelle für Siedlungs- und Wohnungswesen an der Universität Münster (Berichte zur Raumforschung und Raumordnung, Reihe B, Bd. 1, hrsg. im Auftr. der Reichsarbeitsgemeinschaft für Raumforschung von *Paul Ritterbusch* („NfD – Nur für den Dienstgebrauch“, ohne Ort u. Jahrgang, Vorwort datiert 23. 01. 1942). Gekürzt in: Raumforschung und Raumordnung, 6. Jg. (1942), Heft 141.

1943

Müller-Armack, Alfred (1943): Die Textilrationierung in Ungarn, Rumänien und Bulgarien, in: Arbeitsberichte zur Marktforschung, hrsg. von der Forschungsstelle für Allgemeine und Textile Marktwirtschaft an der Universität Münster, Münster 1943.

Müller, Alfred (1943): Zur volkswirtschaftlichen Problematik des Textilmarktes, in: Arbeitsberichte zur Marktforschung, hrsg. von der Forschungsstelle für Allgemeine und Textile Marktwirtschaft an der Universität Münster, Heft 6 (1943), S. 161-178.

1945

Müller-Armack, Alfred (1945): Zur Frage der vordringlichen wirtschaftspolitischen Maßnahmen (Reihe „Untersuchungen zur Marktforschung“, hrsg. von der Forschungsstelle für Allgemeine und Textile Marktwirtschaft an der Universität Münster), Münster (Westf.). Auch in: Mitteilungen der IHK Köln vom 15. Oktober 1945. Erneut veröffentlicht in: Ders. (1981), Genealogie der Sozialen Marktwirtschaft. Frühschriften und weiterführende Konzepte, 2., erw. Aufl., Bern-Stuttgart: Haupt, S. 21-32.

Müller-Armack, Alfred (1945): Zur volkswirtschaftlichen Problematik des Textilmarktes (Reihe „Untersuchungen zur Marktforschung", hrsg. von der Forschungsstelle für Allgemeine und Textile Marktwirtschaft an der Universität Münster), Münster (Westf.).

Müller-Armack, Alfred (1945): Konjunkturpolitik als Voraussetzung der Währungsreform (Reihe „Untersuchungen zur Marktforschung", hrsg. von der Forschungsstelle für Allgemeine und Textile Marktwirtschaft an der Universität Münster), Münster (Westf.). Erneut veröffentlicht in: Ders. (1981), Genealogie der Sozialen Marktwirtschaft. Frühschriften und weiterführende Konzepte, 2., erw. Aufl., Bern-Stuttgart: Haupt, S. 256-268.

Müller-Armack, Alfred (1945): Zur Religionssoziologie des europäischen Ostens, in: Weltwirtschaftliches Archiv. Bd. 61.2 (1945), S. 163-192. Erneut erschienen in: Ders. (1981), Religion und Wirtschaft. Geistesgeschichtliche Hintergründe unserer europäischen Lebensform, 3., unveränd. Aufl., Bern-Stuttgart: Haupt, S. 328-370.

1946

Müller-Armack, Alfred (1946): Das Grundproblem unserer Wirtschaftspolitik: Rückkehr zur Marktwirtschaft, in: Mitteilungen der IHK Köln vom 15. Juli 1946. Erneut in: Finanzarchiv, Neue Folge, Bd. 11 (1948/49). Auch in: Ders. (1981), Genealogie der Sozialen Marktwirtschaft. Frühschriften und weiterführende Konzepte, 2., erw. Aufl., Bern-Stuttgart: Haupt, S. 33-50.

1947

Müller-Armack, Alfred (1947): Wirtschaftslenkung und Marktwirtschaft, Hamburg: Verlag für Wirtschaft und Sozialpolitik. 2., unveränd. Aufl., Ebenda 1948. Erneut abgedruckt in: Ders. (1976), Wirtschaftsordnung und Wirtschaftspolitik: Studien und Konzepte zur sozialen Marktwirtschaft und zur europäischen Integration, 2., unveränd. Aufl. (Reihe „Beiträge zur Wirtschaftspolitik", Bd. 4, hrsg. von *Egon Tuchtfeldt*), Bern-Stuttgart: Haupt 1976, S. 19-170. Erneut als Sonderausgabe, München: Kastell-Verlag 1976 und nochmals 1990. Auch als Faksimile-Ausgabe der Erstauflage (Reihe „Klassiker der Nationalökonomie", hrsg. von *Bertram Schefold* u.a.), Düsseldorf: Verlag Wirtschaft und Finanzen 1999. Auch in span. Sprache: Economía dirigida y economía de mercado (traducción de *Esteban Hernández Esteve*, Prólogo de *Ramón Trias Fargas*), Madrid: Sociedad de Estudios y Publicaciones 1963.

Müller-Armack, Alfred (1947): Stellungnahme der Industrie- und Handelskammern von Nordrhein-Westfalen zur Frage der Prüfung und Kontrolle der Produktionsbetriebe und konstruktiver Vorschlag einer neuen Marktgestaltung. Archiv der Industrie- und Handelskammer zu Köln. Erneut abgedruckt in: Ders. (1981), Genealogie der Sozialen Marktwirtschaft. Frühschriften und weiterführende Konzepte, 2., erw. Aufl., Bern-Stuttgart: Haupt 1981, S. 74-81.

Müller-Armack, Alfred (1947): Soziale Marktwirtschaft, in: Wirtschaftsspiegel, Jg. 2, S. 480-484. Erneut veröffentlicht in: *Müller-Armack, Alfred / Schmidt, Herbert B.* (Hrsg.): Wirtschafts- und Finanzpolitik im Zeichen der sozialen Marktwirtschaft: Festgabe für *Franz Etzel* (Verein für Wirtschaftliche und Soziale Fragen e.V.), Stuttgart-Degerloch: Seewald 1967, S. 61-69. Auch in italien. Sprache (1961): L'Economia Sociale di Mercato, in: L'Economia. Rivista Mensile edita dal Centro Studi Economici e Sociali dell'Università Internazionale degli Studi Sociali (Roma), Anno VII (1961), No. 10, Roma.

Müller-Armack, Alfred (1947): Zur Diagnose unserer wirtschaftlichen Lage. Vortrag anläßlich der Gründungsveranstaltung der Wirtschaftlichen Gesellschaft für Westfalen und Lippe e.V. in Bielefeld am 12. Juni 1947, in: Schriftenreihe der Wirtschaftlichen Gesellschaft für Westfalen und Lippe e.V., Heft 1, Bielefeld: J. D. Küster. Auch in: Mitteilungen der IHK Köln vom 20. Februar 1947. Erneut veröffentlicht in: Ders. (1981), Genealogie der Sozialen Marktwirtschaft. Früh-schriften und weiterführende Konzepte, 2., erw. Aufl., Bern-Stuttgart, S. 51-73.

Müller-Armack, Alfred (1947): Zur Diagnose unserer weltwirtschaft-lichen Versorgungslage, in: Schriftenreihe der Wirtschaftlichen Ge-sellschaft für Westfalen und Lippe e.V., Heft 1, Bielefeld: J. D. Küster. Erneut veröffentlicht in: Ders. (1981), Genealogie der Sozia-len Marktwirtschaft. Frühschriften und weiterführende Konzepte, 2., erw. Aufl., Bern-Stuttgart, S. 82-89.

Müller-Armack, Alfred (1947): Überwindung des schwarzen Marktes: Zwei legale Marktbereiche, in: Westdeutsche Wirtschafts-Korrespon-denz vom 21. März 1947.

1948

Müller-Armack, Alfred (1948): Das Jahrhundert ohne Gott: Zur Kultur-soziologie unserer Zeit, Münster (Westf.): Regensberg(sche) Verlags-buchhandlung. Erneut abgedruckt in: Ders. (1981): Religion und Wirt-schaft. Geistesgeschichtliche Hintergründe unserer europäischen Le-bensform, 3., unveränd. Aufl. (Reihe „Beiträge zur Wirtschafts-politik", Bd. 33, hrsg. von *Egon Tuchtfeldt*), Bern-Stuttgart: Haupt, S. 371-512. Auch in span. Sprache (1968): El siglo sin Dios. Brevarios del Fondo de Cultura Económica, México: Fondo de Cultura Económica 1968 (2. Edición 1975).

Müller-Armack, Alfred (1948): Die Wirtschaftsordnung, sozial gesehen. Denkschrift vom 01. Juli 1947 (Drucklegung Januar 1948, 25 Exem-plare), Oberursel: Berlebach. Erneut abgedruckt in: Ders. (1974), Genealogie der Sozialen Marktwirtschaft. Frühschriften und weiter-führende Konzepte, 1. Aufl., Bern-Stuttgart: Haupt 1974, S. 73-89. Auch in: *Stützel, Wolfgang / Watrin, Christian / Willgerodt, Hans / Hohmann, Karl* (Hrsg.), Grundtexte zur Sozialen Marktwirtschaft. Zeugnisse aus zweihundert Jahren ordnungspolitischer Diskussion, Stuttgart-New York: Fischer 1981, S. 19-34.

Müller-Armack, Alfred (1948): Die Wirtschaftsordnungen sozial gesehen, in: ORDO – Jahrbuch für die Ordnung von Wirtschaft und Gesellschaft, Bd. 1 (1948), Düsseldorf-München: Verl. Küpper, S. 125-154. Erneut abgedruckt in: Ders. (1976), Wirtschaftsordnung und Wirtschaftspolitik: Studien und Konzepte zur sozialen Marktwirtschaft und zur europäischen Integration, 2., unveränd. Aufl. (Reihe „Beiträge zur Wirtschaftspolitik", Bd. 4, hrsg. von *Egon Tuchtfeldt*), Bern-Stuttgart: Haupt, S. 171-199. Auch in engl. und span. Sprache (1979): "Economic systems from a social point of view", in: *Josef Thesing* (Hrsg.): Economy and development: System policy principles of economic policy, transl. by *Ewald Osers* and *Horst E. Schneider* (Schriftenreihe des Instituts für Internationale Solidarität der *Konrad-Adenauer*-Stiftung, Bonn), Mainz: v. Hase und Köhler 1979. "Los sistemas economicós desde el punto de vista social", in: *Josef Thesing* (Hrsg.): Economía y Desarrollo (Schriftenreihe des Instituts für Internationale Solidarität der *Konrad-Adenauer*-Stiftung, Bonn), Mainz: v. Hase und Köhler 1979.

Müller-Armack, Alfred (1948): Wachstumsringe unserer Kulturform, in: Studien zur Soziologie, Bd. 1., Festgabe für *Leopold von Wiese*, hrsg. von *Ludwig H. Adolf Geck, Jürgen von Kempski* und *Hanna Meuter*, Mainz. Ebenso erschienen in: Ders. (1981), Religion und Wirtschaft. Geistesgeschichtliche Hintergründe unserer europäischen Lebensform, 3., unveränd. Aufl., Bern-Stuttgart: Haupt, S. 15-45.

Müller-Armack, Alfred (1948): Zur Metaphysik der Kulturstile, in: Zeitschrift für die gesamte Staatswissenschaft, Bd. 105 (1948). Erneut erschienen in: Ders. (1981), Religion und Wirtschaft. Geistesgeschichtliche Hintergründe unserer europäischen Lebensform, 3., unveränd. Aufl., Bern-Stuttgart: Haupt, S. 513-531. Auch in span. Sprache (1969): Acervos de la metafísica de los estilos culturales (traducción del aleman por *Vicente Paul Quinterno*), Bahía Bianca.

Müller-Armack, Alfred (1948): Der Weg einer Generation (unveröffentl. Manuskript, Archiv für Christlich-Demokratische Politik, ACDP), Nachlaß *Alfred Müller-Armack* (I – 236 – 001/1), Bonn-St. Augustin.

Müller-Armack, Alfred (1948): Vorschläge zur Verwirklichung der Sozialen Marktwirtschaft, hrsg. von der Volkswirtschaftlichen Gesellschaft, Hamburg Altona: Selbstverl. Erneut in: Ders. (1981): Genealogie der sozialen Marktwirtschaft: Frühschriften und weiterführende Konzepte, 2., erw. Aufl. (Reihe „Beiträge zur Wirtschaftspolitik", Bd. 34, hrsg. von *Egon Tuchtfeldt*), Bern-Stuttgart: Haupt, S. 90-110.

Müller-Armack, Alfred (1948): Zur Sicherung der Marktwirtschaft (Reihe „Untersuchungen zur Marktforschung", hrsg. von der Forschungsstelle für Allgemeine und Textile Marktwirtschaft an der Universität Münster), Münster (Westf.) 1948.

1949

Müller-Armack, Alfred (1949): Diagnose unserer Gegenwart: Zur Bestimmung unseres geistesgeschichtlichen Standorts, Gütersloh: Bertelsmann. 2., erw. Aufl., Bern-Stuttgart: Haupt 1981 (Reihe „Beiträge zur Wirtschaftspolitik", Bd. 32, hrsg. von *Egon Tuchtfeldt*). Auch unter dem Gesamttitel: Ausgewählte Werke *Alfred Müller-Armack*, hrsg. von *Ernst Durr, Harriet Hoffmann, Egon Tuchtfeldt*, und *Christian Watrin*, Bern-Stuttgart: Haupt 1981.

Müller-Armack, Alfred (1949): Grundprinzip der Sozialen Marktwirtschaft (Reihe „Untersuchungen zur Marktforschung", hrsg. von der Forschungsstelle für Allgemeine und Textile Marktwirtschaft an der Universität Münster), Münster (Westf.) 1949.

Müller-Armack, Alfred (1949): Das Investitionsproblem und die Textilindustrie. Bemerkungen zur wirtschaftspolitischen Diskussion (Reihe „Untersuchungen zur Marktforschung", hrsg. von der Forschungsstelle für Allgemeine und Textile Marktwirtschaft an der Universität Münster), Münster (Westf.) 1949.

Müller-Armack, Alfred (1949): Über die Macht des Glaubens in der Geschichte. Stufen religionssoziologischer Forschung, in: Glaube und Forschung: Vorträge u. Abhandlungen d. Evang. Akademie Christophorus-Stift, 1. Folge, zus. mit *Karl Lücking* u. *Hans Erich Stier* hrsg. von *Günter Howe*, Gütersloh: Bertelsmann. Erneut erschienen in:

Ders. (1981), Religion und Wirtschaft. Geistesgeschichtliche Hintergründe unserer europäischen Lebensform, 3., unveränd. Aufl., Bern-Stuttgart: Haupt, S. 532-558.

1950

Müller-Armack, Alfred (1950): Die heutige Gesellschaft nach evangelischem Verständnis – Diagnose und Vorschläge zu ihrer Gestaltung, in: Ders. (1981), Genealogie der Sozialen Marktwirtschaft. 2., erw. Aufl., Bern-Stuttgart: Haupt, S. 113-122.

Müller-Armack, Alfred (1950): Deutung unserer gesellschaftlichen Lage. Zu *Wilhelm Röpkes* Trilogie: Gesellschaftskrisis der Gegenwart, Civitas humana, Internationale Ordnung, in: ORDO – Jahrbuch für die Ordnung von Wirtschaft und Gesellschaft, Bd. 3, Düsseldorf-München: Verl. Küpper, S. 253-267.

Müller-Armack, Alfred (1950): Soziale Irenik, Maschinenschrift verfielfältigt (24 Blatt), Münster: ohne Verl. Ebenso in: Weltwirtschaftliches Archiv, Bd. 64 (1950), S. 181-207. Wiederabdruck in: Ders. (1981), Religion und Wirtschaft. Geistesgeschichtliche Hintergründe unserer europäischen Lebensform, 3., unveränd. Aufl. (Reihe „Beiträge zur Wirtschaftspolitik", Bd. 33, hrsg. von *Egon Tuchtfeldt*), Bern-Stuttgart: Haupt, S. 559-578. Erneut in: *Stützel, Wolfgang / Watrin, Christian / Willgerodt, Hans / Hohmann, Karl* (Hrsg.), Grundtexte zur Sozialen Marktwirtschaft. Zeugnisse aus zweihundert Jahren ordnungspolitischer Diskussion, Stuttgart-New York: Fischer 1981, S. 417-432.

Müller-Armack, Alfred (1950): Wissenschaftliche Beiträge zur Wohnungspolitik, in: Aktuelle Fragen der Wohnungswirtschaft, Düsseldorf 1950.

Müller-Armack, Alfred (1950): Mensch oder Arbeitstier. Der Mensch im Kollektiv, in: Kirche im Volk, Heft 6 (1950).

1951

Müller-Armack, Alfred (1951): Die Notwendigkeit einer positiven Konzeption des Wettbewerbs und der Marktwirtschaft, in: Kartellverbot oder Kartellaufsicht? Zur gesetzlichen Behandlung des Wettbewerbs in der Marktwirtschaft. Bericht über die Diskussionsveranstaltung d. Bundesverbandes d. Dt. Industrie in Unkel/Rhein am 2. Juli 1951 (Schriftenreihe des Bundesverbandes der Deutschen Industrie zu aktuellen Wirtschafts- und Rechtsfragen, Nr. 1), Stuttgart: Verl. Forkel 1951. Gleichzeitig in engl. u. französ. Sprache erschienen: "Cartels: Prohibition or control?" sowie «Interdiction ou contrôle des cartels?», Ebenda.

Müller-Armack, Alfred (1951): Die Einheit Europas – geistes- und wirtschaftsgeschichtlich gesehen, in: Europa – Erbe und Auftrag. Eine Festschrift für *Bruno Kuske* zum 29. Juni 1951, hrsg. von *Albert Pass* und *Rudolf Darius* im Auftrage des Wirtschaftshistorischen Vereins an der Universität Köln e.V., Köln: Kölner Universitätsverl. 1951. Erneut erschienen in: Ders. (1981), Religion und Wirtschaft. Geistesgeschichtliche Hintergründe unserer europäischen Lebensform, 3., unveränd. Aufl., Bern-Stuttgart: Haupt, S. 579-592. Auch erschienen in französ. Sprache: Unité économique et spirituelle de l'Europe, in: La Table Ronde, No. 168 (Janvier 1962).

Müller-Armack, Alfred (1951): Abhängigkeit und Selbständigkeit in den Wirtschaftsordnungen, in: Abhängigkeit und Selbständigkeit im sozialen Leben. Schriften der Soziologischen Abteilung des Forschungsinstituts für Sozial- und Verwaltungswissenschaften in Köln, hrsg. von *Leopold von Wiese*, Bd. l, Köln und Opladen: Westdeutscher Verl. Erneut veröffentlicht in: *Müller-Armack, Alfred* (1976), Wirtschaftsordnung und Wirtschaftspolitik. Studien und Konzepte zur Sozialen Marktwirtschaft und zur Europäischen Integration (Reihe „Beiträge zur Wirtschaftspolitik", hrsg. von *Egon Tuchtfeldt*, Bd. 4), 2. unveränd. Aufl., Bern-Stuttgart 1976, S. 201-230.

Müller-Armack, Alfred (1951): Katalog marktkonformer Sozialmaßnahmen zur Ausgestaltung der sozialen Marktwirtschaft (Reihe „Untersuchungen zur Marktforschung", hrsg. von der Forschungsstelle für Allgemeine und Textile Marktwirtschaft an der Universität Münster), Münster (Westf.).

1952

Müller-Armack, Alfred (1952): Stil und Ordnung der Sozialen Marktwirtschaft (Reihe „Untersuchungen", Institut für Wirtschaftspolitik an der Universität zu Köln, hrsg. von *Alfred Müller-Armack* und *Fritz W. Meyer*, Nr. 4), Köln: Universität, Institut für Wirtschaftspolitik 1952. Auch in: *Lagler, Ernst / Messner, Johannes* (Hrsg.), Wirtschaftliche Entwicklung und soziale Ordnung. Festschrift für *Ferdinand Degenfeld-Schonburg*, Wien: Verl. Herold 1952, S. 27-38. Ebenso erschienen in: *Müller-Armack, Alfred* (1976), Wirtschaftsordnung und Wirtschaftspolitik, Studien und Konzepte zur Sozialen Marktwirtschaft und zur Europäischen Integration (Reihe „Beiträge zur Wirtschaftspolitik", Bd. 4, hrsg. von *Egon Tuchtfeldt*), 2., unveränd. Aufl., Bern-Stuttgart: Haupt, S.231-242.

Müller-Armack, Alfred (1952): Die gegenwärtige Konjunkturlage als Problem der Wirtschaftspolitik, in: Wirtschaftspolitische Chronik, 1. Jg. (1952), Heft 2, S. 1-9.

Müller-Armack, Alfred / Tönsing, Karl-Heinz (1952): Elastizitätsprobleme der zukünftigen Wohnungsbaufinanzierung (Reihe „Untersuchungen", Institut für Wirtschaftspolitik an der Universität zu Köln, hrsg. von *Alfred Müller-Armack* u. *Fritz W. Meyer*, Nr. 7), Köln: Universität, Institut für Wirtschaftspolitik.

1954

Müller-Armack, Alfred (1954): Sparen und Verbrauchen in der Expansionswirtschaft, in: Im Ringen um das Gleichgewicht zwischen Staatsmacht und Wirtschaftsfreiheit: Ansprachen und Reden vor der Volltagung d. Dt. Industrie- u. Handelstages am 06. / 07. April 1954 in Frankfurt/Main (Deutscher Industrie- und Handelstag, Schriftenreihe, Heft 28), Beuel-Bonn: Dt. Industrie- u. Handelstag.

Müller-Armack, Alfred / Coester, Franz (1954): Miteigentum und Vermögensbildung der Arbeitnehmer in der Marktwirtschaft (Reihe „Untersuchungen", Institut für Wirtschaftspolitik an der Universität zu Köln, hrsg. von *Alfred Müller-Armack* u. *Fritz W. Meyer*, Nr. 8), Köln: Universität, Institut für Wirtschaftspolitik.

Müller-Armack, Alfred (1954): Wirtschaftswissenschaft und Wirtschaftspolitik, in: Der Volkswirt, 8. Jg (1954).

1955

Müller-Armack, Alfred (1955): Wirtschaftspolitik in der Sozialen Marktwirtschaft, in: Der Christ und die Soziale Marktwirtschaft, hrsg. von *Patrick M. Boarman*. Mit Beiträgen von *Berthold Kunze*, *Alfred Müller-Armack* u.a. (Geleitwort von *Ludwig Erhard*), Stuttgart-Köln: Kohlhammer 1955, S. 75-99.

Müller-Armack, Alfred / Franz Coester (1955): Die Vierzigstundenwoche und ihre volkswirtschaftliche Realisierbarkeit (Reihe „Untersuchungen", Institut für Wirtschaftspolitik an der Universität zu Köln, hrsg. von *Alfred Müller-Armack* u. *Fritz W. Meyer*, Nr. 9), Köln: Universität, Institut für Wirtschaftspolitik.

1956

Müller-Armack, Alfred (1956): Stichwortbeitrag „Soziale Marktwirtschaft", in: Handwörterbuch der Sozialwissenschaften, Bd. 9, hrsg. von *Erwin von Beckerath, Gottfried Haberler, Leopold von Wiese* u.a. Stuttgart-New York: Fischer, Tübingen: Mohr sowie Göttingen-Zürich: Vandenhoeck u. Ruprecht, S. 390-392. Erneut abgedruckt in: *Müller-Armack, Alfred* (1976), Wirtschaftsordnung und Wirtschaftspolitik: Studien und Konzepte zur sozialen Marktwirtschaft und zur europäischen Integration, 2., unveränd. Aufl. (Reihe „Beiträge zur Wirtschaftspolitik", Bd. 4, hrsg. von *Egon Tuchtfeldt*), Bern-Stuttgart: Haupt, S. 243-249.

Müller-Armack, Alfred (1956): Stil und Ordnung des europäischen Wirtschaftsraumes, in: Zeitschrift für Nationalökonomie, Bd. 16 (1956), S. 54-68.

Müller-Armack, Alfred (1956): Die betriebswirtschaftliche Zielsetzung in der europäischen Zusammenarbeit, in: Reden und Vorträge auf der Halbjahrhundertfeier des Verbandes Deutscher Diplom-Kaufleute, Berlin: Verband Deutscher Diplom-Kaufleute 1956.

1957

Müller-Armack, Alfred / Beckerath, Erwin von / Meyer, Fritz W. (Hrsg.): Wirtschaftsfragen der freien Welt. Festschrift zum 60. Geburtstag von Bundeswirtschaftsminister *Ludwig Erhard*, Frankfurt/M.: Knapp 1957.

Müller-Armack, Alfred (1957): Fragen der europäischen Integration, in: Wirtschaftsfragen der freien Welt. Festschrift zum 60. Geburtstag von Bundeswirtschaftsminister *Ludwig Erhard*, hrsg. von *E. von Beckerath, F. W. Meyer* und *A. Müller-Armack*, Frankfurt/M.: Knapp 1957. Erneut abgedruckt in: Ders. (1976), Wirtschaftsordnung und Wirtschaftspolitik: Studien und Konzepte zur sozialen Marktwirtschaft und zur europäischen Integration, 2., unveränd. Aufl. (Reihe „Beiträge zur Wirtschaftspolitik", Bd. 4, hrsg. von *Egon Tuchtfeldt*), Bern-Stuttgart: Haupt, S. 319-330.

1958

Müller-Armack, Alfred (1958): Institutionelle Fragen der europäischen Konjunkturpolitik, in: Wirtschaftspolitische Chronik, 7. Jg., Heft 3. Erneut veröffentlicht in: Ders., Wirtschaftsordnung und Wirtschaftspolitik. Studien und Konzepte zur Sozialen Marktwirtschaft und zur Europäischen Integration (Reihe „Beiträge zur Wirtschaftspolitik", hrsg. von *Egon Tuchtfeldt*, Bd. 4), 2. unveränd. Aufl., Bern-Stuttgart 1976, S. 331-349.

1959

Müller-Armack, Alfred (1959): Religion und Wirtschaft. Geistes-
geschichtliche Hintergründe unserer europäischen Lebensform,
Stuttgart-Berlin-Köln-Mainz: Kohlhammer. 2., unveränd. Aufl.,
ebenda 1968. 3., unveränd. Aufl., Bern-Stuttgart: Haupt 1981 (Reihe
„Beiträge zur Wirtschaftspolitik", Bd. 33, hrsg. von *Egon Tuchtfeldt*).
Auch unter dem Gesamttitel: Ausgewählte Werke *Alfred Müller-
Armack*, hrsg. von *Ernst Dürr, Harriet Hoffmann, Egon Tuchtfeldt*,
und *Christian Watrin*, Bern-Stuttgart: Haupt 1981.

Müller-Armack, Alfred (1959): Der Gemeinsame Markt in gesamtwirtschaftlicher Sicht: Aus einem Vortrag auf der Arbeitstagung der
Schmalenbach-Gesellschaft am 29. Mai 1959 in Essen (Vortragsreihe
des Deutschen Industrieinstituts, Jg. 1959, Nr. 35), Köln: Dt. Industrieverlags-Gesellschaft.

Müller-Armack, Alfred (1959): Die Vorbereitung der Unternehmungen
auf den Gemeinsamen Markt in gesamtwirtschaftlicher Sicht, in: Zeitschrift für handelswissenschaftliche Forschung, Neue Folge, Jg. 11
(1959), S. 350-357.

Müller-Armack, Alfred (1959): Europa als Wirtschaftsraum, in: VDI-
Zeitschrift, Bd. 101 (1959).

Müller-Armack, Alfred (1959): Die Bedeutung der Religionssoziologie in
der Gegenwart. Ihre geschichtlichen Ausgangspunkte, der Sinn ihrer
Fragestellung und ihre heutigen Aufgaben. Zunächst unveröffentl.,
später erschienen in: *Müller-Armack, Alfred* (1981): Religion und
Wirtschaft. geistesgeschichtliche Hintergründe unserer europäischen
Lebensform, 3., unveränd. Aufl. (Reihe „Beiträge zur Wirtschaftspolitik", Bd. 33, hrsg. von *Egon Tuchtfeldt*), Bern-Stuttgart: Haupt, S.
1-14.

Müller-Armack, Alfred (1959): Geistesgeschichte der Kolonialpläne und
der Kolonialexpansion des deutschen Barock. Zunächst unveröffentl.,
später erschienen in: *Müller-Armack, Alfred* (1981): Religion und
Wirtschaft. geistesgeschichtliche Hintergründe unserer europäischen
Lebensform, 3., unveränd. Aufl. (Reihe „Beiträge zur Wirtschafts-

politik", Bd. 33, hrsg. von *Egon Tuchtfeldt*), Bern-Stuttgart: Haupt, S. 245-327.

Müller-Armack, Alfred (1959): Die Soziale Marktwirtschaft nach einem Jahrzehnt ihrer Erprobung, Vortrag, gehalten vor der Verwaltungs- und Wirtschaftsakademie Köln am 16. April 1959, in: Wirtschafts- politische Chronik, 8. Jg., Heft 2/3. Auch in: Studien zur Sozialen Marktwirtschaft (Reihe „Untersuchungen", Institut für Wirtschafts- politik an der Universität zu Köln, hrsg. von *Alfred Müller-Armack* u. *Fritz W. Meyer*, Nr. 12), Köln: Universität, Institut für Wirtschafts- politik 1960. Erneut veröffentlicht in: Ders., Wirtschaftsordnung und Wirtschaftspolitik. Studien und Konzepte zur Sozialen Marktwirt- schaft und zur Europäischen Integration (Reihe „Beiträge zur Wirt- schaftspolitik", hrsg. von *Egon Tuchtfeldt*, Bd. 4), 2. unveränd. Aufl., Bern-Stuttgart 1976, S. 251-265.

Müller-Armack, Alfred (1959): Vorwort, in: Ders. (1959), Religion und Wirtschaft. Geistesgeschichtliche Hintergründe unserer europäischen Lebensform, Stuttgart-Berlin-Köln-Mainz: Kohlhammer, S. IX-XV.

Müller-Armack, Alfred (1959): Anregungen zur Ausarbeitung eines Codex des „Guten Verhaltens" in der Wirtschaftspolitik, Vortrags- manuskript (August 1959), Köln: Universität, Institut für Wirtschafts- politik. Auch in engl. Sprache: Suggestions concerning the Elabora- tion of a Code of „Good Behaviour" in Economic Policy, ebenda 1959.

1960

Müller-Armack, Alfred (1960): Mensch, Geist und Geschichte. Gedanken zu einer anthropologischen Geschichtswissenschaft, in: Gestalt und Glaube. Festschrift für Vizepräsident Prof. Dr. Dr. *Oskar Söhngen* zum 60. Geburtstag am 05. Dezember 1960, hrsg. von einem Freun- deskreis, Witten: Luther-Verl. und Berlin: Verl. Merseburger, S. 111- 120.

Müller-Armack, Alfred (1960): Soziale Marktwirtschaft allein genügt nicht, in: Österreichische Monatshefte, Jg. 16, Heft 10, S. 16-18.

Müller-Armack, Alfred (1960): Die zweite Phase der Sozialen Marktwirtschaft. Ihre Ergänzung durch das Leitbild einer neuen Gesellschaftspolitik (Reihe „Untersuchungen" des Instituts für Wirtschaftspolitik der Universität zu Köln, Nr. 12, S. 23-45), Wiederabdruck in: Ders. (1976), Wirtschaftsordnung und Wirtschaftspolitik. Studien und Konzepte zur Sozialen Marktwirtschaft und zur europäischen Integration (Reihe „Beiträge zur Wirtschaftspolitik", hrsg. von *Egon Tuchtfeldt*, Bd. 4), 2., unveränd. Aufl., Bern-Stuttgart: Haupt, S. 267-291. Auch in: *Stützel, Wolfgang / Watrin, Christian / Willgerodt, Hans / Hohmann, Karl* (Hrsg.), Grundtexte zur Sozialen Marktwirtschaft. Zeugnisse aus zweihundert Jahren ordnungspolitischer Diskussion, Stuttgart-New York: Fischer 1981, S. 63-78.

Müller-Armack, Alfred (1960): Plan zur Errichtung einer Europäischen Zollunion, in: Ders. (1976), Wirtschaftsordnung und Wirtschaftspolitik. Studien und Konzepte zur Sozialen Marktwirtschaft und zur europäischen Integration (Reihe „Beiträge zur Wirtschaftspolitik", hrsg. von *Egon Tuchtfeldt*, Bd. 4), 2., unveränd. Aufl., Bern-Stuttgart: Haupt, S. 419-430.

1961

Müller-Armack, Alfred (1961): Europa-Idee und wirtschaftliche Praxis, in: Europas Märkte wachsen zusammen. Aktuelle Möglichkeiten für die Unternehmenspraxis, Stuttgart: Forkel 1961, S. 11-12.

Müller-Armack, Alfred (1961): Der Brückenschlag muss erfolgen (Vortragsreihe des Deutschen Industrieinstituts, Jg. 1961, Nr. 15), Köln: Dt. Industrieverlags-Gesellschaft.

Müller-Armack, Alfred (1961): Un projet du Conseil Européen de politique conjoncturelle, in: Cahiers de l'Institut de Science Economique Appliquée No. 118, Serie HS, No. 8 (Oct. 1961), Paris.

Müller-Armack, Alfred (1961): Estudios sobre la economía social de mercado, in: Moneda y Crédito. Revista de Economía, Num. 79 (Die. 1961), Madrid.

Müller-Armack, Alfred (1961): Gedanken zu einem Kodex des richtigen konjunkturpolitischen Verhaltens, in: Wirtschaftspolitische Chronik, 10. Jg., Heft l, S. 7 ff. Erneut in: Ders. (1976), Wirtschaftsordnung und Wirtschaftspolitik, Studien und Konzepte zur Sozialen Marktwirtschaft und zur Europäischen Integration (Reihe „Beiträge zur Wirtschaftspolitik", hrsg. von *Egon Tuchtfeldt*, Bd. 4), 2., unveränd. Aufl., Bern-Stuttgart: Haupt, S. 351-361. Auch in französ. (1961) u. span. (1963) Sprache: Projet d'un code de „bonne conduite" en politique économique, in: Cahiers de l'Institut de Science Economique Appliquée, No. 118 (Oct. 1961) sowie: Sugerencias para la elaboración de un código del "buen comportamiento" en la política económica, in: Revista de Economía y Estadística, Año 9 (1965), Nro. 1, Córdoba, Argentina: Facultad de Ciencas Económicas, Universidad Nacional de Córdoba 1965.

Müller-Armack, Alfred (1961): Die europäische Wirtschaftsintegration und die deutsche Wirtschaft, unveröffentl. Vortragsmanuskript, Köln: Universität, Institut für Wirtschaftspolitik.

1962

Müller-Armack, Alfred (1962): Zur Frage der Assoziierung europäischer Staaten an die europäische Wirtschaftsgemeinschaft, in: Wirtschaftspolitische Chronik, 11. Jg., Heft 2. Erneut in: Ders. (1976), Wirtschaftsordnung und Wirtschaftspolitik, Studien und Konzepte zur Sozialen Marktwirtschaft und zur Europäischen Integration (Reihe „Beiträge zur Wirtschaftspolitik", hrsg. von *Egon Tuchtfeldt*, Bd. 4), 2., unveränd. Aufl., Bern-Stuttgart: Haupt, S. 363-374.

Müller-Armack, Alfred (1962): Das gesellschaftspolitische Leitbild der Sozialen Marktwirtschaft, in: Evangelische Verantwortung (Beilage), Heft 12 (1962). Ebenso in: Wirtschaftspolitische Chronik, 11. Jg., Heft 3. Wiederabdruck in: Ders. (1976): Wirtschaftsordnung und Wirtschaftspolitik. Studien und Konzepte zur Sozialen Marktwirtschaft und zur europäischen Integration (Reihe „Beiträge zur Wirtschaftspolitik", hrsg. von *Egon Tuchtfeldt*, Bd. 4), 2., unveränd. Aufl., Bern-Stuttgart: Haupt, S. 293-315.

1963

Müller-Armack, Alfred (1963): Gedanken zu einer sozialwissenschaftlichen Anthropologie, in: Sozialwissenschaft und Gesellschaftsgestaltung. Festschrift für *Gerhard Weisser*, unter Mitarb. von *Hubert Raupach* hrsg. von *Friedrich Karrenberg* und *Hans Albert*, Berlin: Duncker & Humblot, S. 3-16.

Müller-Armack, Alfred (1963): Stichwortbeitrag „Europa, wirtschaftlich und sozial", in: Evangelisches Soziallexikon, 4., vollst. neu bearb. und erw. Aufl., im Auftr. d. Dt. Evang. Kirchentages hrsg. von *Friedrich Karrenberg*, Stuttgart: Kreuz-Verlag 1963, Spalten 375-380.

Müller-Armack, Alfred (1963): Finanz- und handelspolitische Fragen der Beziehungen Europas zu Lateinamerika, Vortrag vor dem „European Forum on Latin America" in Brüssel am 22. November 1962, veröffentlicht in: Wirtschaftspolitische Chronik, 12. Jg. (1963), Heft 1. Wiederabdruck in: Ders. (1976): Wirtschaftsordnung und Wirtschaftspolitik. Studien und Konzepte zur Sozialen Marktwirtschaft und zur europäischen Integration (Reihe „Beiträge zur Wirtschaftspolitik", hrsg. von *Egon Tuchtfeldt*, Bd. 4), 2., unveränd. Aufl., Bern-Stuttgart: Haupt, S. 375-391.

Müller-Armack, Alfred (1963): Langfristige Programmierung innerhalb der Marktwirtschaft, Referate auf der 26. Mitgliederversammlung der Arbeitsgemeinschaft wissenschaftlicher Forschungsinstitute am 21. und 22. Juni 1963 in Bad Godesberg, in: Beihefte zur Konjunkturpolitik, Zeitschrift für angewandte Konjunkturforschung, Heft 10, Berlin 1963, S. 16-31 und 51-56.

1964

Müller-Armack, Alfred (1964): Europäische Konjunkturpolitik, in: Volkswirtschaftliche Korrespondenz der *Adolf-Weber*-Stiftung, hrsg. von *Rudolf Gunzert, Harald Jürgensen* u. *Alfred Kruse*, 3. Jg., Nr. 23.

Wiederabdruck in: Ders. (1976): Wirtschaftsordnung und Wirt-schaftspolitik. Studien und Konzepte zur Sozialen Marktwirtschaft und zur europäischen Integration (Reihe „Beiträge zur Wirtschafts-politik", hrsg. von *Egon Tuchtfeldt*, Bd. 4), 2., unveränd. Aufl., Bern-Stuttgart: Haupt, S. 393-400.

Müller-Armack, Alfred (1964): Wandlungen des Wissenschaftsideals im Blick auf *Max Weber*, in: Systeme und Methoden in den Gesell-schafts- und Wirtschaftswissenschaften. Festschrift für *Erwin von Beckerath* zum 75. Geburtstag, hrsg. von *Norbert Kloten, Wilhelm Krelle* und *Fritz Neumark*, Tübingen: Mohr (Siebeck) 1964, S. 305-319.

Müller-Armack, Alfred (1964): Stichwortbeitrag „Religionssoziologie", in: Handwörterbuch der Sozialwissenschaften, hrsg. von *Erwin von Beckerath, Gottfried Haberler, Leopold von Wiese* u.a., Bd. 8, Stuttgart-New York: Fischer, Tübingen: Mohr sowie Göttingen-Zürich: Vandenhoeck u. Ruprecht 1964, S. 792-797.

Müller-Armack, Alfred (1964): Diskussionsbeitrag, in: *Plitzko, Alfred* (Hrsg.), Planung ohne Planwirtschaft. Frankfurter Gespräch der *List*-Gesellschaft vom 07. – 09. Juni 1963 (Veröffentlichungen der *List*-Gesellschaft e.V., Bd. 34), Basel: Kyklos-Verl. und Tübingen: Mohr (Siebeck), S. 40-44.

Müller-Armack, Alfred (1964): Europa, unsere Aufgabe, in: Möglich-keiten und Wege zu einer europäischen Wirtschaftsverfassung. Inter-nationale Tagung der Sozialakademie Dortmund, hrsg. von *Herbert B. Schmidt*, Berlin: Duncker & Humblot 1964, S. 15-26.

Müller-Armack, Alfred (1964): Die Wirtschaftsordnung des Gemein-samen Marktes, Vortrag auf der Tagung des Vereins für Socialpolitik – Gesellschaft für Wirtschafts- und Sozialwissenschaften im Ostsee-bad Travemünde am 23. September 1964, in: *Schneider, Erich* (Hrsg.), Weltwirtschaftliche Probleme der Gegenwart. Verhandlungen auf der Tagung des Vereins für Socialpolitik (Schriften des Vereins für Socialpolitik, Neue Folge, Bd. 35), Berlin: Duncker & Humblot 1965. Auch in: Wirtschaftspolitische Chronik, 13. Jg. (1964), Heft 3.

Erneut in: *Müller-Armack, Alfred* (1976), Wirtschaftsordnung und Wirtschaftspolitik: Studien und Konzepte zur sozialen Marktwirtschaft und zur europäischen Integration, 2., unveränd. Aufl. (Reihe „Beiträge zur Wirtschaftspolitik", Bd. 4, hrsg. von *Egon Tuchtfeldt*), Bern-Stuttgart: Haupt, S. 401-418.

Müller-Armack, Alfred (1964): Vorschlag zur Stärkung der politischen Kooperation in Europa, in: Ders. (1976): Wirtschaftsordnung und Wirtschaftspolitik. Studien und Konzepte zur Sozialen Marktwirtschaft und zur europäischen Integration (Reihe „Beiträge zur Wirtschaftspolitik", hrsg. von *Egon Tuchtfeldt*, Bd. 4), 2., unveränd. Aufl., Bern-Stuttgart: Haupt, S. 431-442.

1965

Müller-Armack, Alfred (1965): Währungs- und konjunkturpolitische Koordinierung in Europa (Heft 7 der Schriftenreihe des Badischen Sparkassen- und Giroverbandes Mannheim), Stuttgart 1965.

Müller-Armack, Alfred (1965): The Principles of the Social Market Economy, in: The German Economic Review, Vol. 3 (1965).

Müller-Armack, Alfred (1965): Konzept für Verhandlungen zwischen der EWG und der EFTA, in: Wirtschaftspolitische Chronik, 14. Jg. (1965), Heft 1. Wiederabdruck in: Ders. (1976): Wirtschaftsordnung und Wirtschaftspolitik. Studien und Konzepte zur Sozialen Marktwirtschaft und zur europäischen Integration (Reihe „Beiträge zur Wirtschaftspolitik", hrsg. von *Egon Tuchtfeldt*, Bd. 4), 2., unveränd. Aufl., Bern-Stuttgart: Haupt, S. 443-452.

Müller-Armack, Alfred (1965): Konzeption für die zukünftige europäische Integration, in: Wirtschaftspolitische Chronik, 14. Jg., Heft 3 und in: Aus Politik und Zeitgeschichte. Beilage zur Wochenzeitung „Das Parlament", B 01/66 vom 05. Januar 1966. Wiederabdruck in: Ders. (1976): Wirtschaftsordnung und Wirtschaftspolitik. Studien und Konzepte zur Sozialen Marktwirtschaft und zur europäischen Integration (Reihe „Beiträge zur Wirtschaftspolitik", hrsg. von *Egon*

Tuchtfeldt, Bd. 4), 2., unveränd. Aufl., Bern-Stuttgart: Haupt, S. 453-470.

Müller-Armack, Alfred (1965): Vorwort, in: Ders. (1966), Wirtschaftsordnung und Wirtschaftspolitik. Studien und Konzepte zur Sozialen Marktwirtschaft und zur europäischen Integration (Reihe „Beiträge zur Wirtschaftspolitik", hrsg. von *Egon Tuchtfeldt*, Bd. 4), Freiburg i. Br.: Rombach 1966, S. 9-15.

1966

Müller-Armack, Alfred (1966): Wirtschaftsordnung und Wirtschaftspolitik. Studien und Konzepte zur Sozialen Marktwirtschaft und zur europäischen Integration (Reihe „Beiträge zur Wirtschaftspolitik", hrsg. von *Egon Tuchtfeldt*, Bd. 4), Freiburg i. Br.: Rombach. 2., unveränd. Aufl., Bern-Stuttgart: Haupt 1976 (Reihe „Beiträge zur Wirtschaftspolitik", hrsg. von *Egon Tuchtfeldt*, Bd. 4). Auch unter dem Gesamttitel: Ausgewählte Werke *Alfred Müller-Armack*, hrsg. von *Ernst Dürr, Harriet Hoffmann, Egon Tuchtfeldt* und *Christian Watrin*, Bern-Stuttgart: Haupt 1976.

Müller-Armack, Alfred (1966): *Wilhelm Röpke* in memoriam. 10. Oktober 1899 - 12. Februar l966, in: Kyklos, Bd. XIX, Basel 1966, S. 379-384.

Müller-Armack, Alfred (1966): Vorwort, in: *Biskup, Reinhold / Clapham Ronald / Starbatty, Joachim*: Das Bananen-Protokoll im EWG-Vertrag: Seine Bedeutung und die Prüfung von Änderungsabsichten (Reihe „Untersuchungen" des Instituts für Wirtschaftspolitik an der Universität zu Köln, Nr. 18).

1967

Müller-Armack, Alfred / Schmidt, Herbert B. (Hrsg.): Wirtschafts- und Finanzpolitik im Zeichen der Sozialen Marktwirtschaft: Festgabe für *Franz Etzel* (Verein für Wirtschaftliche und Soziale Fragen e.V.), Stuttgart-Degerloch: Seewald 1967.

Müller-Armack, Alfred (1967): Wissenschaft und Wirtschaftspolitik – Erfahrungen im Laufe ihrer Zusammenarbeit, in: Wirtschafts- und

Finanzpolitik im Zeichen der Sozialen Marktwirtschaft. Festgabe für *Franz Etzel*, hrsg. von *Alfred Müller-Armack* und *Herbert B. Schmidt*, Stuttgart-Degerloch: Seewald, S. 71-83.

Müller-Armack, Alfred (1967): Die konjunkturelle Lage, das Stabilisierungsgesetz und die nächsten wirtschaftspolitischen Aufgaben, in: Wirtschaftspolitische Chronik, 16. Jg. (1967), Heft 1, S. 13-21. Wiederabdruck in: Ders. (1981): Genealogie der Sozialen Marktwirtschaft: Frühschriften und weiterführende Konzepte, 2., erw. Aufl. (Reihe „Beiträge zur Wirtschaftspolitik", Bd. 34, hrsg. von *Egon Tuchtfeldt*), Bern-Stuttgart: Haupt 1981, S. 269-284.

Müller-Armack, Alfred (1967): Konjunkturelle Aussichten und konjunkturpolitische Aufgaben für das Jahr 1968, in: Wirtschaftspolitische Chronik, 16. Jg. (1967), Heft 2/3.

1968

Müller-Armack, Alfred (1968): Política económica como vocación: 50 años de política coyuntural europea, in: Boletín de Estudios Económicos, Vol. XXIII, Nro. 75 (Die. 1968), Bilbao, España: Universidad Comercial de Deusto 1968, p. 73-75.

Müller-Armack, Alfred (1968): Stellungnahme von Prof. *Alfred Müller-Armack*, in: *Seeliger, Rolf* (Hrsg.), Braune Universität: Deutsche Hochschullehrer gestern und heute. Eine Dokumentation, Bd. 6, München: Selbstverl. 1968, S. 60-63.

Müller-Armack, Alfred (1968): Der Wiederaufbau der deutschen Wirtschaft – Ein Überblick, in: *Fürer, Kurt* (Hrsg.), Die Bundesrepublik Deutschland – Wirtschaftspartner der Welt, Oldenburg: Stalling.

Müller-Armack, Alfred (1968): Vorwort, in: *Dürr, Ernst*: Probleme der Konjunkturpolitik (Reihe „Beiträge zur Wirtschaftspolitik", hrsg. von *Egon Tuchtfeldt*, Bd. 7), Freiburg i. Br.: Rombach.

Müller-Armack, Alfred (1968): Vorwort, in: *Biskup, Reinhold / Clapham Ronald / Starbatty, Joachim*: Dirigismus versus Marktwirtschaft in der EWG: Das Beispiel der europäischen Bananeneinfuhr (Reihe „Untersuchungen" des Instituts für Wirtschaftspolitik an der Universität zu Köln, Nr. 19).

Müller-Armack, Alfred (1968): Die deutsche Wirtschaft während des weltweiten Wiederaufbaus seit 1945, Vortragsmanuskript, Köln: Universität, Institut für Wirtschaftspolitik.

1969

Müller-Armack, Alfred (1969): Wirtschaftspolitik als Beruf (1918 – 1968), in: Wirtschaftspolitische Chronik, 18. Jg. (1969), Heft l, S. 7-28.

Müller-Armack, Alfred (1969): Konzeption für eine neue Europapolitik, in: Wirtschaftspolitische Chronik, 18. Jg. (1969), Heft 2/3.

Müller-Armack, Alfred (1969): Thesen zur wirtschaftspolitischen Lage, unveröffentl. Vortragsmanuskript, Köln: Universität, Institut für Wirtschaftspolitik.

Müller-Armack, Alfred (1969): Thesen zum Vortrag „Humanisierung der Wirtschaft", Bestandsaufnahme und Neubesinnung auf der Studientagung „Kirche und Wirtschaft" in Schwelm, unveröffentl. Vortragsmanuskript, Köln: Universität, Institut für Wirtschaftspolitik.

1970

Müller-Armack, Alfred (1970): Ist die Inflation unser Schicksal? Über die Notwendigkeit eines neuen Stils der Wirtschaftspolitik, in: Die Politische Meinung, 15. Jg. (1970), Heft 133, S. 11-31. Erneut in: Toward Liberty. Essays in Honour of *Ludwig von Mises* on the Occasion of his 90th Birthday on September 29th 1971 (2 Volumes), Menlo Park/Calif. 1971. Wiederabdruck in: Ders. (1981): Genealogie der sozialen Marktwirtschaft: Frühschriften und weiterführende Konzepte, 2., erw. Aufl. (Reihe „Beiträge zur Wirtschaftspolitik", Bd. 34, hrsg. von *Egon Tuchtfeldt*), Bern-Stuttgart: Haupt 1981, S. 284-304.

Müller-Armack, Alfred (1970): Die Soziale Marktwirtschaft als der alternative Versuch einer freiheitlichen Gesellschaftsordnung im geteilten Deutschland (Entwicklung und Bewährung der Sozialen Marktwirtschaft. Eine kritische Bestandsaufnahme). Beitrag zu einem Gemein-schaftsgutachten für die Japanische Botschaft, Bonn 1970.

Müller-Armack, Alfred (1970): Der Moralist und der Ökonom. Zur Frage der Humanisierung der Wirtschaft. Vortrag, gehalten am 17. Novem-ber 1969 auf der Studientagung „Kirche und Wirtschaft" im Haus Friedrichsbad, Schwelm, in: ORDO – Jahrbuch für die Ordnung von Wirtschaft und Gesellschaft, Bd. 21, Düsseldorf-München: Verl. Küpper 1970. Wiederabdruck in: Ders. (1981): Genealogie der Sozia-len Marktwirtschaft: Frühschriften und weiterführende Konzepte, 2., erw. Aufl. (Reihe „Beiträge zur Wirtschaftspolitik", Bd. 34, hrsg. von *Egon Tuchtfeldt*), Bern-Stuttgart: Haupt 1981, S. 123-140.

Müller-Armack, Alfred (1970): Die verharmloste Inflation – Thesen zur Geldentwertung, in: Wirtschaftspoltische Chronik, 19. Jg. (1970), Heft 2, S. 7-13. Auch in: BAG-Nachrichten. Mitteilungen der Bundesar-beitsgemeinschaft der Mittel- und Großbetriebe des Einzelhandels, Heft 8-9 (1970).

1971

Müller-Armack, Alfred (1971): Auf dem Weg nach Europa: Erinnerungen und Ausblicke, Tübingen: Wunderlich und Stuttgart: Poeschel.

Müller-Armack, Alfred (1971): Stichwortbeitrag „Marktwirtschaft, So-ziale", in: Management-Enzyklopädie. Das Managementwissen in un-serer Zeit in sechs Bänden, unter Mitwirkung führender Fachleute aus Wissenschaft und Praxis, Bd. 4 („Lagerhaltung" bis „Publizität"), München: Verl. Moderne Industrie 1971, S. 514-529.

Müller-Armack, Alfred (1971): Vorwort, in: *Müller-Armack, Alfred / Hasse, Rolf / Merx, Volker / Starbatty, Joachim*, Stabilität in Europa: Strategien und Institutionen für eine europäische Stabilitätsgemein-schaft (Schriftenreihe der *Ludwig-Erhard-Stiftung*, Bd. l), Düsseldorf-Wien: Econ-Verlag 1971, S. 12-14.

1972

Müller-Armack, Alfred / Erhard, Ludwig (Hrsg.): Soziale Marktwirtschaft – Ordnung der Zukunft. Manifest '72, Frankfurt/M.-Berlin-Wien: Ullstein 1972.

Müller-Armack, Alfred (1972): Die Soziale Marktwirtschaft und ihre Widersacher, in: Soziale Marktwirtschaft – Ordnung der Zukunft. Manifest '72, hrsg. von *Ludwig Erhard* und *Alfred Müller-Armack*, Frankfurt/M.-Berlin-Wien: Ullstein, S. 21-40. Wiederabdruck in: Ders. (1981): Genealogie der Sozialen Marktwirtschaft: Frühschriften und weiterführende Konzepte, 2., erw. Aufl. (Reihe „Beiträge zur Wirtschaftspolitik", Bd. 34, hrsg. von *Egon Tuchtfeldt*), Bern-Stuttgart: Haupt 1981, S. 147-160.

Müller-Armack, Alfred (1972): Die Soziale Marktwirtschaft als Friedensordnung, in: Soziale Marktwirtschaft – Ordnung der Zukunft. Manifest '72, hrsg. von *Ludwig Erhard* und *Alfred Müller-Armack*, Frankfurt/M.-Berlin-Wien: Ullstein, S. 68-75. Wiederabdruck in: Ders. (1981): Genealogie der Sozialen Marktwirtschaft: Frühschriften und weiterführende Konzepte, 2., erw. Aufl. (Reihe „Beiträge zur Wirtschaftspolitik", Bd. 34, hrsg. von *Egon Tuchtfeldt*), Bern-Stuttgart: Haupt 1981, S. 161-166.

Müller-Armack, Alfred / Hasse, Rolf / Merx, Volker / Starbatty, Joachim (1971): Stabilität in Europa: Strategien und Institutionen für eine europäische Stabilitätsgemeinschaft (Schriftenreihe der *Ludwig-Erhard-Stiftung*, Bd. 1), Düsseldorf-Wien: Econ-Verlag.

Müller-Armack, Alfred (1972): Der humane Gehalt der Sozialen Marktwirtschaft, Rede anläßlich der Verleihung des *Ernst-Hellmut-Vits*-Preises am 24. November 1972 vor der Gesellschaft zur Förderung der Westfälischen *Wilhelms*-Universität Münster e.V., Redemanuskript, Köln: Universität, Institut für Wirtschaftspolitik. Erneut in: *Tuchtfeldt, Egon* (Hrsg.), Soziale Marktwirtschaft im Wandel (Reihe „Beiträge zur Wirtschaftspolitik", hrsg. von *Egon Tuchtfeldt*, Bd. 20) Freiburg: Rombach 1973, S. 15-26. Wiederabdruck in: Ders. (1981): Genealogie der Sozialen Marktwirtschaft: Frühschriften und weiterführende Konzepte, 2., erw. Aufl. (Reihe „Beiträge zur Wirtschaftspolitik", Bd. 34, hrsg. von *Egon Tuchtfeldt*), Bern-Stuttgart: Haupt 1981, S. 167-175.

Müller-Armack, Alfred (1972): Wirtschaftspolitiker zwischen Wissenschaft und Politik, in: *Ludwig Erhard*. Beiträge zu seiner politischen Biographie. Festschrift zum 75. Geburtstag, hrsg. von *Gerhard Schröder, Alfred Müller-Armack, Karl Hohmann, Johannes Groß* und *Rüdiger Altmann*, Frankfurt/M.-Berlin-Wien: Propyläen-Verl., S. 472-483.

Müller-Armack, Alfred (1972): Probleme des internationalen Währungssystems, in: Freiheit und Kooperation in Wirtschaft und Währung. Erfahrungen von gestern – Konzepte für morgen. Eine Festschrift für *Reinhard Kamitz*, hrsg. von *Wolfgang Schmitz*, Wien-München-Zürich 1972, S. 159-168. Auch erschienen in engl. Sprache: Problems of the International Monetary System, in: Convertibility, Multilateralism and Freedom. World Economic Policy in the Seventies. Essays in Honour of *Reinhard Kamitz*, ed. by *Wolfgang Schmitz*, Wien-New York 1972.

Müller-Armack, Alfred (1972): Die Marktwirtschaft und die Zukunftsforschung (Ansprache bei der Überreichung der Festschrift zum 75. Geburtstag Ludwig Erhards am 4. Februar 1972), in: Wirtschaftspolitische Chronik, 21. Jg. (1972), Heft 1, S. 7-10.

Müller-Armack, Alfred (1972): Unser Jahrhundert der Ordnungsexperimente, in: Wirtschaftspolitische Chronik, 21. Jg. (1972), Heft 1, S. 11-16. Wiederabdruck in: Ders. (1981), Genealogie der Sozialen Marktwirtschaft: Frühschriften und weiterführende Konzepte, 2., erw. Aufl. (Reihe „Beiträge zur Wirtschaftspolitik", Bd. 34, hrsg. von *Egon Tuchtfeldt*), Bern-Stuttgart: Haupt 1981, S. 141-146.

Müller-Armack, Alfred (1972): Der Wettkampf der Systeme ist entschieden, in: Die Welt, Nr. 54 vom 04. März 1972 und in: Handelskammer Bremen (Hrsg.), Nachrichten + Kommentare, 08/72 vom 15. April 1972. Auch erschienen in: Soziale Marktwirtschaft - Ordnung der Zukunft. Manifest '72, hrsg. von *Ludwig Erhard* und *Alfred Müller-Armack*, Frankfurt/M.-Berlin-Wien: Ullstein 1972, S. 414-419.

Müller-Armack, Alfred (1972): Thesen zur Inflationslage, in: Wirtschaftspolitische Chronik, 21. Jg. (1972), Heft 3, S. 7-10.

1973

Müller-Armack, Alfred (1973): Die Konzeption der Sozialen Marktwirtschaft, in: Unsere Wirtschaft – Basis, Dschungel, Dogma? Marktwirtschaft in der gegenwärtigen Auseinandersetzung, hrsg. von der Landeszentrale für politische Bildung Nordrhein-Westfalen, Köln: Verlag Wissenschaft und Politik 1973, S. 88-99.

Müller-Armack, Alfred (1973): Der Theorie-Gehalt der Sozialen Marktwirtschaft, in: Aktionsgemeinschaft Soziale Marktwirtschaft in Verbindung mit der *Alexander-Rüstow*-Stiftung (Hrsg.): 25 Jahre voraus: Vorträge und Diskussionen der 37. Tagung der am 25./26. Juni 1973 in Bonn-Bad Godesberg (Aktionsgemeinschaft Soziale Marktwirtschaft, Tagungsprotokoll Nr. 37), Ludwigsburg: Hoch 1973.

Müller-Armack, Alfred (1973): Die wissenschaftlichen Ursprünge und die künftige Verfassung der Sozialen Marktwirtschaft, in: Wirtschaftspolitische Chronik, 22. Jg. (1973), Heft 3, S. 7-25. Wiederabdruck in: Ders. (1981): Genealogie der Sozialen Marktwirtschaft: Frühschriften und weiterführende Konzepte, 2., erw. Aufl. (Reihe „Beiträge zur Wirtschaftspolitik", Bd. 34, hrsg. von *Egon Tuchtfeldt*), Bern-Stuttgart: Haupt 1981, S. 176-184.

Müller-Armack, Alfred (1973): Die künftige Verfassung der Sozialen Marktwirtschaft, in: Wirtschaftspolitische Chronik, 22. Jg. (1973), Heft 3. Wiederabdruck in: Ders. (1981): Genealogie der Sozialen Marktwirtschaft: Frühschriften und weiterführende Konzepte, 2., erw. Aufl. (Reihe „Beiträge zur Wirtschaftspolitik", Bd. 34, hrsg. von *Egon Tuchtfeldt*), Bern-Stuttgart: Haupt 1981, S. 185-194.

Müller-Armack, Alfred (1973): Der humane Gehalt unserer Wirtschaftsordnung, in: Der Lichtbogen, Nr. 171 (Dez. 1973).

Müller-Armack, Alfred (1973): Die Soziale Marktwirtschaft auf dem Prüfstand, in: Münchner Merkur vom 20. Juni 1973.

Müller-Armack, Alfred (1973): Ist die Soziale Marktwirtschaft überholt? Vortrag, veröffentlicht in: Die Presse, Wien, Juni 1973, und in: Deutschland-Union-Dienst, Bonn, Juni 1973 (Anm.: genaues Datum nicht recherchiert).

Müller-Armack, Alfred (1973): Vorwort, in: *Kley, Gisbert*: Das Mosaik: Unternehmer im Spiegel der Zeit, Stuttgart-Degerloch: Seewald 1973.

Müller-Armack, Alfred (1973): Vorwort, in: Marktwirtschaft und soziale Verantwortung, hrsg. von *Bodo B. Gemper* in Verbindung mit d. Evang. Akadademie Loccum (Reihe Gesellschaft, Kirche, Wirtschaft, Bd. 4), Köln-Bonn: Hanstein 1973, S. 21-22.

Müller-Armack, Alfred (1973): Mitbestimmung und Marktwirtschaft. Thesen zur aktuellen Situation, Vortragsmanuskript, Köln: Institut für Wirtschaftspolitik.

1974

Müller-Armack, Alfred (1974): Genealogie der Sozialen Marktwirtschaft. Frühschriften und weiterführende Konzepte (Reihe „Sozioökonomische Forschungen", Bd. l, hrsg. von *Ernst Dürr* und *Egon Tuchtfeldt*) Bern-Stuttgart: Haupt. 2., erw. Aufl., Ebenda 1981 (Reihe „Beiträge zur Wirtschaftspolitik", Bd. 34, hrsg. von *Egon Tuchtfeldt*). Auch unter dem Gesamttitel: Ausgewählte Werke *Alfred Müller-Armack*, hrsg. von *Ernst Dürr, Harriet Hoffmann, Egon Tuchtfeldt*, und *Christian Watrin*, Bern-Stuttgart: Haupt 1981.

Müller-Armack, Alfred (1974): Die Anfänge der Sozialen Marktwirtschaft. Zugleich eine Dokumentation ihrer Entwicklung in den Jahren 1945, 1946, 1947, 1948, in: Die zweite Republik. 25 Jahre Bundesrepublik Deutschland – eine Bilanz, hrsg. von *Richard Löwenthal* und *Hans-Peter Schwarz*, Stuttgart: Seewald, S. 123-148.

Müller-Armack, Alfred (1974): Zur zukünftigen Verfassung der Sozialen Marktwirtschaft, in: Die deutsche Wirtschaft, Sonderband 25 Jahre Soziale Marktwirtschaft, hrsg. von *Helmuth Decher und Alois Gassner*, Bielefeld 1974.

Müller-Armack, Alfred (1974): Die konjunkturellen Gefahren – und wie man ihnen begegnen sollte, in: Wirtschaftspolitische Chronik, 23. Jg. (1974), Heft 3, S. 7-13. Ferner in: Mitteilungen der IHK Köln, 29. Jg. (1974), Heft 18 und in: Die Politische Meinung, 19. Jg. (1974), Heft 157, S. 18-24.

Müller-Armack, Alfred (1974): Volkswirtschaft ist permanenter Wandel, in: Kölnische Rundschau, 25 Jahre Bundesrepublik Deutschland, Sondernummer vom 29. Mai 1974.

Müller-Armack, Alfred (1974): Ein Stabilitätsprogramm, in: Neue Kronen-Zeitung, Wien, 20. Juni 1974.

Müller-Armack, Alfred / Dürr, Ernst / Erhard, Ludwig / Giersch, Herbert / Helmstädter, Ernst / Issing, Otmar / Starbatty, Joachim / Watrin, Christian / Willgerodt, Hans (1974): Konzept zur Rückgewinnung der Stabilität. Bonn, 23. April 1974, in: Wirtschaftspolitische Chronik, 23. Jg. (1974), Heft 2, S. 7-12. Ferner in: Recht der Arbeit, 27. Jg. (1974), Heft 5 sowie in: Mitteilungen der IHK Köln, 29. Jg. (1974), Heft 11 und in: Fragen der Freiheit, Heft 110 (Juli 1974).

1975

Müller-Armack, Alfred (1975): Fortschreibung der Sozialen Marktwirtschaft, in: Wirtschaftsordnung und Staatsverfassung. Festschrift für *Franz Böhm* zum 80. Geburtstag, hrsg. von *Heinz Sauermann* und *Ernst-Joachim Mestmäcker*, Tübingen: Mohr 1975.

Müller-Armack, Alfred (1975): *Adenauer*, die Wirtschaftspolitik und die Wirtschaftspolitiker, in: Die Politische Meinung, 20. Jg. (1975), Heft 163, S. 55-83. Erneut in: *Konrad Adenauer* und seine Zeit. Politik und Persönlichkeit des ersten Bundeskanzlers, Band 1: Beiträge von Weg- und Zeitgenossen, hrsg. von *Dieter Blumenwitz, Klaus Gotto, Hans Maier, Konrad Repgen, Hans-Peter Schwarz* (Veröffentlichung der *Konrad-Adenauer*-Stiftung – Archiv für Christlich-Demokratische Politik), Stuttgart: Deutsche Verlags-Anstalt 1976, S. 204-228.

Müller-Armack, Alfred (1975): Thesen zur Konjunkturpolitik 1975, in: Wirtschaftspolitische Chronik, 24. Jg. (1975), Heft 1, S. 7-16. Ferner in: Politische Studien, 26. Jg., Nr. 222 (Juli/August 1975) und in: Die Politische Meinung, 20. Jg. (1975), Heft 161. Erneut in: *Müller-Armack, Alfred* (1981), Genealogie der Sozialen Marktwirtschaft: Frühschriften und weiterführende Konzepte, 2., erw. Aufl. (Reihe „Beiträge zur Wirtschaftspolitik", Bd. 34, hrsg. von *Egon Tuchtfeldt*), Bern-Stuttgart: Haupt 1981, S. 305-314.

Müller-Armack, Alfred (1975): Absage an „demokratischen Sozialismus". Umkehr zur Sozialen Marktwirtschaft tut not, in: Die Politische Meinung, 20. Jg. (1975), Heft 162, S. 35-43.

1976

Müller-Armack, Alfred (1976): Dreißig Jahre Soziale Marktwirtschaft. Rückblick und Vorausschau, in: Institut für Internationale Solidarität der *Konrad-Adenauer*-Stiftung (Hrsg.): 25 Jahre Seminar für Staatsbürgerkunde Olpe. Festschrift, Olpe: Selbstverl. 1976, S. 12-25. Auch in engl. und span. Sprache (1979): "Thirty years of social market economy", in: *Josef Thesing* (Hrsg.), Economy and development: System policy principles of economic policy, transl. by *Ewald Osers, Horst E. Schneider* (Schriftenreihe des Instituts für Internationale Solidarität der *Konrad-Adenauer*-Stiftung, Bonn), Mainz: v. Hase und Köhler 1979. "Treinta años de economía social de mercado. Retrospectiva y previsión.", in: *Josef Thesing* (Hrsg.), Economía y Desarrollo (Schriftenreihe des Instituts für Internationale Solidarität der *Konrad-Adenauer*-Stiftung, Bonn), ebenda 1979.

Müller-Armack, Alfred / Starbatty, Joachim (1976): Überlegungen zur Gleitzinsanleihe – Zur Sicherung des Kursniveaus von Anleihen bei steigendem Zinsniveau –, in: Wirtschaftspolitische Chronik, 25. Jg. (1976), Heft 1, S. 51-66.

1977

Müller-Armack, Alfred (1977): Im Kern seines Wesens blieb *Ludwig Erhard* stets Wissenschaftler, in: Welt am Sonntag, Nr. 5, 30. Januar 1977, S. 17.

Müller-Armack, Alfred (1977): Die zentrale Frage aller Forschung: Die Einheit von Geistes- und Naturwissenschaften, in: ORDO – Jahrbuch für die Ordnung von Wirtschaft und Gesellschaft, Bd. 28, Stuttgart-New York: Fischer, S. 13-23.

Müller-Armack, Alfred (1977): Abschied von *Ludwig Erhard*, in: Wirtschaftswoche vom 13. Mai 1977.

Müller-Armack, Alfred (1977): Ein exemplarisches Leben – Zum 80. Geburtstag *Ludwig Erhards*, in: Wirtschaftspolitische Chronik, 26. Jg. (1977), Heft 1, S. 7-11. Auch in: *Hohmann, Karl* (Hrsg.), *Ludwig Erhard*. Erbe und Auftrag, Aussagen und Zeugnisse, Düsseldorf-Wien: Econ 1977, S. 386-392.

Müller-Armack, Alfred (1977): Holzwege der Universitätsreform. Aus Stätten wissenschaftlicher Bildung werden höhere Schulen, in: Frankfurter Allgemeine Zeitung, Nr. 105 vom 06. Mai 1977, S. 9 f. Auch in: Wirtschaftspolitische Chronik, 29. Jg. (1980), Heft 2, S. 91-105.

1978

Müller-Armack, Alfred (1978): Die Grundformel der Sozialen Marktwirtschaft, in: *Ludwig-Erhard*-Stiftung (Hrsg.), Soziale Marktwirtschaft als nationale und internationale Ordnung (I. Symposion der *Ludwig-Erhard*-Stiftung e.V., Bonn), Stuttgart: Verlag Bonn Aktuell 1978, S. 9-18.

Müller-Armack, Alfred (1978): Schlußwort, in: *Ludwig-Erhard*-Stiftung (Hrsg.), Soziale Marktwirtschaft als nationale und internationale Ordnung (I. Symposion der *Ludwig-Erhard*-Stiftung e.V., Bonn), Stuttgart: Verlag Bonn Aktuell 1978, S. 116-117.

Müller-Armack, Alfred (1978): Begrüßung und Einführung, Rede anläßlich der Verleihung der *Ludwig-Erhard*-Preise für Wirtschaftspublizistik, in: *Ludwig-Erhard*-Preis für Wirtschaftspublizistik (Schriftenreihe, hrsg. von der *Ludwig-Erhard*-Stiftung), Bonn: *Ludwig-Erhard*-Stiftung 1978, S. 5-14.

Müller-Armack, Alfred (1978): Die europäische Universität – Idee und Wirklichkeit, in: Wirtschafts- und gesellschaftspolitische Ordnungsprobleme der Europäischen Gemeinschaften (Schriftenreihe des Arbeitskreises Europäische Integration e.v.) Baden-Baden: Nomos 1978, S. 9-17.

Müller-Armack, Alfred (1978): Die fünf großen Themen der künftigen Wirtschaftspolitik, in: Wirtschaftspolitische Chronik, 27. Jg., Heft 1, S. 9-34. Ferner in: Sonderdrucke des Instituts für Wirtschaftspolitik der Universität zu Köln sowie der *Ludwig-Erhard*-Stiftung. Erneut in: *Müller-Armack, Alfred* (1981): Genealogie der Sozialen Marktwirtschaft: Frühschriften und weiterführende Konzepte, 2., erw. Aufl. (Reihe „Beiträge zur Wirtschaftspolitik", Bd. 34, hrsg. von *Egon Tuchtfeldt*), Bern-Stuttgart: Haupt 1981, S. 315-340.

Müller-Armack, Alfred (1978): The Social Market Economy as an Economic and Social Order, in: Review of Social Economics, Chicago 1978, S. 325-331.

Müller-Armack, Alfred (1978): Vorwort, in: *Mises, Ludwig von*: Im Namen des Staates oder Die Gefahren des Kollektivismus, Stuttgart: Verlag Bonn Aktuell.

1979

Müller-Armack, Alfred (1979): The socio-political model of the social market economy, in: *Josef Thesing* (Hrsg.), Economy and development: System policy principles of economic policy, transl. by *Ewald Osers, Horst E. Schneider* (Schriftenreihe des Instituts für Internationale Solidarität der *Konrad-Adenauer*-Stiftung, Bonn), Mainz: v. Hase und Köhler 1979. Auch in span. Sprache (1979): La directríz sociopolítica de la economía social de mercado, in: *Josef Thesing* (Hrsg.), Economía y Desarrollo (Schriftenreihe des Instituts für Internationale Solidarität der *Konrad-Adenauer*-Stiftung, Bonn), ebenda 1979.

1980

Müller-Armack, Alfred (1980): Zur Frage der Humanisierung der Wirtschaft, in: Studienkreis Kirche und Wirtschaft (Hrsg.), Entwicklungspolitik im Widerstreit zwischen moralischem Anspruch und wirtschaftlichen Sachzwängen, Düsseldorf 1980.

III   Festgaben und Gedenkbeiträge für *Alfred Müller-Armack*

Greiß, Franz / Meyer, Fritz W. (Hrsg.): Wirtschaft, Gesellschaft und Kultur: Festgabe für *Alfred Müller-Armack* (zur Vollendung seines 60. Lebensjahres am 28. Juni 1961). Mit Beiträgen von *Alfred Müller-Armack, Franz Greiß, Fritz W. Meyer* u.a., Berlin: Duncker & Humblot 1961.

Institut für Wirtschaftspolitik der Universität zu Köln (Hrsg.): Beiträge zur Ordnung von Wirtschaft und Gesellschaft: Festgabe für *Alfred Müller-Armack*. Gewidmet zur Vollendung seines 65. Lebensjahres am 28. Juni 1966 (Reihe „Wirtschaftspolitische Chronik", 15. Jg.), Köln 1966.

Watrin, Christian / Willgerodt, Hans (Hrsg.), 1976: Widersprüche der Kapitalismuskritik: Festschrift zum 75. Geburtstag von *Alfred Müller-Armack* (Reihe „Sozioökonomische Forschungen", Bd. 8), Bern-Stuttgart: Haupt. Auch als: Wirtschaftspolitische Chronik, 25. Jg. (1976), Heft 2/3.

Watrin, Christian (1980): Rede anläßlich der Gedenkfeier für Prof. Dr. rer. pol. Dr. jur. h.c. *Alfred Müller-Armack*, Staatssekretär a.D., gehalten am 25. Juni 1979. Mit einer Einführung *von Dieter Farny* (Reihe „Kölner Universitätsreden", Nr. 56), Krefeld: Scherpe.

Deutscher Industrie- u. Handelstag (Hrsg.): Zwischen Utopie und Realität: Zur Philosophie der Sozialen Marktwirtschaft. Gedenkveranstaltung der Kölner Wirtschaftspolitischen Gesellschaft aus Anlass des 80. Geburtstages von Prof. Dr. *Alfred Müller-Armack*, gehalten am 23. Juni 1981 (Schriftenreihe des DIHT, Nr. 198). Unter Mitarbeit von *Franz Schoser, Werner Dollinger* und *Egon Tuchtfeldt*, Bonn: Dt. Industrie- u. Handelstag 1982.

Ludwig-Erhard-Stiftung (Hrsg.): Soziale Marktwirtschaft im vierten Jahrzehnt ihrer Bewährung. Eine Veranstaltung der *Ludwig-Erhard-*

Stiftung e.V. zu Ehren von *Alfred Müller-Armack* am 24. Juni 1981 in
Bonn (8. Symposion der *Ludwig-Erhard*-Stiftung), mit Beiträgen von
Christian Watrin u.a., Stuttgart-New York: Fischer 1982.

Ludwig-Erhard-Stiftung (Hrsg.): Europa als Wertegemeinschaft: Wege
und Irrwege. Zum 100. Geburtstag von *Alfred Müller-Armack* (45.
Symposion der *Ludwig-Erhard*-Stiftung, abgehalten am 28. Juni 2001
in Bonn). Mit Beiträgen von *Otmar Franz* u.a., Krefeld: Sinus-Verl.
2002.

Hasse, Rolf H. / Quaas, Friedrun (Hrsg.): Wirtschaftsordnung und Ge-
sellschaftskonzeption. Zur Integrationskraft der Sozialen Marktwirt-
schaft (Symposion anlässlich des 100. Geburtstages von *Alfred
Müller-Armack*, abgehalten am 29. und 30. November 2001 in
Leipzig. Mit Beiträgen von *François Bilger, Reinhold Biskup* u.a.,
Bern-Stuttgart-Wien: Haupt 2002.

Personenregister

(Der Name *Müller-Armack, Alfred* wurde nicht in den Index aufgenommen.)

Sachwortregister

Z

Autoren und Herausgeber

Bilger, *François*, Prof. Dr. emer., geb. 1934 in Colmar (Frankreich), ordentlicher Professor an der Wirtschaftswissenschaftlichen Fakultät der Université Louis Pasteur de Strasbourg (1967-1999). 1951-59 Studium der Philosophie und der Wirtschaftswissenschaften in Paris (Sorbonne). Danach Assistent (1959), Promotion 1960, Lehrbeauftragter (1962) und außerordentlicher Professor (1964) an der Wirtschaftswissenschaftlichen Fakultät der Université Louis Pasteur de Strasbourg. 1972-76 Mitglied der „Commission des comptes et budgets économiques de la Nation", 1977-83 Bürgermeister von Strasbourg, mehrere Gastprofessuren in Frankreich und Madagaskar.
Forschungsschwerpunkte: Wirtschaftsordnung und Wirtschaftspolitik in Deutschland und Frankreich, Theorie und Politik der europäischen Integration.

Biskup, *Reinhold*, Prof. Dr. emer., geb. 1934 in Oppeln, Professor für Volkswirtschaftslehre, insbesondere Wirtschaftspolitik an der Universität Leipzig (Gründungsprofessur, 1992-1998). Während seiner Tätigkeit als Assistent von *Alfred Müller-Armack* und Mitarbeiter am Institut für Wirtschaftspolitik der Universität zu Köln (1960 bis 1977) erfolgten die Promotion (1969) und die Habilitation (1974). 1977-1992 war er Lehrstuhlinhaber der Professur für Volkswirtschaftslehre, insbesondere Wirtschaftspolitik an der Universität der Bundeswehr Hamburg.
Forschungsschwerpunkte: Grundlagen und Vergleich der Wirtschaftssysteme, Theorie und Politik der internationalen Wirtschaftsbeziehungen, Ordnungspolitik.

Clapham, *Ronald*, Prof. Dr. emer., geb. 1935 in Berlin, Professor am Fachbereich Wirtschaftswissenschaften der Universität Gesamthochschule Siegen (1976-2000). Studium der Wirtschaftswissenschaften in Bristol und Köln, 1963-70 war er Assistent von *Alfred Müller-Armack*, 1970-72 von *Hans Willgerodt*. Während dieser Zeit erfolgten auch die Promotion (1964) und Habilitation (1972). Zahlreiche Studienreisen nach Afrika, Asien und Lateinamerika und umfangreiche Gutachtertätigkeit für nationale und internationale Institutionen.

Forschungsschwerpunkte: Entwicklungsländerforschung, Wettbewerbs-, Konjunktur- u. Währungspolitik, Institutionenökonomik.

Hasse, Rolf H., Prof. Dr., geb. 1940 in Berlin, Professor für Volkswirtschaftslehre, insbesondere Wirtschaftspolitik an der Universität Leipzig. 1963-67 Studium der Volkswirtschaftslehre an der Westfälischen *Wilhelms*-Universität Münster/Westf. und der Universität zu Köln. 1968-1981 war er an der Universität zu Köln Wissenschaftlicher Mitarbeiter am Institut für Wirtschaftspolitik bei *Alfred Müller-Armack* und am Wirtschaftspolitischen Seminar bei *Hans Willgerodt*, wo auch die Promotion (1973) und Habilitation (1981) erfolgten. Von 1981 bis 1998 war er Professor für Volkswirtschaftslehre, insbesondere Wirtschaftspolitik an der Universität der Bundeswehr Hamburg.

Forschungsschwerpunkte: Währungspolitik, internationale Handelspolitik, Wirtschaftssysteme und Ordnungspolitik.

Matthée, Ulrich, Prof. Dr. Dr., geb. 1941 in Tilsit, ist seit 1986 Inhaber einer außerplanmäßigen Professur am Institut für Politische Wissenschaft der *Christian-Albrechts*-Universität Kiel. Nach dem Studium der Romanistik (Portugiesisch, Französisch), der Politischen Wissenschaft, der Geographie und der Rechtswissenschaft in Kiel, Berlin, Barcelona und Lissabon (1963-69) wurde er 1967 zum Dr. phil. promoviert. Nach der Promotion zum Dr. jur. (1971) war er 1973-77 Grundsatzreferent in der Staatskanzlei des damaligen schleswig-holsteinischen Ministerpräsidenten *Gerhard Stoltenberg*.

1978 erfolgte die Habilitation, 1981-86 war er als Privatdozent tätig.
Forschungsschwerpunkte: Politische Theorie und Ideengeschichte, Verfassungsgeschichte sowie Vergleichende Regierungslehre.

Quaas, Friedrun, Dr. habil., geb. 1954 in Lutherstadt Wittenberg, ist Privatdozentin und Wissenschaftliche Mitarbeiterin am Institut für Wirtschaftspolitik der Universität Leipzig. Sie studierte Mathematik (1972-77) und Politische Ökonomie (1982-87) in Leipzig, wo sie 1991 zum Dr. oec. promoviert wurde. 1992-1998 nahm sie eine Habilitationsassistenz am Institut für Wirtschaftspolitik der Universität Leipzig wahr, 1999 erfolgte die Habilitation (Lehrbefähigung), im Jahr 2000 die Lehrbefugnis. Sie erhielt im Jahr 2001 den Ersten Wissenschaftspreis der *Wolfgang-Ritter*-Stiftung für ihr Buch zur Sozialen Marktwirtschaft. 2001 Gastprofessur in Frankreich (Université Lumière Lyon 2).
Forschungsschwerpunkte: Geschichte der ökonomischen Theorie, Wirtschaftspolitik, Wirtschaftsethik.

Rauch, Mathias, cand. rer. pol., geb. 1978 in Merseburg, studiert seit 1999 Politologie, Rechtswissenschaft und Soziologie an den Universitäten Leipzig und Newcastle (GB). Er ist als Studentischer Mitarbeiter am Institut für Wirtschaftspolitik der Universität Leipzig tätig.

Rauscher, Anton, Prof. Dr. Dr. h.c., geb. 1928 in München, ist seit 1963 Direktor der Katholischen Sozialwissenschaftlichen Zentralstelle (KSZ) in Mönchengladbach. Studium der Philosophie, der Theologie und der Christlichen Gesellschaftslehre in Rom 1948-56, Promotion in Theologie 1956. Von 1957-60 weilte er in Japan und war als Dozent für Sozialethik an der *Sophia*-Universität in Tokyo tätig. 1960-64 Studium der Wirtschaftswissenschaften in Münster,

1968 erfolgte die Habilitation für das Fach Christliche Sozialwissenschaften. Von 1971 bis zur Emeritierung 1996 war er Inhaber des Lehrstuhls für Christliche Gesellschaftslehre an der Universität Augsburg, seit 1998 ist er Gastprofessor an der Sogang-Universität in Seoul (Korea). Im Jahr 1999 verlieh ihm die Katholische Universität Lublin (Polen) die Ehrendoktorwürde. Langjährige Tätigkeit als Sekretär der Kommission VI der Deutschen Bischofskonferenz.
Forschungsschwerpunkte: Entwicklung und Selbstverständnis der Katholischen Soziallehre, Sozialethik, Probleme der Wirtschafts- und Gesellschaftsordnung.

Schäfer, Wolf, Prof. Dr., geb. 1941 in Hamburg, ist seit 1981 Professor am Institut für Theoretische Volkswirtschaftslehre der Universität der Bundeswehr Hamburg. Von 1963-68 Studium der Volkswirtschaftslehre an den Universitäten Kiel und FU Berlin. 1968-70 Wissenschaftlicher Mitarbeiter am Institut für Weltwirtschaft an der Universität Kiel, 1970 Promotion. 1970-71 Wissenschaftlicher Mitarbeiter im Sonderforschungsbereich 17 der DFG (Skandinavien- und Ostseeraumforschung), 1972-77 Wissenschaftlicher Mitarbeiter am Institut für Theoretische Volkswirtschaftslehre der Universität Kiel. 1977 Habilitation für Volkswirtschaftslehre, 1977-79 Privatdozent an der Universität Kiel, 1979-80 Vertretung des Lehrstuhls Volkswirtschaftslehre II an der Universität Dortmund. Er ist zur Zeit Vorsitzender des Wirtschaftspolitischen Ausschusses des Vereins für Socialpolitik.
Forschungsschwerpunkte: Außenwirtschaftstheorie und -politik, Währungspolitik, europäische Integration.

Schefold, Bertram, Prof. Dr., geb. 1943 in Basel (Schweiz), ist seit 1974 Professor für Volkswirtschaftslehre, insbesondere Wirtschaftstheorie am Fachbereich Wirtschaftswissenschaften der *Johann-Wolfgang-Goethe*-Universität Frankfurt/Main. Er studierte

in München, Basel und Hamburg bis zum Diplom in Mathematik, Theoretischer Physik und Philosophie (1967). Studium der Nationalökonomie in Basel und Cambridge (GB), welches er 1971 mit der Promotion abschloß. Er wurde Lektor in mathematischer Nationalökonomie in Basel (1971-1972), danach Visiting Scholar am Trinity College in Cambridge (GB) und Research Associate in Harvard. Er nahm zahlreiche Gastprofessuren in Frankreich, Italien und den USA wahr, während zehn Jahren lehrte er am Center of Advanced Economic Studies in Triest (1981-1990). Er ist Mitherausgeber mehrerer Fachzeitschriften und geschäftsführender Herausgeber der Reihe „Klassiker der Nationalökonomie", mehrfach war er Berater des Deutschen Bundestages zu energiepolitischen Fragestellungen. Zur Zeit ist er Präsident der European Society for the History of Economic Thought.
Forschungsschwerpunkte: Geschichte des ökonomischen Denkens, klassische Werttheorie, Umweltpolitik und Energieanalyse.

Tuchtfeldt, Egon, Prof. Dr. Dr. h.c. emer., geb. 1923 in Burg (Schleswig-Holstein), Professor für Volkswirtschaftslehre an der Universität Bern (1962-1989). Studium in Heidelberg und Tübingen, später in Hamburg, wo er 1948 promoviert wurde. Nach siebenjähriger Assistentenzeit habilitierte er sich und trat 1955 eine Privatdozentur für Volkswirtschaftslehre an der Universität Hamburg an. 1959-1962 war er Lehrstuhlinhaber für Volkswirtschaftslehre an der Universität Erlangen-Nürnberg. Im Jahr 1985 verlieh ihm die Universität der Bundeswehr Hamburg die Ehrendoktorwürde.
Forschungsschwerpunkte: Allgemeine und sektorale Wirtschaftspolitik, internationale Wirtschaftsbeziehungen, Wirtschaftssysteme.

Vanberg, Victor, Prof. Dr., geb. 1943 in Aachen, ist seit 1995 Professor für Wirtschaftspolitik am Institut für Allgemeine Wirtschaftsforschung und Direktor der Abteilung für Wirtschaftspolitik der *Albert-Ludwigs*-Universität Freiburg i. Br. Studium der Soziologie in Münster bis 1968, anschließend war er Assistent (Soziologie) an der TU Berlin (1968-74), wo er 1974 promovierte. 1974-76 und 1977-83 war er Wissenschaftlicher Mitarbeiter an der Wirtschaftswissenschaftlichen Fakultät der Universität Münster. Gastprofessuren an den Universitäten Hamburg (1976-77), Mannheim (1981-82), wo er sich 1981 habilitierte und 1984-85 an der *George-Mason*-University (Fairfax, Virginia). 1985-88 war er als Visiting Research Assistent am Center for Study of Public Choice der *George-Mason*-University tätig, 1988-95 als Professor of Economics, ebenfalls in Fairfax.

Forschungsschwerpunkte Konstitutionenökonomik, Ordnungspolitik, Wettbewerbstheorie u. -politik.

Willgerodt, Hans, Prof. Dr. emer., geb. 1924 in Hildesheim, lehrte zuletzt an der *Albertus-Magnus*-Universität zu Köln und war dort von 1963 bis 1989 Direktor des Wirtschaftspolitischen Seminars und später auch des Instituts für Wirtschaftspolitik. Nach dem Studium der Volkswirtschaftslehre war er 1952-1961 als Assistent an der Universität Bonn tätig, an der er 1954 promovierte und 1959 Privatdozent wurde. 1961-62 war er als Fellow der *Rockefeller*-Foundation in den USA.

Forschungsschwerpunkte: Theorie der Wirtschaftspolitik und der Wirtschaftsordnung, internationale Wirtschafts- und Währungsfragen, europäische Integration.